Nick Page

Die letzten Tage Jesu

Nick Page

Die letzten Tage Jesu

Protokoll einer Hinrichtung

Aus dem Englischen von
Henning Dedekind

Pattloch

Inhalt

Das Vergangene ist nicht tot. Es ist nicht einmal vergangen.

William Faulkner, Requiem für eine Nonne

Jesus antwortete: »Sagt diesem Fuchs: ›Heute und morgen treibe ich Dämonen aus und heile Kranke. Aber am dritten Tag werde ich mein Ziel erreicht haben. Ja, heute, morgen und übermorgen bin ich noch unterwegs. Wo anders als in Jerusalem könnte denn ein Prophet umgebracht werden?‹«

Lukas 13, Vers 32 und 33

Am Freitag, dem 3. April des Jahres 33 n. Chr., wurde Josua ben Josef – besser bekannt als Jesus von Nazareth – öffentlich hingerichtet.

Erst sechs Tage zuvor war er in die Stadt eingezogen und hatte seine Gefolgsleute den Ölberg hinabgeleitet. In den folgenden Tagen kamen die Menschen in der Stadt nicht zur Ruhe; jeder hatte etwas gehört, wusste etwas Neues oder hatte eine Meinung zu dieser umstrittenen Persönlichkeit: Jesus hatte für Aufruhr im Tempel gesorgt, zum Steuerboykott aufgerufen, gegen die Reinheitsgesetze des Tempels verstoßen und sowohl die jüdischen als auch die römischen Autoritäten verbal angegriffen. Am Ende wurde er von einem seiner Anhänger verraten, von der örtlichen Aristokratie eilig vor Gericht gezerrt und an die römische Besatzungsmacht ausgeliefert. Erst nach politischem Gefeilsche und Verhandlungen mit den beteiligten einflussreichen Personen und Gruppen willigten die Römer schließlich ein, ihn hinzurichten. Die römischen Soldaten – eine Hilfstruppe aus Samaria – schlugen ihn so brutal, dass sein Tod am Kreuz ungewöhnlich schnell eintrat. Ein reicher Sympathisant bat um die Erlaubnis, ihn zu bestatten. Und so wurde sein Leichnam bald darauf gemäß den örtlichen religiösen Vorschriften beerdigt.

Ein weiterer galiläischer Aufwiegler. Ein weiterer Möchtegern-Messias. Eine weitere Fußnote in der Geschichte der römischen Imperialpolitik. Nur eine Routinehinrichtung in einem fernen Teil des Reiches.

Eigentlich nicht der Erwähnung wert.

Einleitung

Dies ist die Geschichte der letzten Woche im Leben Jesu.

Es ist kein religionswissenschaftliches Buch (wenngleich sich das nur schwer abgrenzen lässt). Es ist auch kein spirituelles Buch (obwohl es durchaus eine gewisse spirituelle Wirkung hat). Es ist kein Werk der Fiktion (trotz der vielen Stellen, an denen unsere Phantasie leicht mit uns durchgehen könnte). Es ist kein Buch, das esoterische Verschwörungstheorien aufstellt (dabei handelt es unter anderem auch von einer Verschwörung). Es ist vielmehr ein Geschichtsbuch. Ein Buch über das, was wir vom Leben und von der Zeit Jesu wissen, und darüber, wie uns dieses Wissen dabei hilft, die biblischen Geschichten zu verstehen. Es ist ein Buch über eine Stadt und ihre Menschen, eine Zeit und einen Ort – ein Buch über eine Woche, welche die gesamte Welt veränderte.

Einige Leser mögen bereits auf die bloße Verwendung des Wortes »Geschichtsbuch« in diesem Zusammenhang mit Skepsis reagieren. Heutzutage sind wir längst gewohnt zu hören, die Geschichte von Jesus Christus sei ein Mythos oder eine Metapher, eine Erzählung mit erfundenen Figuren, ein einziges gewaltiges Symbol. Geschichte? Unmöglich. Lassen wir lieber alles so, wie es ist, und betrachten das Ganze als Erzählung.

Die Wahrheit ist jedoch, dass es handfeste historische Fakten gibt, die man einmal genauer unter die Lupe nehmen sollte. Die Straßen dieser Geschichte sind mit realen Elementen gepflastert. Die Menschen, die diese Straßen entlanggingen, sind reale historische Figuren, die lebten, atmeten, arbeiteten und schwitzten. Sie bildeten eine Gesellschaft, über die man eine ganze Menge weiß. Wenn wir uns näher mit der Angelegenheit befassen und sie von den dicken Schichten frommer Ikonographie und theologischer Interpretation befreien, entdecken wir eine Geschichte, die trotz ihrer unstrittigen spirituellen Bedeutung vor allem durch einige sehr menschliche Leidenschaften charakterisiert ist. Es ist eine Geschichte über Furcht und Zorn, gewaltfreien Widerstand und staatliche Brutalität. Eine Geschichte, die von Ausgestoßenen und Mächtigen, Prozessionen und Düften, Festen und Feiern, Tod und Dunkelheit und schließlich auch von einem triumphalen Sieg handelt. Dabei birgt sie allerlei Überraschungen. Als Christ begann ich die Arbeit an diesem Buch in der Erwartung, den Leser wie ein Fremdenführer durch eine mir wohlbekannte Stadt zu geleiten. Ich musste jedoch feststellen, dass es Gassen und Nebenstraßen gab, die ich noch nie erkundet, Alleen und Plätze, von deren Existenz ich nicht einmal eine Ahnung gehabt hatte. Es ist eine düsterere, weitaus komplexere Geschichte, als wir bislang dachten, eine Geschichte über Politik und Betrug, Verrat und stille Übereinkünfte. Sie handelt von bemerkenswerten Ereignissen, welche die Welt in ihren Grundfesten erschütterten, von einem scheinbaren Versagen und einem erstaunlichen Triumph.

Die historischen Grundlagen als Hintergrund der Darstellung sind wichtig, denn wenn man die Wahrheit über diese Geschichte nicht kennt, ist man auf andere Leute angewiesen und muss sich auf deren Erfindungen verlassen. Wenn wir – Christen und Nicht-Christen gleichermaßen – nicht versuchen, die Kultur der damaligen Zeit zu begreifen und herauszufinden, was tatsächlich geschah, dann werden andere Leute die ganze Angelegenheit neu erfinden. Sie werden diese Geschichte auf tausenderlei Weise missbrauchen, um tausenderlei Behauptungen aufzustellen. Sie werden Jesus Worte in den Mund legen, die er aller Wahrscheinlichkeit nach gar nicht gesagt haben kann, um dadurch Dinge zu erreichen, die er ganz bestimmt nicht wollte. Mit Hilfe dieser Geschichte werden sie aus Fernsehzuschauern Geld herauspressen, Machtpositionen rechtfertigen und uns Theorien über das Ende der Welt vorgaukeln. Sie werden die Geschichte verzerren, um damit Rassismus und Bigotterie zu begründen. Schließlich werden sie die größte Geschichte über Gewaltfreiheit und Liebe, die die Menschheit je gesehen hat, dazu benutzen, Gewalttaten nie gekannten Ausmaßes zu rechtfertigen.

Wie Sie sehen, ist diese Geschichte wichtig.

Auf die Stunde genau

Die Geschichte von Jesus nachzuvollziehen ist freilich nicht nur eine Frage trockener historischer Fakten. Kein Geschichtsbuch – zumindest keines, dessen Lektüre sich lohnt – beschäftigt sich ausschließlich mit Fakten. Selbst dem Anschein nach rein faktische Informationsquellen wie die Archäologie und die Numismatik bedürfen der Interpretation. Die Fakten allein genügen nicht. Wir müssen über sie nachdenken, mit ihnen spielen, sie in unserem Geist ein wenig hin und her wenden und zu neuen Mustern ordnen, aus denen sich neue Möglichkeiten ergeben. Kurz gesagt, wir brauchen ein wenig Phantasie.

Ein Akt der Phantasie in diesem Buch – für den mich viele Gelehrte am liebsten hinter dem Fahrradschuppen verdreschen würden – ist, dass ich die Tage und Tageszeiten, zu denen sich die Ereignisse zugetragen haben könnten, einfach nur angenommen habe.

Dabei akzeptiere ich, dass ich mich hier auf dem Gebiet reiner Spekulation bewege. Doch gerade dadurch lässt sich die gesamte Woche besser nachvollziehen – wie der Druck stetig zunimmt und sich schließlich am Freitag in einer plötzlichen und ungeheuer raschen Abfolge von Ereignissen Luft macht.[1] Der hier geschilderte Ablauf stützt sich auf Stellen in den Evangelien, an denen Tage und Tageszeiten erwähnt sind. Unterm Strich spielt es keine Rolle, ob Jesus nun um 6 Uhr oder 6.30 Uhr zu Pilatus gebracht wurde. Wenn wir den genauen Ablauf der Ereignisse betrachten, ist es durchaus hilfreich, der Darstellung einige Annahmen zugrunde zu legen. So können wir uns das Ganze besser vorstellen – und dadurch der wahren Bedeutung wesentlich näher kommen.

Dies ist jedoch nicht die einzige Spekulation, die ich für hilfreich halte. Wenn man sich die historischen Gegebenheiten vorstellt, hilft es, vergleichbare Erlebnisse und Erfahrungen heranzuziehen, selbst wenn diese von anderen Menschen aus anderen Zeitaltern stammen. Ich werde nicht nur auf Daten aus dem römischen Palästina zurückgreifen, sondern auch auf Material aus dem Saudi-Arabien des Mittelalters, dem viktorianischen Dublin, dem von den Nazis besetzten Griechenland und dem modernen Afrika. Mir ist klar, dass dies das Risiko in sich birgt, den zeitlichen und räumlichen Kontext durcheinanderzubringen und auf anachronistische Weise Befindlichkeiten und Geisteshaltungen späterer Jahrhunderte auf Menschen zu übertragen, die zu ihrer Zeit nicht so empfanden. Es nicht zu wagen ist jedoch genauso riskant: Dann nämlich, wenn wir am Ende die Geschichte der letzten Tage Jesu als etwas betrachten, was damals geschah, etwas, was sich nicht mehr vollständig nachvollziehen lässt und für uns heute daher keinerlei Relevanz oder Bedeutung mehr besitzt.

Die Quellen

Phantasie also, gut. Moderne Parallelen und andere Erfahrungswerte – von mir aus auch. Die Hauptinformationsquellen bleiben jedoch historisch stichhaltig und stammen allesamt genau oder wenigstens ungefähr aus der Zeit der Ereignisse.

Über das Gerichtsverfahren und die Hinrichtung Jesu gibt es keine offiziellen römischen oder jüdischen Quellen. Justin der Märtyrer bezieht sich zwar auf offizielle Berichte – die *Pilatusakten* –, doch sind diese längst verschollen.[2] Der römische Historiker Tacitus beschreibt um das Jahr 100, wie Christus »das extreme Strafmaß während der Regentschaft von Tiberius durch einen unserer Prokuratoren, Pontius Pilatus, erlitt ...« Es ist gut möglich, dass Tacitus seine Informationen aus offiziellen römischen Quellen bezog.[3]

Ohne offizielle Berichte sind die Evangelien selbst naturgemäß die vorrangigen und wichtigsten Quellen für mich.

Die vier Evangelien – Matthäus, Markus, Lukas und Johannes – wurden zwischen 65 und 80 nach Christus verfasst. Einige Wissenschaftler setzen sie innerhalb dieses Zeitrahmens etwas früher an, andere später. Die ersten drei Evangelien – Matthäus, Markus und Lukas – werden als synoptische Evangelien bezeichnet, weil sie grob demselben Handlungsstrang folgen und sich in vielen Punkten decken. Von diesen dreien gilt das Evangelium nach Markus gemeinhin als früheste Quelle. Das Evangelium nach Johannes wiederum ist eine ganz andere Art von Evangelium. Es unterscheidet sich im zeitlichen Ablauf, wurde vermutlich erst nach den drei ersten geschrieben und ist in einem deutlich anderen Stil abgefasst.

Viele heutige Wissenschaftler tun den Verfassern der Evangelien unrecht: Sie sehen sie mehr als Erfinder denn als Historiker. Die Haltung der modernen, kritischen Lehre ge-

15

genüber diesen Werken ist meiner Meinung nach geradezu blindwütig kolonialistisch. Nicht nur die Verfasser, sondern auch die Mitglieder der frühen Kirche werden wie gutmütige, aber im Großen und Ganzen leichtgläubige und einfältige Eingeborene dargestellt, frei nach dem Motto: »Nicht, dass sie nicht intelligent gewesen wären; Gott segne sie. Sie taten ihr Bestes. Nur wissen wir es heute besser.«

Die Evangelien sind nicht objektiv – das hat auch niemand behauptet. Lukas schrieb seinen Bericht, damit dessen »lieber« römischer Adressat Theophilus merken könne, »dass alles, was man ihn gelehrt hat, richtig und wahr ist« (Lk 1,4). Doch die Evangelisten hatten uns im Hinblick auf die historischen Details natürlich voraus, dass sowohl sie selbst als Verfasser, aber auch das Publikum zur fraglichen Zeit lebten. Sie waren Teil eines Zeitalters, das gemeinsame Wesensmerkmale aufwies, egal, ob man sich nun in Jerusalem oder in Rom befand. Sie wussten über ihre Welt mehr als wir. Im Zweifel sollte man also ihren Worten Glauben schenken und nicht auf unsere Annahmen vertrauen.

Damit will ich nicht behaupten, dass es in den Darstellungen der Evangelisten keine Widersprüche gäbe. In den verschiedenen Evangelien sind zum Beispiel manche Ereignisse in unterschiedlicher Reihenfolge geschildert. Markus legt die »Reinigung« des Tempels auf den Tag nach Jesu Ankunft in Jerusalem; Matthäus und Lukas scheinen anzudeuten, dass sie am selben Tag stattfand. Das eine Evangelium schildert Ereignisse, die in einem anderen fehlen. So finden sich etwa bei Johannes lange Reden von Jesus, die nirgendwo sonst auftauchen. Trotz solcher Unterschiede sind die Evangelien nach allgemeiner Auffassung jedoch insgesamt stimmig und überzeugend.

Die Evangelisten werden im Folgenden also unsere wichtigsten Zeitzeugen sein. Es gibt jedoch weitere Quellen, von denen ich in diesem Buch ausgiebig Gebrauch machen werde.

Die Paulusbriefe enthalten sowohl Berichte von Jesu Kreuzigung als auch von seiner Auferstehung, die älter als die Evangelien sind. So erwähnt Paulus neben Jesu Verhandlung vor Pontius Pilatus (1 Tim 6,13) und dem letzten Abendmahl unter anderem auch, dass die »Herrscher dieser Welt« Jesus gekreuzigt hätten (1 Kor 2,8). Er verfolgt die Tradition im Zusammenhang mit dem letzten Abendmahl und nennt eine Reihe von Menschen, die den wiederauferstandenen Jesus gesehen haben sollen.

Der wichtigste Zeitzeuge außerhalb der Schriften ist der jüdische Historiker Josephus aus dem ersten Jahrhundert nach Christus.

Josephus war ein Jude, der nach Ende des katastrophalen Jüdischen Krieges (66–70) nach Rom zog und dort zunächst eine Geschichte dieses Krieges und danach eine Geschichte des jüdischen Volkes bis zum Kriegsausbruch verfasste.

Dieses Werk beendete er etwa in den Jahren 93–94. Er liefert uns massenhaft brauchbare Informationen über das Leben im Judäa der damaligen Zeit. Josephus lebte in dieser Region: Er sah den Tempel, als dieser noch genutzt wurde, und er war seinerzeit in der Politik aktiv. Er mag sich bisweilen in Details widersprechen, bei Zahlen zur Übertreibung neigen und einen durchaus prorömischen Standpunkt vertreten, doch hinter alledem verbirgt sich der Bericht eines Menschen, der zur damaligen Zeit tatsächlich vor Ort war.[4]

Eine andere jüdische Quelle, aus der ich zitieren werde, ist das Werk eines Schriftgelehrten namens Philo, der von etwa 20 v. Chr. bis etwa 50 n. Chr. in Alexandria lebte. Philo verfasste nicht nur viele bedeutende Werke der Literatur, Theologie und Philosophie, sondern auch Schriften, die sich mit den wichtigsten historischen Themen seiner Zeit beschäftigten.

Außerdem gibt es eine riesige Menge an Werken, die von

Rabbinern festgehalten und kompiliert worden waren. Das wichtigste davon ist vermutlich die Mischna, eine gewaltige Sammlung mündlicher Gesetze, die etwa bis zum Jahr 200 von den Rabbinern zusammengetragen wurde.

Ein wenig Hintergrundwissen kann an dieser Stelle nicht schaden: Im Jahre 66 n. Chr. rebellierten die Juden gegen die römische Herrschaft. Nach anfänglichen Erfolgen mussten sie sich nach Jerusalem zurückziehen, das schließlich von 30 000 römischen Soldaten belagert wurde. Das Leid, die Krankheiten und die bürgerkriegsähnlichen Zustände in der eingeschlossenen Stadt waren entsetzlich. Im Jahre 70 n. Chr. wurde Jerusalem zurückerobert und der Tempel vollkommen zerstört. 60 Jahre später, im Jahre 130 n. Chr., kam es unter einem Anführer namens Simon bar Kochba erneut zu einem jüdischen Aufstand. Wieder konnten die Juden zunächst Erfolge verbuchen, doch die römische Militärmaschinerie erwies sich am Ende als zu überlegen. Nach dieser zweiten Revolte wurden sämtliche Juden aus Jerusalem verbannt. Sie siedelten sich in anderen Teilen Judäas und Galiläas an, darunter auch in Tiberias an den Ufern des Sees Genezareth. Dort oder zumindest in dieser Gegend wurde die Mischna zusammengestellt.

Die Mischna ist also ein Buch, das von einem Gefühl des Verlustes geprägt ist. Die darin enthaltenen Berichte vom Gottesdienst im Tempel, von Opfern, Steuern, Sitzungen des Rates und Feierlichkeiten zeichnen das Bild einer Welt, die unwiederbringlich verloren ist. Es ist daher recht wahrscheinlich, dass die Darstellungen zu einem gewissen Grade bewusst idealisiert wurden.

Möglicherweise gibt es sogar Stellen, an denen Jerusalem und Judäa in der Mischna nicht so dargestellt sind, wie sie wirklich waren, sondern wie die späteren pharisäischen Redakteure dachten, dass sie gewesen sein müssten – oder gewesen sein sollten.[5]

*Der Titusbogen in Rom. Der hier abgebildete Ausschnitt zeigt rö-
mische Soldaten, die Beute von der Zerstörung Jerusalems im Jahre
70 n. Chr. mitbringen, darunter auch den goldenen Kerzenleuchter.*

Schließlich haben wir die Apokryphen, also die christlichen Schriften, die sich nicht im Neuen Testament finden
und insgesamt wesentlich später entstanden sind als die
Evangelien. Trotz der Behauptungen zahlreicher Akademi-
ker, Schriftsteller und Filmemacher sind diese Werke hinsichtlich des Lebens Jesu Christi nur von sehr geringem his-
torischem Wert, denn sie wurden nicht einmal annähernd zu
Jesu Lebzeiten verfasst, geschweige denn von Augenzeugen.
Sie sind insofern nützlich, als sie ein wenig Licht in die
Glaubensgrundsätze und Praktiken bestimmter christlicher
Splittergruppen im zweiten Jahrhundert bringen, doch erfahren wir aus ihnen nur wenig Neues über das Judentum.
Freilich mag es sein, dass sich unter diesen späteren Ergän-
zungen tatsächlich ein paar Bruchstücke der Lehren Jesu
verbergen. Und es gibt einige Geschichten und Traditionen,
die sich auf reale Ereignisse beziehen.

Unsere Werkzeuge für die Reise sind also: Archäologie
und Phantasie, altes Schrifttum und moderne Parallelen. Sie

sind gleichsam die Führer, mit deren Hilfe wir das Aussehen, die Klänge und Gerüche der Stadt Jerusalem erforschen. Unterwegs werden wir Soldaten und Sadduzäern begegnen, Pharisäern und Priestern, Prostituierten, Straßenräubern, Verrätern, Helden, Schurken und sämtlichen Abstufungen dazwischen. Wir werden den betörenden Duft Nepals ebenso kennenlernen wie den Gestank der Abwässer in den Straßen Jerusalems; wir werden frisches Brot brechen und bitteren Wein trinken; wir werden sehen, wie Palmzweige jubelnd geschwenkt und stachelige Kronen geflochten werden. Wir werden in die düstere Welt imperialer Politik eintauchen und die explosive Sprache apokalyptischer Literatur untersuchen. Wir werden sehen, was passiert, wenn das Königreich Gottes eine Bruchlandung im römischen Imperium macht.

Vor allem aber werden wir uns auf eine halsbrecherische Fahrt durch die letzten Tage des beeindruckendsten Menschen begeben, der je gelebt hat.

Sind Sie bereit?

Das Vorbeben

Winter 32 – Frühjahr 33 n. Chr.

»Wir ziehen hinauf nach Jerusalem«

Bis zum Winter des Jahres 32 scheint Jesus einen Entschluss gefasst zu haben. Etwa zwei Jahre hatte er damit verbracht zu lehren, zu reden, Geschichten zu erzählen und Wunder zu vollbringen – Handlungen, durch die er zwar eine beachtliche Gefolgschaft um sich geschart, mit denen er sich aber auch viele Feinde gemacht hatte. Die einfachen Leute liebten ihn: die ganz gewöhnlichen Menschen, die Armen, die Ausgestoßenen – all jene, die nach Anerkennung dürsteten. Endlich war da jemand, der ihnen Nahrung gab, der wie einer von ihnen lebte und ihnen sagte, dass Gott sie liebte. So versammelten sich große Menschenmengen, wo immer er hinkam. Die Führer des Volkes hingegen waren ihm weitaus weniger freundlich gesinnt. Jesus befand sich im Dauerkonflikt mit den Pharisäern, die in den Städten und Dörfern Galiläas äußerst einflussreich waren. Schreiber aus Jerusalem dokumentierten, was er tat (Mk 3,22). Und sogar der Herrscher der Region – Herodes Antipas, ein Sohn von Herodes dem Großen – hätte ihn lieber tot als lebendig gesehen (Lk 13,31).

Mit solcher Feindseligkeit konnte man jedoch umgehen. Die meiste Zeit hielt sich Jesus von den politischen Zentren fern und beschränkte sich auf die ländlichen Gebiete Galiläas oder auf die judäische Wüste. Irgendwann zwischen 32 und 33 setzte er sich jedoch in Bewegung. In Begleitung seiner Anhänger zog er südwärts durch Samaria und in Richtung Judäa. Zunehmend kreisten seine Gedanken und Worte um einen bestimmten Ort: Jerusalem.

Er war zuvor schon in der Stadt gewesen. In den synoptischen Evangelien finden sich zwar nur Einzelheiten über einen einzigen Jerusalem-Besuch, nämlich über die letzte Reise bis zu seiner Verurteilung und Hinrichtung.[1] Dem Bericht des Johannes zufolge unternahm Jesus aber vier weitere Reisen nach Jerusalem.

Im zweiten Kapitel des Johannesevangeliums geht Jesus zum Passahfest, »reinigt« den Tempel (Joh 2,13–21) und hat eine nächtliche Verabredung mit dem Pharisäer Nikodemus. Es ist unklar, ob es sich dabei um ein einmaliges Ereignis handelt oder um eine schlichte Umstellung von Markus 11,15–19. Markus legt das Ereignis im Tempel auf die letzte Woche, was schlüssiger erscheint.

Bei Johannes nimmt Jesus im fünften Kapitel an einem namenlosen jüdischen Fest teil. Hier könnte es sich zwar um das Passahfest handeln, doch da es nicht als solches bezeichnet wird, war es vermutlich eines der anderen Feste.

Im siebten Kapitel des Johannesevangeliums geht Jesus zum Laubhüttenfest oder Tabernakel (hebräisch *sukkot*), einem siebentägigen Erntedankfest im Oktober. Dieses war eines der drei wichtigsten Pilgerfeste des Jahres, das Tausende von Pilgern nach Jerusalem zog. Die Feierlichkeiten umfassten bestimmte Zeremonien wie das Ausgießen von Wasser und das Entzünden der großen Leuchter im Tempel. Jesus nutzt diese Gelegenheit, um sich als das Licht der Welt zu beschreiben (Joh 8,12). Seine Anwesenheit bei dem Fest verursacht Streitgespräche und Unstimmigkeiten. Es wird versucht, Jesus zu verhaften, doch die schiere Autorität seiner Reden hält die Behörden davon ab. Außerdem verteidigt ihn Nikodemus, der einwirft, dass Jesus wenigstens das Recht habe, gehört zu werden.[2]

Wann immer diese Reisen auch stattgefunden haben mögen (auch wenn Johannes, wie im Falle der Tempelreinigung, schlicht ein Ereignis aus der letzten Woche in Jesu Leben auf einen früheren Zeitpunkt gelegt hat), so bleibt das Endergebnis doch fast jedes Mal dasselbe: Stets läuft Jesus Gefahr, gesteinigt oder verhaftet zu werden – oder beides.

Dann unternimmt er im Winter 32/33 seine vierte Reise nach Jerusalem.

»Als Pontius Pilatus Statthalter in Judäa war ...«

Die präzise Datierung der letzten Tage Jesu, genauer: der letzten Woche, beruht auf einer Reihe von Faktoren. Der grobe Zeitrahmen ist klar. Wir wissen, dass Jesus von Pontius Pilatus gekreuzigt wurde, der zwischen 26 und 36 n. Chr. Präfekt von Judäa war.

Dies lässt sich noch ein wenig weiter eingrenzen: Das Evangelium nach Johannes erwähnt zahlreiche Jerusalem-Besuche zu verschiedenen jährlichen Festen und deutet somit an, dass Jesus für die Dauer von zwei oder drei Jahren ein geistliches Amt bekleidete – was möglicherweise auch der Grund für seine letzte Reise nach Jerusalem war, die schließlich mit seinem Tod endete. Durch eben dieses Amt gelingt es uns aber, das exakte Datum präziser festzulegen, denn alle Evangelisten sind sich einig, dass Jesus an einem Freitag starb, kurz bevor der Sabbat begann.[3] (In der jüdischen Kultur begann der neue Tag bei Sonnenuntergang, also begann der Sabbat bei Sonnenuntergang am Freitag.) Des Weiteren stimmen sie darin überein, dass sich die Ereignisse während des Passahfestes zutrugen. Allerdings heißt es in den synoptischen Evangelien, das letzte Abendmahl sei ein Passahmahl gewesen, wohingegen Johannes sagt, es habe am Abend vor dem Passahfest stattgefunden. Später werde

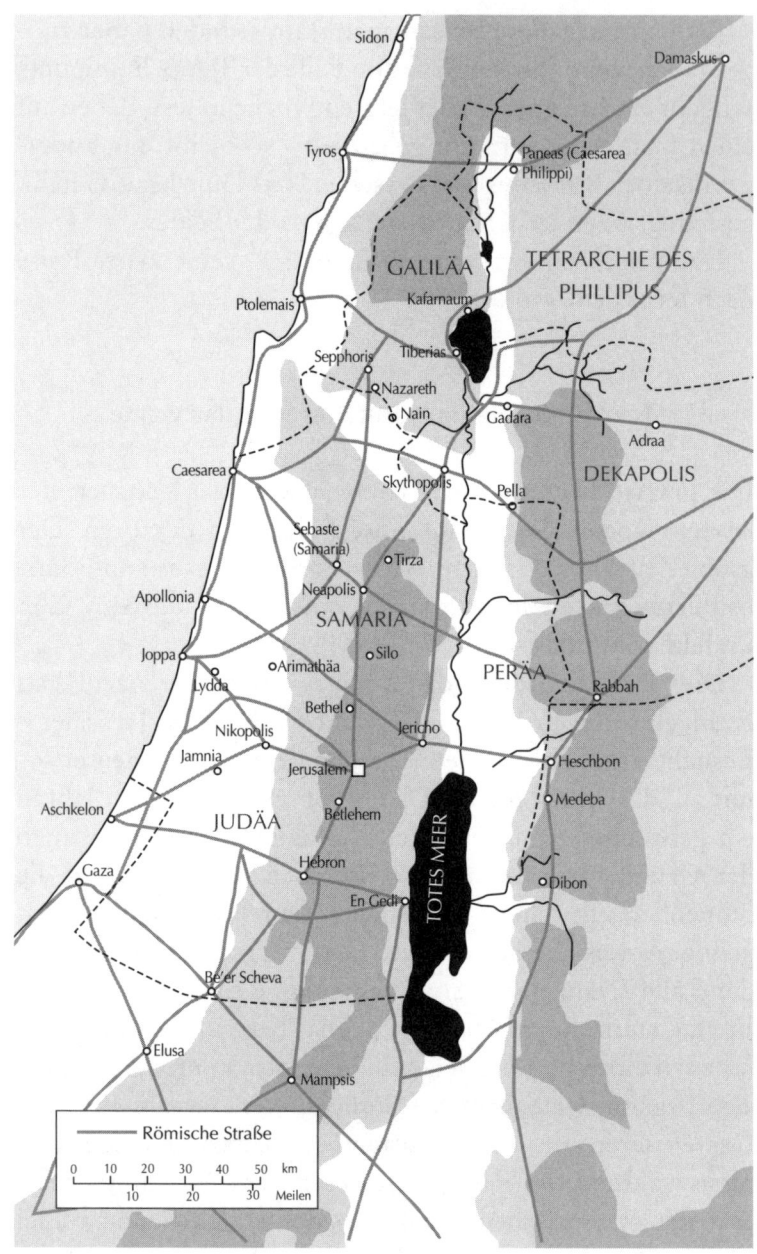

Das römische Palästina zur Zeit Jesu Christi

ich erklären, warum ich glaube, dass Johannes recht hat, aber die Synoptiker trotzdem nicht vollständig im Unrecht sind. Für den Augenblick jedoch will ich mich an Johannes' Zeitangaben halten. Jesu Hinrichtung auf den Morgen vor Beginn des Passahfestes statt auf das Passahfest selbst zu datieren erscheint wesentlich schlüssiger. Ich werde also davon ausgehen, dass das letzte Abendmahl am Abend vor dem Passahfest stattfand und Jesus am »Tag der Vorbereitung« hingerichtet wurde, bevor mit dem Sonnenuntergang das Passahfest begann.

Für das genaue Datum der Exekution müssen wir somit ein Jahr zwischen 26 und 36 n. Chr. finden, in dem das Passahfest auf einen Freitag fiel. Das Passahfest findet stets bei Vollmond statt. Durch Philo wissen wir, dass »das Fest in der Monatsmitte beginnt, am fünfzehnten Tage, wenn der Mond voll ist, einem bewusst gewählten Tag, weil es nicht dunkel wird«.[4] Anhand astronomischer Daten lässt sich leicht errechnen, in welchen Jahren das Passahfest auf einen Freitag fiel.[5] Es kommen nur zwei in Betracht: entweder das Jahr 30 oder das Jahr 33.

Beide Möglichkeiten haben ihre Anhänger. Ich gebe jedoch dem Jahr 33 hauptsächlich deshalb den Vorzug, weil es eher einen Sinn ergibt, wenn man die politische Lage betrachtet. Es erklärt unter anderem, warum sich Pilatus so verhielt, wie er es tat. Wie wir noch sehen werden, musste Pilatus im Jahre 30 keineswegs mit den Juden auch nur reden, geschweige denn sich auf einen Kompromiss mit ihnen einlassen. Im Jahre 33 hingegen war das schon ganz anders.

Daneben dürfen wir auch den zum Passahfest gehörenden Vollmond nicht außer Acht lassen. Es gibt nämlich ein weiteres Detail, das von Bedeutung sein könnte: Als die Anhänger Jesu begannen, über die Ereignisse jener wenigen Tage in Jerusalem zu sprechen, fanden sie überall im jüdischen Schrifttum Beispiele und Prophezeiungen. In der

Apostelgeschichte gibt es in Kapitel zwei eine Stelle, wo Petrus den alttestamentlichen Propheten Joel zitiert, als Teil einer Rede über »Jesus von Nazareth, von Gott unter euch ausgewiesen durch Taten und Wunder und Zeichen, die Gott durch ihn in eurer Mitte getan hat, wie ihr selbst wisst«:

> Am Himmel und auf der Erde werdet ihr Wunderzeichen sehen: Blut, Feuer und Rauch. Die Sonne wird sich verfinstern und der Mond blutrot scheinen, bevor der große Tag kommt, an dem ich Gericht halte. (Apg 2,19.20 nach Joel 3, 1–4)

Besonders interessant ist hier die Erwähnung des Mondes, der sich in Blut verwandelt. Die Evangelien behaupten, dass bei Jesu Tod eine unnatürliche Dunkelheit eingetreten sei, was sehr gut mit dieser Prophezeiung zusammenpasst. Aber was ist mit dem blutigen Mond? Am Abend des betreffenden Freitag, 3. April 33, gab es eine partielle Mondfinsternis, die auch in Jerusalem sichtbar war. Während einer solchen Mondfinsternis färbt sich der Erdtrabant für das Auge des Betrachters rot oder orange. Möglicherweise wurde das Joel-Zitat von der Urkirche als Prophezeiung zweier seltsamer Phänomene betrachtet, die im Zusammenhang mit dem Tod Jesu standen: eine ungewöhnliche Dunkelheit und ein blutroter Mond.[6] Deshalb bin ich mir fast sicher, dass es sich bei Jesu Todesjahr um das Jahr 33 handelt. Wir werden noch sehen, dass dies auch in den politischen und kulturellen Kontext passt.

Das Fest der Tempelweihe

Ort: Königliche Halle im Tempel von Jerusalem
Zeit: Dezember 32 n. Chr.

Johannes zufolge kehrte Jesus im Dezember 32 nach Jerusalem zurück, um am Fest zum Gedenken der Tempelweihe, dem Chanukka oder Lichterfest, teilzunehmen (Joh 10,22–39). Wie seine vorherigen Besuche ist auch dieser von Konfrontation und Gefahr geprägt, doch der Ton ist leiser, vielleicht sogar ein wenig verstohlen.

Seine Jünger werden nicht erwähnt; möglicherweise war er ganz alleine angereist. Vielleicht wussten die Jünger auch nicht, wohin er gegangen war – was erklären würde, warum diese Episode in den synoptischen Evangelien nach Matthäus, Markus und Lukas fehlt. Er hielt sich an einem nahe gelegenen Ort auf. In Markus 10,1 heißt es, Jesus habe Kafarnaum verlassen und sei »nach Judäa und in die Gegend östlich des Jordan« gereist. Es ist leicht vorstellbar, dass Jesus im Spätherbst oder Winter des Jahres 32, aus Galiläa kommend, in der Provinz Peräa sein Lager aufschlug. Von dort aus unternahm er eine kurze Reise nach Jerusalem zum Fest der Tempelweihe. Auch verbrachte er Zeit mit seinen dortigen Anhängern, also nicht jenen, die mit ihm Galiläa verlassen hatten.

Das Fest erinnert an die Errettung der Juden vor Antiochus IV. Epiphanes, der versucht hatte, die Religion ihrer Vorväter auszumerzen. Seine Anstrengungen gipfelten darin, dass er im Tempel einen heidnischen Altar errichten ließ – möglicherweise mit seinem eigenen Ebenbild in der Gestalt des Zeus.[7] Dieser Akt führte zum Makkabäeraufstand, in dessen Verlauf die Familie des Judas Makkabäus das Volk Israel in die Unabhängigkeit führte und der Tempel gereinigt und wiederaufgebaut wurde. Josephus nannte es *phota*, das »Fest der Lichter«. Den Worten von Rabbi Hillel zufolge wurde am ersten Tag ein Licht entzündet, dann an jedem folgenden Tag ein weiteres, bis alle Lichter angezündet waren.

Die Beliebtheit dieses Festes lässt sich nicht durch die Schriften begründen: In den hebräischen Schriften wird es nicht einmal erwähnt. Chanukka ist vielmehr ein politisch aufgeladenes Ereignis, ein Gedenken an den Erhalt des jüdischen Staates und dessen religiöser und kultureller Identität trotz eines beinahe übermächtigen Drucks. Es war sozusagen die jüdische Variante des amerikanischen Unabhängigkeitstages. Leider feierte man nicht wirklich die Unabhängigkeit, sondern erinnerte an einen längst vergangenen Traum.[8]

»Wir haben keinen König, nur den Kaiser«

Die letzte Woche im Leben Jesu spielte sich in einer Welt ab, die von einer einzigen Imperialmacht kontrolliert wurde: Rom.

Wir stellen uns das römische Imperium gern als Leuchtfeuer der Zivilisation in der antiken Welt vor. Römische Kultur und Geschichte – die Straßen, die militärische Organisation, die Literatur, das Rechtssystem, die Architektur – üben bis zum heutigen Tag eine Faszination sowohl auf Wissenschaftler als auch auf die breite Masse aus. Meist vergessen wir dabei allerdings, dass Rom seine Macht nicht durch beeindruckende Bauten, sondern durch unvorstellbare Brutalität erlangte. Das römische Weltreich war in erster Linie eine Militärdiktatur. Eine Rede, die Seneca dem Kaiser Nero zuschreibt, gibt einen Eindruck von dessen Macht:

Ich bin Gebieter über Leben und Tod der Völker. Es liegt in meiner Macht, welches Schicksal und welcher Tod eines Menschen sein sollen. Durch meine Lippen verkündet Fortuna, welche Gabe sie jedem menschlichen Wesen schenken will. Meine Äußerungen geben Menschen und Städten Anlass zur Freude. Ohne meine Gunst und Gnade kann kein Teil dieser Welt prosperieren. All die vielen tausend Schwerter, die mein Friede zurückhält, werden auf mein Nicken hin gezogen ...[9]

Das ist kein eitles Getue. Es war eine Tatsache. Ebenso wie die Römer Straßen und Brücken bauten, welche die Zeiten überdauerten, blieb ein Land, das sie einmal eingenommen hatten, auch unter ihrer Besatzungsmacht. Es war jener disziplinierte, organisierte militärische Ansatz, der sie bei ihren Eroberungen so erfolgreich machte.[10]

Wie war es, unter einer solchen Besatzungsmacht zu leben? Vielleicht gibt die Reaktion auf eine andere, alles vernichtende Militärmacht – die Nazis – einen Eindruck davon, wie es gewesen sein muss, wenn die Römer in eine Stadt einmarschierten.

Die Männer tragen Helme und über ihren Uniformen leichte Tarn-Tuniken in Grün, Braun und Schwarz. Sie sind bis an die Zähne bewaffnet. Sie marschieren mit schwerem, doch schnellem Schritt, wie menschliche Roboter, die zwei eiserne Rechtecke bilden und den Eindruck einer unverwundbaren Macht vermitteln.[11]

Man war besiegt und wusste das auch.

Es war keinesfalls so, dass die römische Besatzung nicht auch einige Vorzüge bot. Wie unter den meisten Imperialmächten wurde die Infrastruktur verbessert. Daneben wurde mit der Piraterie im Mittelmeer aufgeräumt, was das Reisen wesentlich einfacher machte. Es gab einen Frieden – die berühmte *pax romana* –, doch wurde dieser durch »Ströme von Blut und Tränen in unvorstellbaren Ausmaßen« erkauft.[12] In grimmigen Worten beschrieb Tacitus verschiedene britische Stämme, die sich einer Anpassung an die römische Lebensweise verweigerten – Stämme, »die unseren Frieden fürchteten«. Es gab also Stämme und Menschen, die begriffen hatten, dass die Ankunft der behelmten Männer nichts Gutes für sie bedeutete.

Angst war der Schlüssel. In einer von Rom beherrschten Welt muss sich das gesamte Leben vor dem Hintergrund ständig lauernder, unwägbarer Angst abgespielt haben. Solange man seine Steuern bezahlte und nicht auffiel, hatte man höchstwahrscheinlich keine Schwierigkeiten zu erwarten, doch sobald man ausscherte, bekam man die Macht Roms in ihrem ganzen Ausmaß zu spüren. Auf nationaler Ebene verlangten die Römer ihren besiegten Gegnern stets die offizielle Anerkennung der alleinigen Kriegsschuld ab.[13] Auf lokaler Ebene hatte man als Zivilist kaum Rechte, nicht einmal in Rom selbst, wo die Armee de facto über dem Gesetz stand:

> Betrachten wir zunächst die Vorrechte aller Angehörigen der Armee. Nicht zuletzt würde es kein Zivilist jemals wagen, einen Soldaten zusammenzuschlagen – und wenn ihm dies selbst geschieht, bewahrt er darüber Stillschweigen. Niemals wird er seine ausgeschlagenen Zähne, die blutigen Beulen und Schürfwunden in seinem Gesicht und das noch erhaltene Auge, für das der Arzt keine Hoffnung mehr hat, einem Richter zeigen.[14]

Dies war die Situation in Rom, unter den eigenen Landsleuten. In den Provinzen, wo der Gouverneur – selbst ein Mitglied des Militärs – die letzte Instanz in Rechtsfragen war, hatten Zivilisten eine noch geringere Aussicht auf Gerechtigkeit. Mit erschütternder Offenheit schreibt Plutarch:

> Du, der du die Regentschaft innehast, bist ein Untertan, der einen Staat verwaltet, welcher von den Prokonsuln und den Prokuratoren des Kaisers beherrscht wird ... Empfinde ob deiner Krone keinen großen Stolz oder Zuversicht, denn über deinem Kopf siehst du die Stiefel der Soldaten ...[15]

Die Bevölkerung des Imperiums belief sich auf mindestens 31 Millionen, vielleicht sogar 56 Millionen.[16] Das Weltreich war in Provinzen aufgeteilt, die jeweils von einem römischen Beamten verwaltet wurden. Die Größe und wirtschaftliche Bedeutung einer Provinz bedingte ihre Herrschaftsform. In den größeren Provinzen nannte man diese Beamten Gouverneure; in den kleineren Provinzen wie Judäa hießen sie Präfekten oder – später – Prokuratoren. Jede Provinz wurde von einer Stadt aus verwaltet, in der sich die wichtigsten militärischen und zivilen Institutionen der Regierung befanden. Die Hauptstadt der Provinz Syrien war Antiochia am Orontes, eine große, kosmopolitische Stadt. Die kleinere Unterprovinz Judäa wurde nicht von Jerusalem aus verwaltet, sondern von Cäsarea.

All diese Ländereien, all diese Menschen und der riesige Verwaltungsapparat dienten nur einem einzigen Zweck, nämlich Geld aus den eroberten Gebieten herauszupressen. Das römische Weltreich war ein wirtschaftliches Unterfangen, geschaffen dazu, Wohlstand für Rom zu generieren. Soldaten waren »wirtschaftliche Pioniere«.[17] Ja – sie bauten Brücken und Straßen und Aquädukte, aber sie taten es nur, um das Land besser ausbeuten zu können. Dazu ein aufschlussreicher Abschnitt aus dem Babylonischen Talmud:

Rabbi Judah und Rabbi Jose und Rabbi Simeon setzten sich nieder, und Judah, Sohn der Proselyten, setzte sich zu ihnen. Da begann Rabbi Judah zu sprechen und sagte: »Wie hervorragend sind die Taten dieses Volkes. Sie haben Marktplätze errichtet, Brücken erbaut und Badeanstalten eröffnet.« Rabbi Jose schwieg. Rabbi Simeon ben Jochai antwortete und sagte: »Alles, was sie uns gebracht haben, haben sie nur für ihre eigenen Bedürfnisse getan. Sie haben Marktplätze errichtet, um Huren darauf zu stellen; Bäder zu ihrem eigenen Vergnügen; Brücken, um Wegezoll einzufordern.« Judah, Sohn der Proselyten, ging davon und berichtete von ihren Worten, welche auch die Regierung vernahm. Sie sagten: »Judah, der [Rom] pries, sei gepriesen; Jose, welcher schwieg, soll nach Sepphoris verbannt werden; Simeon indes, der Anschuldigungen vorbrachte, sei des Todes.«[18]

Dieses Ereignis trug sich um 135 n. Chr. zu, in einer Zeit, als Rom keinesfalls in der Stimmung war, Kritik von jüdischer Seite zu tolerieren. Es zeigt aber auch, wie die Durchschnittsbevölkerung die Entwicklung Roms sah. Rabbi Gamaliel soll gesagt haben: »Dieses Imperium nagt durch vier Dinge an unserer Substanz: seine Zölle, seine Bäder, seine Theater und seine Steuern gleichermaßen.«[19] Der römische Imperialismus nagte an der Seele der Völker, die unter seine Herrschaft fielen.

Die Haupteinnahmequelle Roms in den Provinzen waren Zölle und Steuern. Zölle mussten auf Güter entrichtet werden, die auf zahlreichen Handelsrouten ins Land gebracht wurden. Judäa und Galiläa waren wichtige Bindeglieder in der Handelsroute zwischen Südarabien und den südarabischen Handelszentren am Persischen Golf wie Gerrha. Über die Überlandroute gelangten Karawanen durch Nabatäa und Galiläa bis zu den Häfen der Mittelmeerküste.[20] Steuern wurden gleich vom Erzeuger oder Hersteller bezahlt, vom

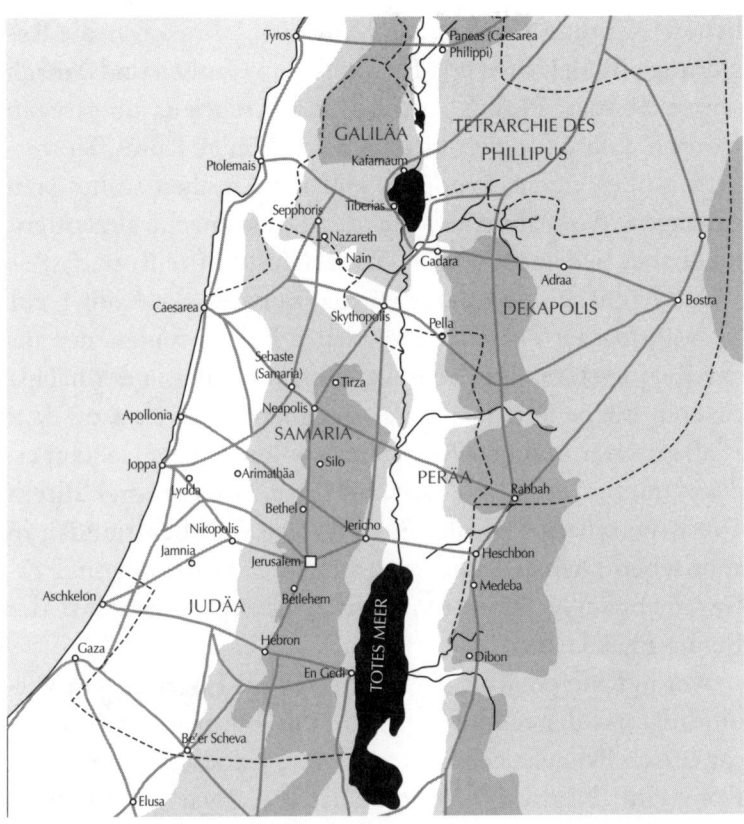

Die Provinz Judäa und ihre Unterprovinzen um das Jahr 33 n. Chr.
Judäa und Samaria standen unter der direkten Kontrolle eines römi-
schen Präfekten, der in Caesarea residierte. Galiläa wurde von Hero-
des Antipas beherrscht.

Kleinbauern oder vom Händler in der Stadt. Josephus zufolge brachte das Königreich unter der Herrschaft Herodes'
des Großen dem König rund 5,4 Millionen Denar jährlich
ein. Der Großteil davon – 3,6 Millionen Denar – stammte
aus Judäa.[21]

In vielen Provinzen, darunter auch in Judäa, wurde die
eigentliche Verwaltungsarbeit örtlichen Eliten übertragen,
die die Steuern erhoben und für die Wahrung der öffent-

lichen Ordnung Sorge trugen. Vor dem Jahre 6 war die Regierung von Palästina erst Herodes dem Großen und danach seinen Söhnen Philip, Antipas und Archelaus übertragen worden. Diese fungierten als Klientelkönige Roms. Sie verfügten über eigene Truppen, und ihr Ansehen sollte dazu beitragen, dass die römische Besatzungsmacht akzeptiert, nicht aber bekämpft wurde – zumindest hoffte Rom das.[22]

Als Archelaus abgesetzt wurde, mussten die Römer zur Verwaltung der Provinz einen neuen Führer finden, der aus der Region stammte. Dazu wandten sie sich nun der nächst tieferen Ebene in der organisatorischen Hierarchie zu: dem Hohepriester und den Adelsfamilien Jerusalems. So kam es, dass unter römischer Herrschaft der Hohepriester direkt von Rom ernannt wurde. Er und seine Gehilfen standen in römischen Diensten und waren in ihrer Position vom Präfekten abhängig. Sie waren faktisch also Kollaborateure der Besatzungsmacht.

Wer in Rom glaubte, eine reiche, adlige Führung – in Verbindung mit der religiösen Macht des Tempels – würde automatisch Respekt gebieten, irrte sich jedoch. Wenn man in Rom eine Führungsposition anstrebte, war es durchaus nützlich, aus der richtigen Familie mit dem richtigen Hintergrund zu stammen. Vor allem jedoch musste man reich sein. Auf die jüdische Gesellschaft hingegen traf dies nicht zu. Für eine künftige jüdische Führungsfigur galten andere Kriterien. Zwar waren auch bei den Juden die persönliche Biographie und familiäre Gegebenheiten bis zu einem gewissen Grad entscheidend, doch war Geld längst nicht so wichtig wie Weisheit. Die großen Führer in der jüdischen Gesellschaft waren weise Männer, Menschen mit einer Leidenschaft für die Reinheit ihrer Religion.

Das erklärt, warum die von Rom eingesetzten Herrscher des jüdischen Volkes zur Zeit Jesu fast durchweg verhasst waren.[23] In den Augen des Volkes war die verabscheuungswürdige Dynastie des Herodes schlicht durch deren Lakaien ersetzt worden. Aus diesem Unmut machten die Menschen keinen Hehl. Der erste Hohepriester im Dienst der römischen Verwaltung war so unbeliebt, dass man ihn seines Postens enthob. Die römische Führung ersetzte ihn durch einen Mann, der scheinbar aus dem Nichts zu kommen schien: Ananus, Sohn des Seth. Ananus, oder Hannas, wie er in den Evangelien genannt wird, erwies sich als weitaus geschickterer Stratege, und seine Familie sollte den Posten des Hohepriesters die nächsten 60 Jahre über innehaben. Doch obwohl sich Ananus und die Seinen als raffinierte politische Taktierer erwiesen, blieb die Vorstellung einer respektierten, mächtigen Führungsschicht reines Wunschdenken. Die Tempelelite hatte zwar die Macht, erlangte aber nie die Anerkennung des Volkes.[24]

Ich bezweifle, dass sie darüber unglücklich war. Auch wenn man ihr keinen Respekt entgegenbrachte, blieben ihr zum Trost viele Annehmlichkeiten und beachtliche Reichtümer. Bei Ausgrabungen in Jerusalem wurde in einem Haus in der Oberstadt ein Gewichtmaß zutage gefördert, in das der Name »Bar Kathros« eingraviert war. Kathros ist der Name einer Tempelpriesterfamilie. In der Nachbarschaft des Hauses befinden sich die Überreste weiterer monumentaler Anwesen, was darauf hindeutet, dass in dieser Gegend möglicherweise noch andere bedeutende Adelsfamilien Jerusalems ihren Wohnsitz hatten. Eine dieser Villen, die sogenannte »Prunkvilla«, umfasst rund 600 Quadratmeter. Ihre Wände waren mit Fresken im zeitgenössischen römischen Stil dekoriert; sie enthielt ein Stück aus der Werkstatt des berühmten Glasmachers Ennion von Sidon. Daneben fand man mehrere Bäder für rituelle Waschungen. Es gehörte zu den wichtigsten religiösen Vorschriften der Juden, sich zu waschen oder zu baden, um dadurch Reinheit zu erlangen. Bevor man den Tempel betrat oder ein Opfer darbrach-

te, musste man rein sein. Daher war Jerusalem voller Mikwen – rituellen Badeanstalten, wo sich orthodoxe Juden
reinigen konnten. Die beschriebene Villa hatte somit einen
wohlhabenden Besitzer, der großen Wert auf rituelle Waschungen legte: ein Haus also, das einem Hohepriester gehört haben könnte.[25]

Woher stammte dieser Wohlstand? Martin Goodman zufolge könnte eine Möglichkeit die Vergabe von Krediten gewesen sein. Wenn der Schuldner nicht in der Lage war, den
fälligen Betrag zurückzuzahlen, übernahmen sie dessen
Land. Es ist signifikant, dass die Aufständischen bei der Eroberung des Tempels zu Beginn der Revolte im Jahre 66 erst
einmal sämtliche Schuldscheine vernichteten. Dies ist ein
eindeutiger Beweis dafür, dass der Tempel als eine Art Bank
fungierte – tatsächlich die einzige Kreditbank, die es damals
überhaupt gab – und dass man diese Macht verabscheute.[26]
In späteren Kapiteln werden wir uns eingehender mit der
Finanzmacht des Tempels auseinandersetzen.

Die Hohepriester hatten also Geld. Und sie besaßen große Macht – eine Macht, die mit Gewalt durchgesetzt werden
konnte. Nicht nur im Neuen Testament finden sich Berichte
darüber, wie brutal die Tempelaristokratie mit ihren Gegnern verfuhr. Sowohl Josephus als auch andere jüdische
Schreiber deuten an, dass die verschiedenen hohepriesterlichen Gruppierungen keinesfalls davor zurückschreckten,
massive Drohungen und physische Gewalt einzusetzen. Die
Erinnerung an das Verhalten dieser Familien hielt sich lange
Zeit in der jüdischen Gesellschaft. Im babylonischen Talmud sagt Abba Saul ben Batnit:

Wehe mir vor dem Hause Boethos,
Wehe mir vor ihren Knüppeln!
Wehe mir vor dem Hause Hanin,
Wehe mir vor ihrem Getuschel!

Wehe mir vor dem Hause Kathros,
Wehe mir vor ihren Schreibstiften!
Wehe mir vor dem Hause Ismael ben Phiabi,
Wehe mir vor ihrer Faust!
Sie selbst waren Hohepriester, ihre Söhne waren Schatz-
meister [des Tempels], ihre Schwiegersöhne waren Verwah-
rer, und ihre Diener schlugen das Volk mit Stöcken.[27]

Da sieht man es: Sämtliche Hohepriesterfamilien sind in
diesem Spottlied vertreten – die Familien Boethos, Hanin,
Kathros und Phabi. Ihr Verhalten blieb noch lange im kol-
lektiven Gedächtnis – die Vetternwirtschaft, die physische
Gewalt, die Schläge mit Stöcken und Fäusten, die Kontrolle,
die sie über die Finanzwelt ausübten, die Tuscheleien und
Schriftstücke, die geheimen politischen Machenschaften der
Tempelmachthaber. Es waren Leute, die Macht besaßen und
wussten, wie man sie erhielt. Die Hohepriester beherrschten
Jerusalem nicht allein durch ihre Position in der Tempelhier-
archie – sie herrschten mit Stock und Faust.

Dies also ist die Gruppe von Menschen, die zu Jesu Zeiten
in Judäa an der Macht war. Eine von den Römern ernannte
adlige Elite, die den Tempel dazu benutzte, um selbst zu
Reichtum zu gelangen. Männer, deren Position ebenso ille-
gitim wie gefährdet war und die »das ausbeuterische Verhalten der jüdischen herrschenden Klasse« an den Tag legten.[28]
Dies soll nicht heißen, dass sie sich nicht um den Tempel
oder die von ihnen vertretene Religion sorgten. Ich glaube
sogar, dass ihnen sowohl der Tempel als auch das Überleben
des jüdischen Volkes leidenschaftlich am Herzen lagen, aber
wie alle Regierungen aus Kollaborateuren mussten sie wegen ihrer Verbindung zur Besatzungsmacht zahllose Zugeständnisse machen. Wenn man die Macht erst einmal hat,
wird es schwer, sie zu leugnen. Tatsache ist, dass sich nach
der Vernichtung des Tempels im Jahre 70 in keiner einzigen

jüdischen Quelle auch nur das geringste Bedauern über das Ende der Tempelaristokratie findet. Freilich vermisste man den Tempel, jedoch nicht diejenigen, die ihn verwaltet hatten.[29]

»Er gab mir den Auftrag, die gute Nachricht zu überbringen«

Wie in Jerusalem, so verhielt es sich auch im gesamten römischen Imperium. Überall im Reich lagen Wohlstand und Macht in den Händen einer kleinen Elite. Der Adel, vielleicht zwei oder fünf Prozent der Bevölkerung, herrschte über riesige Gebiete.[30] Am Ende mussten jene, die weiter unten auf der Leiter standen, für die Kosten der imperialen Besatzungspolitik aufkommen. Schätzungen der Steuerlast jüdischer Kleinbauern und Handwerker weichen zwar stark voneinander ab, doch gehen Historiker davon aus, dass zwischen 30 und 60 Prozent ihrer Produktion für Steuern aufgewendet werden mussten – neben den Steuern an die Römer war der Tempelzehnt zu entrichten, der von den Juden als Gottesschuld betrachtet wurde.[31]

Die Folgen dieses finanziellen Drucks waren erheblich. Eine schlechte Ernte, und schon begannen die Schwierigkeiten. Denn blieb zu wenig zum Leben, musste man sich etwas leihen, und dann benötigte man im nächsten Jahr schon eine Rekordernte, um die Schulden nebst Zinsen zurückzahlen zu können. Blieb diese aus … Im Endeffekt begann dann für viele Familien eine Abwärtsspirale in die Armut.

Die Thora (die ersten fünf Bücher der hebräischen Bibel, also Genesis, Exitus, Levitikus, Numeri und Deuteronomium) enthielt Gesetze zum Schutze der Menschen vor langfristiger Verschuldung. Die Regeln des Sabbats besagten, dass Schulden alle sieben Jahre verfielen. Paradoxerweise wurde es dadurch erheblich schwieriger, Geld zu borgen – schließlich verlieh niemand, der bei Verstand war, kurz vor dem Sabbatjahr noch Geld.

Rabbi Hillel fand jedoch einen Weg, dies zu umgehen, indem er einen Kredit einführte, der durch eine *prozbul* gesichert war – eine Erklärung, dass die Schuld im siebten Jahr nicht erlassen würde.[32] Vielleicht versuchte Hillel, einem geplagten Kleinbauern damit den dringend benötigten Kredit zu verschaffen. Im Endeffekt waren von da an jedoch die Sabbatregeln vollkommen außer Kraft gesetzt, und Dauerschuldverhältnisse wurden dadurch erst möglich.[33]

Woher aber konnte man Geld bekommen? Wie man heute eine Bank aufsucht, so hatte man zu Jesu Zeiten den Tempel als Kapitalgeber. Das Geld, das in den Tempel strömte, musste genutzt werden; man konnte es dort nicht einfach herumliegen lassen. Über hoch verzinste Darlehen an bedürftige Kleinbauern wurde das Vermögen in Grundbesitz investiert: Wenn die Kreditnehmer ihre Schulden nicht bezahlen konnten, fiel das Land den Kreditgebern zu.[34]

Das war also die Gesellschaft, in die Jesus hineingeboren wurde, in welcher er arbeitete, lehrte und seine Wunder vollbrachte: eine römische Provinz unter heidnischer Herrschaft, die auf lokaler Ebene von einer nicht legitimierten Führungsschicht verwaltet wurde; eine Militärdiktatur, die sich an ihren Bürgern bereicherte; ein Ort, wo es zwischen Reich und Arm eine gewaltige Kluft gab und wo für die meisten Menschen ein Leben in bitterer Armut noch durch das Bewusstsein verschlimmert wurde, dass sie den »Stiefeln der Soldaten« praktisch rechtlos ausgeliefert waren.

Kein Wunder also, dass sich so viele Menschen nach einem Retter, einem Helden, einem Messias sehnten.

»Wenn du der Christus bist,
dann sag uns das ganz offen«

Gehen wir zurück ins Jahr 32. In der kühlen Dezemberluft durchschreitet Jesus die königliche Halle, jene lange, überdachte Kolonnade im südlichen Teil des Tempels (Joh 10,22). Er ist bildlich und buchstäblich inkognito, wird jedoch erkannt. Die Juden scharen sich um ihn – sie »umringten ihn«, wie es in der Schrift heißt – und stellen ihn zur Rede. »Wenn du der Christus bist, dann sag uns das ganz offen«, fordern sie ihn auf. Ihre Fragen gründen sich auf dem jüdischen Glauben, dass Gott eines Tages einen Befreier, einen Auserwählten, einen Messias entsenden würde, mit dem ein neues Zeitalter jüdischer Herrschaft anbrechen soll.

Jesus entgegnet, er habe es ihnen bereits gesagt, doch habe man ihm nicht glauben *wollen*. Gewiss wollten einige derjenigen, die ihn im Tempel umringten, wirklich nichts davon glauben. Die Sadduzäer glaubten wahrscheinlich nicht an den Messias.[35] Aber nur, weil sie nicht an ihn glaubten, bedeutete das nicht, dass es ihnen egal gewesen wäre, wenn plötzlich einer auftauchte. Nicht jede jüdische Gruppierung fieberte der Ankunft eines Messias entgegen. Die Sadduzäer hatten unter den Römern eine gesicherte Machtposition inne. Zugegeben, es handelte sich um eine beschränkte Form der Macht, aber trotz allem war es Macht. Wenn nun aber der Messias käme, wie viel Macht bliebe ihnen dann noch? Die Geschichte zeigt, dass die Kollaborateure einer Besatzungsmacht der Befreiung ihres Volkes bestenfalls ambivalent gegenüberstehen. Sie wissen, dass man ihnen ihre Rolle nicht danken, sondern sie vielmehr als Verräter aufs Korn nehmen wird. Im Zweiten Weltkrieg machte sich der frühere Innenminister der von den Nazis autorisierten Vichy-Regierung, Pierre Pucheu, nach Nordafrika auf, um sich dort den freien französischen Truppen anzuschließen. Er nahm an, dass ihn seine ehemaligen Kameraden willkommen heißen würden, doch stattdessen war er das erste Mitglied der Vichy-Regierung, das man wegen Landesverrats anklagte. Und am Ende wurde er erschossen.[36]

Dasselbe geschah auch in Judäa. Als schließlich die Revolte ausbrach, war es nicht der römische Präfekt Felix, der den Klingen der Meuchelmörder als Erster zum Opfer fiel, sondern Jonathan, der ehemalige Hohepriester.[37] Dies ist das Schicksal derer, die mit »dem Feind« zusammenarbeiten.

Die an Jesus gerichtete Frage muss also nicht unbedingt von Hoffnung getragen gewesen sein. Jesus antwortete mit der klaren Aussage: »Ich und der Vater sind eins« (Joh 10,30) – einer Aussage, die von den anwesenden Autoritäten als äußerste Blasphemie betrachtet wurde. Daraufhin zitierte er Psalm 82, einen Psalm, in dem Asaf den Herrschern Israels vorwirft, »das Recht zu verdrehen« und »Partei zu ergreifen für Menschen, die sich« ihm »widersetzen«; einen Psalm, der für »die Wehrlosen und Waisen«, die »Armen und Bedürftigen« Gerechtigkeit fordert (Ps 82,1–4).

In der religiös aufgeheizten Atmosphäre Jerusalems endete auch dieser kurze Besuch Jesu wie so viele Besuche zuvor mit einer lebensbedrohlichen Situation. Wieder griffen die Juden nach Steinen, um ihn zu töten, berichtet Johannes. Sie versuchten, ihn festzunehmen, »aber er konnte ihnen entkommen« (Joh 10,31–39) und ging nach Osten, »auf die andere Seite des Jordan zurück und hielt sich dort auf, wo Johannes früher getauft hatte«. Dort, so heißt es, glaubten viele an ihn (Joh 10,42). In Jerusalem, wo eine politisch angespannte Atmosphäre herrscht und die Menschen eine längst vergangene Unabhängigkeit feiern, will man ihn steinigen. In der Wüste hingegen schenkt man ihm Glauben.

Wozu also diese Reise, fragt man sich. Warum tat Jesus das? Ging er nur deshalb nach Jerusalem, weil er die Tempelobrigkeit herausfordern wollte? Schlich er sich nach Jerusalem, um das Fest zu genießen und die Machthaber zu reizen?

Vielleicht nicht. Vielleicht diente der Besuch der Vorbereitung. Vielleicht plante er voraus. Vielleicht traf er sich mit Leuten: Menschen mit Zimmern, Menschen mit Eseln.

»Glücklich ist jeder, der nicht an mir Anstoß nimmt«

Der Besuch zeigt auf jeden Fall, dass Jesus die ausgeprägte Gabe besaß, Menschen gegen sich aufzubringen. Er konnte kaum den Mund öffnen oder sich zu einer Mahlzeit setzen, ohne dass sich jemand darüber aufregte. Bis zum Januar 33 hatte Jesus von Nazareth praktisch sämtliche wichtigen und einflussreichen Leute in Palästina befremdet, verärgert, zumindest aber verwirrt oder irritiert.

Nehmen wir einmal die Pharisäer als Beispiel. Die Pharisäer waren eine Bewegung, die eine Art Basis-Frömmigkeit anstrebte und gesteigerten Wert auf religiösen Gehorsam legte. Ihre Popularität in den Dörfern und ärmeren Stadtteilen lässt darauf schließen, dass man mit den »offiziellen« Vertretern der Heiligkeit, den Hohepriestern, anscheinend nicht ganz zufrieden war. Religiöse Massenbewegungen entstehen meist als Reaktion auf die herrschende Staatsreligion.

Im Gegensatz zu den aristokratischen Hohepriestern im Tempel hatten die Pharisäer einen Kanon mündlicher Lehren und Traditionen entwickelt, der das Gesetz erklärte, auslegte und interpretierte. Es war eine Art volksnaher Tempelkult, ein Weg, mit den komplexen Gesetzen der Thora im Alltag zurechtzukommen. Dies führte dazu, dass sich die Pharisäer einer gewissen Beliebtheit bei den Menschen erfreuten. Schließlich waren die mündlichen Traditionen ja aus dem Volk heraus entstanden. Sie spiegelten das Leben in den Dörfern und Weilern Palästinas mit all seinen Konflikten und Schwierigkeiten wider.[38] Die Pharisäer waren zudem offen für alle sozialen Schichten der jüdischen Gesellschaft. Vor allem aber waren sie nicht an der Macht. Obwohl sie im Sanhedrin, dem Hohen Rat, vertreten waren, bildeten die Pharisäer eine oppositionelle Gruppe. Wie jede Opposition genossen sie den Luxus, für nichts verantwortlich zu sein. Dass sie prinzipiell gegen die römische Besatzung Judäas eingestellt waren, tat ihrer Popularität ebenfalls keinen Abbruch.

Man sollte also meinen, dass eine solche Bewegung – eine Bewegung, die den einfachen Juden half, das Gesetz auszulegen und ein rechtschaffenes Leben zu führen – die Unterstützung Jesu hätte finden müssen. Tatsächlich fühlten sich einige Pharisäer von Jesu Lehren angesprochen, obwohl sie vorsichtig sein mussten, ihre Sympathie nicht offen zu zeigen. Wie die Pharisäer rief auch Jesus die Menschen zur Frömmigkeit auf. Sein Aufruf war jedoch ganz anderer Natur: Den Pharisäern und der Tempelobrigkeit ging es in erster Linie um einen äußeren Gehorsam, Jesus hingegen um eine innere Frömmigkeit.

Damit trat er in die Fußstapfen seines Verwandten Johannes' des Täufers. Johannes war ebenfalls Führer einer Heiligkeitsbewegung und einer gegen den Tempel gerichteten reaktionären Gruppe. Wie wir gesehen haben, legten die Juden großen Wert auf rituelle Waschungen, bei denen sich ein Pilger oder Gottesdienstbesucher reinigte, bevor er den Tempel betrat. Johannes scheint diesen Gedanken demokratisiert zu haben. Wozu ein Tempel oder spezielle Mikwen? Johannes versprach Reinigung und Vergebung schlicht dadurch, dass er die Menschen im Fluss untertauchte. Es war offensichtlich, dass Johannes – der, nicht zu vergessen, aus einer Priesterfamilie stammte – damit eine Alternative zum Tempel anbot.[39]

Jesus erweiterte diese Demokratisierung der Heiligkeit. Immer wieder verstieß er gegen die Reinheitsgebote, die einen so wichtigen Teil des pharisäischen Glaubens ausmachten. Er wusch sich nicht richtig (Mk 7,15), sah keine Notwendigkeit, zu fasten (Mk 2,19), war in gewisser Hinsicht flexibel im Umgang mit dem Sabbat (Mt 12,1–8) und erkannte nicht einmal den Vorrang der Gesetze Moses an (Mk 10,2–9).

Er verbrachte seine Zeit damit, mit jenen Elementen der Gesellschaft zu speisen und zu trinken, mit denen ein Prophet besser nicht in Berührung kam: den Prostituierten, Zollpächtern und Leprakranken. Er sprach mit Frauen. Schlimmer noch, er sprach mit samaritischen Frauen. *Alleinstehenden* samaritischen Frauen. Nicht genug damit, dass er das Fasten, die Regeln des Sabbats und die rituellen Waschungen missachtete – obendrein gab er sich noch regelmäßig mit unreinen Menschen ab. Für die gesetzestreuen Juden der damaligen Zeit war es unerhört zu sagen, dass die unreinen, ungläubigen Samariter dem Königreich Gottes möglicherweise näher seien als sie selbst. Nicht nur die Pharisäer, sondern jeder patriotische Jude musste dies als zutiefst beleidigend empfinden.[40]

Jesus rührte sogar an eines der unumstößlichsten Tabus überhaupt: die Beerdigung der Toten. Diese Pflicht galt als absolute Priorität. Dinge zu sagen wie »Komm jetzt mit mir, und überlass es den Toten, ihre Toten zu begraben« (Mt 8,22) war ein Affront. Für einen Juden brachte ihn das in Konflikt mit der Thora: Die Zehn Gebote schrieben vor, Vater und Mutter zu achten.

Jesu Auffassung von Reinheit wird in einer Aussage deutlich, die sämtliche jüdischen Reinheitsgesetze auf einen Schlag zu untergraben schien:

Dann rief Jesus die Menschenmenge zu sich. »Hört, was ich euch sage, und begreift doch: Nicht was ein Mensch zu sich nimmt, macht ihn unrein, sondern das, was er von sich gibt.« (Mk 7,14.15)

Viele Wissenschaftler haben diese Sätze in Frage gestellt, weil sie darin weniger die allgemeine Auffassung Jesu als vielmehr die spätere christliche Praxis widergespiegelt sahen. Dennoch: Die schiere Anzahl von Geschichten, in denen Jesus die jüdischen Reinheitsgesetze bricht, deuten zumindest auf eine frühe Tradition hin. Wie sein Verwandter Johannes definierte sich auch Jesus zu einem gewissen Grade dadurch, dass er eine strikte Befolgung jüdischer Reinlichkeitsvorschriften ablehnte. Martin Hengel zufolge bildete die Thora für Jesus »keinen absoluten Maßstab mehr … im Gegensatz zum Großteil seiner jüdischen Zeitgenossen stand Jesus nicht unter, sondern über dem Gesetz, das Moses auf dem Berg Sinai empfangen hatte.«[41]

Und um dem Ganzen die Krone aufzusetzen, erzählte Jesus Geschichten, aus denen eine klare Abneigung gegen die Pharisäer sprach.[42] Seine Beharrlichkeit, in eigenem Namen und unter seiner eigenen Autorität zu lehren, war mit der pharisäischen Praxis nicht vereinbar, die sich stets auf die Thora berief. Er hingegen gebrauchte die Heilige Schrift auf zutiefst subversive Weise.[43] Wie bereits erwähnt, war es damals für religiöse Führer wichtig, als »weise« zu gelten.[44] Wer das Gesetz verstand, erlangte Glaubwürdigkeit beim Volke. Ein Mann wie Rabbi Gamaliel hatte gewaltigen Einfluss in der Bevölkerung, weil er als weiser Gelehrter der Thora galt (Apg 5,34).[45]

Jesus machte sich bei den religiösen Führern der Pharisäer und Sadduzäer bestimmt nicht dadurch beliebt, dass er sie als Idioten hinstellte. Doch er hatte eine solche Ausstrahlung, dass sich jedermann hinsetzte und ihm zuhörte; er erzählte Geschichten, die das Zuhören lohnten. Er hatte für alles eine Antwort – und auch eine Frage.

Statt den Pharisäern Respekt für ihre Lehren zu zollen, griff er sie an. Er bezichtigte sie der Heuchelei, machte sich über sie lustig und verwies immer wieder darauf, dass sie zwar peinlichst genau die Gesetze beachteten, es an simpler Gerechtigkeit jedoch bisweilen fehlen ließen. Wo die Pharisäer glaubten, den Menschen bei der Anbetung zu helfen, beschuldigte er sie, ihnen durch ein verwirrendes Regelsystem eine zusätzliche Last aufzubürden. Jesus wollte alle Menschen in das Reich Gottes bringen. An diesem Fest wollte er auch die Außenstehenden und Ausgestoßenen uneingeschränkt teilhaben lassen. Nicht, dass seine Überzeugung weniger anspruchsvoll gewesen wäre, doch war sie weitaus weniger exklusiv.

Die Pharisäer waren also nichts als »Heuchler« und Lügner. Die Liste seiner Gegner war damit jedoch noch lange nicht zu Ende. Auf einen Großteil der orthodoxen Juden müssen Jesu Handlungen und Aussagen provokativ gewirkt haben. Herodes Antipas, der Herrscher von Galiläa, war ein »Fuchs«, der Jesus töten wollte (Lk 13,31–32); die Juden im Tempel waren über seine Behauptungen derart erzürnt, dass sie ihn steinigen wollten (Joh 10,31–39). Seine eigene Familie stand nicht hinter ihm (Joh 7,8). Nur die Römer hatten noch keinen Anstoß genommen – wahrscheinlich, weil sie noch nicht mit ihm zu tun gehabt hatten. Sogar Johannes den Täufer hatten Zweifel befallen. Als er in Herodes Antipas' Gefängnis einsaß, ließ er Männer zu Jesus schicken, um ihm eine Schlüsselfrage zu stellen: »Bist du wirklich der Retter, der kommen soll, oder müssen wir auf einen andern warten?« (Lk 7,19) Als Antwort verwies Jesus schlicht auf seine Taten: »Blinde sehen, Gelähmte gehen, Aussätzige werden geheilt, Taube hören, Tote werden wieder lebendig, und den Armen wird die rettende Botschaft verkündet! Und sagt ihm: *Glücklich ist jeder, der nicht an mir Anstoß nimmt«* (Lk 7,22.23).

Das ist das Erste, was es zu beachten gilt, betrachtet man den historischen Jesus in den Evangelien: Er wollte auch die Außenstehenden zu sich holen. Dabei bewies er die Gabe eines echten Radikalen: Er war den Mächtigen ein solcher Stachel im Fleisch, dass sie ihn nicht ignorieren konnten.

Seine Angriffe auf die Pharisäer und seine laxe Haltung in Sachen Reinheit wirkten auf die Pharisäer und andere religiöse Gruppen mehr als befremdlich. Daneben predigte er Gewaltlosigkeit und beharrte darauf, man solle seine Feinde lieben, was ihn wiederum den politischen Aktivisten seiner Tage verhasst machte. Die Historiker sind sich uneinig, in welchem Ausmaß es damals in Judäa bewaffneten Widerstand gegen Rom gab. Berichten zufolge hatte jedoch zumindest einer von Jesu Jüngern Verbindungen zu einer politischen Gruppe: Simon der Zelot. Die Zeloten waren Linksradikale, eine Art gewaltbereiter Flügel der Pharisäer, wenn man so will. Sie riefen zu Guerilla-Aktionen gegen Rom auf und dazu, die Steuern zu verweigern und jegliche finanzielle Unterstützung einzufrieren. Es waren die Zeloten (mit mehrheitlicher Unterstützung der Pharisäer), die während der großen Revolution von 66 die Kontrolle über Jerusalem erlangten – mit katastrophalen Folgen.

Wie aktiv sie zu Zeiten Jesu waren, ist strittig, doch wissen wir, dass es bewaffneten Widerstand gab, und wenn auch nur von Seiten der Leute, die man neben Jesus ans Kreuz schlug. Es ist wahrscheinlich, dass eine konstante, unterschwellige Auflehnung gegen Rom und die jüdischen Kollaborateure an der Tagesordnung war, die über die Jahrzehnte zunahm und im Jahre 66 schließlich in den ersten Jüdischen Krieg mündete. Für jene, die den bewaffneten Widerstand gegen Rom befürworteten, wäre es unmöglich gewesen, »ihre Feinde zu lieben«. Selbst für die Kirche ist dies stets eine schwierige und bisweilen unhaltbare Forderung gewesen. Wir können jedoch sicher sein, dass sie den Kern von Jesu Lehre bildete.[46] Er stellte den bewaffneten Kampf als Mittel zur Veränderung in Frage und erzählte sogar eine Geschichte darüber, dass sich das Reich Gottes nicht erzwingen lässt (Mk 4,26 ff.).

Bei alledem sollten wir nicht vergessen, dass nur eine kleine Minderheit des jüdischen Volkes aktive Mitglieder oder Anhänger dieser politisch-religiösen Sekten waren. Unter den rund 500 000 jüdischen Einwohnern befanden sich nach Schätzung des Josephus rund 6000 Pharisäer, etwas über 4000 Essener und nur sehr wenige Sadduzäer.[47] Trotzdem waren sie einflussreich. Und Jesus hatte sie alle verärgert.

Es gab jedoch eine Bevölkerungsgruppe, bei der sich Jesus ungebrochener Beliebtheit erfreute: die Armen und die Ausgegrenzten. Die Armen sahen in Jesus einen der Ihren. Jesus beharrte darauf, die Welt mit den Augen der Armen zu sehen. Er verstand die Armen, weil er selbst arm war. Jesus begriff, dass die Armen mehr als nur Nahrung brauchten, dass sie Gott dienen und einen Platz in Gottes Königreich finden wollten. Er erkannte aber auch, dass diesem Ziel zahlreiche Hürden im Weg standen. Und was eigentlich den direkten Weg zu Gott bilden sollte, stellte in Wahrheit das größte Hindernis dar.

Wie es Jesus an Unterstützung durch die Mächtigen fehlte, so konnte er sich der gewöhnlichen Menschen sicher sein. Sie liefen zusammen, um ihn predigen zu hören, und riefen ihn um Heilung an. Und wie wir noch sehen werden, wandten sie sich niemals gegen ihn, egal, was die Machthaber auch sagen mochten.

Gegen Ende des Jahres 32 hatten Jesu Lehren und Wunder, seine Sympathien für die Armen, Ausgegrenzten und Unreinen sowie seine Missachtung religiöser Führer weithin zu Misstrauen und sogar Feindseligkeit ihm gegenüber geführt. Doch trotz der Bereitschaft vieler, gegen ihn mit Gewalt vorzugehen, gab es keineswegs eine durchdachte, einheitliche Strategie, ihn zu beseitigen. Offenbar betrachtete man ihn nicht als große Gefahr.

Zu Beginn des Frühjahrs des Jahres 33 tat Jesus jedoch etwas, wodurch sich schlagartig alles änderte, etwas *wirklich* Unerhörtes: Er erweckte einen Mann von den Toten.

Die Erweckung des Lazarus

Ort: Der Friedhof von Betanien
Zeit: Frühjahr 33 n. Chr.

Jesus blieb noch einige Zeit auf der anderen Seite des Jordan, bis er irgendwann zu Beginn des Frühjahrs 33 einen Hilferuf erhielt. Sein Freund Lazarus von Betanien war krank, und die Schwestern Maria und Marta hatten Jesus die dringende Botschaft gesandt, er möge zu Hilfe eilen. Obwohl sich Jesus vermutlich noch »auf der anderen Seite des Jordan« aufhielt, war er nur etwas über 30 Kilometer von Betanien entfernt, vielleicht einen Tagesmarsch. Trotzdem verschob er diese Reise und wartete noch zwei Tage, während deren Lazarus verstarb.

Warum aber wartete Jesus? Den Grund dafür sieht Johannes darin, dass er wusste, was geschehen würde; er bereitete ein Zeichen vor (Joh 11,4–6). Vielleicht war ihm auch unwohl bei dem Gedanken, schon so bald wieder an einen Ort zurückzukehren, an dem man ihn bedroht hatte. Betanien liegt nur etwa 2,7 Kilometer von Jerusalem entfernt, also durchaus noch innerhalb der Reichweite der Tempelobrigkeit. Die Jünger waren sich dieser Gefahr wohl bewusst: Als sich Jesus schließlich aufmachte, dem Hilferuf zu folgen, sagten sie: »Meister, vor kurzem haben die Leute in Judäa versucht, dich umzubringen. Und jetzt willst du wieder dorthin?« (Joh 11,8) Als Jesus darauf beharrt zu gehen, bringt der ewige Pessimist Thomas die Stimmung auf den Punkt: »Ja, lasst uns mit Jesus nach Judäa gehen und dort mit ihm sterben« (Joh 11,16).

Jesus und seine Anhänger überquerten also den Jordan und gingen zu dem in der Nähe Jerusalems gelegenen Betanien. Dort aber rief Jesus auf dem nur wenig außerhalb des Dorfes gelegenen Friedhof Lazarus aus seinem Grab und erweckte ihn wieder zum Leben. Die Frage, wie er einen Toten zu neuem Leben erweckt haben könnte, gibt den Historikern einige Rätsel auf. Ich werde mich später mit dem Thema Wiederauferstehung befassen und dabei auch einen Blick auf den Haushalt von Maria, Marta und Lazarus werfen. Im Augenblick jedoch soll die Feststellung genügen, dass man Jesus – was immer wir von seinen Wundern auch halten mögen – von Anfang an Wunderheilkräfte zuschrieb. Er stand für Akte der Heilung und Erlösung, die er dank übernatürlicher Kräfte vollbrachte.

Der Effekt dieser Handlung, und das zählt hier in erster Linie, war enorm. Jesus hatte nicht nur ein Wunder vollbracht oder Marta und Maria den Bruder wiedergegeben. Nein, als der Hohe Rat, der Sanhedrin, von der Erweckung erfuhr, läuteten im Tempel die Alarmglocken:

Darauf beriefen die Hohenpriester und Pharisäer eine Sitzung des Hohen Rates ein. Sie fragten sich: »Was sollen wir bloß tun? Dieser Jesus vollbringt viele Wunder, und wenn wir nichts gegen ihn unternehmen, wird bald das ganze Volk an ihn glauben. Dann werden die Römer eingreifen, und schließlich haben wir keinen Tempel mehr und auch keine Macht über das Volk.« Einer von ihnen, Kaiphas, der in diesem Jahr Hoherpriester war, sagte zu ihnen: »Ihr begreift gar nichts. Überlegt doch einmal: Für uns alle ist es besser, wenn einer für das Volk stirbt, als dass ein ganzes Volk zugrunde geht.« (Joh 11,47–50)

Hier wird zum ersten Mal einer der wichtigsten Akteure des Spiels genannt, das gerade beginnt: Kaiphas, der Hohepriester.

»Für uns alle ist es besser, wenn einer für das Volk stirbt, als dass ein ganzes Volk zugrunde geht«

Im Jahre 1990 fanden Archäologen in einer Höhle im Norden des Jerusalemer Vorortes Talpiot zwölf Ossarien – Behältnisse für die Gebeine von Toten. Sechs davon waren unangetastet, und in einem davon fand sich eine Münze aus der Zeit Agrippas (42–43 n. Chr.). Zwei dieser Ossarien trugen den Namen Kaiphas, und eines beinhaltete die Knochen eines etwa 60-jährigen Mannes. Freilich kann man nicht sicher sein, dass es sich dabei um den Hohepriester Kaiphas handelte, doch war es eine reich ausgestattete Grabstätte – und Kaiphas war ein wohlhabender Mann.[48]

Als Lazarus aus dem Grab stolperte und im Sonnenlicht blinzelte, war Kaiphas bereits seit etwa 15 Jahren Hohepriester, was angesichts der politischen Unbeständigkeit seiner Zeit äußerst beachtlich ist.[49] Das Ganze war schließlich eine hochpolitische Angelegenheit, da das Amt des Hohepriesters zwar ein im Grunde religiöses Amt war, aber sozusagen als Geschenk des römischen Präfekten aus rein politischen Erwägungen heraus vergeben wurde. Jedes Jahr sollte die Amtsvergabe neu überprüft werden. Die Römer hatten eine Politik der Rotation eingeführt, bei welcher das Amt des Hohepriesters stets an ein Mitglied aus drei oder vier verschiedenen Familien vergeben wurde. Bei diesen handel-

te es sich um die Adelsfamilien von Judäa, die ihre Legitimation wiederum über den Tempel und ihren priesterlichen
Status bezogen. Mitglieder der herrschenden Klasse verwie-
sen stolz auf ihre Abstammung aus einer Hohepriesterfamilie oder sicherten sich durch gezielte Heirat den Zugang zu
diesen Familien.[50] Für die Söhne der angesehensten Hohepriesterfamilien wurde mit größter Sorgfalt die richtige
Partnerin ausgewählt, und die Priester selbst achteten streng
darauf, ihre Ehre und Position nicht dadurch zu beschä-
digen, dass sie sich mit den unteren Klassen vermischten,
deren Frauen durch eigener Hände Arbeit zum Lebensunterhalt beitragen mussten.[51] Das Ergebnis war eine Art religiöser Aristokratie, innerhalb deren die Macht unter den
Mitgliedern derselben Familien weitergereicht wurde. Kaiphas wurde im Jahre 18 ernannt und blieb bis 36 im Amt.
Sein Schwiegervater Hannas war von 6 bis 15 Hohepriester
gewesen. Allein fünf von Hannas' Söhnen – Kaiphas' Schwä-
ger also – bekleideten dasselbe Amt.[52]

Kaiphas hielt sich möglicherweise nur deshalb so lange als
Hohepriester im Amt, weil er in der Lage war, Pontius Pilatus für dieses Privileg zu bezahlen.[53] Andererseits gab es genügend reiche Leute in Judäa. Weitaus wahrscheinlicher ist
es also, dass Kaiphas seine Arbeit gut machte und sich mit
Pilatus prächtig verstand. Es ist sicher bezeichnend, dass
nur wenige Monate, nachdem Pilatus aus Judäa abkommandiert wurde, Kaiphas ebenfalls ersetzt wurde. Wie auch immer, die Geschichte lehrt uns zumindest eines über Kaiphas:
dass er es verstand, sein Amt zu behalten.

Und es war ein Amt, das zu behalten sich durchaus lohn-
te. Als Hohepriester befand sich Kaiphas in einer einflussreichen Position, selbst wenn die Römer das letzte Wort
hatten. Es war die Kontrolle über den Tempel, die dem Hohepriester seine Macht verlieh. Wir neigen dazu, uns den
Tempel als riesige Kirche vorzustellen, tatsächlich jedoch

war er eine weitaus größere und mächtigere Institution. Der Tempel war mehr als nur ein Ort der Andacht, er war vielmehr der wirtschaftliche Motor Jerusalems, schlicht das größte Unternehmen der Stadt und unstrittig der wichtigste Arbeitgeber. Unablässig wurde daran gebaut. Tiere mussten geschlachtet werden. Man brauchte Arbeitskräfte für die Verwaltung des Tempels, Sklaven und Diener für die Reinhaltung und den reibungslosen Ablauf. Für die Opferzeremonien wurden Getreide, Holz, Rinder, Schafe, Vögel, Olivenöl, Früchte und Weihrauch gebraucht, die erst einmal geliefert sein wollten. Im Gegenzug erlangte der Tempel seinen enormen Reichtum durch eine jährliche Spende eines jeden Juden in der gesamten griechisch-römischen Welt sowie den Zehnten der landwirtschaftlichen Produktion aller Menschen in Judäa und darüber hinaus.[54]

Kaiphas muss bereits ein reicher Mann gewesen sein, als er das Amt antrat, da der Hohepriester bestimmte wichtige Opferzeremonien – etwa die am Versöhnungstag – aus eigener Tasche finanzieren musste. Die Evangelien berichten, dass Kaiphas in einem Anwesen mit Pförtnerhaus und Dienerschaft wohnte, welches, wie bereits erwähnt, höchstwahrscheinlich in der reichen Oberstadt lag. Wenngleich keine Daten über das Einkommen eines Hohepriesters vorliegen, so muss es doch beträchtlich gewesen sein. Vermutlich wurde es aus der Tempelkasse bezahlt. Und da Kaiphas als Hohepriester die Schlüsselpositionen, darunter auch die des Tempelschatzmeisters, mit eigenen Verwandten besetzte, können wir schließen, dass dadurch auch diese Zugriff auf ein immenses Kapital hatten.[55]

Der Posten des Hohepriesters hatte also enorme Vorzüge, doch war er auch mit einem hohen Risiko verbunden. So etwas wie Arbeitsplatzsicherheit gab es nicht: Eine einzige Entscheidung Roms, und der Hohepriester wurde seines Amtes enthoben; eine einzige Entscheidung des Kaisers, und die Juden verloren ihren heiligsten Besitz – den Tempel. Es war eine schwierige Aufgabe, die Beziehungen zu Rom zu unterhalten; stets drohte alles aus religiösem Fanatismus durcheinanderzugeraten. So wurden denn auch die Konflikte, die unter der Herrschaft von Pilatus entstanden, fast ausnahmslos durch religiöse Spannungen ausgelöst. Mal ging es dabei um den Gebrauch von Bildnissen, dann wieder um die Reinheit des Tempels oder die Verwendung des heiligen Geldes. Ironischerweise war es religiöser Übereifer, der für Kaiphas und seine Mitstreiter die größte Gefahr darstellte – dabei sollten sie doch die Religion schützen und verteidigen.

Daher rührte wohl auch Kaiphas' Sorge bei dieser Sitzung des Hohen Rates, denn Jesu Handlungen und wachsende Popularität wurden als Bedrohung des Tempels und des jüdischen Volkes verstanden. Tempel und Volk waren untrennbar miteinander verbunden: In gewisser Hinsicht *war* der Tempel das Volk. Er war ein Symbol und stand für das Volk. In einer von heidnischen Mächten beherrschten Welt bot der Tempel den Juden ein letztes Stück Unabhängigkeit. Darüber hinaus war es der einzige Ort, zu dem die Römer keinen Zugang wagten. Sie beobachteten den Tempel. Von der ihn überblickenden Festung aus behielten sie ihn stets im Auge. Bis zu einem gewissen Grade kontrollierten sie auch den Gottesdienst, indem sie das Gewand des Hohepriesters unter Verschluss hielten. Trotzdem war der Tempel der einzige Ort auf der Welt, der den Juden gehörte. Etwa 30 Jahre später, am Vorabend des Jüdischen Krieges, soll Agrippa darum eben diese Bedrohung vorhergesagt haben, dass die Römer diesen heiligen Ort niederbrennen und so das Volk auslöschen würden.[56]

Um eben dieser Bedrohung – dem Alptraum, dass die Juden alles verloren, was sie hatten – zu begegnen, soll Kaiphas vorgeschlagen haben, dass Jesus »für das Volk stirbt«.[57]

Was man brauchte, war ein Kompromiss. Und mit Kompromissen kannte sich Kaiphas als Sadduzäer bestens aus.

»Am selben Tag kamen einige Sadduzäer zu Jesus. Diese Leute behaupteten, es gäbe keine Auferstehung der Toten«

Allgemein gelten die Sadduzäer, wenngleich theologisch konservativ, als politische Verbündete Roms, als reiche Adlige, die eine weltliche, hellenisierte Lebensart pflegten und als hohepriesterliche Klasse die Macht im Tempel ausübten. Die Widersprüche innerhalb dieser Auffassung liegen auf der Hand. Eine konservative, nach der Thora ausgerichtete Religiosität passt nicht besonders gut zu einem griechisch-römischen Lebensstil.

Die Herkunft der Sadduzäer liegt im Dunkeln. Erstmalig finden sie im 2. Jahrhundert v. Chr. in der Zeit der Hasmonäer Erwähnung, jedoch eher als politische Gruppierung denn in einem religiösen Zusammenhang. Die Sadduzäer hatten zur Zeit Jesu jedoch außer dem Namen nicht mehr viel mit ihren Vorfahren gemein.[58] In den zeitgenössischen Berichten findet sich nicht allzu viel über die Sadduzäer. So tauchen sie etwa in den Evangelien, in der Apostelgeschichte und in den Schriften des Josephus auf. (Spätere Erwähnungen der Sadduzäer in den Werken christlicher Autoren beziehen sich zumeist auf die Evangelien.) In der Mischna finden sich einige Berichte über Konflikte zwischen Pharisäern und Sadduzäern, doch als dieses Material gesammelt wurde, waren die Sadduzäer offenbar bereits vollkommen von der Bildfläche verschwunden.[59]

Josephus sagt, die Lehren der Sadduzäer seien »nur von wenigen angenommen worden, doch waren dies jene von höchster Würde«[60].

Einen weiteren Hinweis enthält folgende Passage, in der Josephus schreibt:

> Ich möchte nun berichten, dass die Pharisäer den Menschen viele von ihren Vätern überlieferte Regeln auferlegen, die nicht in den Gesetzen Mose geschrieben stehen. Aus diesem Grunde lehnen die Sadduzäer diese ab und sagen, dass wir nur die Regeln des geschriebenen Wortes zu befolgen haben, nicht jedoch, was uns von unseren Vorvätern überliefert ist. Dadurch ist es zwischen ihnen [und den Pharisäern] zu großem Streit und Zwistigkeiten gekommen. Die Sadduzäer können außer den Reichen niemanden überzeugen und finden beim gemeinen Volk keine treue Gefolgschaft, die Pharisäer hingegen haben die Masse auf ihrer Seite ...[61]

Beide Stellen stimmen in einem Punkt überein: Theoretisch stand es zwar jedermann aus jeder beliebigen Schicht frei, den Lehren der Sadduzäer zu folgen, doch war das Gros ihrer Anhänger vorrangig wohlhabend und politisch einflussreich.

Wenngleich Josephus behauptet, die Sadduzäer hätten sich späteren jüdischen Traditionen verweigert, so wäre es doch praktisch unmöglich gewesen, die Thora ohne jede Auslegung zu befolgen. Es scheint aber, als hätten die Sadduzäer zumindest die Auslegungen der Pharisäer abgelehnt. Dies könnte auch an einem gewissen Klassenunterschied gelegen haben: Die mündlichen Gesetze der Pharisäer entsprangen dem Leben in den Dörfern und Gemeinden Judäas und Galiläas. Die komplexere Auslegungsweise der Sadduzäer hingegen entsprach möglicherweise dem Denken der reicheren, gehobenen Schichten Jerusalems.

Josephus zufolge lehnten sie darüber hinaus das Konzept eines vorbestimmten Schicksals ab:

Was die Sadduzäer anbelangt, so gibt es für sie kein Schicksal. Sie sagen, dass es so etwas nicht gebe und dass die Ereignisse im Leben eines Menschen nicht vorbestimmt seien. Sie glauben vielmehr, dass all unsere Handlungen in unserer eigenen Macht stehen, so dass wir selbst der Grund für das Gute sind und uns Böses nur durch unsere eigene Torheit einhandeln.[62]

Dies ist eine unmissverständliche Botschaft, die begreiflich macht, warum die Sadduzäer hauptsächlich einer reichen Elite angehörten. Wenn man arm und unterdrückt ist, wenn man unter der römischen Steuerlast ächzt und der spärliche Grundbesitz vom Adel zwangsgepfändet wurde, hört man nicht gerne, dass man daran noch selbst schuld sein soll.

Gemeinhin wird behauptet, die Sadduzäer seien die priesterliche Klasse gewesen. Hier bewegen wir uns auf weitaus dünnerem Eis, denn weder Josephus noch die späteren rabbinischen Schriften geben einen Hinweis darauf, dass die Sadduzäer die Priesterschaft gestellt hätten.[63] Auch das Neue Testament unterscheidet zwischen den beiden: In Kapitel 4, Vers 1 der Apostelgeschichte ist die Rede von »einige(n) Priester(n), de(m) Hauptmann der Tempelwache und ein paar Sadduzäer(n)«. Die Priester mussten demnach nicht zwangsläufig Sadduzäer sein. Wie wir noch sehen werden, gab es auch Priester in den Reihen der Pharisäer.

Nicht alle Hohepriester waren also Sadduzäer, aber einige Sadduzäer waren Hohepriester. Insbesondere wissen wir von einem Hohepriester, der ein Sadduzäer war: Ananus ben Ananus, der im Jahre 62 für die Hinrichtung von Jakobus, dem Bruder Jesu, verantwortlich war. Hier noch einmal Josephus:

Es wird nun berichtet, dass Ananus dem Älteren höchstes Glück beschert war, hatte er doch fünf Söhne, die alle das

Amt des Hohenpriesters vor Gott innehatten. Er selbst hatte diese Würde zuvor länger getragen als jeder andere unserer Hohenpriester. Ananus der Jüngere hingegen, der, wie wir bereits geschildert haben, ebenfalls die Hoherpriesterschaft annahm, war ein Mann von kühnem Gemüt und äußerst anmaßend. Zudem gehörte er der Sekte der Sadduzäer an, die bei der Verurteilung ihrer Gegner strenger als alle anderen Juden sind, wie wir bereits beobachtet haben.[64]

Dieser »jüngere Ananus« war der Sohn des Ananus oder Hannas, den wir später noch kennenlernen werden. Er war einer von fünf Brüdern, die zum Hohepriester geweiht wurden. Sie stammten aus dem Hause Hanin, das wir bereits aus jenen Zeilen kennen, in denen ihr »Getuschel« angeprangert wird. Bezeichnenderweise war auch Kaiphas Teil dieser großen Familie: Er war Hannas' Schwiegersohn. Wir haben es hier also mit einer Dynastie zu tun. Es ist höchstwahrscheinlich, dass der jüngere Ananus einfach nur der Familientradition folgte: Sie alle waren Sadduzäer. Es war ihr Glaube, ihr Bekenntnis, ihre politische Orientierung. Ihr Umgangston ähnelte dem einer modernen politischen Partei. Josephus schrieb: »Das Verhalten der Sadduzäer untereinander ist bisweilen recht heftig; und ihre Unterhaltung mit jenen, die aus ihren eigenen Reihen stammen, ist so barbarisch, als wären es Fremde.«[65]

Wenn Kaiphas ein Sadduzäer war, würde das erklären, warum die Erweckung des Lazarus das Fass zum Überlaufen brachte. Wie man mit Sicherheit weiß, gab es einen wichtigen Punkt, in dem sich die Sadduzäer von den Pharisäern abgrenzten, und das war die Wiederauferstehung der Toten. »Die Sadduzäer glauben, dass die Seele mit dem Körper stirbt«, schreibt Josephus.[66] Der Streit zwischen den Sadduzäern und den Pharisäern um dieses Thema war so heftig, dass jeden Augenblick ein Kampf ausbrechen konnte. Paulus setzte diesen schwelenden Streit geschickt ein, um bei seiner Verhandlung vor dem Sanhedrin Unruhe zu stiften. Alles, was er zu tun hatte, war, eine entsprechende Bemerkung fallen zu lassen, und die ganze Versammlung spaltete sich in zwei Lager (Apg 23,4–8). Durch die Wiedererweckung des Lazarus entfachte Jesus also nicht nur den nationalistischen messianischen Reformeifer, sondern er untergrub damit auch die gesamte sadduzäische Lehre. Denn was war das Leben des Lazarus, wenn nicht ein Leben nach dem Tode?

Die Sadduzäer können also nicht als reine Priesterklasse gesehen werden. Sie waren auch nicht der liberale Flügel des Judentums, der gegen die fundamentalistischen Pharisäer stand. Wenn überhaupt, verhielt es sich umgekehrt. *Sie* waren diejenigen, die sich ausschließlich an der Schrift orientierten. Ihre Praxis gründete sich auf die Thora, und zwar ausschließlich auf die Thora. Sie waren, den Worten Goodmans zufolge, »radikale biblische Fundamentalisten«. Und in den letzten Tagen Jesu waren sie an der Macht.

Macht auszuüben kann jedoch unangenehmer sein, als wir uns das vorstellen. Sobald sie nämlich an die Macht gelangen, erkennen alle Fundamentalisten, dass die Welt nicht simplen dogmatischen Linien folgt. Gewiss, Kaiphas besaß die Macht im Tempel – Josephus aber behauptet, dass die durchschnittlichen Juden »hinsichtlich Gebet und Opfern« die pharisäischen Praktiken befolgten. Auf lokaler Ebene übernahmen die Sadduzäer vielleicht tatsächlich nur ungern die Macht, weil dies schlicht zu viele Kompromisse zwischen ihrer Lehre und dem Volk von ihnen erforderte:

Wenn sie widerwillig und nur unter Zwang bisweilen Magistrate werden, verschreiben sie sich den Lehren der Pharisäer, weil die große Mehrheit sie ansonsten nicht akzeptieren würde.[67]

Die Kompromisse beschränkten sich aber nicht nur auf die lokale Ebene. In Tempeln der gesamten griechisch-römischen Welt wurde der Kaiser wie ein Gott verehrt. Ihm wurden Opfer dargebracht. Im Tempel von Jerusalem hingegen war das anders: Mit Rücksicht auf den jüdischen Glauben wurde dort nicht dem Kaiser, sondern seiner Gesundheit und dem Wohle des römischen Volkes geopfert. Mit anderen Worten: Die Römer bestanden zwar auf gewissen Opfern und Ehrbezeugungen, doch durften diese in eine Sprache verpackt werden, die für jüdische Ohren nicht beleidigend klang.

Jedenfalls nicht für *alle* jüdischen Ohren. Selbst innerhalb des Tempels kam es wegen dieses Kompromisses zu Unstimmigkeiten. Im Jahre 66, am Vorabend des Krieges gegen Rom, war dieses tägliche Opfer das Ziel der ersten revolutionären Reform. Einige der revolutionären Eiferer unter den Priestern beschlossen, nicht länger Opfer für Ausländer oder zugunsten Cäsars darzubringen. Ein Mann namens Eleasar war es, der Schluss mit diesen Opferritualen machte. Er war der Hauptmann des Tempels, also eine Art Vize-Herrscher im Tempel, und Sohn eines ehemaligen Hohepriesters (der nicht zum Hause Hanin gehörte).[68] Eleasars hitzköpfige Aktion fand nicht die volle Unterstützung, und unter seinen Gegnern waren »viele Hohepriester und Männer von höchstem Rang«.[69] Offensichtlich störten sich durchaus nicht alle adligen Familien an diesen Opferritualen.

Kaiphas, Hohepriester und Sadduzäer, war also ein Meister des Kompromisses. Als Sadduzäer hätte er jedwedes Opfer ablehnen müssen, das nicht in der Thora beschrieben war, doch als Hohepriester musste er dieser Neuerung zustimmen. Mehr als jeder andere verstand er, wie sehr Tempelandacht nur durch den guten Willen der Römer überlebte. Und dieses Opfer war beileibe nicht das einzige Zeichen der römischen Macht: Das Ornat, das der Hohepriester zu hohen Festen anlegte, wurde von den Römern unter Verschluss gehalten. Es wurde Kaiphas nur für die Dauer des jeweiligen Festes überlassen und danach wieder in römische »Sicherheitsverwahrung« zurückgegeben. Es war, als besäße Rom die Schlüssel zur jüdischen Religion. Den Juden stand es frei, mit dem Auto eine Spritztour zu unternehmen, aber nur, wenn die Römer ihnen die Schlüssel überließen.

In diesem Licht zeugt Kaiphas' Äußerung über Jesus, »wenn einer für das Volk stirbt …«, von einem tiefen Verständnis der politischen Lage in Judäa. Jeden Tag wurden im Tempel ein Bulle und ein Lamm geopfert, einzig und allein, um die Römer bei Laune zu halten und die jüdische Religion vor dem Untergang zu bewahren. Es war nur ein kleiner Schritt, demselben Zweck auch einen Menschen zu opfern. Zu diesem Zeitpunkt weiß Kaiphas, dass es ein politischer Balanceakt ist, den Tempel am Leben zu erhalten. Er weiß auch, dass Jesus ein wandelndes Pulverfass darstellt, Jesus ist gewissermaßen ein unkontrollierbarer Faktor in dieser ohnehin sehr wackeligen Gleichung.

In den Monaten vor Jesu Hinrichtung ist die Entscheidung also längst gefallen. Die ersten Vorbeben künden an, was bald passieren wird. Jesus ist praktisch schon verurteilt. Die Spitze des Hohen Rates weiß bereits, was mit ihm geschehen soll. Jetzt müssen sie ihn nur noch zu fassen bekommen.[70]

Entschieden hat dies die Tempelaristokratie, ein kleiner Kader aus Familienangehörigen, Freunden und Unterstützern, die alle dasselbe Ziel verfolgen: den Tempel in Betrieb und die jüdische Nation am Leben zu erhalten. Es wäre daher falsch, ihr Tun als ausschließlich eigennützig zu bewerten. Sie versuchten, das Einzige zu schützen, das den Juden noch geblieben war: den Tempel. Freilich verfügten sie auch über Reichtum und Macht – Drogen gleichsam, von denen man sich nur schwer befreien kann.

Es wird also ein entsprechender Befehl erlassen, der Jesus zum gezeichneten Mann macht. Nach der Erweckung des Lazarus kann er sich nicht mehr frei in der Öffentlichkeit zeigen. Er begibt sich zunächst in eine am Rand der Wüste gelegene Stadt namens Ephraim, womit vermutlich Aphairema gemeint ist, das in der Nähe von Betanien liegt. Der Text deutet darauf hin, dass sie sich nahe der judäischen Wüste im Nordosten Jerusalems befand. Der genaue Ort ist unbekannt. Jedenfalls zog Jesus sich dorthin zurück.

Die Obrigkeiten gehen allerdings davon aus, dass er bald wieder von sich hören lassen würde.

Deshalb vermied es Jesus, sich in der Öffentlichkeit sehen zu lassen. Er zog sich nach Ephraim zurück, eine Stadt am Rand der Wüste. Dort blieb er mit seinen Jüngern. Es war kurz nach dem jüdischen Passahfest. Aus dem ganzen Land zogen die Leute nach Jerusalem, um schon vor Beginn des Festes die Reinigungsvorschriften zu erfüllen. Sie alle wollten Jesus gern sehen und suchten ihn. Als sie im Tempel zusammenstanden, fragte einer den anderen: »Was meint ihr, wird er wohl zum Fest kommen?« Inzwischen hatten die Hohenpriester und Pharisäer nämlich den Befehl erlassen, dass jeder Jesus sofort anzeigen musste, der seinen Aufenthaltsort kannte, denn sie wollten ihn unbedingt festnehmen. (Joh 11,54–57)

Wird er kommen? Das war die Frage, die sich alle stellten, als das Passahfest näherrückte. In einer Stadt, die vor Pilgern aus allen Nähten platzte, wartete man auf einen ganz bestimmten Pilger. Seine Anhänger erwarteten sein Kommen, damit die Revolution endlich ihren Lauf nähme. Seine Gegner jedoch hielten nach ihm Ausschau, um ihn zu verhaften.

Beider Wunsch sollte in Erfüllung gehen.

Der Vorabend

Samstag, 28. März

Jesus in Betanien: Samstagabend

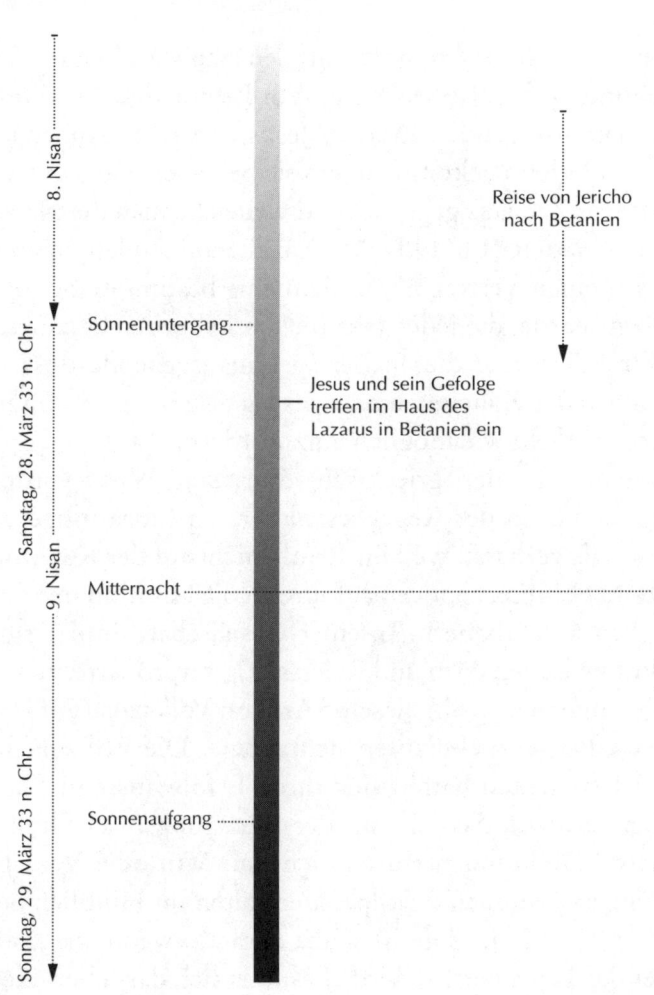

Reise von Jericho
nach Betanien

8. Nisan

Samstag, 28. März 33 n. Chr.

9. Nisan

Sonntag, 29. März 33 n. Chr.

Sonnenuntergang

Jesus und sein Gefolge
treffen im Haus des
Lazarus in Betanien ein

Mitternacht

Sonnenaufgang

Jesus in Betanien

Ort: das Haus von Lazarus, Marta und Maria
Zeit: Samstagabend

»Sechs Tage vor Beginn des Passahfestes kam Jesus wieder nach Betanien, wo er Lazarus von den Toten auferweckt hatte.« (Joh 12,1)

Johannes legt Jesu Ankunft auf den Samstagabend nach Sonnenuntergang, also sechs Tage vor Beginn des Passahfestes am darauffolgenden Freitag.[1] Jesus und seine Anhänger waren aus Jericho gekommen, wo sie bei einem Zolleinnehmer namens Zachäus gegessen und vielleicht auch die Nacht verbracht hatten (Lk 19,1–10). Angehende Zolleinnehmer schlossen einen Vertrag ab, in dem eine bestimmte Summe festgelegt wurde, die jedes Jahr für die Behörden einzutreiben war. Alles über diesen Betrag Hinausgehende floss in die Taschen des Zolleinnehmers. Es lag also in dessen Interesse, so viel Geld wie möglich einzufordern.

Anderswo in der griechisch-römischen Welt wurden Zolleinnehmer in der Regel respektiert, in Judäa hingegen galten sie als verhasst, weil ihr Erfolg nicht auf der Kenntnis der Thora beruhte, sondern auf ihrer Kollaboration mit den römischen Machthabern. In einer Gesellschaft, in der sich die Kluft zwischen Arm und Reich stetig vergrößerte, zogen die Zolleinnehmer wohl dieselbe Art von Volkszorn auf sich wie etwa Börsenspekulanten heutzutage. Die Zolleinnehmer zu Jesu Zeiten hatten sich ihren Erfolg ausschließlich dadurch verdient, dass sie mit der Besatzungsmacht kollaborierten.[2] Doch ihnen wurde nicht nur Wut oder Verachtung entgegengebracht: Zollpächter galten im Hinblick auf die Riten als unrein. Die Mischna besagt, »wenn ein Zollpächter das Haus betritt, wird alles, was sich darin befindet, unrein«[3]. Zolleinnehmer waren in der Wirtschaftswelt gleichsam Unberührbare oder Aussätzige. Dass Jesus solche Menschen zu seinen Gefolgsleuten zählte, sie in Gottes Königreich einlud und sogar regelmäßig mit ihnen speiste, war nicht nur ein Verstoß gegen die jüdischen Reinheitsgebote, sondern kam vielmehr der totalen Aushebelung aller Tabus gleich.

Bei seiner Abreise aus Jericho wurde Jesus von einer Menschenmenge begleitet, die zweifellos seinem Einzug in Jerusalem entgegenfieberte. Matthäus erzählt, dass ihn beim Verlassen der Stadt zwei blinde Männer anriefen, denen er das Augenlicht zurückgab (Mt 20,29–34). Markus hingegen berichtet noch von der Heilung eines weiteren Blinden namens Bartimäus, Sohn des Timäus. Bezeichnenderweise hatten die blinden Männer Jesus als »Sohn Davids« bezeichnet – ein Begriff, der in Jesu Tagen längst für den Messias stand, den Retter, der Israel befreien und den Thron besteigen sollte.[4] Kein Wunder, dass in der Menge, die ihm folgte, große Aufregung herrschte.

Von Jericho aus führte die Straße Jesus und sein Gefolge knapp 18 Kilometer bergauf nach Betanien, wo Lazarus mit seinen Schwestern Maria und Marta lebte. Dieses Haus sollte zum Ausgangspunkt für die entscheidende letzte Woche in Jesu Leben werden.

»Zwölf von ihnen erwählte er zu Aposteln«

Jesus erreichte Betanien in Begleitung einer Gruppe von Anhängern. Die traditionelle Vorstellung von Jesus und seinen zwölf Jüngern ist nur teilweise korrekt; vielmehr deutet das Neue Testament an, dass er viele Gefolgsleute hatte. Die zwölf hingegen waren seine Kerngruppe, wenngleich die Berichte in den einzelnen Evangelien über die Zusammensetzung dieser Gruppe voneinander abweichen. In der Regel werden die Unterschiede in den Listen dadurch erklärt, dass einzelne Jünger möglicherweise verschiedene Namen oder Namensbezeichnungen hatten. Die Listen der zwölf Jünger lesen sich folgendermaßen:

Matthäus 10,2–4:
Simon, den man auch Petrus nannte, und sein Bruder Andreas; Jakobus, der Sohn des Zebedäus, und sein Bruder Johannes; Philippus und Bartholomäus; Thomas und Matthäus, der ehemalige Zolleinnehmer; Jakobus, der Sohn des Alphäus, und Thaddäus; Simon, der ehemalige Freiheitskämpfer, und Judas Iskariot, der Jesus später verriet.

Markus 3,16–19:
Simon, dem Jesus den Namen Petrus gab, Jakobus und Johannes, die Söhne des Zebedäus – Jesus nannte sie »Donnersöhne« –, Andreas, Philippus, Bartholomäus, Matthäus, Thomas, Jakobus, der Sohn des Alphäus, Thaddäus, Simon, der ehemalige Freiheitskämpfer, und Judas Iskariot, der Jesus später verriet.

Lukas 6,14–16:
Es waren Simon, dem er den Namen Petrus gab, und Simons Bruder Andreas; dann Jakobus und Johannes, Philippus, Bartholomäus, Matthäus, Thomas und Jakobus, der Sohn des Alphäus, sowie Simon, der ehemalige Freiheitskämpfer, Judas, der Sohn von Jakobus, und Judas Iskariot, der Jesus später verriet.

Johannes erwähnt die zwölf nur an drei Stellen (Joh 6,67 und 6,70.71; 20,24), eine Namensliste gibt es nirgends. Neben den eben erwähnten Personen befanden sich unter Jesu Jüngern auch Nathanael (Joh 1,45) und Josef von Arimathäa (Joh

19,38). Johannes eher »vage« Angaben deuten darauf hin, dass die synoptischen Evangelien weitaus mehr als nur zwölf Jünger anerkennen. Lukas berichtet gar von 72 (oder 70) auserwählten Gefolgsleuten. Freilich zählt er dabei auch die Frauen mit, die Jesus finanziell unterstützten und von denen einige auch mit ihm reisten:

> Bald darauf zog Jesus durch viele Städte und Dörfer. Überall sprach er zu den Menschen und verkündete die rettende Botschaft von Gottes neuer Welt. Dabei begleiteten ihn seine zwölf Jünger und einige Frauen, die er von bösen Geistern befreit und von ihren Krankheiten geheilt hatte. Zu ihnen gehörten Maria aus Magdala, die er von sieben Dämonen befreit hatte, Johanna, die Frau von Chuzas, eines Beamten von König Herodes, Susanna und viele andere. Sie waren vermögend und sorgten für Jesus und seine Jünger.
> (Lk 8,1–3)

Die Frauen, die Jesus folgten, waren in jeder Hinsicht Jünger, doch werden sie zumindest in den Evangelien nicht als solche bezeichnet. In jener Kultur, zu jener Zeit waren Jünger männlich.[5] Trotzdem spielten die Frauen eine bemerkenswerte Rolle als Unterstützerinnen und Begleiterinnen Jesu. Kenneth Bailey schreibt, dass selbst im heutigen Nahen Osten Frauen, die mit einer Gruppe von Männern reisen, unterwegs bei Verwandten übernachten müssen.[6]

Wir sehen also, dass die Menschen, die Jesus nach Betanien begleiteten, aus ganz unterschiedlichen Schichten stammten – oft waren sie an den Rand gedrängt oder diskriminiert worden. Einige waren frühere Jünger von Johannes dem Täufer; wenigstens vier waren Fischer; Matthäus war ein Zolleinnehmer; Simon wird bei Lukas als ehemaliger Freiheitskämpfer, Zelot oder Kanaaniter bezeichnet. Das Wort kommt nicht etwa vom Namen des Landes Kanaan, sondern von dem aramäischen Wort für Zelot oder Eiferer. Mit anderen Worten: Er war zuvor einer Art ultranationalistischen politischen Bewegung zugerechnet worden. Dies wäre in etwa damit vergleichbar, dass ein ehemaliges Mitglied der Black Panther Party später zum harten Kern der Anhänger von Martin Luther King gehört hätte.

Die Anwesenheit eines ehemaligen Freiheitskämpfers unter Jesu Jüngern hat zu Spekulationen geführt, dass Jesus selbst ein radikalpolitischer Revolutionär gewesen sein könnte.[7] Jesus, so wurde vielfach argumentiert, kritisierte sämtliche politischen Gruppierungen des jüdischen Lebens, darunter die Sadduzäer, die Pharisäer und die Herodianer, jedoch nicht die Zeloten. In dieses Bild passt allerdings nicht, dass Jesus konsequent Gewaltverzicht predigte, ebenso wenig seine ausweichenden Antworten, wenn man ihn zum Thema Steuerabgaben befragte. Es ist viel wahrscheinlicher, dass die Zeloten seiner Kritik entgingen, weil sie in den Tagen Jesu eine in sich zersplitterte Randgruppe darstellten und noch nicht die gut organisierte Militärmacht waren, zu der sie später wurden. Und was Jesu mangelnde Kritik an ihnen anbelangt – er kritisierte auch die Römer nicht, doch machte ihn das noch lange nicht zum Italiener.[8]

Ein Versuch, Jesus als Anführer einer auf den Klassenkampf ausgerichteten Revolution darzustellen, könnte nur dann gelingen, wenn man sämtliche Verweise auf Mitglieder anderer Klassen und Gruppierungen ignoriert. Die Anwesenheit eines Zolleinnehmers unter den zwölf Jüngern, ganz zu schweigen von einer ehemaligen Besessenen, zeigt, dass Jesus eine ungewöhnlich große Bandbreite von Menschen anzog.

»Sechs Tage vor Beginn des Passahfestes kam Jesus wieder nach Betanien, wo er Lazarus von den Toten auferweckt hatte«

Johannes berichtet von einem Nachtmahl im Hause des Lazarus an jenem Abend und lässt Maria Jesu Füße mit Öl salben. Markus verlegt dieses Ereignis in ein anderes Haus – das von Simon dem Aussätzigen – und auf einen anderen Zeitpunkt: den Mittwochabend. Aus der Tatsache, dass dasselbe Ereignis in den Evangelien an unterschiedlichen Orten stattfindet, lässt sich wohl schließen, dass sich keiner der Evangelisten ganz sicher war, wann *genau* es stattfand, und vielleicht nicht einmal, wer daran teilnahm. Ich gebe hier der Überlieferung von Markus den Vorzug, dass sich die Salbung am Mittwoch im Hause des Simon zugetragen hat. Doch Jesus fand bestimmt bei Lazarus Unterkunft, das ist nur logisch. Sie waren befreundet; er war erst wenige Wochen zuvor in seinem Haus gewesen. Betanien war nur einen kurzen Fußmarsch von Jerusalem entfernt, doch weit genug, um den Menschenmassen und der öffentlichen Aufmerksamkeit an den östlichen Hängen des Ölbergs zu entrinnen.

Lazarus und seine Schwestern Maria und Marta gehören zu den vertrautesten Namen des Neuen Testaments, doch wirft der Status des Hausstandes einige Fragen auf. Wie es scheint, hat Lazarus keine Ehefrau, Maria und Marta haben keine Ehemänner. Auch wird kein weiterer Hausbewohner erwähnt. Wer also waren diese Leute?

Das Neue Testament kennt verschiedene Methoden der Namensgebung. Da es zur damaligen Zeit eine relativ geringe Auswahl an Vornamen gab, fügte man diesen in der Regel eine weitere Namensbezeichnung hinzu, etwa den Herkunftsort (z. B. Josef von Arimathäa, Maria aus Magdala) oder sogar ein familiäres Merkmal (z. B. Thomas Didymos –

Thomas der Zwilling). Die vielleicht gebräuchlichste Form bestand darin, die betreffende Person anhand ihrer Familienzugehörigkeit zu charakterisieren, meistens durch den Vater. In der Regel haben wir es dann mit »X, dem Sohn von Y« zu tun, »Simon, Sohn des Jona« etwa (Mt 16,17) oder »Jakobus, der Sohn des Zebedäus, und sein Bruder Johannes« (Mt 10,2). Frauen wurden durch die Nennung ihrer Ehemänner oder Söhne identifiziert, etwa »Maria, die Mutter von Jakobus und Josef« (Mt 27,56) oder »Maria, die Frau von Klopas« (Joh 19,25). (Dies ist einer der Gründe, warum die meisten Gelehrten glauben, dass Josef, der Vater Jesu, bereits tot war, als sein Sohn zu predigen und zu heilen begann; dass Jesus als »Jesus, Marias Sohn« bezeichnet wird, ist ein Hinweis darauf, dass seine Mutter am Leben, sein Vater indes verstorben war.) Töchter erkannte man normalerweise am Namen ihrer Väter, also »X, Tochter des Y«.[9] Maria und Marta hingegen werden nie durch eine verwandtschaftliche Beziehung charakterisiert, nicht einmal durch ihren Bruder. Auch Lazarus selbst tritt an keiner Stelle in einem familiären Kontext auf. Lediglich sein Wohnort wird genannt: Lazarus, der in Betanien wohnte (Joh 11,1). Wir haben es hier also mit einem Haushalt zu tun, dem Lazarus offenbar vorsteht und wo er mit seinen beiden Schwestern lebt.

Wo die Eltern sind? Sie werden nie erwähnt, noch gibt es Hinweise auf Ehemänner von Maria oder Marta. Das heiratsfähige Alter für jüdische Mädchen lag irgendwo bei zwölf Jahren aufwärts, und aus rabbinischen Schriften geht hervor, dass man sowohl von Männern als auch von Frauen erwartete, eher früher als später zu heiraten.[10] Es war auf jeden Fall normal, dass jüdische Mädchen zwischen 14 und 18 Jahren heirateten, und ein Mann vielleicht, wenn er die 21 erreichte. Es erscheint also recht ungewöhnlich, dass zwei ältere unverheiratete Schwestern im selben Haus leben, ganz zu schweigen von einem unverheirateten Bruder. Es ist eine reine Single-Familie, die fast schon einem Studentenhaushalt des 21. Jahrhunderts ähnelt.

Eine mögliche Rekonstruktion dieses Haushalts ist daher, dass alle drei noch sehr jung und die Eltern tot waren.[11] Dies hätte Lazarus in die Rolle des Versorgers gezwungen. Sie führten vermutlich keinen ärmlichen Haushalt, denn offensichtlich bot das Haus ausreichend Platz für Jesus und sein Gefolge. Jesu Salbung mit »kostbarem Nardenöl« deutet zudem darauf hin, dass gewisse Mittel zur Verfügung standen. Dennoch befand sich die Familie in einer unsicheren Lage, denn im Fall von Lazarus' Tod konnten ihn die Mädchen nicht rechtmäßig beerben. Vielmehr wäre das gesamte Erbe dem nächsten männlichen Verwandten zugefallen. Lazarus' Tod hätte für die Mädchen also weitreichende Auswirkungen gehabt – und zwar nicht nur den Verlust ihres geliebten Bruders, sondern auch den des Hauses, des Geldes und nicht zu vergessen ihrer gesellschaftlichen Stellung. Sie hätten das bisschen Selbstbestimmung eingebüßt, die sie als Frauen genossen. Dies verleiht Martas an Jesus gerichteten Worten »Herr, wärst du hier gewesen …« zusätzliches Gewicht.

Lazarus' Wiederauferstehung war daher mehr als die Rückkehr eines Bruders, den sie verloren geglaubt hatten: Sie bedeutete auch die Wiederherstellung wirtschaftlicher Sicherheit und ihres gesellschaftlichen Status. Erst hatten die Frauen ihre Eltern verloren, dann ihren Bruder, und nun wandten sie sich an den einzigen Menschen, dem sie noch vertrauten.

Die Abwesenheit einer Vaterfigur könnte auch eine Geschichte bei Lukas illustrieren, in der ein früheres Treffen zwischen Jesus und der Familie beschrieben ist, bei welchem Maria zu Jesu Füßen sitzt. Diese Geschichte im Lukasevangelium kann zudem als weiterer Hinweis darauf verstanden werden, dass Jesus mehr als nur einmal Jerusalem besuchte. Den Ort nennt Lukas nicht, sondern spricht nur von »einem Dorf«. Dieses Dorf war Betanien.

Bei diesem Besuch war es auch, dass sich Maria lieber zu Jesu Füßen niederließ, anstatt ihrer Schwester zu helfen (Lk 10,38–42). Die Geschichte wird oft dahin gehend interpretiert, dass sie den Unterschied zwischen einem aktiven und einem kontemplativen Leben aufzeigen soll. Tatsächlich aber geht es darum, ob man seinen Platz im Leben akzeptiert oder auszubrechen versucht. Es ist eine Geschichte, in der Marias Geringschätzung gesellschaftlicher Gepflogenheiten zum Ausdruck kommt. Sie setzt sich zu Jesu Füßen, um »seinen Worten« zu lauschen. Die rabbinische Lehre aber schloss Frauen vom Studium der Thora aus. Rabbi Eliezer sagte: »Wenn jemand seine Tochter in der Thora unterweist, ist es dasselbe, als hätte er sie die Wollust gelehrt.«[12] Frauen besuchten zwar verschiedene religiöse Veranstaltungen, jedoch lediglich als Zuhörerinnen und nicht als aktive Teilnehmerinnen einer Diskussion. Eleasar ben Asarja interpretierte die Aufforderung »Ruft dann das ganze Volk zusammen, Männer, Frauen und Kinder …« (Deut 31,12) dahin gehend, dass die Männer kommen sollten, um die Lehre zu studieren, die Frauen, um zuzuhören, und die Kleinen, um »die Belohnung für jene zu empfangen, welche sie bringen«.[13] Wahrscheinlich kannten sich auch die Frauen ein wenig in der Thora aus, insbesondere mit den Gesetzen, die Küche und Haushalt betrafen. Auch in der Mischna finden sich einige Fälle, in denen die Frauen offenbar mehr wussten als die Männer. Insgesamt jedoch erwartete man von den Frauen nicht, dass sie mehr lernten, als zur Erfüllung ihrer Aufgaben unbedingt notwendig war. Marta beklagt sich deshalb über Maria, weil diese die Grenzen überschreitet: Indem sie Jesu Lehren lauscht, verlässt sie die Küche. Es geht also nicht um den Vergleich eines aktiven mit einem kontemplativen Leben, sondern einzig und allein um die Erwartungen an die Rolle der Frau.

Somit können wir uns ein mögliches Bild von der Familie machen, bei der Jesus wohnte, wenn er in Jerusalem war: eine junge Familie mit zwei Mädchen, die in ihm nicht nur Rettung und Schutz sahen, sondern auch die Möglichkeit, ihr Leben zu verändern – und mit einem jungen Mann, über dessen Erfahrungen man nur spekulieren kann. Eine Familie jedenfalls, die Jesus gerettet hatte.

Kein Wunder, dass Jesu Anwesenheit in Betanien bald Aufmerksamkeit erregte. Die Menschen liefen zusammen, weil sie nicht nur Jesus, sondern auch Lazarus sehen wollten.

Als sich herumgesprochen hatte, wo Jesus war, liefen viele Menschen nach Betanien. Sie kamen nicht nur, um Jesus zu sehen, sondern auch wegen Lazarus, den Jesus von den Toten auferweckt hatte. Da beschlossen die Hohenpriester, auch Lazarus zu töten; denn seinetwegen glaubten viele Juden an Jesus. (Joh 12,9–11)

Die Auferweckung des Lazarus war der Tropfen, der für die Tempelherren das Fass zum Überlaufen brachte und sie zum Handeln zwang. Sie planten, Jesus zu beseitigen, weil sie fürchteten, dass durch ihn der Zorn der Römer über sie kommen könnte. Aber warum musste auch Lazarus verschwinden? Man sollte annehmen, dass Lazarus schon genug gelitten hatte, auch ohne dass man ihn ein zweites Mal vom Leben zum Tode beförderte.

Wie wir bereits gesehen haben, war eine der Hauptsäulen des sadduzäischen Glaubens die Leugnung eines Lebens nach dem Tod. Lazarus war der lebende Beweis des Gegenteils. Der Entschluss, Jesus zu beseitigen, wurzelte zum Teil darin, dass er die Sadduzäer durch seine Tat Lügen gestraft hatte. Und nun wollte man Lazarus loswerden, um das »Beweisstück« zu vernichten.

Es gibt jedoch noch einen weiteren Faktor. Wenn uns die Geschichte der letzten Tage Jesu eines lehrt, dann dass die Wiederauferstehung eine politische Angelegenheit ist. In gewisser Hinsicht ist sie der ultimative Akt der Subversion. Lazarus war eine Gefahr für den Staat, weil die Geschichte seiner Auferstehung nicht nur die Theologie der politischen Führungsschicht untergrub, sondern insgesamt die Macht totalitärer Herrschaftssysteme in Frage stellte. Wenn man den Tod nicht fürchtet, wenn der Tod nicht das Ende bedeutet, welche Macht hat dann der Staat noch über den Einzelnen? Paulus schrieb später über all jene, »die aus Furcht vor dem Tod ihr ganzes Leben hindurch Gefangene des Teufels waren« (Heb 2,15). In der gesamten griechisch-römischen Welt wurden die Angst vor dem Tod und die Vorstellung, dass es außer dem irdischen Leben nichts gab, dazu missbraucht, um Millionen von Menschen zu versklaven und zu unterdrücken. Jesus allein auf die Vorstellung zu reduzieren, er sei ein nationalistischer jüdischer Revolutionär gewesen, heißt, nur eine einzelne Facette wahrzunehmen: Seine Revolution war weitaus umfassender, und die von ihm begonnene Rebellion richtete sich gegen eine viel, viel größere Macht.

Erster Tag:
Der Einzug in Jerusalem

Sonntag, 29. März

Der Einzug in Jerusalem: Jerusalem, Sonntagmorgen
Jesus betritt den Tempel: im Tempel, Sonntagmorgen
Griechen sprechen mit Jesus: im Tempel, Sonntagvormittag

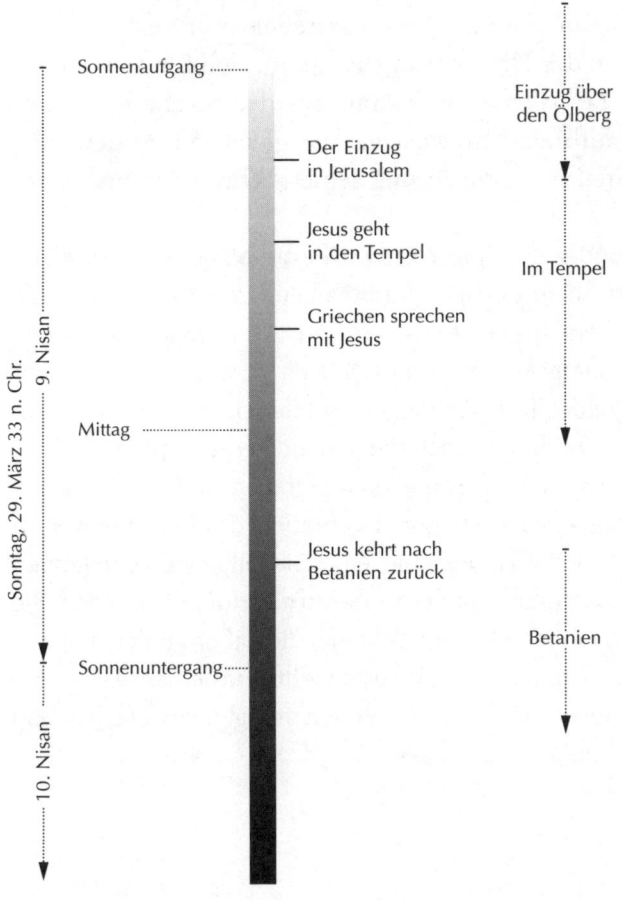

Der triumphale Einzug in Jerusalem

Ort: Jerusalem
Zeit: morgens

Er kam von Osten, über den Ölberg.

Jerusalem liegt auf zwei Erhebungen, umgeben von Tälern und mit einem Tal dazwischen. Im Süden befindet sich das Hinnomtal. Die Stadt selbst wird in nordsüdlicher Richtung vom Tyropöontal geteilt. Im Osten der Stadt erstreckt sich das Kidrontal, über das sich der Ölberg erhebt. Gleich auf der anderen Seite des Berges liegt Betanien.

Man kann sich also gut vorstellen, wie Jesus an jenem Morgen in der Dämmerung aufstand, sich für den bevorstehenden Tag rüstete und dann auf der Straße in Richtung Westen aufbrach. Er wusste, dass gleich hinter dem Hügel die größte Herausforderung seines Lebens auf ihn wartete.

Jesus und seine Jünger kamen in die Nähe von Jerusalem. Sie erreichten Betfage und Betanien, zwei Ortschaften, die am Ölberg liegen. Jesus schickte zwei Jünger voraus mit dem Auftrag: »Geht in das Dorf da vorne! Gleich am Eingang werdet ihr einen jungen Esel finden, der dort angebunden ist. Auf ihm ist noch nie jemand geritten. Bindet ihn los und bringt ihn her. Sollte jemand fragen, was ihr da macht, dann sagt einfach: ›Unser Herr braucht das Tier, aber er wird es bald wieder zurückschicken.‹« Sie gingen hin und fanden den Esel draußen auf der Straße an ein Hoftor gebunden. Sie banden ihn los; aber einige Leute, die dabeistanden, fragten: »Was macht ihr denn da, was wollt ihr mit dem Esel?« Sie antworteten so, wie Jesus es ihnen gesagt hatte. Da ließ man sie gewähren. (Mk 11,1–6)

Jesus befiehlt seinen Jüngern, einen jungen Esel aus dem Dorf zu holen. Man übergibt ihm den Esel vermutlich auf der Hauptstraße zwischen Jericho und Jerusalem, in der Nähe der Kreuzung, wo die Straße nach Betanien in südlicher Richtung abzweigt.[1] Viele Christen sehen darin, wie auch in den späteren verschlüsselten Vorbereitungen des letzten Abendmahls, einen prophetischen Akt: Auf wundersame Weise »weiß« Jesus, dass ihn dort ein Eselfohlen erwartet. Im Text findet sich jedoch kein Hinweis darauf, dass die Evangelisten dies für ein Wunder hielten. Es handelte sich um gut vorbereitete Ereignisse, die durch verschlüsselte Signale in Gang gesetzt wurden. Wir sollten nicht vergessen, dass Jesus in ganz Jerusalem und den umliegenden Dörfern wie Emmaus und Betanien Anhänger hatte. Entweder hatte er alles am Abend zuvor vorbereitet oder, was wahrscheinlicher ist, bei seinem heimlichen Besuch in Jerusalem im Winter des Jahres 32. Entscheidend ist, dass seine Reise bis ins Detail nach Plan abläuft; er muss auf dem richtigen Tier in die Stadt reiten. An diesem Morgen ist mehr als nur ein verschlüsseltes Zeichen zu beachten.

Jesus bricht also zu einem sorgfältig inszenierten Einzug in Jerusalem auf. Er besteigt den Esel, schickt seine Jünger voraus, um die Nachricht seines Eintreffens zu verbreiten, erreicht den Hügelkamm und sieht zu seinen Füßen die Stadt Jerusalem im Licht der Morgensonne.

»Wir gehen jetzt nach Jerusalem«

Jerusalem war das Herz von Judäa, ein brodelndes, pulsierendes Zentrum.

Es gibt zwei Faktoren für die Lage einer Stadt: Geld und Verteidigungsmöglichkeiten. Manche Städte – vielleicht die meisten – entstehen aus Handelsstützpunkten oder bestimmten Orten an Handelsrouten, die als Marktplatz für den lokalen Acker- und Bergbau dienen, oder in einer Bucht, die perfekt für einen Hafen geeignet ist. Andere Städte werden an Orten errichtet, die leicht zu verteidigen sind. Normalerweise liegen sie auf einem Hügel oder an ähnlich gearteten Orten, die nur schwer angreifbar sind und einen guten Überblick über das umliegende Land bieten.

Einige Städte unterliegen in ihrer Funktion einem Wandel. Jerusalem etwa wurde als kanaanitische Stadt gegründet – als Stadt des Stammes der Jebusiter –, bevor David sie um etwa 1000 v. Chr. eroberte.[2] Damals lag ihre Stärke in der strategisch günstigen, erhöhten Lage, die einen möglichen Angriff erschwerte. Der Bibel zufolge gelang David die Eroberung nur deshalb, weil er seine Männer durch einen Schacht schickte. Nach der Eroberung Jerusalems machte David die Stadt zur uneinnehmbaren Hauptstadt seines Reichs, zu einem politischen und religiösen Mittelpunkt. Zu Jesu Zeiten jedoch war Jerusalem längst nicht mehr ideal zu verteidigen. Mit wachsender Größe der Armeen und ausgeklügelteren Belagerungstechniken machten die isolierte Lage und das Fehlen einer ausreichenden eigenen Wasserversorgung die Stadt verwundbar. Nachdem die Babylonier Jerusalem im Jahre 586 erobert hatten, sollte es nie wieder einer massiven Belagerung standhalten.

David hatte vieles verändert, weil er die Bundeslade in die Stadt gebracht und sein Sohn den Tempel errichtet hatte, doch diese glorreichen Tage waren längst vorüber. Der zweite Tempel – erbaut von Serubbabel nach der Rückkehr der Juden aus dem babylonischen Exil – war vergleichsweise bescheiden, was die Situation Israels widerspiegelte. Als die Römer im Jahre 63 v. Chr. einmarschierten, war die Blütezeit Jerusalems Vergangenheit. Und Jerusalem war nur eine kleine Hauptstadt in einem entlegenen Land. Ein Mann jedoch änderte das alles: Herodes, den man »den Großen« nannte.

Vor Herodes' Regierungszeit hatten sich die Baumaßnahmen hauptsächlich auf die Verteidigungsanlagen und die Wasserversorgung beschränkt. Und die hasmonäische Dynastie, die vor ihm herrschte, hatte im Osten des Tempels einen großen Palast errichtet. Die genaue Lage konnte zwar bis heute nicht festgestellt werden, doch er muss am östlichen Hang des westlichen Hügels errichtet worden sein, von wo aus man einen guten Blick auf den Tempel hat. Daneben bauten die Hasmonäer im unteren Teil der Stadt neue Aquäduktsysteme und große Reservoirs außerhalb der Stadtmauer. Josephus zufolge errichteten sie auch ein Ratsgebäude – das manchmal als die »Kammer des gehauenen Steins« identifiziert wird –, das sich im Tyropöontal westlich des Tempels befand.

Natürlich verbesserte auch Herodes die Verteidigungsanlagen Jerusalems, daneben ließ er aber in ganz Judäa eine Reihe von Hügelpalästen und Siedlungen errichten, die als Ausweichsiedlungen dienen sollten. Dies impliziert, dass er wusste, wie schwer Jerusalem zu verteidigen war. Herodes erkannte also bereits, dass sich Jerusalem verändern musste. Man musste etwas finden, was diese Stadt verkaufen konnte – und das war schwierig. Als Stadt verfügte Jerusalem weder über landwirtschaftlichen Reichtum noch über Mineralvorkommen, noch lag es an einem wichtigen Fluss. Es hatte jedoch einen gewaltigen Aktivposten zu verbuchen: den Tempel, der von Salomon errichtet und von Serubbabel wiederaufgebaut worden war. Für Herodes stand daher rasch fest, *was* man in Jerusalem verkaufen konnte: Religion.

Als er Jerusalem eroberte, beschloss er, den Tempel zu einem der Wunder der griechisch-römischen Welt zu machen. In späteren Jahren verschönerten auch die folgenden Herrscher Judäas den Tempel, doch es war Herodes, der als Erster die Messlatte ein gutes Stück höher legte. Er vergrößerte die Freifläche um das Gebäude, so dass eine riesige erhabene Umfriedung entstand. Diese Anlage umbaute er mit dicken Mauern, Säulengängen und einer *stoa*, einem langen Säulengang, am Südende. Er fügte Serubbabels Tempelanlage eine große Eingangsterrasse sowie ein zweites Geschoss hinzu und gab dem Ganzen eine Art T-Form. Der Tempel wurde mit Marmor verkleidet und mit Gold verziert. Er gleißte im hellen Sonnenlicht, wie ein Symbol der Reinheit in einer ansonsten unreinen Welt.

Doch damit nicht genug: Im Norden des Tempels ließ er eine Festung wiederaufbauen, die er nach Marcus Antonius »Antonia« nannte. An der westlichen Stadtgrenze errichtete er einen herrlichen neuen Palast. Unter seiner Herrschaft hielten in Jerusalem auch ein paar moderne kulturelle Errungenschaften der griechisch-römischen Welt Einzug: Herodes ließ ein Hippodrom erbauen, ein Amphitheater und – natürlich – Badehäuser für Nichtjuden und die mehr westlich orientierten Juden. Außerdem verbesserte er die Aquädukte und die Straßen. Die Hauptdurchgangsstraße verlief im Tal von Norden nach Süden. Zu beiden Seiten dieser Straße reihten sich Ladengeschäfte. Wie beinahe alle Durchgangsstraßen im Nahen Osten der damaligen Zeit war die Straße von Säulen gesäumt, die als Stützen für Dächer dienten, die mit den dahinterliegenden Häusern oder Geschäften verbunden waren.[3] In den Städten des Nahen Ostens ist dieses Konzept, wenngleich weiterentwickelt, auch heute noch allgegenwärtig: Der *basar* (persisch für Markt; arabisch *souk*) bildet immer noch den Kern einer jeden Stadt oder Großstadt. In der Hitze und dem Staub des Ostens entwickelten sich in den Städten keine weitläufigen, offenen Marktplätze wie in der westlichen Welt. Stattdessen waren die Straßen eng, verwinkelt – und schattig.[4] Eine andere Hauptstraße – vermutlich aus hasmonäischer Zeit – führte vom heutigen Jaffator zur Brücke über das Tyropöontal und zum Tempel. Im Grundriss existieren diese Straßen bis heute: Der Hauptzugang am Damaskustor in der Altstadt teilt sich in einem Winkel von etwa 40 Grad in zwei Straßen, von denen eine nach Südosten, die andere in südwestlicher Richtung verläuft.

Es war jedoch vor allem der Tempel, der Jerusalem zu etwas Besonderem machte. Durch den Tempel verwandelte Herodes die Stadt gleichsam in einen Pflichtprogrammpunkt für Touristen, also in eine Pilgerstadt wie keine zweite. Für Juden aus dem gesamten römischen Weltreich wurde sie zum ultimativen Pilgerziel. Sicher, es waren schon immer Pilger nach Jerusalem gekommen, doch stammten diese hauptsächlich aus Judäa selbst. Herodes erkannte jedoch das Potenzial Jerusalems als Zentrum für Pilger aus der gesamten griechisch-römischen Welt. Dieses Potenzial vergrößerte sich durch die *pax romana,* denn nun war es den Menschen möglich, weitere und längere Reisen zu unternehmen als je zuvor.

Herodes hatte sicher noch andere Gründe. So trieb er die Entwicklung der Stadt als persönliches Prestigeobjekt voran. Und er wollte sich dadurch bei den Einwohnern beliebt machen. (Das funktionierte allerdings nicht: Auch nach dem Tempelbau blieb er der Bevölkerung verhasst. Man bewunderte und benutzte vielleicht die Gebäude, doch den Erbauer verachtete man weiterhin.[5]) Möglicherweise spielte bei den Ausbauplänen für den Tempel sogar eine gewisse Frömmigkeit eine Rolle. Allerdings ließ Herodes in Caesarea auch einen Tempel für Augustus errichten – der orthodoxeste Jude der Welt war er also gewiss nicht.

Herodes' Hauptgrund, die Stadtentwicklung Jerusalems voranzutreiben, war, dass dadurch Geld in die Kassen gespült werden sollte. Dieser Plan ging auf. Bereits zu Jesu Lebzeiten zog Jerusalem Jahr für Jahr Hunderttausende von Besuchern an. Beschreibungen der Stadt aus früheren Jahrhunderten erwähnen weder solche Pilgerströme noch ein entsprechendes Handelsaufkommen. Juden in der Diaspora hatten zwar immer schon Geld geschickt, es jedoch nicht für notwendig befunden, selbst in die Stadt zu reisen. Herodes war es, der alles veränderte. Erst seine Aufwendungen für die Infrastruktur des Tempels machten Jerusalem zu einem Wunder der damaligen Welt. Seine Baumaßnahmen und die schiere Herrlichkeit des Tempels zogen die Massen an. Er begrüßte – oder vielmehr: gestattete – Spenden an den Tempel. So hatte ein gewisser Alexander der Alabarch, ein alexandrinischer Jude, die Tore des Tempels mit Gold überziehen lassen.[6] Ein Mann aus Rhodos namens Paris, Sohn des Akestor, beteiligte sich an den Kosten für das Straßenpflaster.[7] Zudem errichtete er Militärstützpunkte, um die Pilgerrouten aus dem Osten zu schützen.[8] Jerusalem sah sich nicht als griechische oder hellenistische Stadt. Viele Städte in der griechisch-römischen Welt waren stolz auf ihr hellenistisches Erbe und nahmen eine Stellung als moderne Kulturstadt für sich in Anspruch. Jerusalem hingegen besaß zwar gewisse Merkmale einer typisch griechisch-römischen Stadt, verfügte aber über ein einzigartiges kulturelles Erbe.[9] Ein Römer, der Jerusalem besuchte, hatte keinesfalls den Eindruck, dass er sich in einer typisch griechisch-römischen Stadt aufhielt. Es gab dort zwar Badeanstalten und sogar ein Theater, doch für viele Juden waren dies Symbole heidnischer Sittenlosigkeit. Das Zentrum Jerusalems bildeten nicht die Einrichtungen, die der Zerstreuung dienten, sondern der Tempel.[10]

Im römischen Weltreich gab es viele Juden – etwa zwischen vier und acht Millionen. Das waren zwischen sechs und zwölf Prozent der Gesamtbevölkerung.[11] Im Gegensatz zu anderen Bevölkerungsgruppen passten sie sich jedoch nicht einfach an. Rom zeigte sich dem Judentum gegenüber nicht intoleranter als gegenüber anderen Religionen. Das

Gegenteil war wohl der Fall: Die Juden akzeptierten Rom nicht. Boten die Religionen der Ägypter, Griechen und Römer genug Platz für eine beliebige Anzahl von Göttern, so gab es für die Juden (und später die Christen) nur einen einzigen Gott.[12] Und in der Ausübung ihrer Religion grenzten sie sich deutlich von anderen ab: Sie aßen nicht dieselben Speisen, sie verehrten nicht dieselben Götter, sogar ihr Kalender und ihre Kleidung waren anders. Hinzu kam, dass einmal in der Woche gleichsam die Welt stillzustehen schien. Für Rom war der jüdische Sabbat eine außerordentlich irritierende Angelegenheit.

Was die Juden von der römischen Welt unterschied, war gleichzeitig ihre Stärke. Die Beharrlichkeit, mit der sie an ihren Gebräuchen und Gesetzen festhielten, versetzte sie in die Lage, Invasionen, Verbannung und regelmäßige Herrscherwechsel zu überstehen, also jene Unterdrückung, unter der sie nun schon seit fast tausend Jahren litten. Das Gesetz, das sie in der Heiligen Schrift fanden, bot ihnen eine feste, unumstößliche Identität, über die in der griechisch-römischen Welt (oder vielmehr: seitdem) nur wenige ethnische Gruppen verfügten. Die Juden wussten, wer sie waren: Sie waren die auserwählte Rasse, das Volk Gottes. Mit solcher Selbstsicherheit macht man sich freilich kaum beliebt. Juden wurden als unnahbar betrachtet. Die Nicht-Juden dachten, sie seien nicht einmal bereit, sich an denselben Tisch mit ihnen zu setzen oder einfache zwischenmenschliche Hilfe zu leisten. Man beschrieb die Juden als »feindselige, reizbare Menschen, schnell beleidigt und unfreundlich zu Fremden«.[13]

Juden genossen Privilegien, die ihnen angeblich als Gegenleistung für die Unterstützung Herodes' während des Bürgerkriegs zwischen Octavius (später Augustus) und Marcus Antonius gewährt worden waren. In den Städten der Diaspora wie Alexandria hatten sie einen eigenen Verwaltungsrat. Sie waren vom Militärdienst ausgeschlossen (weil sie sonst gezwungen gewesen wären, am Sabbat zu kämpfen). Es war ihnen gestattet, nach ihren überlieferten Gesetzen zu leben. In Alexandria unterlagen sie nicht der Kopfsteuer.[14] Die Römer tolerierten also die Juden und machten ihnen sogar Zugeständnisse, aber sie respektierten sie nicht. Der Ausschluss der Juden von einer militärischen Laufbahn – für Römer der gängige Weg zum Erfolg – bedeutete, dass ihnen der Zugang zu den oberen Schichten der römischen Gesellschaft verwehrt blieb. Im Gegensatz zu wohlhabenden Führern aus den anderen Teilen des Römischen Reichs erwarben reiche Juden aus Judäa nur selten die Rechte eines Bürgers. So ist etwa von einem jüdischen Senator nichts bekannt. Die Römer wiederum blickten stets auf Kollaborateure herab.[15]

Für Juden im gesamten Reich – die bei ihrer Arbeit misstrauisch beäugt, mehr oder weniger toleriert, aber trotzdem regelmäßig angegriffen, lächerlich gemacht oder verfolgt wurden – waren Jerusalem und der Tempel etwas, worauf sie stolz sein konnten. In einer Stadt, die es mit jeder anderen des Imperiums aufnehmen konnte, waren dies Symbole ihrer Stärke und Kultur. Gebäude sagen etwas aus, sie verraten etwas über ihre Bewohner oder Nutzer. Und der Tempel besagte: *Wir haben am Glauben festgehalten.* Kein Wunder, dass Juden im ganzen Römischen Reich den Tempel unterstützten und die heilige Stadt selbst besuchen kamen – er hatte schließlich etwas mit ihrer Identität zu tun. Die von Rom ernannten Hohepriester trieben dies sogar noch einen Schritt weiter, indem sie die Unterstützung Jerusalems zur heiligen Pflicht machten. Sie führten eine jährliche Tempelsteuer ein, die von allen männlichen Juden über 20 Jahre eingefordert wurde – ganz zu schweigen von den vielen, die sie freiwillig bezahlten.

In der Folge flossen riesige Geldströme nach Jerusalem:

durch die Tempelsteuer, die gewaltigen Pilgermassen und den Zehnten, den alle Juden in Palästina zu entrichten hatten. Jerusalem war reich. Und wie alle reichen Städte zog es die Elite der gesamten Nation an. Wenn man die Namen von Männern in bedeutenden Positionen betrachtet, stellt man fest, dass die angesehenen Familien Jerusalems beispielsweise aus Sepphoris, Gamla (Golanhöhen), Galiläa oder aus ländlichen Gebieten stammten. In gewisser Weise fungierte Jerusalem wie eine moderne Metropole. Die Stadt war ein Magnet und zog Menschen aus ganz Palästina an. Sie war ein Ort, an dem man sich einen Namen und vielleicht sogar sein Glück machen konnte. Diese Zentriertheit wurde in der Provinz allerdings verachtet, wo man Jerusalem als anmaßend und abgehoben betrachtete und sich sogar an seinem Niedergang ergötzte.[16]

Die Rabbis schrieben später: »Wer Jerusalem nicht gesehen hat, hat keine schöne Stadt gesehen.«[17] Zu diesem Zeitpunkt hatten Rabbis jedoch längst keinen Zutritt mehr zur Stadt, und bei genauerem Hinsehen stellt man fest, dass beileibe nicht ganz Jerusalem so prächtig war wie der Tempel. Städte ziehen Wohlstand und Talent an, aber regelmäßig auch Menschen, die keines von beidem besitzen. Der römische Senator Flavius Magnus Aurelius Cassiodorus sagte: »Lasst die wilden Tiere in Hain und Flur leben; Menschen sollten Städte gründen.«[18] Das taten sie auch – nur um festzustellen, dass der städtische Dschungel seine ganz eigenen wilden Tiere hervorbrachte.

»Eine Familie, die ständig in Zank und Streit lebt, bricht auseinander«

Die Stadt selbst war mit einem Quadratkilometer Fläche nach heutigen Maßstäben eher klein. Im Nordwesten lagen zwar Vororte, die möglicherweise dicht besiedelt waren. Ob dies zu Jesu Zeiten bereits der Fall war, wissen wir allerdings nicht.[19] Die Stadt bestand aus drei Hauptteilen: dem Tempel im Osten, der Unterstadt im südlich-mittleren Tal und der Oberstadt im Westen.

Wie der Name bereits andeutet, lag die Oberstadt auf einer Anhöhe. Es war eine wohlhabende, exklusive Gegend. Das größte Gebäude in diesem Stadtteil war der alte Palast Herodes' des Großen. Wie bereits erwähnt, wurden dort bei Ausgrabungen auch Überreste prunkvoller Wohnhäuser gefunden.

In der gesamten römischen Welt bauten die Reichen ihre Häuser gerne auf Hügeln. Dort gab es Sonne und frische

Überlieferte Lage des Abendmahlsaals   Standort des Palasts Herodes des Großen   Golgatha und Jesu Grab

Luft, vor allem aber flossen sämtliche Abwässer bergab.[20] (Zumindest in dieser Hinsicht ähneln die griechisch-römischen Städte unseren heutigen: Die Reichen leben weiter oben, die Ärmeren unten im Tal. Die Reicheren haben die bessere Aussicht und eine angenehm kühle Luft, die Armen hingegen haben mit überfüllten Straßen, Smog und im Winter mit Hochwasser zu kämpfen.) Die Oberstadt war also eine »obere« Stadt im Sinne des Wortes, ein Ort für die Oberschicht, für den Adel aus Jerusalem und Judäa sowie die Heimat des römischen Präfekten, wenn dieser gerade in der Stadt weilte. Es war ein Ort, der förmlich nach Macht und Ansehen roch.

Ganz anders die Unterstadt, deren Gerüche alles andere als angenehm waren. Gern verkennen wir die Natur antiker Städte. Wir lassen uns von der Leere ihrer Ruinen täuschen, von den Marmorsäulen, hellen Straßenpflastern und Säulen, die Statuen gleichen, weiß gebleicht durch die Zeit. Weil das, was von damals noch übrig ist, beständig, dauerhaft und oft

Römische Treppe zur Unterstadt   Hinnomtal   Dungtor   Standort der Festung Antonia

auch schön wirkt, glauben wir, dass auch die echte, mit Leben gefüllte Stadt so war. Das Jerusalemer Stadtbild wurde von dem schönen, sauberen, weißen Tempel geprägt, also denken wir, dass es überall so prächtig gewesen sein muss.

Das ist das Problem mit großen Gebäuden: Sie verstellen die Sicht.

Die Wahrheit ist, dass antike Städte für das heutige Auge beinahe unvorstellbar schmutzig wirken würden. Die meisten Menschen lebten dort unter Umständen, die noch am ehesten mit heutigen Slums vergleichbar sind. In Rom war die Mehrheit der Einwohner in gefährlichen, oft bis zu fünf oder sechs Stockwerke hohen Mietskasernen ohne Abwasserversorgung zusammengepfercht. In Jerusalem waren die meisten Behausungen wahrscheinlich nur ein- oder zweigeschossig, ähnelten also mehr der in Alexandria oder Pompeji angetroffenen Bauweise. Und vermutlich lebte ein Großteil der Menschen in der Unterstadt.

Diese war in jeder Hinsicht ein Ort der Schatten. Josephus berichtet nur von einem einzigen bedeutenden Wohn-

Tempelberg   Treppe zum Tempelberg   Kidrontal

sitz in diesem Gebiet – dem Palast der in der Mischna gerühmten Helena von Adiabiene. Von diesem und einigen Gebäuden am Südeingang des Tempels abgesehen, müssen wir uns die Unterstadt als Gewirr enger Gassen und einfacher, zum Teil slumähnlicher Häuser vorstellen. In die schattigen Straßen und engen Gassen drang vermutlich kaum ein Sonnenstrahl. Wenn man die Jerusalemer Unterstadt betrat, begab man sich in eine Welt zwielichtiger Dunkelheit und düsterer Schatten. Das Bild der Gassen und kleinen Straßen war geprägt durch schmale Ladenfronten mit ihren Klappläden und den Stoffbahnen, die Händler und Färber vor ihren Geschäften ausgebreitet feilboten. Auslagen mit Früchten und anderen Produkten versperrten den Durchgang und zwischen den Häusern erstreckte sich ein Gespinst aus Reben und Wäscheleinen. Wer die Unterstadt verließ, die Treppe zum Tempelberg emporstieg oder die Höfe der Oberstadt betrat, hatte das Gefühl, aus einem Meer von Schatten aufzutauchen.

Garten Gethsemane   Ölberg

Die bessergestellten Angehörigen der Jerusalemer Arbeiterschicht verfügten in ihren Stadthäusern möglicherweise über ausreichend Platz für getrennte Flügel oder Stockwerke für Männer und Frauen. Einige hatten sicher im Erdgeschoss zusätzliche Räumlichkeiten, die als Ladengeschäft dienten.[21] Die ärmeren Leute hingegen mussten sich mit der Überbelegung ihrer Häuser abfinden oder billige Zimmer in Pensionen mieten. Die Ärmsten schließlich zimmerten aus dem Abfall der Reichen einfache Unterstände und Hütten zusammen und richteten sich dort ein, so gut es eben ging.[22] Überhaupt waren die Gassen der antiken Stadt nichts für Menschen mit schwachen Nerven. Dort ging es nicht nur unhygienisch und ungesund zu, selbst der Polizeigewalt wurde die Ausübung ihres Dienstes schwer. In Rom weigerten sich die ansonsten so gefürchteten Soldaten sogar, durch bestimmte verrufene Viertel zu patrouillieren. Wenn man sich verlief, geriet man leicht in Lebensgefahr.[23] Auch in Jerusalem muss es Viertel gegeben haben, von denen man sich mit einer römischen Uniform besser fernhielt.

Illegale Bauten waren immer schon eine Facette städtischer Entwicklung, und die antike Welt bildete da keine Ausnahme.[24] In Rom errichteten die Menschen sogenannte *tuguria*: einfache Hütten, die manchmal am Stadtrand, doch meist über Werkstätten oder an öffentlichen Gebäuden angebaut wurden, bisweilen sogar in Säulengängen.[25] Zusammen bildeten diese eine Art Barackensiedlung. Die Behörden sahen darin ein erhöhtes Brandrisiko und rissen sie im Zuge gelegentlicher Slum-Auflösungen nieder. Doch vorausgesetzt, sie standen nicht im Wege, durften sie meist bleiben. Geschäftstüchtige Hausbesitzer kassierten dafür sogar Miete.

Wenn man keine Hütte fand, musste man sich woanders einen Schlafplatz suchen: unter Treppen, in Kellern und Gewölben oder notfalls auch im Freien. Wer so arm war, dass er innerhalb der Stadtgrenzen kein Auskommen hatte, fand außerhalb einen wie auch immer gearteten Unterschlupf. Den wirklich Ausgestoßenen – den Leprakranken und Besessenen – blieb immer noch die Nekropolis mit ihren häuserartigen Gräbern. In Rom wurden diese nicht nur als Wohnraum genutzt, sondern darüber hinaus auch als provisorische Bordelle und Toiletten.[26] Dort zu leben verletzte zwar durch den Kontakt mit den Toten die jüdischen Reinheitsgebote, doch nicht jeder konnte sich den Luxus leisten, sich darüber Gedanken zu machen. In Galiläa begegnet Jesus einem von Dämonen beherrschten Mann, der in Grabhöhlen haust (Mk 5,1–17). Die Gräber, ob nun Häusern nachempfunden oder in den Fels geschlagen, boten jenen Menschen Zuflucht, die zu verstört oder verzweifelt waren, um sich um die Folgen ritueller Unreinheit zu sorgen. Auch heute noch leben Menschen in Gräbern: In Kairos Totenstadt nutzen rund eine Million Menschen die mamelukische Nekropolis als vorgefertigte Behausung. Sofern der ursprüngliche Zweck nicht gänzlich in Vergessenheit geraten ist, hat man sich ihm angepasst: Grabsteine dienen als Tische und Regale, und zwischen den Grabmalen sind Wäscheleinen gespannt.[27]

Slums gab es eben schon immer – wie den Tod, die Steuern und die Armut.

»Arme, Krüppel, Lahme und Blinde«

Wie sah das Leben an solchen Orten aus? Was für ein Leben führten Arbeiter, Händler, Straßenverkäufer und Bettler abseits der kühlen Springbrunnen und ruhigen Höfe der Oberstadt?

Zunächst einmal gab es keinerlei Privatsphäre. Da die Menschen derart dicht gedrängt beieinanderlebten, war ständig jemand in der Nähe. Wenn Jesus in Jerusalem ungestört sein wollte, bedeutete das für ihn, dass er entweder ein Zimmer im Voraus buchen oder die Stadt wieder verlassen und sich in einen Olivenhain zurückziehen musste. Vielleicht waren die Zimmer wie im historischen Dublin nur durch eine Wäscheleine in verschiedene Bereiche zum Ankleiden oder Waschen unterteilt? Oder die Väter und Söhne wurden auf den Gang geschickt, damit die Frauen ein wenig unter sich sein konnten.[28]

Neben dem alltäglichen Kampf um genügend Nahrung war es auch äußerst schwierig, ausreichend Wasser zu bekommen. Menschen benötigen eine gewisse Mindestmenge Wasser, um am Leben zu bleiben. Diese liegt zwischen zwei und fünf Litern pro Tag. Darüber hinaus brauchen sie Wasser zum Kochen und Waschen sowie zur Reinigung von Kleidern, Häusern und öffentlichen Räumen. Schätzungen zufolge war nur etwa ein Drittel des nach Rom eingeführten Wassers der breiten Bevölkerung zugänglich. Den Großteil verbrauchten der Kaiser und wohlhabende Bürger. In Rom regnete es aber wenigstens noch ein bisschen mehr als in Jerusalem, wo Wasser daher noch knapper gewesen sein muss.[29]

In der Regel stand den Menschen nur das Wasser aus der öffentlichen Versorgung zur Verfügung. Es gab öffentliche Brunnen, Zisternen und Quellen, wo man Wasser holen konnte. Im alten Jerusalem war die wichtigste Funktion eines Daches, Regenwasser zu gewinnen. Wasser wurde mit großer Sorgfalt gesammelt. Auch wenn es für Zeiten des Überflusses vermutlich ein Leitungssystem gab, so folgte es doch den geographischen Gegebenheiten, floss also bergab. Es füllte das Tyropöontal und floss durch das Dungtor aus der Stadt hinaus. Dies ist wahrscheinlich auch der Grund, warum sich das Dungtor am tiefsten Punkt der Stadt befand und das Hinnomtal als Müllkippe diente.[30] Wenn es regnete, lief das ganze Wasser sowieso dorthin.

Es gab jedoch zwei Bereiche in der Stadt, die sich durch einen ausgesprochenen Überfluss an Wasser auszeichneten – das waren die Oberstadt und der Tempel. Die Oberstadt wurde über zwei eigene Aquädukte versorgt, die Unterstadt nur über einen Kanal vom Struthionteich. Die anderen Aquädukte mündeten entweder in den Tempel oder in Teiche im Norden.[31] Der Tempel benötigte eine gewaltige Menge Wasser für Reinigungsrituale und die Säuberung der Anlage, so dass es unter dem Tempelberg zahlreiche Zisternen zur Wasserspeicherung gab. In den Werken Aristeas, die vermutlich zwischen 100 und 200 v. Chr. entstanden, beschreibt ein Besucher des Tempels den »unerschöpflichen Wasservorrat, als ob dort eine ergiebige natürliche Quelle entspränge ... Zudem gibt es – wie man mir zeigte – im Umkreis von fünf Stadien um die Grundfeste des Tempels herrliche unterirdische Reservoirs von unbeschreiblicher Größe.«[32] Die Wasserquelle könnte von der Gihonquelle gespeist worden sein.

Zur Wasserknappheit hinzu kam natürlich der Gestank.

Soweit man weiß, gab es in Jerusalem, wie auch in Rom, keine städtische Abfallbeseitigung. Was auch immer anfiel, musste also irgendwo entsorgt werden. Wer zu den Wohlhabenderen gehörte, verfügte vielleicht über eine eigene Toilette im Haus, die über einer Senkgrube errichtet war. Dort sammelte sich der Unrat, bis man einen örtlichen Düngemittelhändler herbeirufen musste. Dieser leerte die Grube, nahm ihren Inhalt mit durch das Dungtor und verkaufte ihn draußen vor der Stadt als Dünger weiter. Menschliche Exkremente eignen sich aufgrund ihres hohen Anteils an Ammoniak gut zur Düngung von Bäumen, also lud man einen Teil davon sicherlich an den Olivenhainen am Fuße des Ölbergs ab. In römisch orientierten, reicheren Haushalten war die Toilette möglicherweise über eine tönerne Leitung mit einer Senkgrube im Garten verbunden. Man spülte die Toilette, indem man einen Eimer Wasser hineinschüttete. Die Wasserknappheit in Jerusalem machte dies allerdings zu einem extremen Luxus.

Die Armen kippten ihren Abfall meist einfach ins Freie. Andere gingen zu einem offenen Graben oder einem nahe gelegenen Düngerhaufen oder leerten ihren Eimer nachts auf der Straße aus.[33] Dort machten sich Hunde und aasfressende Vögel darüber her – Geier und Bussarde. Dies führte bisweilen zu unliebsamen Überraschungen. Sueton berichtet, dass der Kaiser Vespasian einmal beim Mittagstisch saß, als ein Hund eine menschliche Hand von der Straße hereinbrachte und sie unter dem Tisch ablegte. Vespasian sah darin ein Omen.[34]

Es ist gut möglich, dass Jerusalem das Entsorgungsproblem ernster nahm als andere östliche Städte, weil man dort gesteigerten Wert auf Reinlichkeit legte. Praktisch gesehen war es jedoch so gut wie unmöglich, die Stadt sauber zu halten. Selbst Rom mit seiner berühmten Cloaca Maxima kam nicht ohne offene Abwasserkanäle in der Straßenmitte aus. Einer von Neros Lieblingsstreichen war es, arglose Passanten in diese Kanäle zu schubsen, wenn er nachts inkognito unterwegs war.[35] Plinius berichtete, dass in der eleganten und schönen Stadt Amastris in Bithynien in der Mitte der Hauptstraße ein offener Abwasserkanal verlief.[36] Dieses Bild überfüllter Straßen mit Abwasserkanälen in der Mitte könnte den Hintergrund für einen ansonsten unverständlichen Vers in der Mischna bilden, der besagt, dass alle, die in der Straßenmitte gehen, als unrein gelten, es sei denn, es ist Feiertag.[37] An Feiertagen war es nämlich praktisch unmöglich, diesem unreinsten Teil der Straße auszuweichen, so überfüllt war Jerusalem.

Im Südosten der Stadt, in der Nähe des Dungtores, standen vermutlich große Tontröge auf der Straße, die als Urinale dienten. Das Dungtor war in jeder Hinsicht der unreinste

Ort der gesamten Stadt. Dort arbeiteten die Weber, so dass vermutlich auch die Walker nicht fern waren. Diese verwendeten Urin zum Färben von Stoffen. Die Tontröge waren auch noch porös, so dass sie nicht gerade die beste Methode darstellten, den stinkenden Rohstoff zu sammeln.[38]

Jerusalem war zudem eine Pilgerstadt, in der im großen Stil Tieropfer dargebracht wurden. Der endlose Zug von Schafen, Ziegen und Rindern, die verkauft oder geschlachtet wurden (ganz zu schweigen von jenen, die als Nahrung dienten), muss die Straßen um den Tempel völlig verdreckt hinterlassen haben. Dazu kam der nach der Opferung angehäufte Abfall: Man musste den Tempel reinigen, Tierkadaver entsorgen und Blut wegwaschen.

Ein Teil davon landete auf der Müllkippe der Stadt, im Hinnomtal, das zu Jesu Zeiten bereits *gehenna* genannt wurde – ein Synonym für die Hölle (siehe Mt 13,42; Mk 9,43–47). Wer sich die Müllhalde im Hinnomtal vorstellen möchte, erhält durch die 75 großen Gruben, die im Esquilin-Friedhof in Rom ausgegraben wurden, einen ersten Eindruck: »Jede davon war angefüllt mit einer ekelerregenden Mischung aus den Leichen armer Leute, Tierkadavern, Abwasser und anderem Unrat.«[39] Im Tal wimmelte es wahrscheinlich von Hunden, welche die Knochen der Toten abnagten. In einem Gedicht Martials lauscht ein Bettler dem Geheul der Hunde, die nur darauf warten, sich über seinen Leichnam herzumachen; um die Raubvögel abzuwehren, schlägt er mit seinen Kleidern nach ihnen. Ohne jede Fürsorge starben die Armen und Mittellosen auf der Straße und blieben einfach liegen, bis Sklaven ihre Leichen beseitigten, damit die Stadt »rein« blieb.[40]

Die Masse der Menschen in einer antiken Stadt lebte unter Bedingungen, die mit denen europäischer Großstädte bis zur Mitte des 19. Jahrhunderts vergleichbar waren.[41] Die damaligen Slums von Dublin oder Neapel – die nicht erst durch die Industrialisierung entstanden waren – zeichnen vielleicht ein besseres Bild von den Lebensumständen in Jerusalem als alle archäologischen Führer. Anfang des 20. Jahrhunderts lebte beinahe ein Drittel aller Dubliner in kleinen Ein-Zimmer-Mietwohnungen, die meist mit sechs bis zwölf Personen belegt waren. Dort spielte sich das gesamte Familienleben ab. »Der ganze Kreislauf von Geburt, Hochzeit und Totenwache fand in demselben winzigen Raum statt, den die Armen ihr ›Zuhause‹ nannten.«[42] Es folgen einige Beschreibungen des Lebens in jenen Mietskasernen:

Die meisten Vermieter hielten, was ihre Häuser anging, die Vorschriften gerade so ein. Die Häuser waren sehr alt und fielen an allen Ecken und Enden auseinander, und die Besitzer taten nur ein Minimum dessen, wozu sie per Gesetz verpflichtet waren. Und wenn sie wirklich einmal eine Reparatur durchführten, ging sofort die Miete nach oben! Also beschwerten sich die Leute nicht.[43]

Die stehenden Abwässer in der Mitte der Gassen, die angehäuften Müllberge, die Tümpel, die sich in den Senken bilden, das lose Kopfsteinpflaster, der Schmutz, in dem die dunklen Seitenstraßen ersticken, die sich auftun wie Rattenlöcher an der Landstraße – all das, zusammen mit den vielen unbeschreiblichen Anblicken und Gerüchen, hinterlässt bei dem Reisenden jedoch keinen so entmutigenden Eindruck wie der Zustand der Häuser ...[44]

Solche Erfahrungen teilten alle Slumbewohner zu allen Zeiten. Das Gros der Stadtbevölkerung bestand meist aus Mietern mit niedrigem Einkommen. Ihren bescheidenen Komfort erkauften sie bei einem Hausbesitzer, der sich herzlich wenig um den Zustand seines Objekts kümmerte. Die Slums antiker Städte ähnelten den »Mietkomplexen« moderner

Großstädte: Sie gehörten reichen städtischen Immobilienbesitzern und wurden von Sklaven oder Hausmeistern verwaltet. Im heutigen Nairobi nennt man solche Immobilienbesitzer *wabenzi* – das bedeutet Leute, die reich genug sind, um sich einen Mercedes-Benz leisten zu können.[45] Im Jerusalem Jesu waren das vermutlich die obersten Priester und die Ältesten.

Was dachten die Bewohner solcher Viertel wohl über den Tempel? Die Juden waren zwar stolz auf ihren Tempel, doch ist es schwer vorstellbar, dass sich eine arme Familie, die in einer beengten Hütte in der düsteren Unterstadt lebte, nicht ab und zu fragte, ob das Geld nicht anderweitig besser hätte investiert werden können. Herodes' Baumaßnahmen, so prächtig sie im Ergebnis auch waren, müssen weitgreifende städtische Umsiedlungen mit sich gebracht haben. Man kann nicht einfach den größten Tempelkomplex des Römischen Reiches erbauen, ohne vorher ein paar Leute umzuquartieren. Scobie schreibt über die öffentlichen Einrichtungen Roms: »Wie sollten kostspielige öffentliche Bauten oder ein paar Volksparks wohl einen ungelernten Arbeiter dafür entschädigen, dass er sich in seiner Behausung nicht einmal zur Verrichtung der grundlegendsten menschlichen Bedürfnisse zurückziehen kann, dass ausreichende Nahrung und angemessene Kleidung keine Selbstverständlichkeit sind und er nicht über die Mittel verfügt, die ihm Zugang zu Bildung und gesetzlichem Schutz verschaffen würden?«[46]

Dasselbe traf sicherlich auch auf die Situation in Jerusalem zu. Wenn man jeden Tag versucht, mit einer Handvoll Brot zu überleben, wenn man keine Arbeit hat, wenn das eigene kleine Fleckchen Land zwangsversteigert wurde und sich mittlerweile im Besitz der Reichen befindet, wenn man kaum mehr hat als die Kleider, die man am Leib trägt, welche Freuden hält dann ein mit Marmor verkleideter Tempel auf dem Berg für einen bereit? Hüpft einem das Herz vor

Freude, wenn bei Tagesanbruch die Trompete über der Stadt erschallt und das Morgenopfer verkündet? Oder graust einem vor der Mühsal des anbrechenden Tages? Welchen Sinn hat es, vor dem Eingang der rituellen Bäder Schlange zu stehen? Wie kann man jemals wieder »rein« werden?

Das also war Jerusalem: ein herrlicher Tempel auf einem Hügel, prächtig ausgestattete Häuser und ein luxuriöser Palast auf den anderen. Dazwischen Gassen und Winkel, enge Straßen und überfüllte Häuser; Läden und Baracken und die Schreie der Tiere, die nervös auf die Schlachtung warteten. Eine Stadt ritueller Reinheit und unvorstellbaren Schmutzes. Eine Stadt, in der man im Tempel Weihrauch und in Gehenna Leichen verbrannte. Eine Stadt des Sonnenlichts und der Schatten, eine Ober- und eine Unterstadt. Und in dieser Stadt sollte nun ein neuer König Einzug halten.

»Und er zog in Jerusalem ein«

Die Jünger brachten den jungen Esel, legten ihre Mäntel auf das Tier, und Jesus setzte sich darauf. Viele Leute breiteten ihre Kleider als Teppich vor ihm aus, andere rissen Zweige von den Bäumen und legten sie auf den Weg. Vor und hinter ihm drängten sich die Menschen und riefen: »Gelobt sei Gott, und gepriesen sei, der in seinem Auftrag kommt! Jetzt ist Davids Reich endlich da! Gelobt sei Gott im Himmel!« Mk 11,7–10)

Sein Weg führte Jesus wahrscheinlich hinab ins Kidrontal, von dem aus er Jerusalem entweder durch das Tor nördlich des Tempels oder durch das Dungtor betrat. Er hätte auch durch ein anderes Tor direkt vom Tal zum Tempel gehen können, an der Stelle, wo heute das Goldene Tor steht. Es ist meiner Ansicht nach jedoch am wahrscheinlichsten, dass er aus südlicher Richtung in die Stadt gelangte und dann die Haupttreppe emporstieg.

Entscheidend ist jedoch der Zeitpunkt. Wie wir wissen, ist dies der Beginn der Passahwoche, einer wichtigen, wenn nicht *der* wichtigsten Woche im jüdischen Kalender. Das bedeutet, dass Jesus auf jeden Fall von Pilgermassen umgeben war, ganz gleich, welchen Weg er auch genommen hatte. Als er an jenem Frühlingsmorgen über den Kamm des Ölberges ritt, breitete sich im Tal unter ihm und in Richtung Norden vermutlich ein Meer aus Zelten und provisorischen Unterkünften aus. Josephus berichtet von Passahpilgern, die »in Zelten in der Nähe des Tempels« lebten.[47] Pilger, die es sich leisten konnten oder Verwandte in der Stadt hatten, blieben in Jerusalem; viele tausend jedoch mussten außerhalb kampieren. Jesu Weg führt ihn also nicht nur bergab, sondern durch eine Menschenmasse aus gläubigen Juden und ärmeren Pilgern. Kein Wunder, dass sich die Nachricht rasch verbreitete. Es war, als hätte man einen Karnevalsumzug durch ein Popfestival geführt, als hätte der König Glastonbury oder Woodstock besucht.

Die Auswirkungen des Passahfestes auf die Stadt werden wir später noch eingehender betrachten. Im Augenblick ist nur wichtig, dass die Stadt aus allen Nähten platzte. Und da kommt Jesus, der durch die Menge hinabreitet; umgeben von seinen Anhängern, von jenen, denen er gepredigt, die er geheilt und erlöst hat, von jenen, deren Leben sich verändert hat. Bei seinem Einzug gewinnt er auch neue Anhänger; er reißt all jene mit, die noch Hoffnung haben und sich nach Veränderung sehnen. Sie wedeln mit ihren Zweigen und stimmen in den Gesang mit ein, sie wickeln sich förmlich um die Prozession wie Seetang, als Jesus durch das Meer von Menschen watet.

Es wurde stellenweise argumentiert, dass das Wedeln von Palmzweigen und die Hosanna-Rufe eher auf das Laubhüttenfest hindeuten könnten, bei dem es der Mischna zufolge üblich war, »Hosanna« zu rufen und Zweige zu schwenken.[48] Es gibt jedoch keinen Grund zu der Annahme, dass dies der einzige Termin war, an dem auf solche Art und Weise gefeiert wurde.

Jesus trifft ganz bewusst eine prophetische Aussage. Es ist ein inszeniertes Ereignis, ein religiöses Schauspiel, das auf verschiedene Prophezeiungen des Alten Testaments Bezug nimmt, insbesondere auf Sacharja, Kapitel 9. Es ist das antike Gegenstück jener orchestrierten Demonstrationen, die man heutzutage bei internationalen Treffen von Politikern zu sehen bekommt. Es ist sorgfältig arrangiert, um exakt die Botschaft zu vermitteln, die Jesus vermitteln will. Jesus bedient sich dazu der Symbolik Sacharjas:

> Freut euch, ihr Menschen auf dem Berg Zion, jubelt laut, ihr Einwohner von Jerusalem! Euer König kommt zu euch! Er ist gerecht und bringt euch Rettung. Und doch kommt er nicht stolz daher, sondern reitet auf einem Esel, ja, auf dem Fohlen einer Eselin. (Sach 9,9)

Dies ist das Vokabular des Messias, des Auserwählten, des Königs von Israel. Auf der Straße nach Jericho ist Jesus als Sohn Davids gepriesen worden, und nun reitet er in die Stadt und bedient sich derselben Bildsprache. »Ich bin der König«, lautet die Botschaft, wenigstens für diejenigen, die sich mit den Propheten des Alten Testaments auskannten. Ob sie diesen Bezug nun erkannt haben oder nicht, jedenfalls empfangen ihn die Menschen mit einem Brauch, der normalerweise nur mit Königen assoziiert wird: Sie werfen ihre Mäntel zu Boden.[49]

David Catchpole hat rund ein Dutzend anderer Beispiele für einen »triumphalen« Einzug in Jerusalem zusammengetragen, beispielsweise von Alexander dem Großen und Judas Makkabäus. Alle folgen einem bestimmten vorgegebenen Muster: Der Sieg ist bereits errungen; der Einzug ist feierlich und zeremoniell; die Menge jubelt und begrüßt den Einziehenden; als Höhepunkt des Einzuges folgt das Betreten des Tempels.[50]

Jesus bewegt sich also nicht nur in einem religiösen Kontext, er nimmt obendrein noch eine Art königlichen Triumphzug für sich in Anspruch. Allerdings handelt es sich um ein seltsames Königreich und einen nicht weniger seltsamen König. Man gewinnt hier den Eindruck eines frechen, freudigen und unkontrollierten Elements. Der Esel beispielsweise ist ein Jungtier, das noch nie geritten worden ist. Jesus reitet also auf einem Esel, der ein paar Nummern zu klein für ihn ist – wie ein Erwachsener, der auf einem Kinderfahrrad sitzt. Der spaßige, satirische und spöttische Aspekt wird dadurch noch unterstrichen, dass es nicht die einzige Prozession war, die an jenem Tag in Jerusalem einzog.

Jemand anders musste an diesem Tag ebenfalls in die Stadt kommen. Und dieser Jemand kam aus der anderen Richtung – in jeder Hinsicht.

»Es war kurz vor dem jüdischen Passahfest.
Aus dem ganzen Land zogen die Leute
nach Jerusalem ...«

Die riesige Menschenmasse und die religiös aufgeheizte Stimmung des Festes erzeugten zusammen eine explosive Atmosphäre. Josephus berichtet von mehreren schweren Zwischenfällen und schreibt, dass bei solchen Festen häufig ein Aufruhr entbrannt sei.[51] Es bedurfte nur eines kleinen Funkens, um ein gewaltiges Feuer zu entzünden – wie bei diesem berüchtigten Zwischenfall: Ein Soldat, der in der den Tempel überragenden Festung Antonia Dienst tat, kehrte den Juden unter ihm den Rücken zu und machte »ein Geräusch, das so anstößig wie seine Gesinnung war«. In dem anschließenden Tumult wurden Josephus zufolge 30000 Menschen zu Tode getrampelt.[52]

Aus diesem Grund besuchte Pontius Pilatus zu jedem bedeutenden Pilgerfest die Stadt.[53] In Jerusalem war nur eine Handvoll römischer Soldaten in der Festung Antonia stationiert – eine Kohorte, vielleicht 5000 Mann, um den Tempel zu überwachen. Diese Truppe stellte allenfalls ein Symbol der römischen Macht dar, da man die Verantwortung für die Sicherheit in der Stadt an den Hohepriester und dessen mehrere tausend Mann starke Tempelpolizei übertragen hatte. So wurden im ersten Jüdischen Krieg bei der Verteidigung des ehemaligen Hohepriesters Ananus 8500 Tempelsoldaten getötet.[54] Zwar trug diese Truppe auch die Verantwortung für religiöse Feste, doch angesichts der angespannten Atmosphäre sorgte die römische Obrigkeit dafür, dass zu diesen Zeiten auch das römische Militär in Jerusalem Präsenz zeigte – schließlich platzte die Stadt förmlich aus allen Nähten vor Juden mit einem starken Geschichtsbewusstsein, die nach religiöser Reinheit eiferten.

Es gab freilich noch einen anderen Grund für die Anwesenheit des Präfekten in die Stadt: Er musste das zeremonielle Priestergewand übergeben – bildlich gesprochen, er musste Kaiphas die Autoschlüssel bringen. Hinter dieser symbolischen Übergabe-Handlung verbarg sich eine ungeschönte Wahrheit, ein Zeichen der politischen Realität: Die Soldaten, die in Jerusalem einmarschierten, waren nur die Speerspitze. Kaiphas und sein Volk sollten nicht vergessen, dass der römische Stiefel stets über ihren Häuptern schwebte.

Stellen wir uns also blitzende Rüstungen und blankes Leder vor, Reiter hoch zu Ross und den kaiserlichen Adler auf einer Standarte an der Spitze des Zuges. Stellen wir uns die Fußsoldaten vor, wie sie die Einwohner schlagen und zur

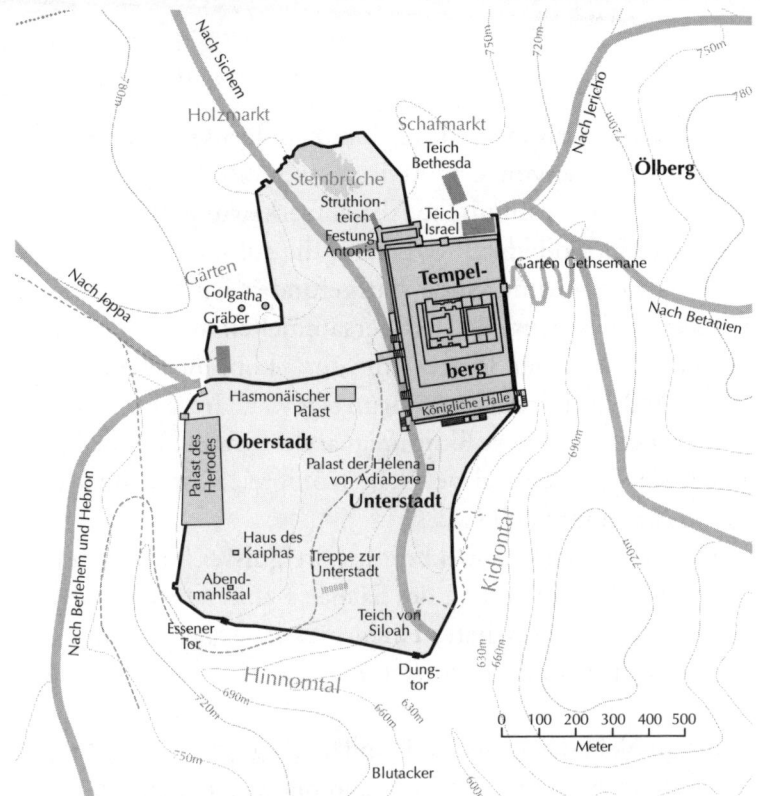

Jerusalem ca. 33 n. Chr.
Bei seinem triumphalen Einzug am Sonntag kommt Jesus aus östlicher
Richtung über den Ölberg nach Jerusalem. Etwa zur selben Zeit zieht
Pilatus über die Straße nach Joppa von Westen in die Stadt ein.

Seite drängen – eine Demonstration der Macht. Ein Einzug,
um die Juden wissen zu lassen, dass Pilatus eingetroffen war,
der Stellvertreter des Kaisers, der einmarschiert, um das
Kommando zu übernehmen.

Er betritt die Stadt also auf der gegenüberliegenden Seite
wie Jesus. Die Straße von Caesarea führte ihn vermutlich
über das an der Küste gelegene Joppa durch die Berge und
dann von Westen hinein nach Jerusalem. Pilatus schlug sein
Hauptquartier vermutlich im ehemaligen Palast Herodes'
des Großen im Westen der Oberstadt auf – im prächtigsten
Privatgebäude von ganz Jerusalem.[55]

In diesem Kontext ist Jesu Einzug in Jerusalem weit mehr als nur ein Akt von prophetischem Symbolismus, er stellt vielmehr eine messianische Absichtserklärung dar. Es ist die bewusste Parodie der Prozession, die auf der anderen Seite der Stadt entweder gerade stattgefunden hat oder noch im Gange ist. Dort im Westen versammelten sich Macht und Ansehen, dort war Pilatus mit der ökonomischen, politischen und militärischen Führungsgewalt. Im Osten hingegen zeigte sich eine vollkommen andere, radikale Form von Macht. Im Westen das weltliche Königreich; im Osten Jesus und das Königreich Gottes.

Der »politische« Aspekt dieses Ereignisses kommt in Jesu bewusster Verkörperung des Sacharja zum Ausdruck. Seine Wahl des Reittieres hatte einen messianischen Bezug. Der Absatz geht jedoch noch weiter:

> In Jerusalem und im ganzen Land beseitige ich, der Herr, die Streitwagen, die Kriegspferde und alle Waffen. Euer König stiftet Frieden unter den Völkern, seine Macht reicht von einem Meer zum anderen, vom Euphrat bis zum Ende der Erde. (Sach 9,10)

Kein kriegerischer Messias also, keine militärische Prozession wie auf der anderen Seite der Stadt. Nein – dort präsentierte sich die römische Kriegsmaschinerie, die sich in der wohlhabenden, privilegierten Oberstadt einrichtete; von Osten indes kam das provisorische, zerlumpte Regime des Friedensfürsten. Das war die Wahl, vor welche Jesus das Volk an jenem Tag stellte – die Tempelobrigkeit, die Schreiber, die Gesetzesmacher und die Tempelpolizei, die Pilger in ihren Zelten, die Armen in ihren Mietshäusern und alle, die sich ihm jemals hatten anschließen wollen: Für welchen König werdet ihr euch entscheiden? Für die Herrschaft Roms oder für das Königreich Gottes? Auf wessen Seite steht ihr?

Jesus betritt den Tempel

Ort: der Tempel Jerusalems
Zeit : nachmittags

Jesus betritt Jerusalem in einem sorgfältig inszenierten Triumphzug. Sein messianischer Symbolismus stellt eine Herausforderung der priesterlichen Aristokratie dar; seine Version eines römischen Triumphzuges wiederum fordert die militärische und politische Macht auf der anderen Seite der Stadt heraus. Seltsam an Markus' Bericht ist daher das Ende: Das ganze Geschehen scheint sich einfach in Nichts aufzulösen.

> So zog Jesus in Jerusalem ein. Er ging in den Tempel und sah sich dort aufmerksam um. Am Abend kehrte er mit seinen Jüngern nach Betanien zurück. (Mk 11,11)

Jesus zieht im Triumph in die Stadt ein, sieht sich dort ein wenig um und verlässt sie dann wieder, weil es schon »spät am Abend« ist. Er braucht auch gar nicht mehr zu tun, hat er doch durch den eindeutigen Symbolismus seines Einzugs bereits alles gesagt. Die anderen synoptischen Evangelien fahren daher auch gleich mit der Tempelreinigung fort. Nur bei Markus findet sich jenes seltsame Detail, dass Jesus zunächst in den Tempel geht, um sich dort umzusehen. Man fragt sich, *was* er sich dort angesehen hat – und *warum*.

Es gibt noch eine andere Quelle, die davon berichtet, dass sich Jesus im Tempel umsah. Sie stammt nicht aus dem Neuen Testament, sondern es handelt sich um ein Stück Pergament, das auf einer ägyptischen Müllhalde entdeckt wurde. Möglicherweise liefert es eine Antwort auf die Frage, was sich Jesus im Tempel ansah und wie sein triumphaler Einzug endete.

105

» Glücklich sind, die ein reines Herz haben,
denn sie werden Gott sehen «

Wie wir bei unserem kurzen Überblick über Jesu Werde-
gang bereits gesehen haben, deckten die jüdischen Reinheitsgebote ein ziemlich breites Spektrum ab. Wer sich nicht
den Vorschriften gemäß rituell badete oder wusch, galt als
unrein. Eine Frau, die ihre Periode hatte, war ebenfalls unrein, ein Leprakranker sowieso. Man war unrein, wenn man
mit Nichtjuden speiste, das Haus eines Zollpächters betrat
oder einen bestimmten Beruf ausübte. Man war unrein,
wenn man einen Leichnam berührte. Darüber hinaus gab es
umfangreiche und nur schwer zu befolgende Reinheitsgebote für Speisen und Getränke. Eine extreme Ansicht war,
dass bestimmte Nahrungsmittel unrein würden, wenn ein
Nichtjude sie berührte. Nichtjüdisches Brot, Öl und Wein
konnten unrein sein. Angesichts solcher Unsicherheit war
es am besten, gar nicht erst mit Nichtjuden zu speisen.[56] In
den Evangelien finden sich jedoch zahlreiche Stellen, wo Jesus diese Reinheitsvorschriften bricht. Dazu erzählt er immer wieder Gleichnisse, deren Helden unreine Menschen
sind.

Das Gleichnis vom guten Samariter beispielsweise ist eine
Geschichte über rituelle Reinheit. Man beachte die Handelnden: ein von Räubern überfallener Jude, ein Priester
und ein Levit (beides Tempelbedienstete) – und ein verhass-
ter Samariter, der aus jüdischer Sicht niemals, das heißt unter gar keinen Umständen »rein« sein konnte. Die zwei Kle-
riker aus dem Tempel ignorieren den am Straßenrand lie-
genden Mann nicht nur deshalb, weil sie kein Mitleid mit
ihm haben, sondern vor allem, weil sie ihn für tot halten.
Wenn sie ihm Hilfe leisteten, würden sie sich durch den
Kontakt mit einer Leiche möglicherweise rituell verunreinigen. Jesu Geschichte ist daher ein Angriff auf die religiöse

Heuchelei, die er in den Reinheitsgeboten formuliert sieht. Diese Leute hielten es für wichtiger, selbst »rein« zu bleiben, als einem Mitmenschen zu helfen.[57]

Unter Experten wurde heftig diskutiert, wie die Juden zu Zeiten Jesu diese Rituale handhabten und ob die vielen in der Mischna peinlich genau beschriebenen Regeln von den Einwohnern Palästinas im 1. Jahrhundert tatsächlich auf breiter Basis befolgt wurden. Was viele Experten dabei offenbar nicht bedachten, ist dies: Reinheit stellte immer einen Luxus dar. Einem armen Kleinbauern oder einem Tagelöhner aus den Slums der Unterstadt war es gar nicht möglich, genügend Lebensmittel einzulagern, damit er am Sabbat nicht zu malochen brauchte. Und wenn man zusammengepfercht in einer beengten Mietskaserne lebt, in der gerade eine Seuche grassiert, dann lässt sich die Befleckung durch den Kontakt mit Leichen kaum vermeiden.

In der Praxis war es also nur den mittleren und höheren Schichten möglich, die Regeln der Pharisäer und Sadduzäer strikt zu befolgen. Sehen wir uns beispielsweise das Verbot an, mit menstruierenden Frauen Kontakt zu haben. Der Mischna zufolge musste sich jede Frau in dieser Zeit zurückziehen, damit sie weder mit den anderen Bewohnern noch mit den Haushaltsgegenständen in Berührung kommen konnte. Einige der wohlhabenderen Familien verfügten vielleicht über abgetrennte Frauengemächer, etwa im ersten Stock des Hauses. Wo eine ganze Sippe zusammenlebte, stand möglicherweise ein bestimmtes Zimmer mehreren Familien für diesen Zweck zur Verfügung.

Für die ärmeren Schichten hingegen bedeutete allein die Tatsache, ein zusätzliches Zimmer zu besitzen, puren Luxus – geschweige denn ein Zimmer, das nur einem einzigen Zweck diente. Reiche Leute konnten sich Steingutgeschirr leisten, das als immun gegen Unreinheit galt; die Ärmeren dagegen mussten mit einfacher Keramik auskommen, so dass eine Reinigung erforderlich wurde. Wer es sich leisten konnte, hatte eine eigene Mikwe für rituelle Bäder im Haus; wer arm war, musste wie alle anderen die öffentlichen Teiche benutzen.

Was Jesus gegen die Pharisäer aufbringt, ist Folgendes:

> Sie bürden den Menschen unerträgliche Lasten auf, doch sie selbst rühren keinen Finger, um diese Lasten zu tragen. (Mt 23,4)

Die Gesetze sind so gestaltet, dass sie es den Armen letztendlich unmöglich machen, (religiöse) Gerechtigkeit zu erlangen. Es war jedoch nicht die Betonung dieser Gerechtigkeit oder der Versuch, das Gesetz zu interpretieren, was Jesus mit seinen Worten anprangerte. Es war vielmehr die Tatsache, dass eine Interpretation nach den Maßstäben der Pharisäer lediglich den mittleren und oberen Schichten vorbehalten blieb. Für die übrigen Menschen bedeutete diese Gesetzesauslegung eine zusätzliche Last, und ihr Leben verlief noch schwerer, als es ohnehin schon war.

Jesus erkannte, dass auch die Armen und Unreinen zu wahrer Gerechtigkeit befähigt waren, ja dass Armut geradezu eine Voraussetzung für wahre Gerechtigkeit war, denn schließlich war es leichter, dass ein Kamel durch ein Nadelöhr ging, als dass ein reicher Mann in das Reich Gottes gelangte. Deshalb waren seine Jünger über seine Äußerung auch so erstaunt: Nach ihrem Verständnis war Reinheit der Weg zur Gerechtigkeit, und Reinheit wiederum konnte durch Reichtum erlangt werden. Nicht, dass Jesus das jüdische Gesetz ignoriert oder nicht befolgt hätte; im Gegenteil: Allein seine Anwesenheit in Jerusalem war Zeugnis dafür, dass er die wichtigsten Glaubensgrundsätze durchaus beachtete. Er stellte jedoch fest, dass es in der Stadt viele Menschen gab, die von religiöser Gerechtigkeit ausgeschlossen waren.

Die Reichen verfügten über die Mittel, das Gesetz buchstabengetreu zu befolgen. Die Armen hatten diese Möglichkeit nicht. Nach Jesu Lehre waren es jedoch die Armen, denen das Himmelreich offenstand; es war der Bettler, der zum Fest eingeladen wurde.

»Warum befolgen deine Jünger
unsere Vorschriften nicht?«

Reinheit war also ein Machtinstrument. Die Tempelobrigkeit konnte Menschen, die sie als unrein betrachtete, den Zugang zum Tempel oder die Teilnahme am Gottesdienst verweigern. Ähnlich wie die Päpste des Mittelalters die Exkommunikation als Drohmittel einsetzten, so muss auch der Ausschluss vom Tempel eine wirkungsvolle Waffe gewesen sein. Als sich die Zeit des zweiten Tempels dem Ende zuneigte, nahmen Anwendung und Auslegung von Reinheitsgeboten deutlich zu. Man fragt sich, ob dies mit dem offensichtlich schwindenden Einfluss und der bröckelnden Macht der Tempelobrigkeit zusammenhängt. Wenn politische Führer den Eindruck gewinnen, dass man ihnen nicht mehr gehorcht, lockern sie die Gesetze nicht, sondern erlassen vielmehr neue und verschärfen zusätzlich noch die Strafen für ihre Nichtbeachtung.

Viele Passahpilger kamen schon sehr zeitig nach Jerusalem, weil sie sichergehen wollten, dass man ihnen die Teilnahme am Passahfest auch gestattete. Einige Rituale erforderten Elemente, die offenbar nur in Jerusalem verfügbar waren. So beinhaltete die Reinigung von einer Befleckung durch Leichenkontakt, dass sich die unreine Person mit der Asche einer roten Färse, gemischt mit Wasser, besprengte. Ob solche Asche außerhalb Jerusalems erhältlich war, ist fraglich. Philo deutet an, dass sich die Menschen in anderen

Teilen der Welt mit »ungefärstem« Wasser besprengten; das reinigte sie zwar, reichte aber noch nicht aus, um den Tempel betreten zu dürfen.[58]

Waschungen waren also ein weit verbreitetes Reinigungsritual. In der Mischna heißt es: »Niemand darf den Tempelhof zum Gottesdienst betreten, auch wenn er rein ist, solange er nicht gebadet hat.«[59] Der palästinische Talmud ging sogar noch weiter und interpretierte dies dahin gehend, dass damit jedes Betreten des Tempels gemeint sei, selbst wenn der Betreffende gar kein Opfer darbringen wolle.

Markus' Bericht über Jesu Einzug in Jerusalem erwähnt keinerlei Waschungen; tatsächlich ist nirgends in den Evangelien erwähnt, dass Jesus rituell gebadet hätte. Das bedeutet freilich nicht, dass er es nicht tat, andererseits aber auch nicht, dass er sich solchen Waschungen unterzog. Was wir wissen, ist: Jesus und seine Jünger wurden dafür kritisiert, dass sie sich vor dem Essen nicht die Hände wuschen. Sich vor einer Mahlzeit nicht die Hände zu waschen ist eins; sich aber vor dem Gottesdienst nicht zu waschen ist etwas ganz anderes. Eine Geschichte, die sich nicht im Neuen Testament findet, zeigt jedoch, dass Jesus genau das tat.

»… und sah sich dort aufmerksam um«

In der Bodleian Library in Oxford wird das Fragment eines kleinen Codex aus dem 4. Jahrhundert aufbewahrt. Obgleich es Papyrus Oxyrynchus genannt wird, handelt es sich dabei um ein Stück Pergament und nicht um Papyrus.[60] Das 45 Zeilen umfassende Fragment scheint aus einer Art Evangelium zu stammen und enthält zwei Geschichten, die sich in den überlieferten Evangelien nicht finden. Die erste handelt von einem Diskurs, den Jesus offenbar auf dem Weg zum Tempel hielt. Darin warnt er vor dem Schicksal, das all jene erwartet, die Böses tun. Die zweite Geschichte berichtet von der Begegnung mit einem hohen jüdischen Priester namens Levi, der Jesus bezichtigt, den Tempel ohne Waschritual betreten zu haben:

Also brachte er sie zum Ort der Reinheit und ging in den Tempel hinein. Dort kam ein hoher Priester, ein Pharisäer namens Levi, auf sie zu und sagte zum Heiland: »Wer gab dir die Erlaubnis, diesen Ort der Reinheit zu betreten und die heiligen Gefäße zu schauen, obgleich du dich nicht gewaschen hast? Deine Jünger haben nicht einmal ihre Füße gebadet. Trotzdem hast du in deinem unreinen Zustand diesen Tempel betreten, einen reinen Ort, den niemand zu betreten und dessen heilige Gefäße niemand zu schauen wagt, ohne sich zuvor zu waschen und seine Kleider zu wechseln.«

Sofort blieb der Heiland mit seinen Jüngern stehen und antwortete: »Bist du in deinem jetzigen Zustand hier im Tempel denn rein?«

Und er erhielt als Antwort: »Ich bin rein, denn ich habe mich im Teich Davids gewaschen. Ich bin über eine Treppe hineingestiegen und über eine andere wieder hinausgelangt; und ich habe weiße und saubere Kleider angelegt. Erst dann kam ich und legte meine Augen auf diese heiligen Gefäße.«

Der Heiland antwortete ihm und sagte: »Wehe euch, ihr Blinden, die ihr nicht seht! Ihr habt euch in diesen fließenden Gewässern gewaschen, in denen sich die Hunde und Schweine Tag und Nacht gesuhlt haben, und habt die äußere Haut gesäubert und gewaschen, welche die Prostituierten und Flötenmädchen pflegen; sie waschen und säubern sie und machen sie für menschliches Begehren schön; innerlich jedoch sind diese Frauen voller Skorpione und Verderbtheit. Ich und meine Jünger indes, die nach deinen Worten nicht gebadet haben, haben in den Wassern des ewigen Lebens gebadet, die von Gott im Himmel kommen. Doch wehe jenen …«[61]

Hier endet das Fragment. Als es zum ersten Mal veröffentlicht wurde, tat man es als Fälschung ab – hauptsächlich aufgrund der Tatsache, dass die Herausgeber keines der historischen Details für exakt hielten. Mittlerweile müssen wir anerkennen, dass die Bezeichnung »Heiland« für Jesus auf eine spätere Theologie hindeutet. Doch selbst wenn wir dem Fragment eine spätere Theologie zugrunde legen, trifft die Behauptung, es zeuge von einer Unkenntnis jüdischer Gebräuche und der Topographie des Tempels, schlicht und ergreifend nicht zu.

Neben Markus 11,11 ist es das einzige erhaltene Dokument, das Jesus bei der Betrachtung bestimmter Objekte im Tempel schildert. Er hat einen Ort der Reinheit betreten – möglicherweise einen der Innenhöfe des Tempels – und »die heiligen Gefäße geschaut«. Einige dieser Gefäße wurden in einem Nebenraum des Tempels aufbewahrt, doch könnten sich die »heiligen Gefäße« aus dieser Geschichte auch nur auf die geweihten Gerätschaften beziehen, die tagtäglich im Vorhof der Priester benutzt wurden.[62] Jesus und seine Jünger könnten aber auch weit genug gegangen sein, um direkt ins Herz des Tempelheiligtums selbst zu blicken. Josephus deutet an, dass der Vorhang vor dem Eingang zum Allerheiligsten an religiösen Feiertagen zurückgezogen wurde, damit die vielen Pilger hineinsehen konnten. Dies wird durch mehrere Passagen im Talmud gestützt. Darin ist von Pilgern die Rede, denen es gestattet ist, den Tisch mit den Schaubroten und den goldenen Tellern zu sehen. Dies ergibt in doppelter Hinsicht einen Sinn: Zum einen wollten die Pilger diese Schätze sehen, zum anderen wollten die Priester sie ihnen zeigen, um die Erhabenheit des Tempels noch größer erscheinen zu lassen und damit die Ehrfurcht vor der Institution noch weiter zu steigern.[63]

Die Identität des Priesters ist ungeklärt. Er wird als Pharisäer namens Levi bezeichnet, doch das Wort *archierieus* bedeutet nicht zwangsläufig »Hohepriester«. Im Griechischen fehlt der bestimmte Artikel (»*der* Hohepriester«), was möglicherweise bedeutet, dass wir hier über einen der obersten Priester sprechen. Dies könnte also bedeuten, dass es sich entweder um einen vorsitzenden Priester oder einen Aufseher handelte, oder schlicht um einen der religiösen Führer unter den Pharisäern.[64]

Den »Teich Davids« hat man nie gefunden, was angesichts der unzähligen Mikwen in Jerusalem auch kein Wunder ist. Man kann nicht davon ausgehen, dass eine davon in der rabbinischen Literatur auftaucht. Selbst eine der berühmtesten – der Bethesdateich – wird nur ein einziges Mal erwähnt, und zwar in Johannes 5,2. In einer Stadt, in der sich alles um David drehte, ist es allerdings sehr wahrscheinlich, dass auch eines der vielen rituellen Bäder nach ihm benannt wurde. Es wäre wesentlich überraschender, wenn es anders wäre. Allein auf dem Tempelberg selbst haben Archäologen drei Mikwen gefunden.[65]

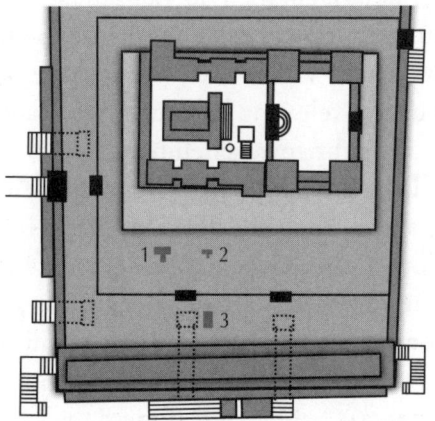

Mikwen auf dem Tempelberg
Archäologen haben allein auf dem Tempelberg drei mögliche Standorte von Mikwen gefunden. Diese wurden vermutlich mit Regenwasser aus Zisternen gespeist.

Die Erwähnung der zwei Treppen indes gibt keinerlei Rätsel auf: Bei zahlreichen Ausgrabungen in Jerusalem wurden Teiche mit zwei Treppen gefunden – vermutlich deshalb, damit sich ein Badender nicht dadurch wieder beschmutzte, dass er den Teich auf demselben Weg verließ, auf dem er hineingestiegen war.[66] Was das fließende Wasser betrifft, so spiegelt dies einen bestimmten Aspekt der pharisäischen Praxis wider. Die Pharisäer glaubten, eine Mikwe sei nur dann von Wert, wenn sie über fließendes Wasser verfügte. Dies ist der Grund, warum viele ausgegrabene Mikwen noch einen Nebenteich besaßen, der als eine Art Zisterne diente.[67]

In Bezug auf die Kleidung musste jeder Besucher vor Betreten des Tempels seinen Stab, seine Schuhe und seine Tasche oder Börse ablegen; außerdem hatte er darauf zu achten, dass seine Füße nicht staubig waren. Der Vorhof der Israeliten konnte nur von jenen betreten werden, die sich in einem Zustand »vollkommener levitischer Reinheit« befanden.[68] Es ist gut vorstellbar, dass zum Erreichen dieser hohen Reinheitsstufe auch ein Wechseln der Kleider nötig war. Die Tempelzeremonie der Essener verlangte von den Gläubigen, im Bad ganz unterzutauchen und danach weiße Kleider anzuziehen.[69] Die Tatsache, dass der Priester seine Kleidung komplett gewechselt hat, bedeutet jedoch nicht, dass dies auch von Laien, die den Tempel besuchten, verlangt wurde. Relevant ist hier, dass Jesus und seine Jünger ihre Füße nicht gewaschen haben.

Dass sich ein solches Ereignis zugetragen haben könnte, lässt sich auch aus der rabbinischen Literatur herleiten. Dort gibt es eine Geschichte über einen Mann namens Shimon den Tugendhaften, der behauptete, es sei ihm gelungen, den Tempel – zwischen dem Allerheiligsten und dem Brandopferaltar – zu betreten, ohne seine Hände und Füße gewaschen zu haben und ohne dabei »vom Aufseher« erwischt worden zu sein.[70] Die genannten Details stimmen mit den archäologischen Funden überein – was recht beachtlich erscheint, wenn das Fragment, wie von den Erstherausgebern behauptet, tatsächlich nur eine Erfindung aus dem 2. Jahrhundert wäre. Jemand hat offenbar gründlich recherchiert.

Aber was ist mit den Schweinen und Hunden? Wenn das Wasser aus einem Aquädukt von außerhalb stammt, könnte das bedeuten, dass Jesus die Qualität dieses Wassers für höchst zweifelhaft hält.[71] Der Rest seiner verbalen Attacke ist übertrieben und strotzt vor Sarkasmus, also darf man ihn hier nicht unbedingt wörtlich nehmen. Jesus will lediglich sagen, dass sich selbst die Prostituierten herausputzen; sich zu waschen ist daher offensichtlich kein Zeichen für Reinheit.

Papyrus Oxyrynchus 840 enthält demnach die Überlieferung, dass Jesus einen der heiligsten Orte des Judentums betrat und dabei das vorgeschriebene Ritual missachtete. Er betrat den Tempel in schmutzigem, unreinem Zustand. Das scheint ihn allerdings nicht sonderlich gekümmert zu haben. Ist dies also eine wahre Geschichte? Ist es eine Episode, die in den Evangelien fehlt? Zweifellos ging sie durch die Hände eines späteren Redakteurs. In der Geschichte selbst findet sich jedoch nichts, was von Grund auf unglaubwürdig erscheint; sie fügt sich vielmehr in das Gesamtbild von Jesu Haltung gegenüber den Reinheitsvorschriften ein und passt auch zu dem Aufruhr, den er damit unter seinen orthodoxeren Gegnern auslöste. Worauf es Jesus ankam, war nicht äußerer Gehorsam, sondern innere Reinheit. Sogar Prostituierte und Tanzmädchen waschen sich. Selbst Hunde und Schweine baden.

Wenn es in Bezug auf die Reinheitsvorschriften um Macht und Kontrolle geht, dann ist jemand, der sich darum nicht mehr schert, per Definition unkontrollierbar. Das Oxyrynchus-Fragment zeichnet ein spannendes Bild von Jesus im

Tempel (wenngleich es später vermutlich noch redigiert wurde). Die Frage, ob es sich um eine authentische Geschichte handelt, wird sich wahrscheinlich niemals klären lassen. Trotzdem bestätigt sie zumindest die auch in den Evangelien enthaltene Überlieferung, dass sich Jesus in ständigem Konflikt mit den Reinheitsgesetzen seiner Zeit befand.

Jesus ist also buchstäblich außer Kontrolle geraten. Wer weiß, was er als Nächstes tun wird …

Griechen sprechen mit Jesus

Ort: Jerusalem
Zeit: vormittags

Jesu Einzug in Jerusalem stellte tatsächlich einen Triumphzug dar. Er war umringt von seinen Anhängern und freudigen Pilgern, die spürten, dass möglicherweise eine Veränderung in der Luft lag. Nur die Pharisäer warfen sich gegenseitig vor: »Nun seht ihr, dass ihr so nichts erreicht! Alle Welt rennt ihm hinterher!« (Joh 12,19)

> Unter den Festbesuchern waren auch einige Griechen. Sie kamen zu Philippus, der aus Betsaida in Galiläa stammte, und baten ihn: »Herr, wir möchten Jesus kennenlernen!« (Joh 12,20–21)

Alle Welt läuft Jesus nach. Griechen halten sich in Jerusalem auf, und auch sie möchten Jesus sehen. Sie sind sich jedoch nicht sicher, ob er sie auch empfangen wird. Ob dieser heilige Mann einem Kontakt mit Nichtjuden zustimmen wird? Also wenden sie sich über einen Mittelsmann an Jesus. Viel-

116

leicht rechnen sie damit, dass er auf ihre Anfrage wie ein Pharisäer oder Sadduzäer reagiert. Tatsächlich sind sich selbst die Jünger nicht ganz sicher: Philipp konsultiert erst seinen Bruder, bevor er zu Jesus geht.

Jesu Antwort ist rätselhaft und enthält eine seiner typisch johanneischen Aussagen, die reich an bildhaften Symbolen sind, und endet mit einem Donnerschlag:

> Da erklang eine Stimme vom Himmel: »Das habe ich bisher schon getan, und ich werde ihn wieder zu großer Ehre bringen!« Die Menschen um Jesus hatten die Stimme gehört und meinten: »Es hat gedonnert!« Andere behaupteten: »Ein Engel hat mit ihm geredet.« Doch Jesus entgegnete: »Diese Stimme hat euch gegolten, nicht mir.« (Joh 12,28–30)

War es eine Stimme? Ein Engel? Ein Donnerschlag? Auf jeden Fall ist es ein Echo: Die Stimme aus dem Himmel ist ein Echo jener Stimme, die bei Jesu Taufe gesprochen hatte. Seine Sorge darum, diese Stunde zu überstehen, nimmt indes bereits sein Flehen in Matthäus 26,38–39 vorweg. Dort bittet er Gott, dass »der Kelch an ihm vorübergehen möge«. Was auch immer zutreffen mag, so ist Johannes' Botschaft doch eindeutig: Alle Welt läuft Jesus nach. Sein Einzug in Jerusalem war die Verkündung eines Königreiches, das nicht nur auf Jerusalem beschränkt war, sondern auch die Griechen, die ganze Welt und damit alle Menschen einschloss.

Zweiter Tag:
Im Tempel

Montag, 30. März

Die Verfluchung des Feigenbaums: am Ölberg, Montagmorgen
Die Tempelreinigung: auf dem Tempelberg, Montagmorgen

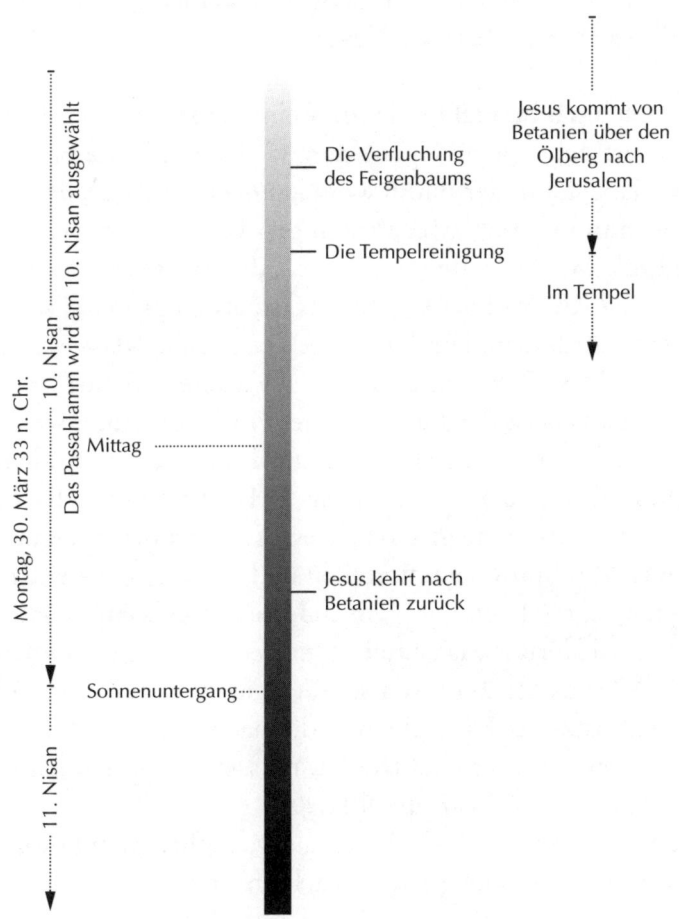

Die Verfluchung des Feigenbaums

Ort: Ölberg
Zeit: morgens

Am nächsten Morgen, als sie Betanien verließen, hatte Jesus
Hunger. Schon von weitem sah er einen Feigenbaum mit
vielen Blättern. Er ging hin, um sich ein paar Feigen zu pflü-
cken. Aber er fand nichts als Blätter, denn zu dieser Jahres-
zeit gab es noch keine Feigen. Da hörten die Jünger, wie Jesus zu dem Baum sagte: »Nie wieder soll jemand von dir
eine Frucht essen!« (Mk 11,12–14)

Oberflächlich betrachtet, ist dies eine seltsame Geschichte.
Jesus verflucht einen Feigenbaum, weil dieser keine Früchte
trägt; dabei kann der Baum wohl kaum etwas dafür, denn er
bringt nun mal nur zwei Ernten pro Jahr hervor: die erste
von Ende Mai bis in den Juni hinein, die zweite und reichere
von Ende August bis Oktober. Es ist, als ginge man im Mai
zu einem Apfelbaum und beklagte sich darüber, dass es noch
keine Golden Delicious gibt. Was erwartete er denn?

Nichts. Das ist der Punkt. Es geht nicht darum, etwas zu
essen zu finden, sondern darum, *nichts* zu essen zu finden.

Dies wird in der Lehre oft als »Markus-Sandwich« bezeichnet: Markus neigt dazu, Geschichten oder Ereignisse
in zwei Abschnitte zu unterteilen und dazwischen – wie bei
einem belegten Brötchen – ein anderes Ereignis einzubetten,
zu dem wiederum das erste Ereignis einen Kommentar darstellt. Markus 11,12–14 ist also »Feigenbaum, Teil eins«. Bis
zur Auflösung der Geschichte, die nach Markus' Zeitplan
am nächsten Morgen stattfindet, müssen wir uns noch ge-
dulden, und zwar bis Kapitel 11,20.

Jesus verwendet diesen Baum als Metapher. Sein Hunger,
seine erfolglose Suche nach Früchten und sein Fluch sind

alles Symbole für etwas, was sich bald ereignen wird. Das Schicksal des Feigenbaums wird sich in die bevorstehenden Ereignisse des neuen Tages einfügen; in etwas, was sich auf der anderen Talseite zutragen wird. Markus beschreibt den Ort genau: Jesus steht auf dem Ölberg und blickt über das Kidrontal. Auf der anderen Seite liegt der Tempel.

»Hier ist einer, der ist mehr als der Tempel«

Der Tempel in Jerusalem zählte zu den größten Gebäuden der antiken Welt. Das Wunder war nicht allein der Tempelbau, also das Heiligtum selbst, sondern der gesamte Komplex: ein gewaltiger, erhöhter Platz, der etwa 14 Hektar einnahm – rund 12 Prozent des damaligen Stadtgebiets.[1]

Wie bereits erwähnt, zeichnete Herodes der Große dafür verantwortlich. Er verdoppelte die Fläche des Tempels, indem er im Norden einen großen Teil des Felsgesteins abtragen und im Westen, auf der östlichen Seite des Tyropöontals, eine gewaltige Stützmauer errichten ließ. Die enorme Größe der beim Bau verwendeten Steine kann noch heute an der Westmauer, der »Klagemauer«, bestaunt werden.

Ein Tempelbau in solcher Höhe brachte einige Probleme mit sich und stellte hohe Anforderungen an Architektur und Statik. Zunächst einmal durfte der Hügel nicht massiv sein. Hätte man ihn aufgefüllt, wäre der Druck der Erde von innen nach außen zu stark gewesen. Der Hügel hinter der Mauer war also von unterirdischen Gängen und Gewölben durchzogen – von Orten, die seit jeher eine große Anziehungskraft auf Archäologen, Abenteurer und Verschwörungstheoretiker ausüben. Die zweite Schwierigkeit war der Zugang zu dem hochgelegenen Tempelplatz. An der Südseite führte eine lange Treppe empor zu schräg ansteigenden Tunneln, die schließlich auf dem Tempelplatz mündeten. Im Westen gab es neben weiteren Treppen von den tiefer gelegenen Straßen eine Brücke, die das Tyropöontal überspannte.

Im Gegensatz zu anderen Tempeln der griechisch-römischen Welt gab es demnach keinen Haupteingang, über den Prozessionen aus Pilgern und Gläubigen direkt zum Allerheiligsten hätten gelangen können. Stattdessen mussten sie sich durch die engen Gassen zwängen, sich einen Weg zu einem der Eingänge im Süden bahnen oder über die Brücke von Westen kommen.

»Zwei Männer gingen in den Tempel, um zu beten«

Ein Pilger trifft in Jerusalem ein. Er hat einen weiten Weg von zu Hause hinter sich, eine anstrengende Schiffsreise entlang der Küste, einen beschwerlichen Weg von Ptolemais. Nun soll sein Lebenstraum in Erfüllung gehen – die Heilige Stadt zu sehen und im Tempel zu beten. Er steht also am südlichen Eingang der Stadt und blickt über die Häuser und Gebäude, die vom gewaltigen Tempelberg überragt werden. Er erkennt sogar die goldenen Spitzen auf dem Dach des Tempels, die im Licht der Sonne hell glitzern. Er schließt sich dem Pilgerstrom an, der sich die lange abgestufte Straße emporschiebt, deren Pflaster von den Füßen zahlloser Gläubiger blank geschliffen ist. Zu seiner Linken sind die Straßen steiler; wie enge Schäfte verschwinden sie in der Dunkelheit der Unterstadt. Überall um ihn her preisen Budenbesitzer und Straßenhändler ihre Waren an. Es gibt praktisch alles: Früchte, kunstvoll gefertigte Glaswaren, Krüge billigen Weins, aufgetürmte Brote, wertvolle Stoffe und Tiere, die als Schlachtopfer bestimmt sind.

Schließlich erreicht er die Treppe zum Tempel. Riesige

breite Stufen führen empor zu einem dreifachen Tor, hinter dem es dunkel ist. Im dichten Gedränge zwängt er sich hindurch. Nun befindet er sich im Innern des Tempelbergs. Er erklimmt eine abschüssige Treppe in einem Tunnel, der unter der Königlichen Halle auf der Südseite verläuft. Nach der gleißenden Sonne draußen trifft ihn die Dunkelheit hier drinnen wie ein Schock. Mit jedem Schritt wird das Gedränge dichter. Dann entsteigt er der Finsternis und findet sich mitten auf dem Tempelplatz wieder. Plötzlich ist es um ihn herum hell und laut …

Dieser Platz wurde »Vorhof der Heiden« genannt, aus dem einfachen Grund, weil Nichtjuden nur bis dorthin Zutritt zum Tempel hatten. Der äußere Platz war allen frei zugänglich, auch Ausländern (lediglich menstruierenden Frauen wurde der Zutritt verweigert).[2] Es war ein Ort für Zusammenkünfte, den die Menschen aufsuchten, um zu diskutieren, um sich zu unterhalten und sogar um Geschäfte zu machen. In einer Stadt mit engen, überfüllten Straßen war der Tempelberg einer der wenigen Orte, die ausreichend Platz boten, um sich zu mehreren zu treffen. Deshalb lehrte Jesus für gewöhnlich dort, wenn er in Jerusalem war. Auch die Anhänger der Urkirche kamen in ihren Anfangstagen auf dem Tempelplatz zusammen.

Es war außerdem ein Ort, an dem die Tische der Geldwechsler standen und die Händler Tauben, Lämmer und andere Opfertiere verkauften. Es war eine Mischung aus Kirchhof, Marktplatz und Viehmarkt.

Was dem Besucher als Erstes auffiel, war die Sauberkeit: Im Gegensatz zum Schmutz der Unterstadt sei der Tempelplatz in einem Zustand außergewöhnlicher Sauberkeit und Reinheit gehalten worden, berichtet Philo.[3]

Dann der Lärm. Die Königshalle an der Südseite des Tempels war erfüllt von Vogelgeschrei und den Geräuschen anderer Tiere. Dort erwarben Pilger und Teilnehmer am Gottesdienst die Tiere, die sie für die Opferung benötigten.[4] Aus dem Heiligtum selbst drangen die Stimmen der Leviten – eine Mischung aus Sprechgesang und Melodie. Regelmäßig erschallten dazu von den hohen Mauern die Trompeten, und aus dem inneren Bereich war das angsterfüllte Geschrei der Tiere auf dem Weg zur Schlachtung zu hören. Überall wimmelte es von Menschen, besonders an Feiertagen. Es war ein ohrenbetäubender Lärm: Sie riefen, debattierten, verkauften, schrien, planschten im Wasser der rituellen Bäder und murmelten Gebete.

Und erst die Gerüche! Der Gestank von Blut, das über die Stufen des Altars gespritzt wurde, mischte sich mit dem von verbranntem Fleisch aus dem Innenhof, wo die Tiere auf dem Altar geopfert wurden. Wer nahe genug heranging, konnte vielleicht auch den exotischen Duft von Weihrauch wahrnehmen, der drinnen im Allerheiligsten vor sich hin glühte. An Feiertagen mischte sich noch der allgegenwärtige Schweißgeruch der dicht zusammengedrängten Pilger darunter.

Wenn man nach Norden blickte, konnte man den eigentlichen Tempel sehen, der die ihn umgebende Mauer überragte und weiß und golden in der Sonne schimmerte. Hinter dem Tempel, am anderen Ende des Platzes, lag massig und bedrohlich die Festung Antonia.

Die hasmonäischen Könige hatten eine Zitadelle namens Baris erbaut. Darin verwahrten sie die Gewänder des Hohepriesters, die er an den höchsten Festtagen anlegte. Herodes baute dieses Gebäude zu einer massiven Festung aus, die er Marcus Antonius zu Ehren auf den Namen »Antonia« taufte. Den Fels, auf dem sie stand, ließ er mit rutschigen Steinplatten belegen – das Äquivalent zum Anti-Kletter-Anstrich im 1. Jahrhundert. Das Innere der Festung beschreibt Josephus so: »Durch seine vielen Einrichtungen wirkte es wie eine Stadt, nach seiner Pracht zu urteilen wie ein Palast.«

Die Festung besaß vier Türme, einen in jeder Ecke. Drei maßen ca. 50 Ellen (ca. 25 Meter) in der Höhe, einer (der südöstliche) sogar 70 Ellen (ca. 35 Meter). Lage und Größe der Festung zeigen, dass der Tempel von Anfang an als Gefahrenquelle betrachtet wurde, das heißt als ein Ort, von dem Schwierigkeiten ausgehen könnten – selbst für Herodes. Die Hauptfunktion von Antonia war somit die Überwachung des Tempels. Von der Festung führten Stufen direkt in den Tempelhof hinunter. Eigentlich war es selbst in einer größeren Stadt eher selten, dass dort eine gesamte Garnison stationiert war. Doch Jerusalem war ein Sonderfall. Die Stationierung einer Garnison zur Überwachung des Tempels gibt einen eindeutigen Hinweis darauf, womit man rechnete, nämlich dass ein Tumult in aller Regel im Tempel ausbrechen würde.

Zur Zeit Jesu hatte die römische Armee die Festung übernommen. Antonia beherbergte damals nur noch eine Kohorte, das hielt man als Besatzung von Jerusalem für ausreichend. Das Kommando führte ein »Kohortentribun«, der offenbar als stellvertretender Kommandeur Jerusalems fungierte. Die Kohorte diente in erster Linie als schnelle Eingreiftruppe. Als Paulus im Tempelbezirk einen Aufruhr entfachte, stiegen die Soldaten von der Festung hinunter und schnappten ihn (Apg 21,31–40).[5] Josephus schildert, dass eine römische Kohorte dauerhaft dort stationiert gewesen sei und man während der Feiertage Wachen auf den Mauern postiert habe, »um die Massen im Auge zu behalten und jeden Aufruhr im Keim zu ersticken«. Die Soldaten lebten in einer kleinen Stadt innerhalb der Stadt. Es waren samaritische und griechische Hilfstruppen, die auf die Juden herabsahen – sowohl wörtlich als auch bildlich.

Jeder, der weitergehen wollte, musste ein Kontrollsystem aus mehreren Stationen durchlaufen. Dabei verringerte sich an jedem weiteren Tor die Anzahl derjenigen, denen der Durchgang gewährt wurde. Den großen Platz durfte jeder betreten; die erste Mauer um den Tempel schloss bereits alle Nichtjuden aus. Noch einmal Josephus:

> Alle Juden gingen in den zweiten Hof, ebenso ihre Frauen, sofern sie frei von aller Unreinheit waren; in den dritten Hof gingen nur die jüdischen Männer, wenn sie sauber und gereinigt waren; in den vierten gingen die Priester in ihren festlichen Gewändern; den heiligsten Ort jedoch betraten nur die Hohenpriester, die in ihre besonderen Roben gekleidet waren.[6]

Diese Sorge um die Einhaltung unterschiedlicher Reinheitsgrade findet auch im Grundriss der Tempelanlage ihren Ausdruck. Im Gegensatz zu vielen anderen Städten der antiken Welt, in denen große Tempel standen, gab es in Jerusalem keinen heiligen Weg, keine große Prachtstraße, die zum Tempel führte. Ephesos beispielsweise hatte eine solche Prachtstraße, die sich von der Stadt bis direkt zum Tempel der Artemis erstreckte. In Gerasa gab es einen aufwendig gestalteten heiligen Pfad, der am Osteingang der Stadt begann. In Babylon führte eine große Prozessionsstraße vom Ischtartor zum Tempelkomplex.[7]

Warum also gab es in Jerusalem keine Prachtstraße zum Tempel? Nicht, dass es im Judentum keine Prozessionen gegeben hätte – in vielen Psalmen sind Prozessionsriten ausführlich beschrieben. Auch hätte die Topographie der Stadt den Bau einer solchen Straße keinesfalls unmöglich gemacht; es wäre zwar schwierig gewesen, aber keinesfalls schwieriger als die Errichtung des Tempelberges selbst. Die Antwort kann daher nur lauten, dass man keinen direkten Weg ins Innere des Tempels *wollte:* Man ging nicht einfach so zu Gott. Auch im Inneren des Tempels selbst gab es keinen direkten Weg. Von keinem der Eingänge zum Tempelberg hatte man einen direkten Blick auf die inneren Höfe. Stattdessen musste man zur Ostseite des Platzes gehen und sich dann nach Westen wenden. Es war eine Art spirituelles Filtersystem, ein schrittweiser Aufstieg über verschiedene Stufen der Heiligkeit.[8]

Nehmen wir einmal an, Sie wären ein Jude. Sie gehen in Richtung Nordosten zum Osttor des Tempelhofes. An den Mauern um den Hof bemerken Sie die in griechischer Sprache verfassten Warnungen an alle Nichtjuden – Betreten bei Todesstrafe verboten.

Der Haupteingang zum Tempel selbst führt zunächst in den Vorhof der Frauen. Hier gibt es vier Kammern, eine in jeder Ecke des Hofes. In zweien lagern Holz und Öl für die Opferungen, die anderen beiden dienen zwei Gruppen von Männern, die einer besonderen rituellen Reinigung bedürfen: den Nasiräern und den (genesenden) Aussätzigen.

Als Nächstes liegt eine kleine Treppe vor Ihnen, die zum Nikanortor hinaufführt, ein prächtiges Tor aus korinthischer Bronze, gestiftet von einem Mann namens Nikanor.[9] Es ist der Eingang zum Vorhof der Israeliten (auch: Vorhof der Männer). Wenn Sie eine Frau sind, geht es für Sie ab hier nicht mehr weiter. Nur wenige Frauen konnten vom Nikanortor aus in den inneren Hof sehen, in dem die Tempelaktivitäten stattfanden. Ab hier sind nur noch jüdische Männer zugelassen.

In Zeiten großen Andrangs – etwa an hohen Feiertagen – muss das Ritual eine ziemlich enttäuschende Erfahrung gewesen sein, denn der Gläubige konnte meist nur aus einiger Entfernung sehen, was in dem kleinen Vorhof der Priester mit seinem Opfertier geschah. Für Frauen war es vollkommen unmöglich, dem Opfer beizuwohnen, da sie von den inneren Höfen insgesamt ausgeschlossen waren.[10]

Also noch einmal hinauf und durch das Nikanortor in

Die Mauern des Tempels
Oben: Die gewaltigen herodianischen Steine der Westmauer bildeten ursprünglich die Stützmauer von Herodes' Tempelberg.
Unten links: Das Goldene Tor. Unter diesem Bauwerk (das vermutlich aus byzantinischer Zeit stammt) befinden sich Überreste des herodianischen Tores, des ursprünglichen Shushan-Tores, das hinaus ins Kidrontal führte.
Unten rechts: Die Umrisse des herodianischen Dreifachtores mit den restaurierten Stufen. Durch dieses Tor gelangte man in einen unterirdischen Gang, der hinauf zum Tempelberg führte.

Der Tempelberg

Herodes der Große verdoppelte die Größe des Tempelberges und ließ den prächtigen Tempelbau errichten. Dieser wurde um etwa 10 n. Chr. geweiht, doch dauerten die Arbeiten am Tempelkomplex noch mehrere Jahrzehnte an.
Der Tempel stand bis zum Jahre 70 n. Chr., dann wurde er im Zuge der Niederschlagung des jüdischen Aufstandes von den Römern zerstört.

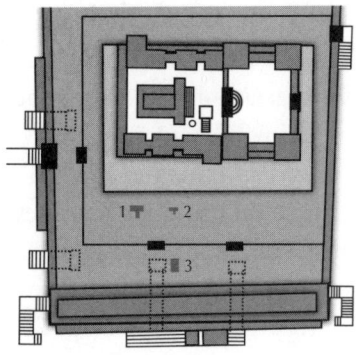

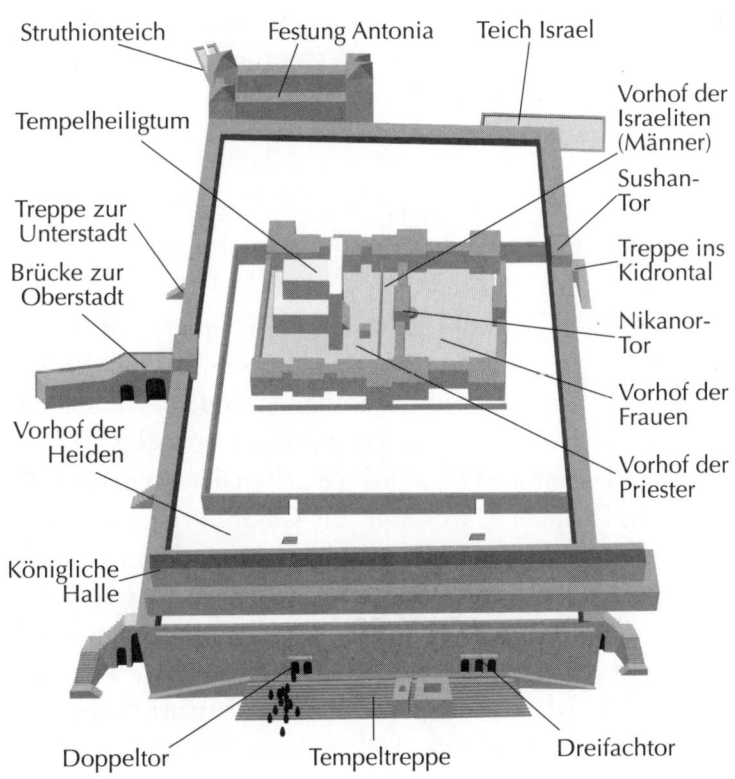

Struthionteich — Festung Antonia — Teich Israel

Tempelheiligtum

Vorhof der Israeliten (Männer)

Treppe zur Unterstadt

Sushan-Tor

Brücke zur Oberstadt

Treppe ins Kidrontal

Nikanor-Tor

Vorhof der Heiden

Vorhof der Frauen

Vorhof der Priester

Königliche Halle

Doppeltor — Tempeltreppe — Dreifachtor

den Vorhof der Israeliten, zu dem ausschließlich jüdische Männer nach Absolvieren sämtlicher vorgeschriebener Reinigungsrituale Zugang haben. Am Tor wachen Priester, die Sie beim Eintritt überprüfen. Wenn Sie durchgelassen werden, dürfen Sie den Vorhof des Tempels betreten. Dieser ist, verglichen mit dem Rest des Tempelkomplexes, eher dürftig ausgestattet.

Vor Ihnen liegt noch eine weitere Barriere, diesmal eine niedere Mauer, die den Vorhof der Israeliten vom Vorhof der Priester trennt. Dorthin dürfen nur Priester gehen. Über die Mauer hinweg können Sie sehen, wie diese ihren Pflichten nachgehen: Tiere werden geschlachtet, das Blut wird gesammelt und auf den Stufen des Altars verspritzt, die Kadaver werden über den glühenden Schalen des Altars geröstet. Es gibt ein riesiges Bassin mit Wasser für rituelle Waschungen. Und schließlich befindet sich dort auch das Tempelheiligtum selbst.

»Was für Steine, was für Bauwerke!«

Der Tempel des Herodes stellte wesentlich mehr dar als nur eine Erweiterung von Serubbabels kleinem Tempel. Es war eine komplette Neustrukturierung. Herodes erhöhte das Gebäude auf 100 Ellen, indem er ein zweites Stockwerk aufsetzte. Außerdem ließ er zu beiden Seiten der Eingangshalle neue Flügel anbauen, wodurch das Gesamtgebäude eine T-förmige Gestalt erhielt. Die Mischna besagt, dass einer dieser Flügel als Lager für die Messer diente, die man bei den Opferschlachtungen verwendete. Im anderen befand sich vermutlich das Treppenhaus zum oberen Stockwerk.[11]

Die Gebäudebreite am hinteren Ende entsprach der von Serubbabels Tempel. Das Erdgeschoss war ca. 24 Meter hoch, und das obere Geschoss, dessen Fläche geringer war, maß immerhin noch 18 Meter in der Höhe. Das obere Geschoss war von einer 7 Meter breiten Dachveranda mit einem vielleicht 2,50 Meter hohen Geländer umgeben. Die inneren Ausmaße blieben dieselben wie in Serubbabels Tempel: 30 Meter lang, 9 Meter breit und 25 Meter hoch.

Der Eingang zur Veranda bleibt offen. Es gibt dort zwar einen schweren Vorhang, doch ist dieser zurückgezogen, damit die Besucher einen Blick auf das Innere des Gebäudes erhaschen können, insbesondere auf den riesigen goldenen Rebstock, dessen Äste sich um Stützen und Säulen ranken. Einzelne können ein Blatt oder eine Traube stiften, die sie dann eigenhändig dort anbringen dürfen.[12] Weiter als bis hierhin darf man nicht gehen. Hinter dem Vorhof der Priester, hinter der Veranda und den goldenen Türen liegt das Heiligtum: Hier befinden sich die goldenen Tafeln, die Kerzen und der Weihrauch, der in der nur von einzelnen Lichtpunkten erhellten Dunkelheit vor sich hin schwelt. Hinter dieser Veranda im Heiligtum selbst befindet sich das Allerheiligste: das ruhige, stille Auge des Sturms, der würfelförmige Raum, den nur der Hohepriester einmal im Jahr betreten darf. Doch solche Sachen sind nichts für Sie.

Nach der Opferung machen Sie sich also wieder auf den Weg zurück durch die Höfe, die Stufen hinab, durch die Tore, durch die ganze Opulenz, den Symbolismus und die Geschichte zurück nach Süden zu den Händlern und Geldwechslern, bis Sie schließlich die Südtore erreichen.

Dort scheint es irgendeinen Aufruhr zu geben …

Die Tempelreinigung

Ort: Tempelberg
Zeit: morgens

Sie kamen nach Jerusalem, und Jesus ging in den Tempel. Dort jagte er alle Händler und Käufer hinaus; die Tische der Geldwechsler und die Stände der Taubenhändler stieß er um. Er duldete noch nicht einmal, dass jemand irgendetwas durch den Tempelvorhof trug. »Ihr wisst doch, was Gott in der Heiligen Schrift sagt«, rief Jesus der Menschenmenge zu: »›Mein Haus soll für alle Völker ein Ort des Gebets sein‹, ihr aber habt eine Räuberhöhle daraus gemacht.« (Mk 11,15–17)

Alle vier Evangelien berichten von diesem Vorfall, wenngleich Johannes ihn auf einen früheren Zeitpunkt in Jesu Wirken legt. Markus' Version besteht aus drei Handlungen: Jesus stößt die Tische der Geldwechsler und die Bänke der Taubenverkäufer um und verbietet den Menschen, Gegenstände durch den Tempel zu tragen; Lukas' Version ist die einfachste, denn sie besteht aus lediglich zwei Versen. Im ersten wird berichtet, wie Jesus die Händler vertreibt, im zweiten, wie er das Volk bezichtigt, das Haus des Gebetes in eine Räuberhöhle verwandelt zu haben. Matthäus erwähnt die Geldwechsler und die Tauben, sagt jedoch nichts darüber, dass die Menschen Dinge durch den Tempelbezirk trugen. Johannes' Bericht schließlich ist der ausführlichste und dramatischste. Hier vertreibt Jesus »die Verkäufer von Rindern, Schafen und Tauben und die Geldwechsler« mit einer »Geißel aus Stricken«: »Schafft das alles hinaus! Das Haus meines Vaters ist doch keine Markthalle!« (Joh 2,14–16)

Dieser Vorfall wird häufig als Tropfen betrachtet, der das Fass zum Überlaufen brachte, als letztes Ereignis, dessen es für Jesu Festnahme noch bedurfte. Ganz sicher verwendeten seine Gegner diese Vorfälle gegen ihn – alles, woraus sich Gewalt gegen den Tempel konstruieren ließ, war dazu geeignet, einen Fall zusammenzubasteln. Es war jedoch nicht so sehr die Handlung selbst als vielmehr ihre Bedeutung, die schließlich alles ins Rollen brachte. So unternahm Jesus nicht etwa den Versuch, einen Aufstand anzuzetteln. Es gibt keinen Hinweis darauf, dass er ernsthaft hoffte, sein Verhalten würde Schule machen und weitere Menschen dazu anregen, Tische und Bänke umzuwerfen. Nein, Jesus wollte hier sicher keinen Tumult heraufbeschwören.[13] Es war noch nicht einmal ein besonders schwerer Vorfall. Keine der Wachen griff ein – weder die Tempelpolizei, die in diesem Bereich routinemäßig patrouillierte, noch die römischen Soldaten, die das Ganze von der Festung Antonia aus überwachten.

Es war auch nicht der Versuch, die Abläufe im Tempel zu stören. Wenn Jesus die Opferungen stoppen wollte, hätte sich das Ganze an einem anderen Ort abgespielt – etwa in einem der inneren Vorhöfe. Die Tische einiger Geldwechsler umzustoßen beeinträchtigte die Opferungen auf dem Altar so gut wie nicht. Selbst wenn Jerusalem unter Belagerung stand, wenn um die Stadt herum ein Krieg wütete, fuhren die Priester unbehelligt mit den Ritualen fort. Ein paar durch die Gegend fliegende Tische stellten also noch lange keinen Eingriff in den Tempelbetrieb dar.

Schließlich war es auch keine »Reinigung« des Tempels. Diese Deutung entstammt einer späteren, protestantischen Auslegung dieses Ereignisses. Geldwechsel und Taubenverkauf waren vollkommen legitime Geschäfte. Dadurch hatten die Menschen Gelegenheit, ein Opfer darzubringen und ihre Steuer an den Tempel zu entrichten.[14]

Was also war es dann? Es war eine Botschaft, ein Zeichen, ein Statement. Es war, als hätte Jesus einen Pflasterstein durch das Fenster des Klerus geworfen. Es war theologisches Graffiti. Einen Schlüssel zum Verständnis des Vorfalls bietet die von Jesus zitierte Zeile aus dem Alten Testament: »Mein Haus soll für alle Völker ein Ort des Gebets sein« (Mk 11,17). Er zitiert damit eine Stelle aus Jesaja:

> ... sie werde ich zu meinem heiligen Berg führen. Sie dürfen meinen Tempel betreten und sich an diesem Ort des Gebets von Herzen freuen. Sie dürfen auch auf meinem Altar Brand- und Schlachtopfer darbringen, und ich werde ihre Opfer annehmen. Denn in meinem Tempel sollen alle Völker zu mir beten. (Jes 56,7)

Bei Jesaja ist dies ein Blick in die Zukunft, in der es auch Heiden gestattet sein wird, Gott im Tempel zu verehren. Man könnte also annehmen, dass Jesus hier von den Heiden, den Nichtjuden spricht – insbesondere, da er sich zu diesem Zeitpunkt im Vorhof der Heiden aufhält, auf dem größten Platz des Tempels. Ein zweiter Blick auf den Abschnitt bei Jesaja bringt jedoch weitere Erkenntnisse: Es geht nicht nur um die Heiden. Jesaja spricht auch von den Eunuchen (Jes 56,3–5). Diese waren aufgrund ihrer Kastration nicht zum Gottesdienst im Tempel zugelassen (Lev 21,20) und stehen daher stellvertretend für all jene, die von der Gemeinde ausgeschlossen waren.[15]

Jesus zufolge ist dieser Ort jedoch zu einer Räuberhöhle verkommen. Er gebraucht das Wort *lestes,* das nicht nur »Räuber«, sondern auch »Banditen« bedeutet. Banditentum war nicht nur einfacher Diebstahl, sondern der systematische Raub zuungunsten des Gemeinwesens. Es wurde als Verbrechen gegen die römische Regierung betrachtet und daher mit Kreuzigung bestraft. Jesus bezichtigt die Tempelobrigkeit, genauso schlecht wie die Banditen zu sein, die sie und ihre römischen Herren so hassen.

»Mein Haus soll für alle Völker
ein Ort des Gebets sein«

Stellenweise wurde angenommen, dass Jesus nicht die Vorgänge im Tempel als solche angriff, sondern dessen Zerstörung in der Zukunft andeutete. Nach dieser Auslegung handelt es sich bei dem Jesaja-Zitat um eine spätere Ergänzung der Evangelisten, und Jesus vollzog eigentlich einen Akt von prophetischem Symbolismus. Das Urteil über den Tempel ist gefallen, er wird zerstört werden. Solch eine Botschaft war freilich höchst gefährlich. Jede noch so schwache Bedrohung des Tempels wurde als Bedrohung für den gesamten Staat betrachtet.

Es könnte so gewesen sein. Schließlich sagt Jesus die Zerstörung des Tempels auch an anderer Stelle vorher. (Wir erinnern uns an den Feigenbaum: Über den Tempel wird gerichtet werden, und das Urteil fällt höchstwahrscheinlich nicht gut aus.) Während des Verfahrens gegen Jesus bildete der Vorwurf, er habe mit der Zerstörung des Tempels gedroht, eine wesentliche Säule der gegen ihn vorgebrachten Anschuldigungen. Diese sind in den Versen über Jesu Verhör geschildert. Wenn man sie jedoch genauer betrachtet, stellt man fest, dass sie sich nicht auf den Vorfall im Tempel stützen, sondern auf Jesu Aussage, er werde den Tempel niederreißen und innerhalb von drei Tagen neu erbauen. Seine Worte, nicht seine Handlungen, dienen also dem Beweis seiner Schuld.

Wenn über den Tempel gerichtet werden soll, muss man sich natürlich fragen, warum. Was geschah dort, das ein solches Urteil unvermeidbar machte? Genauer gesagt: Man muss sich fragen, warum die symbolische Handlung nicht noch viel deutlicher ausfiel. Die Tische der Geldwechsler umzustürzen und die Tauben freizulassen erscheint – zumindest für mich – nicht unbedingt als geeignetes Symbol der Zerstörung. Der Feigenbaum hingegen ist da schon ein stärkeres Bild. Wie wir noch sehen werden, wird er vollkommen vernichtet. Die Tische jedoch gehen nicht einmal zu Bruch. Sie werden nur umgestoßen. Als Jeremia den Untergang prophezeite, zertrümmerte er wenigstens einen Topf.

Außerdem bleibt noch, das von Jesus verwendete Zitat zu ergründen: *Mein Haus soll für alle Völker ein Ort des Gebets sein ... Ihr aber habt daraus eine Räuberhöhle gemacht.* Ein Teil der Lehre tut dies als spätere Erfindung ab, doch das wäre allzu einfach.[16] Wenn wir nach einem Sinngehalt suchen, müssen wir sämtliche Elemente einzeln betrachten. In diesem Fall sind das die Tische der Geldwechsler, die Opfertiere und die Vorwürfe, dass das Haus des Gebets zu einer Räuberhöhle verkommen sei. Wenn man eines davon weglässt, ergibt das Ganze keinen Sinn mehr. Es scheint mir daher viel vernünftiger, mit einer einfacheren Theorie zu beginnen, nämlich dass Jesus tatsächlich etwas gegen die Geldwechsler und Taubenverkäufer hatte und der Ansicht war, das Haus des Gebetes sei zu einer Räuberhöhle verkommen. Schließlich wären das alles gute Gründe dafür gewesen, über den Tempel zu Gericht zu sitzen.

Warum also könnte Jesus so gedacht haben?

Der Tempel in Jerusalem war eine der reichsten Organisationen der griechisch-römischen Welt. Jedes Jahr wurde durch die für Juden im gesamten Imperium verbindliche Tempelsteuer viel Geld eingenommen, außerdem erhielt der Tempel auch Zehntabgaben von landwirtschaftlichen Erzeugnissen. Mit dem Verkauf von Opfertieren an Tausende von Pilgern erzielte man zusätzliche Einnahmen. Der Tempel diente ferner als Lagerhaus für die Barschaften reicher Leute, die ihm ihr Geld zur sicheren Verwahrung anvertrauten. Der Tempel war also nicht nur ein Ort religiöser Andacht, sondern er bildete das Herz der Wirtschaft Jerusalems und die Zentralbank von ganz Judäa.[17] Es gab noch weitere Verdienstmöglichkeiten: So besaß der Tempel möglicherweise landwirtschaftliche Güter in der Region um Jericho, die bekannt für ihre Balsamtannen war.[18] Sein Haupteinkommen erzielte er jedoch aus zwei Quellen – aus örtlichen Zehntabgaben und aus der internationalen Tempelsteuer.

Die Zehntabgaben spülten eine riesige Menge an Waren und Geld in den Tempel. Im dritten und sechsten Jahr des siebenjährigen Zyklus mussten die Bauern einen bestimmten Anteil ihrer Ernte beiseiteschaffen und ihn in Jerusalem abliefern (selbstverständlich im Zustand der Reinheit). Wenn ihr Hof jedoch mehr als einen Tagesmarsch von der Stadt entfernt lag, konnten sie die Erzeugnisse auch verkaufen und den entsprechenden Betrag entrichten. Wie viele Juden sich daran hielten – oder es sich überhaupt leisten konnten, sich daran zu halten –, ist nicht bekannt. Der Zehnt konnte bei jedem Priester entrichtet werden, so dass ein großer Teil der Erzeugnisse sicherlich innerhalb der jeweiligen Region blieb. Ein signifikanter Anteil – gerade aus den Gebieten um Jerusalem – gelangte aber bestimmt auch in die Stadt.[19]

Die zweite Haupteinnahmequelle des Tempels war die Tempelsteuer, der jährliche halbe Schekel, den jeder männliche Jude über 20 Jahre für den Unterhalt des Tempels zu zahlen hatte. Die Tempelobrigkeit berief sich dazu wahrscheinlich auf eine Stelle in Exodus 30,13 ff. Dort heißt es, dass »jeder, der zur Veranlagung kommt«, einen halben Schekel entrichten soll. Ansonsten jedoch findet sich im Alten Testament kein Präzedenzfall. Man nimmt an, dass die Halbschekelsteuer während der hasmonäischen Zeit eingeführt wurde, vielleicht unter der Herrschaft Salome Alexandras oder sogar noch später. Im Jahre 33 jedenfalls war sie wahrscheinlich noch eine ziemlich neue Erfindung, was zu der Kontroverse beigetragen haben mag.[20]

Insbesondere schien ein Streit darüber entbrannt zu sein,

ob man eine jährliche Steuer oder eine Einmalzahlung erheben solle. Die Pharisäer sprachen sich für die jährliche Steuer aus, viele andere indes waren absolut dagegen. Ein weiterer Streitgegenstand war, dass die Priesterschaft von der Steuer ausgenommen blieb. Einem gewissen Rabban Jochanan ben Sakkai wird der Spruch zugeschrieben, dass diese nicht gezahlte Steuer für die Zerstörung des Tempels durch die Römer verantwortlich sei:

> Ihr wolltet Gott nicht dienen, und nun zwingt man euch, den niedersten aller Heiden zu dienen, den Arabern. Gott wolltet ihr nicht den *beka* pro Kopf geben, nun zahlt ihr unter der Herrschaft eurer Feinde fünfzehn Schekel; für die Pilger wolltet ihr die Straßen und Plätze nicht instand setzen, nun repariert ihr die Posten und Stationen für jene, die in die Städte des Königs ziehen.[21]

Man kann sich gut vorstellen, dass viele die Steuer zu umgehen suchten. In der gesamten Menschheitsgeschichte ist immer und immer wieder versucht worden, sich um Steuern zu drücken, ganz gleich, wie edel ihr Verwendungszweck auch gewesen sein mochte. Die Tempelsteuer war noch dazu eine recht umstrittene Angelegenheit.

Jesu Haltung gegenüber der Tempelsteuer war, gelinde gesagt, ambivalent. Als man sie von ihm forderte, zahlte er nur durch ein Wunder!

> Bei ihrer Ankunft in Kapernaum kamen die Steuereinnehmer des Tempels zu Petrus und fragten: »Zahlt euer Lehrer keine Tempelsteuer?« – »Natürlich tut er das«, antwortete Petrus und ging in das Haus, um mit Jesus darüber zu reden. Doch Jesus kam ihm zuvor: »Was meinst du, Petrus, von wem fordern die Könige Abgaben und Steuern, von ihren eigenen Söhnen oder von ihren Untertanen?« – »Von den

Untertanen natürlich«, antwortete Petrus. Jesus erwiderte: »Dann sind die eigenen Söhne also steuerfrei. Doch wir wollen ihnen keinen Anlass geben, uns anzuklagen, darum geh an den See und wirf die Angel aus. Dem ersten Fisch, den du fängst, öffne das Maul. Du wirst darin eine Münze finden, die für deine und meine Abgabe ausreicht. Bezahle damit die Tempelsteuer!« (Mt 17,24–27)

Wie Jesus darlegt, befreien weltliche Könige ihre Söhne von der Steuerpflicht. Der Rückschluss ist klar: Wenn die weltlichen Könige ihre eigene Familie von der Steuer befreien, warum sollte dann die priesterliche Aristokratie nicht dasselbe tun?[22] Jesus zahlt, um andere vor Schwierigkeiten zu bewahren, aber er zahlt mittels eines Wunders, nicht aus eigener Tasche. Er zahlt in einer Weise, die zwar regelkonform ist, implizit jedoch diese Regeln kritisiert.

Die Tempelsteuer war an bestimmten Terminen im Jahr fällig. In der Mischna steht, die Tische der Geldwechsler seien vom 15. Adar an in den Provinzen und vom 25. Adar an im Tempel aufgestellt worden. Die Steuer hätte bis zum 1. Nisan, zwei Wochen vor Passah, entrichtet werden müssen, heißt es.[23] Einige Wissenschaftler vertreten die Ansicht, dass die Frist früher abgelaufen sei, also nicht ein paar Tage, sondern mehrere Wochen vor dem Passahfest. Ich halte das für extrem unwahrscheinlich. Erstens zeigt selbst die Mischna, dass die Zahlungen flexibler gehandhabt wurden, als wir uns vorstellen. So gab es beispielsweise ein System für verspätete Zahlungen.[24] Zweitens sind zwei Wochen viel zu kurz, um die gesamten Steuern einzuziehen und das Geld nach Jerusalem zu schaffen. Möglicherweise musste die Tempelsteuer in Judäa und Galiläa innerhalb von zehn Tagen entrichtet werden, doch ist unklar, wann der Rest der Welt zur Kasse gebeten wurde.[25] Viel wahrscheinlicher ist, dass die Juden aus der gesamten griechisch-römischen Welt, die zum Passahfest nach Jerusalem strömten, ihre örtliche Tempelsteuer mitbrachten. Schließlich sollten wir nicht vergessen, dass die einzigen konkreten Hinweise auf diese Daten aus einer Zeit stammen, in welcher der Tempelbetrieb schon 130 Jahre zu Ende ist.

Viel leichter kann man sich vorstellen, dass die Tempelsteuer ganzjährig entrichtet werden konnte, wenn die Pilger die Stadt besuchten. Sind wir doch einmal ehrlich: Hat es jemals eine religiöse Institution gegeben, die Geld abgelehnt hat, wenn es ihr angeboten wurde? Jerusalem bildete eine eigene Volkswirtschaft, die auf dem Tempel aufbaute, und der Tempel musste unterhalten werden. Es ist daher absolut möglich, wenn nicht sogar wahrscheinlich, dass viele Pilger, die zu religiösen Festen in Jerusalem eintrafen, die Gelegenheit nutzten und ihre Tempelsteuer zahlten. Während der Zeit des Passahfestes, das unmittelbar nach dem Fälligkeitstermin der Steuer begann, muss das Steueraufkommen demnach extrem hoch gewesen sein. Man denke nur an die Pilgerströme aus Alexandria, Antiochia oder Rom ... und alle brachten ihr Geld nach Jerusalem.

Diese unterschiedlichen Währungen mussten jedoch zuerst von den Geldwechslern umgetauscht werden. Nach der Thora musste der Schekel in der Währung des Heiligtums entrichtet werden (Ex 30,13). Spätere Interpretationen gelangten zu dem Schluss, dass die Steuer in Silber zu zahlen war. Wie die Mischna berichtet, wurde die Steuerschuld zuvor in einer Vielzahl verschiedener Währungen beglichen, darunter persische Dareiken und sogar römische Denar.[26] In Jesu Tagen jedoch wurde nur eine einzige gültige Währung akzeptiert: der tyrische Schekel.

In gewissem Sinne war diese Währungsvorschrift schmerzvoll, denn sie erinnerte die Juden ständig daran, dass die Römer ihnen nicht gestatteten, ihre eigenen Silbermünzen zu prägen. Nur die kaiserlichen Prägeanstalten produzierten

Silbermünzen, örtliche jüdische Betriebe lediglich Bronze- und Kupfergeld. Dies war eine heikle Angelegenheit, weil die Münzen Bildnisse von Kaisern oder Siegessymbole zeigten. Für die Juden war diese Bildsprache eine Beleidigung. (Im Zuge der Revolte des Jahres 66 wurden umgehend eigene Prägeanstalten eröffnet und Silbermünzen mit einem Bild des Tempels produziert.) Welche Münze sie auch wählten, es war stets ein Kompromiss damit verbunden. Am Ende stand ein Dekret der Tempelobrigkeit, das als Zahlungsmittel – die einzige »offizielle« Münze, mit der man seine Tempelsteuer zahlen konnte – den tyrischen Schekel vorschrieb. Im Talmud heißt es: »Das Geld, von dem das Gesetz spricht, ist tyrisches Geld.«[27]

Warum gerade diese Währung? Sicher fiel die Entscheidung nicht aufgrund von besonders freundschaftlichen Beziehungen. Josephus berichtet, dass die Tyrer die Juden seit jeher gehasst hätten.[28] Einige Wissenschaftler behaupten sogar, der tyrische Schekel sei nur deshalb ausgesucht worden, weil er im Gegensatz zu anderen im Kaiserreich gebräuchlichen Münzen kein Bildnis des Kaisers getragen und deshalb nicht gegen das Verbot der »Götzenbilder« verstoßen habe. Auf der Vorderseite des tyrischen Schekels war jedoch der Gott Melkart (Herakles) abgebildet, auf der Rückseite der tyrische Adler. Darunter stand zu lesen: »Tyros, die Heilige und Unantastbare.«[29] Das scheint mir auch nicht gerade eine heiligere Alternative zu einem Bildnis von Tiberius oder Augustus zu sein. Ein heidnischer Gott ist nicht besser als ein römischer Kaiser. Eine andere Interpretation lautet, dass man deshalb auf die tyrische Währung verfiel, weil sie in der Region nahezu überall verbreitet war. Das mag auf Judäa zugetroffen haben, jedoch kaum auf den Rest des Riesenreiches. Angesichts der Tatsache, dass die Tempelsteuer aus fernen und entlegenen Ländern kam, wäre es sicher einfacher gewesen, sie in römischer Währung zu akzeptieren. Es war ja keinesfalls so, dass römische Münzen in Judäa nicht verfügbar gewesen wären – doch dazu später.

Nein, der wahre Grund für die Wahl des tyrischen Schekels war viel profaner: Von allen im Umlauf befindlichen Silbermünzen hatte er den höchsten Silberanteil. Silbermünzen aus Antiochia enthielten im Schnitt nur etwa 80 Prozent Silber, tyrische Schekel lagen bei fast 90 Prozent, und ihr Silbergehalt unterlag strenger Überwachung.[30] Die harte Währung des römischen Reiches war nicht etwa Gold. Gold war ein Handelsgut; sein Wert wurde in Denar ausgedrückt und unterlag wie beispielsweise der Weizenpreis starken Schwankungen.[31] Silber galt daher als viel sicherer. Mit anderen Worten: Es handelte sich um eine wirtschaftliche Entscheidung, die man als religiöse Wahl tarnte. Die Bildnisse auf *allen* Schekeln waren heidnisch, also entschied sich die Tempelobrigkeit für den tyrischen Schekel, die wertvollste Münze mit dem höchsten Silberanteil.

Die tyrischen Münzen gab es in zwei Nominalwerten: als Didrachme oder Halbschekel und als Tetradrachme oder Schekel. Die Ein-Schekel-Münze galt als wertvollere Münze – vermutlich deshalb, weil in ihr das meiste Silber steckte. Die festgelegte Tempelsteuer betrug jedoch einen halben Schekel pro Mann. Selbstverständlich war die Tempelobrigkeit auf die wertvollere Münze aus, deshalb erhob man eine zusätzliche Gebühr von 8 Prozent auf jede Halbschekel-Zahlung. Mit anderen Worten: Wenn man zum Tempel ging und zahlte, wozu man verpflichtet war, musste man draufzahlen.[32] Man wurde buchstäblich dafür bestraft, wenn man den korrekten Betrag zahlte. Der Gedanke dahinter war, den Menschen einen Nachlass zu gewähren, wenn sie zusammenlegten und in Tetradrachmen zahlten – der wertvollsten Münze.[33]

Wenn wir also die einfachste Erklärung für Jesu Handeln betrachten – dass ihn an den Geldwechslern etwas störte –, dann finden wir gleich drei mögliche Anschuldigungen gegen das System: Sie akzeptierten für die Tempelsteuer nur die wertvollste Währung, sie bestanden auf einer jährlichen statt einer Einmalzahlung und sie erhoben eine zusätzliche Gebühr, wenn man die exakte Summe entrichtete.

Die Geldwechsler selbst wurden vom Hohepriester und von der Tempelverwaltung sanktioniert, sie entschieden nicht darüber, welche Münzen man benutzen musste. Nicht sie als Person griff Jesus an, sondern das gesamte System wirtschaftlicher Ausbeutung. Das führt uns zu den Tauben.

»Zwei Turteltauben oder zwei andere Tauben ...«

Die Tempelsteuer bildete nur eine Einkommensquelle des Tempels. Eine andere lag im Verkauf von Opfertieren.

Die griechisch-römische Welt stank förmlich nach Blut, denn Tieropfer waren ein fester Bestandteil nahezu jeder Religion. Tempel stellten religiöse Schlachthöfe dar, und die Priester waren sehr versiert, was die Ausführung bisweilen recht komplizierter chirurgischer Operationen an den Opfertieren betraf. Es herrschten sozusagen schlechte Zeiten für Vegetarier (für Tiere auch, klar). Das jüdische Opferritual unterschied sich jedoch grundlegend von den oft rauschhaften Opferungen der Heiden. Josephus schrieb:

> Wenn wir Gott ein Opfer darbringen, tun wir dies nicht, um uns selbst zu übersättigen oder uns zu berauschen, denn solche Exzesse sind gegen den Willen Gottes und wären ein Anlass für Verletzungen und Luxus. Wir bleiben jedoch nüchtern, ordentlich und bereit für andere Beschäftigungen, denn wir sind maßvoller als andere.[34]

Das tägliche Ritual des Tempels begann und endete mit einem Opfer. Es waren Dankopfer: für die Erträge des Tages und für den Segen zur Nacht.[35] Religiöse Festtage waren von weiteren Opfern geprägt. Damit dankten die Menschen Gott und hatten Anteil an seinem Frieden. Mit Opfern begingen sie die wichtigsten Feste und baten um Vergebung. Schließlich konnten sie sich dadurch auch von Unreinheit befreien. Zwar kamen noch andere Handlungen hinzu, wenn es um Reinigung und Vergebung ging, aber das Ritual erreichte seinen Höhepunkt stets in einer Opferzeremonie.[36]

Es lag daher nur nahe, ausreichend Tiere zur Verfügung zu stellen. Von einem Pilger aus Alexandria, der zum Passahfest nach Jerusalem kam, konnte man nicht erwarten, dass er ein Tier mitbrachte. Er indes ging davon aus, in der Stadt eines zu erwerben und so dem Fest beiwohnen zu können, was schließlich der Zweck seiner Reise war. Wie sollte ihm ohne Opfer denn vergeben werden? Wie sollte man ohne Opfer gereinigt werden? Um am Gottesdienst der Gemeinde teilzunehmen, musste man opfern. Und das bedeutete, dass man ein Tier kaufen musste.

Nehmen wir einmal an, unser Pilger hat beschlossen, bei den Händlern im südlichen Säulengang des Tempels ein Opfertier zu kaufen. Wie viel würde ihn das nach heutiger Währung kosten? Preise aus verschiedenen Jahrzehnten zu vergleichen ist bereits schwierig genug; über Jahrtausende und Kulturen hinweg ist es nahezu unmöglich. Die Verfügbarkeit von Waren ändert sich, neue Werkzeuge wirken sich auf die Kosten für bestimmte Arbeiten aus. Wenn wir jedoch die Alltagswelt aus Jesu Geschichten zugrunde legen (Mt 20,2) und weitere Hinweise mit einbeziehen, dann scheint der damalige Tageslohn eines Arbeiters etwa einen Denar betragen zu haben.[37]

Nachfolgend noch ein paar weitere Zahlen und ihr jeweiliges Äquivalent:

- Gebühr für einen Steintransport von Niedergaliläa nach Jerusalem mit 5 Mann = 20 d
- Lohn für die Arbeit auf einem Weizenfeld mit einem Erntevolumen von etwa 10 *Kor* = 200 d
- Lohn für das Weben eines *tallit* (Gebetsschals) = 8 d
- Tageslohn eines guten Schreibers = 2 d
- Tageslohn von Rabbi Hillel = ½ d[38]

Die Angabe zum Schreiberlohn stammt aus der ersten Hälfte des 2. Jahrhunderts, also etwa ein Jahrhundert nach Jesus, lässt aber, wenn überhaupt, auf eine geringe Inflationsrate schließen. Rabbi Hillel wiederum könnte als berühmter Rabbi ganz bewusst unterhalb der Armutsgrenze gelebt haben. Ein Denar als Tageslohn für einen ungelernten Arbeiter erscheint also durchaus zutreffend. Es war der Mindestlohn der damaligen Zeit.

Acht bis zwölf Liter Weizen kosteten einen Denar.[39] Für eine Tagesration Brot – ausreichend für zwei Mahlzeiten – musste man etwa ein Zwölftel Denar hinlegen.[40] Gemüse war in der Stadt teurer als auf dem Lande, Früchte kosteten sogar drei- bis sechsmal so viel. Aufzeichnungen zufolge wurden in Jerusalem drei bis vier Stück Feigen für ein As gehandelt; ein Denar entsprach 24 Assen.[41] Die Grundnahrungsmittel für einen Tag – Brot und ein paar Früchte – verschlangen also rund ein Zehntel bis ein Zwölftel des Tageseinkommens.

Versuchen wir, diesen Wert auf die heutigen Einkommen zu übertragen, um einen ungefähren Eindruck von den damaligen Verhältnissen zu gewinnen. Das Mindesteinkommen in Großbritannien beträgt derzeit umgerechnet etwa 6,90 Euro pro Stunde. Viele Obstpflücker und Landarbeiter müssen mit dieser Summe auskommen. Ein Tageslohn liegt also mindestens bei 48 Euro. Das passt gut in unseren Vergleich, denn ausreichend Nahrung zum Überleben kostet mindestens 4,80 Euro, ein Zehntel des Tageslohns. Welchen Stellenwert nimmt nun das Opfer in diesem Vergleich ein?

Die Preise für Opfertiere variierten stark entsprechend der Größe des Tieres. Ein Ochse kostete zwischen 100 und 200 Denar, ein Kalb 20 Denar, ein Schafbock 8 Denar und ein Lamm 4 Denar.[42] Tauben – das Angebot für die Armen – kosteten einen Denar. Die Tempelsteuer, der tyrische Schekel, entsprach zwei Denar, also zwei Tageslöhnen. Wenn wir uns einfach nach diesem groben und vollkommen unwissenschaftlichen Vergleich richten, würden die Tempelsteuer 96 Euro, ein Paar Tauben 48 Euro und ein Passahlamm 96 Euro kosten.[43] Ganz egal, welche Kosten man als Vergleichswert heranzieht – es lässt sich eines daraus ablesen: Für die vielen tausend Stadtbewohner, die an der Armutsgrenze lebten, muss selbst eine bescheidene Teilnahme an den Tempelaktivitäten extrem teuer gewesen sein. An wichtigen religiösen Festen, wenn der Mechanismus von Angebot und Nachfrage die Preise in die Höhe trieb, war sie wahrscheinlich so gut wie unmöglich.

»… zogen sie wieder nach Jerusalem, wie sie es gewohnt waren«

Zurück zu unserem fiktiven Pilger. Nach seiner Ankunft in Jerusalem musste er einen Platz zum Übernachten finden. Vielleicht hatte er Verwandte in der Stadt, vielleicht konnte er auch in einer an eine Synagoge angeschlossenen Herberge unterkommen. Eine 1914 in Jerusalem entdeckte Inschrift lautet folgendermaßen:

Theodotus, Sohn des Vettenus, Priester und Synagogenoberhaupt, Sohn eines Synagogenoberhaupts, Enkel eines Synagogenoberhaupts, ließ zum Studium der Gesetze und zur

Lehre der Gebote eine Synagoge erbauen. Daneben errichtete er für bedürftige Auswärtige Unterkünfte, ein Hospiz und
eine Wasserversorgung, deren Errichtung von den Vätern,
den Ältesten und den Simoniden festgeschrieben war.[44]

Diese Synagoge, ein Ort der Lehre und der Diskussion,
diente zudem als Anlaufstelle für Juden aus der gesamten
griechisch-römischen Welt, die Jerusalem besuchten. Wie
die Inschrift beweist, gab es zur Zeit Jesu also Synagogen in
Jerusalem, und sie scheinen jeweils bestimmte Gruppen und
Nationalitäten angesprochen zu haben. So ging Paulus zum
Debattieren in die hellenistischen Synagogen; in der Apostelgeschichte sind daneben noch die Synagogen der Liberti-
ner erwähnt (Apg 6,1–10).

Doch was, wenn man keine Unterkunft fand? Wo sollte
man übernachten? Vielleicht erfahren wir ein wenig mehr,
wenn wir uns ein Fest anschauen, das einige hundert Jahre
jünger ist als der Tempel. Jedes Jahr machen sich gewaltige
Scharen muslimischer Pilger nach Mekka auf, um am
Haddsch teilzunehmen, der größten Pilgerfahrt der Welt.
Seit Jahrhunderten verdienen die Einwohner Mekkas einen
Großteil ihres Lebensunterhalts durch die Versorgung die-
ser Millionen von Pilgern, denen sie Unterkunft, Essen und
Hilfe bei der Orientierung in der Stadt bieten.

Daneben betätigen sie sich seit jeher auch als Reiseagen-
ten, über welche die Pilger eine passende Unterkunft buchen können. Wie alle Fremdenführer einst und jetzt geben
sie bei der Vermittlung bestimmten Anbietern den Vorzug
und kassieren dafür eine Provision.

Ein mit dem wundervollen Namen Christiaan Snouck
Hurgronje gesegneter Arabist bemerkte 1888, dass fast
sämtliche Einwohner Mekkas im »Haddsch-Geschäft« tätig
seien:

Eine Gruppe russischer Pilger trifft um 1900 in Jerusalem ein. Viele Jahrhunderte lang besuchten solche Pilgergruppen die Stadt.

»In Mekka gibt es zwar keine Hotels, doch andererseits wird in den letzten Monaten eines jeden [Mond-]Jahres jeder Einwohner zum Hotelier, gleich, ob er nun ein ganzes Haus, ein Stockwerk oder nur ein halbes Stockwerk besitzt ... Alle Mekkaner sind daher darauf bedacht, sich mit bestimmten Scheichs [*mutawwifin* – örtliche Fremdenführer] gut zu stellen, da Letztere über ausgezeichnete Kontakte zur Öffentlichkeit verfügen.«[45]

Diese Beziehung zwischen Gastgeber und Pilger während des Haddsch lässt sich leicht auf andere Zeiten und Städte übertragen, und tatsächlich reichen die Klagen über solches Verhalten viele Jahrhunderte zurück. Die islamischen Juristen des 13. Jahrhunderts befanden, die Pflicht zum Haddsch solle »angesichts der Ärgernisse, denen die Pilger seitens der Einwohner des Hedschas ausgesetzt sind« abgeschafft werden.[46]

Freilich ist Mekka nicht Jerusalem, und der Haddsch ist nicht Passah, aber es gibt durchaus Parallelen. Wie das Passahfest verlangt auch der Haddsch viele komplizierte Riten, darunter rituelle Waschungen *(ghusl)*, bis es dem Pilger erlaubt ist, sich dem heiligen Schrein zu nähern.[47] Die grundlegenden Rituale des Haddsch – rituelle Reinigungen, Festmahl, Opfer und Nachtwache – reichen sogar bis vor den Ursprung des Islam zurück; vermutlich liegen ihnen uralte semitische Praktiken zugrunde.[48] Der Haddsch ist ein Überlebender aus den Tagen der großen Feste. Wiewohl solche Vergleiche immer gefährlich sind, können wir doch aus den Gepflogenheiten des Haddsch auf die Situation im alten Jerusalem schließen: Mit den Pilgern wurde Geld verdient, ja, *musste* Geld verdient werden. Die großen religiösen Feste, die Zehntabgaben und Steuern waren die einzige Ernte, die Jerusalem einbringen konnte. Tatsächlich gibt es sogar Beweise dafür, dass man den Pilgern eine ganze Reihe von Produkten anbot, die sie an ihren Besuch erinnern sollten: Ausgrabungen haben gezeigt, dass Glas aus Jerusalem von ebensolcher Qualität war wie die hochwertigen Waren aus Sidon und dass das Steinhauergeschäft in der Stadt blühte.[49] Einigen rabbinischen Schriften zufolge waren Pilger, die im Austausch gegen ihren zweiten Zehnten Geld erhielten, dazu verpflichtet, dieses Geld in der Stadt auszugeben.[50] Für saudische Händler hat der Haddsch ungefähr die gleiche Bedeutung wie für ihre britischen und amerikanischen Kollegen Weihnachten. Es ist die Zeit, in der sie am meisten verdienen. Für die Wirtschaft Jerusalems muss das Passahfest eine ganz ähnliche Bedeutung gehabt haben: Es war die Blütezeit des Jahres.

Interessanterweise erwartet man auch von den Haddsch-Pilgern ein Opfer. Angebot und Nachfrage lassen die Preise für ein Tier in die Höhe schießen. Im Jahre 1967 beispielsweise stieg der Preis für ein Schaf von etwa 9 auf stattliche 22

Dollar.[51] Genau dasselbe scheint auch in Jerusalem geschehen zu sein. Eine Passage in der Mischna lautet:

> In Jerusalem kostete ein Paar Tauben einst einen goldenen Denar. Rabbi Simeon ben Gamaliel sagte: »Beim Tempel! Ich werde nicht dulden, dass die Nacht vergeht, ehe sie nicht einen [silbernen] Denar kosten.«[52]

Ein goldener Denar entsprach 25 Silberdenar, demnach war der Preis für die Tauben der reinste Wucher. Der Rabbi begann außerdem zu predigen, dass Frauen nach fünf Geburten oder Fehlgeburten ebenfalls ein Paar Tauben opfern und »hernach von den Tieropfern essen« dürften; das bedeutete, ihnen war somit die Teilnahme an den Festlichkeiten gestattet. (Damals konnten die Gläubigen ihre Opfergaben selbst verspeisen – allerdings wurden sie in der Regel von den Priestern gegessen.) Drei Dinge sind hier interessant: Erstens hielt der Rabbi einen Denar für einen angemessenen Preis für ein Paar Tauben; zweitens wird klar, dass es zu Fällen von Wucher kommen konnte; und drittens traten solche Fälle offenbar zu Zeiten religiöser Feste auf. Sicherlich herrschte an Feiertagen die höchste Nachfrage. Jemand, der viele hundert Meilen nach Jerusalem gereist war, um an einem Fest teilzunehmen, wollte unbedingt alles richtig machen. Sie *mussten* die Opfer einfach darbringen, ansonsten wäre ihnen die Teilnahme verwehrt worden und eine ebenso teure wie entbehrungsreiche Reise umsonst gewesen.

Die Zehntabgaben, die Steuern und der Verkauf von Tieren machte aus dem Tempel eine gigantische Geldmaschine. Das musste er auch sein: Die Tempelökonomie *verlangte*, große Mengen Geldes zu erwirtschaften, um funktionsfähig zu bleiben; sie beschäftigte Tausende von Menschen, und ihre Aktivitäten waren für das wirtschaftliche Wohl Jerusalems lebenswichtig. Dennoch war sie ein Monopol. Sie war die einzige ernstzunehmende Wirtschaftsmacht der Stadt. Und das bedeutete, dass ihr finanzieller Einfluss missbraucht werden konnte.

Beim Handel mit den ortsansässigen Bauern und Handwerkern beispielsweise war der Tempel immer im Vorteil. Wenn ein Händler vereinbarte, den Tempel mit Mehl zu einem Denar für zwölf Liter zu beliefern, der Preis dann aber auf neun Liter für einen Denar kletterte, konnte er trotzdem nur den vereinbarten Zwölf-Liter-Kurs verlangen. Hatte er hingegen vereinbart, neun Liter Mehl für einen Denar zu liefern, und später bekam man zwölf Liter pro Denar, dann musste er dem Tempel zwölf Liter liefern; schließlich heißt es doch in der Mischna: »Der Tempel hat die Oberhand.« Exakt.[53]

Da verwundert es nicht, dass auch Ausstattung und Kleidung in üppigem Luxus erstrahlten. Allein die Gewänder des Hohepriesters sollen zehntausend Denar gekostet haben, eine fast unvorstellbare Summe. Wir sprechen hier von Kleidern, die nach unseren Maßstäben etwa vierhundertachtzigtausend Euro kosten würden.[54]

Wir sehen also klar: Wer behauptet, die Geldwechsler und Händler hätten lediglich einen Dienst angeboten, damit die Menschen ihre Tempelsteuer zahlen oder ein Opfer darbringen konnten, verkennt die Lage völlig.[55] Die Frage ist nicht, ob die Tiere benötigt wurden, sondern wie viel sie kosteten und wer daran verdiente. Es geht auch nicht um die Geldwechsler selbst, sondern in erster Linie um die Notwendigkeit, Geld zu wechseln. In der Thora stand nichts davon, dass die Steuer jährlich zu entrichten sei, geschweige denn dass sie in Silber, und zwar im reinsten tyrischen Silber bezahlt werden müsse. Der Tempel nutzte seine wirtschaftliche Macht, um möglichst geringe Preise zu zahlen, und die hohen Herren legten das Gesetz stets zuungunsten der Ärmsten aus.

Die Hinweise in der Mischna – die man allerdings nicht gerade als Anti-Tempel-Propaganda bezeichnen kann – zeigen, dass die wirtschaftliche Vormachtstellung zum eigenen Vorteil ausgenutzt wurde. Dieser Missbrauch konnte jedoch nicht allein den Händlern angelastet werden, sondern er war vielmehr Teil des Systems. Die Zuschläge waren nicht das Werk der Händler, sondern die Idee der Tempelobrigkeit. Das waren die Leute, die die Preise festlegten. Der Tempel hatte stets die Oberhand.

»Ihr aber habt eine Räuberhöhle daraus gemacht«

Wir müssen uns nochmals den umgestoßenen Tischen und davonflatternden Tauben, dem Klingen der Münzen auf dem Pflaster, dem Zorn der Händler und vielleicht auch der heimlichen Freude der Umstehenden zuwenden.

Eine Tempelwirtschaft ist keine Marktwirtschaft. Die Juden in der griechisch-römischen Welt waren emotional und spirituell mit ihrem Tempel so eng verbunden, dass jede Alternative von vornherein undenkbar war. Allerdings gab es in dieser Zeit noch einen anderen jüdischen Tempel, und zwar in Leontopolis in Ägypten. Er war über zweihundert Jahre in Verwendung, bis ihn die Römer im Jahre 72 schlossen, wobei sich die meisten Juden im ersten Jahrhundert kaum mehr darum kümmerten. Philo, der in Alexandria gerade mal 225 Kilometer weit weg lebte, erwähnt ihn nie. Stattdessen konzentriert er sich ganz auf den 560 Kilometer entfernten Tempel in Jerusalem.[56] Es ist dieselbe emotionale Anziehungskraft – wenngleich in größerem Maßstab –, die eine Fußballmannschaft auf ihre Fans ausübt. Der Vereinsmanager kann die Preise für die Saisontickets erhöhen, weil er ganz genau weiß, dass der wahre Fan nicht einfach zu einem anderen Verein überläuft, weil der Eintritt dort billiger ist. Hier ist seine Mannschaft, ein Teil seiner Identität. Er beklagt sich vielleicht über die gesalzenen Preise, doch am Ende zahlt er, um am Schrein zu beten.

Wenn man gerade genug Geld verdient, um ein wenig Brot, ein paar Feigen und einen Platz zum Schlafen zu bezahlen, dann ist kaum daran zu denken, auch noch ein Paar Tauben zu erwerben. Die Menschen, die von der Tempelaristokratie finanziell am meisten ausgesaugt wurden, waren die Juden selbst – die einfachen Leute, die in ihren beengten Mietskasernen lebten und sich abmühten, ihren Lebensunterhalt zu verdienen, wie Millionen und Abermillionen von Stadtbewohnern in der Vergangenheit und in der Zukunft. Arme wird es immer geben, ebenso wie Kirchen und Sekten, die ihnen im Namen der Religion das Geld aus der Tasche ziehen.

Jesus griff also nicht die Geldwechsler und Tierhändler als Personen an. Vielmehr wollte er diejenigen treffen, die hinter dem System steckten. Er warf der Tempelobrigkeit vor, den Tempel zu einer Räuberhöhle gemacht zu haben, in der Diebsgesindel Saisontickets für Gott zu Preisen anbot, die sich die Armen nicht leisten konnten.

War dies eine bewusste Politik seitens der Tempelführung? Oder funktionierte das System eben so am besten? Man kann diese Frage nicht mit Bestimmtheit beantworten. Eine wirtschaftliche Einheit von der Größe des Tempels muss jedenfalls schwer zu kontrollieren gewesen sein. Im Übrigen hat die Geschichte noch einen weiteren interessanten Aspekt.

Es ist möglich, dass der Tierhandel nicht für den Tempel, sondern für den Hohepriester ein profitables Geschäft war. Die Tiere wurden im Tempelbezirk verkauft und gekauft (und vermutlich noch auf ein paar Märkten anderswo in der Stadt), wahrscheinlich auf der Südseite bei der Königlichen Halle. Interessanterweise befanden sich ganz in der Nähe des Tempels die Ladengeschäfte von Hanaun oder Hanan.[57]

Hier muss man vorsichtig sein, denn es handelt sich dabei nicht gerade um einen seltenen Namen, doch immerhin ist Hanan eine Version des Namens der hohepriesterlichen Familie Ananus. Es ist also möglich, dass der Tierhandel im Vorhof der Heiden nicht von irgendwelchen anonymen Händlern betrieben, sondern, wie Jeremias unterstellt, von der mächtigen Hohepriesterfamilie (Ananus) gefördert wurde.[58] Dies verleiht der Tempelkritik Jesu plötzlich eine ganz neue Richtung: Was, wenn Jesus gegen die überhöhten Preise der Tiere protestierte – Tiere, die letztlich im Rahmen eines Geschäfts verkauft wurden, dessen Eigentümer die damals allmächtige hohepriesterliche Dynastie war?

Eine Stelle in einer später entstandenen rabbinischen Schrift impliziert ebenfalls, dass sich die Familie Hanan das Zehntsystem geschickt zunutze machte:

> Die Weisen sagten: Die Lagerhäuser für die Kinder des Hanin [Hanan] wurden drei Jahre vor dem übrigen Israel zerstört, weil sie es versäumt hatten, den Zehnten von ihren Gütern zu trennen, da sie *Du sollst jedes Jahr den Zehnten geben* und *Du sollst Mahl halten* so auslegten, dass der Verkäufer davon ausgenommen blieb, und *die gesamte Ernte aus dem, was du angebaut hast,* dahin gehend, dass der Käufer ausgenommen blieb.[59]

Mit anderen Worten: Sie zahlten ihre Steuern nicht. Sie operierten wie die großen Konzerne unserer Tage, die ihre Gelder so verwalten, dass sie keine Körperschaftssteuer entrichten müssen, weil sie auf dem Papier keinen Gewinn machen.

Jesu Protest gegen den Tempel war nicht als physische Gewalt gedacht und auch nicht als solche beabsichtigt. Durch das Umstoßen der Tische prangerte er die wirtschaftliche Ausbeutung an, die zu einem festen Bestandteil des

154

Tempelbetriebs geworden war. Mag sein, dass er damit genau die Familie erzürnte, die damals im Tempel das Sagen hatte. Die Familie des Ananus jedenfalls hätte eine solche Kritik nicht einfach freundlich zur Kenntnis genommen und sie ganz bestimmt nicht vergessen. Dies könnte ein weiterer Grund dafür sein, warum Kaiphas so darauf bedacht war, dass Jesus bestraft wurde. Und es würde auch erklären, warum die Familie des Ananus selbst viele Jahre später noch etwas gegen die Verwandten und Anhänger Christi hatte. Es war eine persönliche Angelegenheit.

Dass Jesu Handlungen einen Angriff auf die Tempelobrigkeit darstellten, lässt sich an der Reaktion ablesen:

Nachdem die Hohenpriester und Schriftgelehrten von diesen Ereignissen gehört hatten, stand ihr Entschluss fest, Jesus umzubringen. Sie fürchteten seinen Einfluss, denn seine Worte hinterließen tiefen Eindruck bei den Menschen. (Mk 11,18)

Dies ist das erste Mal, dass Markus von einer aktiven Feindseligkeit der Tempelobrigkeit Jesus gegenüber spricht. Er hatte die Verwaltung des Tempels offen kritisiert und die Tempelherren des Banditentums bezichtigt, als wären sie eine Räuberbande auf der Straße nach Jericho – und zu allem Überfluss war die Menge dabei auch noch auf seiner Seite.

Jesus verließ anschließend die Stadt und ging über den Ölberg zurück nach Betanien, wo er seine Nächte verbrachte (Lukas 21,37). Die Angriffe auf den Tempel sollten am nächsten Tag fortgesetzt werden, allerdings mit ganz anderen Waffen.

Dritter Tag:
Das Ende der Zeiten

Dienstag, 31. März

Feigenbaum, zweiter Teil: Ölberg, Dienstag, früher Morgen
Die vier Fragen: im Tempel, Dienstagmorgen
Die Prophezeiung zum Tempel: vor dem Tempel,
Dienstagnachmittag
Die Prophezeiung zur Zukunft: Ölberg, Dienstagabend

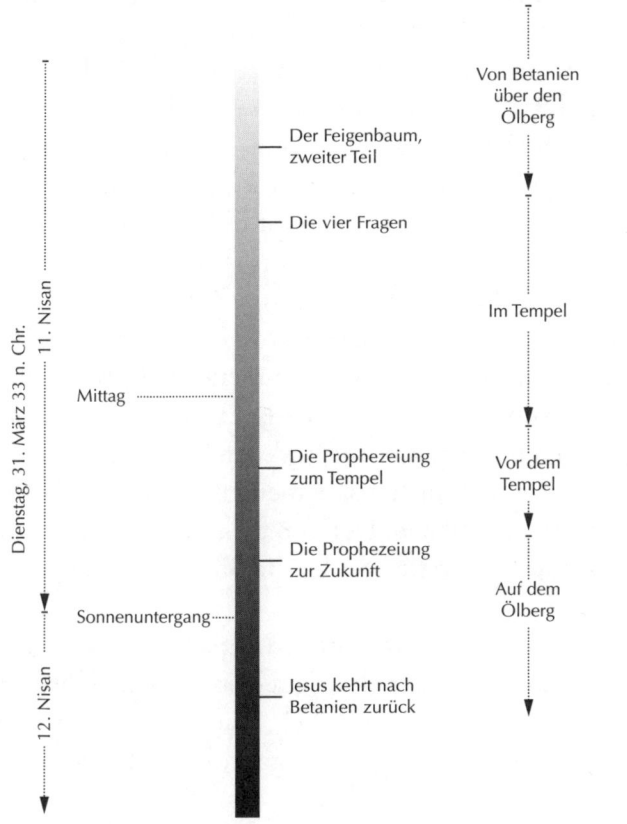

Der Feigenbaum, zweiter Teil

Ort: Ölberg
Zeit: früher Morgen

Am nächsten Tag kehrten Jesus und seine Begleiter zeitig am Morgen nach Jerusalem zurück.

Markus berichtet, dass ihnen auf dem Weg den Hügel hinab auffiel, dass der Feigenbaum vom Vortag »völlig abgestorben war« (Mk 11,20). Bei Markus äußert sich Jesus an dieser Stelle zur Kraft des Glaubens: Der aufrechte Glaube könne Berge versetzen. Aufgrund seiner Stellung in Markus' Erzählung erhält dieser Passus aber noch eine weitere Bedeutung: Jesus hat den Feigenbaum vor seinem Besuch des Tempels verflucht. Nachdem er den Tempel gereinigt hat, ist der Baum nun »völlig abgestorben«: Auch der Tempel ist ein kahler Baum, der verdorren und absterben wird.

Jesus hatte am Vortag im Tempel einen Aufruhr ausgelöst. Daher ist es merkwürdig, dass er zurückkehrt und sich dort noch frei bewegen kann. Sein Protest im umfriedeten Tempelbezirk kann nicht sehr nachhaltig gewesen sein, sonst hätten ihm die Behörden den erneuten Zutritt verweigert – ohne Rücksicht darauf, dass er im Volk Rückhalt hatte. Der Tempelbezirk bot Jesus die willkommene Umgebung, hier konnte er in Ruhe sitzen und seine Lehre verbreiten. Nach den gewohnten Berghängen und anderen freien Flächen Galiläas lag es nahe, sich in Jerusalem einen ähnlichen Ort für Versammlungen zu suchen. Der Tempel mit dem großen offenen Platz und den breiten Stufen im Süden war genau das Richtige.

Hier, gut sichtbar inmitten der Menge, war er vor einer Verfolgung durch die Tempelobrigkeit so gut wie sicher. Inzwischen genoss er nämlich eine beachtliche öffentliche Unterstützung, und es hätte Aufruhr gedroht, wenn er in der

Öffentlichkeit verhaftet worden wäre. Da ihn die Tempelbehörden – zumindest kurzfristig – unmöglich festnehmen
konnten, schlugen sie eine andere Taktik ein: Sie versuchten,
ihn in Misskredit zu bringen.

Die vier Fragen

Ort: Tempel
Zeit: am Morgen

Nach Markus' Schilderung des dritten Tages starten die Behörden in Form von Fangfragen eine Reihe verbaler Angriffe auf Jesus. Sie haben Elitetruppen entsandt; sie sollen Jesus
nicht verhaften, sondern seine Glaubwürdigkeit erschüt-
tern. Markus nennt vier Fragen, mit denen sie ihn unmittelbar herausfordern:

- »Woher nimmst du dir das Recht, hier so aufzutreten?«
  Fragesteller: »Hohepriester, Schriftgelehrte und die füh-
  renden Männer des Volkes« (Mk 11,27–33).
- »Ist es eigentlich Gottes Wille, dass wir dem römischen Kaiser
  Steuern zahlen?«
  Fragesteller: »Einige Pharisäer und einige Anhänger des
  Königs Herodes« (Mk 12,13–17).
- »Wessen Frau wird sie [die Witwe] nun nach der Auferstehung
  sein?
  Fragesteller: »einige Sadduzäer« (Mk 12,18–27).
- »Welches von allen Geboten Gottes ist das wichtigste?«
  Fragesteller: ein »Schriftgelehrter« (Mk 12,28–34).

Eine Frage ist eine echte Erkundigung, während die anderen
nur darauf abzielen, Jesus in eine Falle zu locken und ihn in
Misskredit zu bringen.

»Woher nimmst du dir das Recht, hier so aufzutreten?«

Besonders beunruhigt waren die Behörden, weil Jesus eine andere Art Autorität ausstrahlte, die von den Menschen auf Anhieb wahrgenommen wurde. Seine Lehre war etwas Besonderes: »Denn anders als ihre Schriftgelehrten redete Jesus mit einer Vollmacht, die Gott ihm verliehen hatte.« (Mk 1,22) Als er einem Besessenen, der ihn herausfordert, den Dämon austreibt, stellt das erschreckte Volk fest: »Was ist das nur für eine Lehre? Und welche Macht dieser Jesus hat! Seinen Befehlen müssen sogar die bösen Geister gehorchen!« (Mk 1,27) Anders als die Rechts- oder Schriftgelehrten untermauert Jesus seine Lehren nicht mit Präzedenzfällen: Er *sagt* einfach Dinge, die unmittelbar wahr erscheinen. Und je mehr er *tut*, desto glaubwürdiger werden seine Worte.

Dass Jesus Autorität besaß, wird wohl kaum ein Gelehrter in Zweifel ziehen: Wer dieser Mensch auch war, eines steht fest: Er erregte Aufmerksamkeit. Seine Weisheit entsprang seinen innersten Überzeugungen und Einsichten, die in ihm selbst gewachsen waren. Was er sagte, stand für sich selbst. Seine Äußerungen hatten »aus sich heraus Überzeugungskraft«.[1] Aus Sicht der Mächtigen verfügte er über die bedrohlichste Form von Autorität: die der Glaubwürdigkeit.

Dennoch stand sie auf tönernen Füßen: Solange sie nicht durch Präzedenzfälle und durch anerkanntes Schrifttum untermauert waren, wurden sie nur durch die Wahrhaftigkeit und Lebensart des Redners belegt. Damit kam Jesu persönlicher Integrität, seinem Wirken und Tun höchste Bedeutung für seine Lehre zu. In diesem Sinn war die »längste Woche« für Jesu Autorität entscheidend. In diesem Geschehen zeigt sich ein Mann, der bis zum Äußersten geht, um die Wahrhaftigkeit seiner Lehren zu beweisen.

Die erste provozierende Frage – »Woher nimmst du dir das Recht, hier so aufzutreten?«, »Wer gab dir die Vollmacht dazu?« (Mk 11,27–33) – blockt Jesus einfach ab. Auf typisch rabbinische Art geht er mit den Gegnern einen Kuhhandel ein: Er werde ihre Fragen nur dann beantworten, wenn sie dieses Spiel gewinnen, wenn sie beweisen, dass sie größere Weisheit besitzen als er. Geschickt bringt er seine schlagkräftigste Waffe in Stellung: die Menge. Mit der Frage: »War Johannes der Täufer von Gott beauftragt zu taufen oder nicht? Was meint ihr?« (Mk 11,30) lockt er seine Herausforderer in die Falle. Da die Menge Johannes den Täufer verehrt, können sie ihre wahre Meinung nicht preisgeben: dass Johannes verblendet gewesen sei. Damit würden sie die Menge noch stärker gegen sich aufbringen. Geben sie dagegen zu, dass der Täufer himmlische Autorität besessen habe, stellt sich sofort die nächste Frage: Warum seid ihr ihm dann nicht gefolgt? Am Ende ist nicht die Glaubwürdigkeit Jesu, sondern die seiner Herausforderer zerstört.

»Jesus benutzte immer wieder Gleichnisse, wenn er zu den Menschen sprach«

Obwohl die Gegner das Spiel verloren haben, antwortet Jesus weiter auf ihre Fragen, allerdings auf Umwegen.

Alle drei Synoptiker legen ihm bei dieser Gelegenheit verschiedene Gleichnisse in den Mund. Markus, Lukas und Matthäus enthalten das von den bösen Weinbergbesitzern (Mt 21,33–46; Mk 12,1–12; Lk 20,9–18). Matthäus fügt zwei weitere Gleichnisse hinzu: das von den ungleichen Söhnen (Mt 21,28–32) und das vom Hochzeitsfest (Mt 22,1–14).

Matthäus' erstes Gleichnis – das von den ungleichen Söhnen – widerlegt direkt die unterschwellige Kritik der Gegner am Wirken Johannes' des Täufers und zielt gegen die

Betonung der Reinheit. Diejenigen, die ihre Meinung änderten, als sie auf Johannes trafen, weil sie an ihn glaubten, haben den Willen des Vaters erfüllt: Deshalb kommen die Zöllner und die Huren eher in das Reich Gottes als andere (Mt 21,32).

Das zweite Gleichnis in Matthäus – es taucht bei allen Synoptikern auf – ist das von den bösen Winzern. Es ist unmissverständlich, dass damit die Sadduzäer gemeint sind: Der Weinberg galt allgemein als Symbol für das Land Israel. König konnte darin nur Gott sein, der das Land erschaffen und seinem Volk gegeben hatte. Die bösen Winzer töten erst die Knechte – stellvertretend für die Propheten –, die der Vater entsandt hat, und dann auch den Sohn des Weinbergbesitzers. Dieses merkwürdige Gleichnis, dass zunächst triumphierend klingt, dann aber im Tod des Sohnes gipfelt, verweist auf ein Thema, über das Jesus später an diesem Tag noch reden wird: auf den Tag des Herrn, auf die Zeit, da Gott kommen und alles verwandeln wird. »Alles, was ihr besitzt, wird euch genommen werden«, sagt Jesus denen, die den Weinberg des Herrn bestellen; das soll heißen: »Ihr habt die Boten Gottes getötet, und ihr werdet mich töten. Doch die Gerechtigkeit wird kommen.« Mit diesem Gleichnis stärkt Jesus auch seine Glaubwürdigkeit als Außenseiter – mit dem Bild vom Stein, der von den »Bauleuten« abgelehnt, dann aber doch zum unverzichtbaren Eckstein des ganzen Bauwerks wird. Er verweist darauf, dass seine Autorität nicht nur in seiner Abkunft, sondern auch in seiner Selbständigkeit begründet liegt. Er ist der Außenseiter par excellence.

Das dritte Gleichnis in Matthäus erinnert an das der bösen Winzer. Das Himmelreich gleicht dem Hochzeitsmahl für einen Prinzen. Der König schickt Diener mit Einladungen los, aber die geladenen Gäste wollen nicht kommen. Manche reden sich heraus, andere töten sogar seine Diener.

Der König entsendet ein Heer, um die Mörder zu bestrafen und ihre Stadt in Schutt und Asche legen zu lassen. Dann schickt er Diener los mit dem Auftrag, alle einzuladen, die sie auf der Straße treffen – »Böse und Gute« (Mt 22,10). Soweit nimmt die Geschichte einen gemeinsamen Verlauf. Bei Lukas (Lk 14,16–24) endet sie mit einem Hochzeitsfest voller Ungeladener und Unbedeutender, den »Bettlern«, »Blinden«, »Verkrüppelten« und »Gelähmten« (Lk 14,21). Aber Matthäus fügt einen überraschenden Schlussakt hinzu. Ein Gast trägt beim Mahl kein Hochzeitsgewand. Als sich der König nach dem Grund erkundigt, weiß der Befragte keine Entschuldigung und wird deshalb hinaus in die Finsternis gestoßen. »Dort wird es nur Heulen und ohnmächtiges Jammern geben.« Denn viele sind berufen, so schließt Jesus das Gleichnis ab, »aber nur wenige sind auserwählt« (Mt 22,13–14).

Der erste Teil dieser Geschichte wird gradlinig, ja mit historiographischer Präzision erzählt. Wieder ist das Hochzeitsmahl ein biblisches Bild, das die Erinnerung an das himmlische Festmahl in Psalm 107,1–9 und Jesaja 25,6–8 beschwört. Die Diener stehen höchstwahrscheinlich wiederum für die Propheten, die das Schicksal der Diener aus dem Gleichnis der bösen Winzer teilen. Vers 7 kann als eine Vorwegnahme der Zerstörung Jerusalems durch die Römer 70 n. Chr. gedeutet werden. Auch in diesem Gleichnis wird ein Urteil über die Machteliten gefällt, die hier als die offiziellen Gäste erscheinen. Sie reagieren nicht auf die Einladung und werden deshalb durch weniger »achtbare« Gäste ersetzt. Ihre Weigerung, der Einladung zu folgen, endet in Tod und Zerstörung.

Was aber hat der Schlussakt zu bedeuten? Zunächst sieht es ganz so aus, als handele es sich um ein zweites Gleichnis, das Matthäus ans erste angehängt hat. Andernfalls erschiene dieser Rauswurf als eine unangemessen harte Strafe für einen

Mann, der soeben von der Straße aufgelesen wurde und deswegen ohne seine feinsten Gewänder erscheint! Wahrscheinlich gibt Lukas' Version die ursprüngliche »Gestalt« des Gleichnisses wieder. Auch taucht das »Heulen und ohnmächtige Jammern« an anderer Stelle bei Matthäus auf, so in 8,12, wo diejenigen, »für die Gottes neue Welt bestimmt war«, ebenfalls in der Finsternis landen werden, während die Nichtjuden Aufnahme finden. Diese Episode soll wohl verdeutlichen, dass nicht der Ruf, sondern die Reaktion darauf ins Himmelreich führt. Alle sind geladen, aber nicht jeder wählt den rechten Weg.

Bei »Gleichnis« denkt man gewöhnlich an eine »Erzählung mit einer Moral«, an eine Geschichte, die eine bittere Wahrheit versüßt. Doch Jesu Gleichnisse sind keine mit Zucker ummantelten bitteren Pillen. Die Süße fehlt. Betrachtet man sie vor ihrem gesellschaftlichen und politischen Hintergrund, so muss man davon ausgehen, dass sie brisant, verstörend und höchst provozierend wirkten. In der aufgeheizten Stimmung im Tempelhof mussten sie als eine Verhöhnung der Autorität aufgefasst worden sein, die bei den Tempelbehörden Wut, Empörung und Rachegelüste auslöste. Statt um Kindergeschichten handelt es sich um Erzählungen, mit denen Brände gelegt wurden.

Lukas macht deutlich, dass die Obrigkeiten im Tempel die Botschaft Jesu durchaus verstanden:

Am liebsten hätten die Hohenpriester und Schriftgelehrten Jesus gleich festgenommen. Sie hatten verstanden, dass er in diesem Gleichnis von ihnen gesprochen hatte. Aber sie wagten sich nicht an ihn heran, weil sie vor dem Volk Angst hatten. (Lk 20,19)

Das war entscheidend: Die Menge war auf seiner Seite und hörte diese Gleichnisse sehr gerne. Und sie bewahrte Jesus vor der sofortigen Verhaftung. Diese war dennoch nur eine Frage der Zeit: Wie zahlreiche Künstler, Schriftsteller und Geschichtenerzähler im Laufe der Jahrhunderte sollte auch Jesus feststellen, dass ein totalitäres Regime keinen Spott duldet. Geschichten erzählen kann tödlich sein.

»Ist es eigentlich Gottes Wille, dass wir dem römischen Kaiser Steuern zahlen?«

So verlassen die Hohepriester die Arena, schicken aber weitere Truppen in die Schlacht – einige Pharisäer und Anhänger des Herodes, wie Markus berichtet. Da sie Jesu religiöse Autorität nicht zerstören konnten, zielt ihre nächste Frage darauf ab, seine politische Autorität zu unterminieren. Der Protest Jesu im Tempel richtete sich auch gegen die Tempelsteuer, worauf diese Frage nun noch erweitert wird. Jetzt geht es um das Kernthema der Zeit: um das Römische Reich.

> Danach schickten sie einige Pharisäer und Anhänger des Königs Herodes zu Jesus, um ihn mit seinen eigenen Worten in eine Falle zu locken. »Lehrer«, sagten sie scheinheilig, »wir wissen, dass es dir allein um die Wahrheit geht. Du redest den Leuten nicht nach dem Mund – ganz gleich, wie viel Ansehen sie besitzen. Nein, du sagst uns frei heraus, wie wir nach Gottes Willen leben sollen. Deshalb verrate uns: Ist es eigentlich Gottes Wille, dass wir dem römischen Kaiser Steuern zahlen? Sollen wir bezahlen oder nicht?« (Mk 12,13–14)

Nach den üblichen christlichen Deutungen dieser Erzählung soll Jesus die Christen aufgefordert haben, ihre staatsbürgerlichen Pflichten zu erfüllen. Tatsächlich stellt sich dieses Thema komplizierter dar. Gleich nachdem die Römer im Jahr 6 Judäa vollständig unter ihre Kontrolle gebracht hatten, verlangten sie von den Juden Tributzahlungen. Diesen Forderungen widersetzten sich manche, insbesondere die Zeloten.

Die beiden Gruppen, die Jesus die Frage stellten – die Pharisäer und die Anhänger des Herodes –, vertraten hier unterschiedliche Auffassungen. Letztere gehörten dem Hof an und waren mit ihrem Führer, Herodes Antipas, nach Jerusalem gekommen, um das Passahfest zu feiern. Unter ihnen waren auch Anhänger Jesu. So wurde Manaen, ein Mitglied der Kirche in Antiochia, als *Syntrophos* des Herodes Antipas bezeichnet. »Syntrophos« bedeutet »genährt« oder »aufgezogen mit«, also »Milchbruder«, »Gefährte« (aus der Kindheit) oder »vertrauter Freund«.[2] Eine weitere Anhängerin Jesu in Galiläa war Johanna, die Ehefrau Chuzas, eines Beamten des Herodes (Lk 8,3). Im Gegensatz zu den Sadduzäern und Pharisäern waren die Herodianer keine religiöse Gruppe, sondern eher eine politische Partei. Sie vertraten die Interessen der Dynastie der Herodier und sehnten sich wahrscheinlich nach einer Renaissance der Herrschaft Herodes' des Großen unter einem Nachkommen. Sie mussten zwangsläufig einen römerfreundlichen Kurs halten, da sich die Dynastie nur dank der Unterstützung des Römischen Reiches an der Macht halten konnte. Sie waren, kurz gesagt, begeisterte Anhänger Roms und der griechisch-römischen Kultur.

Demgegenüber neigten die Pharisäer eher dem Nationalismus zu. Ihre Einstellung zu den Römern schwankte zwischen aktiver Opposition und widerwilliger Akzeptanz. Am besten verkörpert ihre Realpolitik der stellvertretende Hohepriester Hanina, der da sagte: »Betet für den Frieden des Reichs, denn wenn das Reich nicht gefürchtet wäre, würden sich die Menschen bei lebendigem Leibe gegenseitig auffressen.«[3] Dass sie sich den Steuerzahlungen nicht widersetzten, passt zu ihrer pragmatischen Einstellung.

Was also sollte die Frage nach den Steuerzahlungen? Ganz einfach: Wenn Jesus sie klar bejahen würde, verlöre er die Unterstützung aller, die unter der römischen Steuerlast stöhnten. Und wenn er sie klar verneinen würde, drohte ihm eine Anklage wegen Auflehnung gegen die römische Obrigkeit. Wie also antwortet er? Er weicht aus und sagt weder ja noch nein.

Er verlangt nach einer Münze – einem Denar, auf dem aller Wahrscheinlichkeit nach Kaiser Tiberius abgebildet war, an den die judäischen Tributzahlungen gingen. Von diesen Münzen wurden Millionen ausgegeben. Das Prägemotiv änderte sich im Laufe von Tiberius' Herrschaft nur geringfügig. Auf der einen Seite prangte sein lorbeerbekröntes Haupt, auf der Rückseite symbolisierte eine sitzende weibliche Gestalt den Frieden.[4] Die Münze, die Jesus hochhält, hatte eine lange Reise hinter sich. Alle Denar des Tiberius wurden in Gallien in der Prägeanstalt Lugdunum (Lyon) hergestellt. Die Frage soll die politische Einstellung Jesu zutage fördern. Ist er ein Nationalist, ein frommer Jude oder ein politisch realistischer Jude? Die Frage ist hochbrisant.

Jesus weicht ihr aus. Anhand der verlangten Münze zeigt er seinen Herausforderern auf, dass sie selbst keine klare Linie gegenüber dem Reich einhalten. Wer diese Münzen bei sich trägt, ist dem System beigetreten. Wenn ihr diese Währung benützt, so sagt ihnen Jesus damit, dann müsst ihr auch den Preis dafür zahlen. Ihr habt das Geld des Römerreichs angenommen und euch damit buchstäblich in das System eingekauft.

Dabei hätte er es belassen können. Er hat aufgezeigt, wie sehr sich seine Herausforderer von Rom, vom kaiserlich-römischen System vereinnahmen ließen, weitet das Thema jetzt aber noch aus: »Dann gebt dem Kaiser, was dem Kaiser gehört, und Gott, was Gott gehört.«

Millionen Christen wurde dieses Gleichnis als Mahnung zur Staatstreue präsentiert – von Predigern, welche die Gläubigen dazu ermunterten, Steuern zu zahlen, da doch Jesus sagte: »Gebt dem Kaiser, was dem Kaiser gehört.« Doch diese Deutung geht am Thema vorbei. »Wie viel gebt ihr Gott?«, lautet die eigentliche Frage. Die Fragesteller haben sich hoffnungslos kompromittiert, denn sie setzten auf das falsche Reich. Dies ist nicht der Konflikt zwischen Rom und dem Reich Israel – von denen ja beide Steuern erheben –, sondern der zwischen dem Reich Gottes und dem Reich des Wohlstands.[5] Hier schlägt Jesus den Bogen zu seinen anderen Lehren: »Niemand kann zwei Herren gleichzeitig dienen. Wer dem einen richtig dienen will, wird sich um die Wünsche des anderen nicht kümmern können. Er wird sich für den einen einsetzen und den anderen vernachlässigen. Auch ihr könnt nicht gleichzeitig für Gott und das Geld leben.« (Mt 6,24) Die Frage, ob man den Römern Geld geben soll, ist angesichts der Notwendigkeit, Gott alles zu geben, schlichtweg bedeutungslos.

Vor diesem Hintergrund ist die später vorgebrachte Anklage zu verstehen, wonach Jesus »den Leuten einredet, dass sie dem Kaiser keine Steuer zahlen sollen« (Lk 23,2). Tatsächlich aber hat er keine klare Antwort gegeben, sondern seinerseits eine Frage aufgeworfen. Wie soll man in einer heidnischen Welt ganz für Gott leben? Mit diesem Problem sollten seine Anhänger im Anschluss immer wieder ringen.

»Wessen Frau wird sie [die Witwe]
nun nach der Auferstehung sein?«

Dann erfolgt ein dritter Versuch, Jesus festzunageln: Nachdem sie ihn direkt nach seiner Legitimation befragt und es
dann mit Politik versucht haben, wenden sich die Gegner
der Religion zu. Und dabei tritt eine weitere Gruppe in Erscheinung. Nach den Hohepriestern, Schriftgelehrten und
Ältesten, nach den Pharisäern und den Anhängern des Herodes sind jetzt die Sadduzäer am Zug.

Wie erwähnt, war ein besonders wichtiges Streitthema,
das die Sadduzäer und die Pharisäer entzweite, die Frage, ob
es ein Leben nach dem Tod gebe. Die Pharisäer verfochten
die Auferstehung des Leibes, während die Sadduzäer diese
verneinten, weil sie in der Thora keine Hinweise darauf finden konnten. Man lebte nur in dieser Welt. Und das war
auch genug, weil sie ihren Trost schon im Diesseits fanden.
Wie Goodman schrieb, »verkörperte das Sadduzäertum eine
eitle Selbstzufriedenheit mit dem Status quo, den nur die
Reichen akzeptieren konnten«.[6]

Wenn Brüder nacheinander sterben, und die kinderlose
Witwe nach dem Gesetz des Moses jeweils den nächsten
Bruder heiratet, wessen Frau ist sie dann nach der Auferstehung? Dies ist die Frage der Sadduzäer. Sie ist ziemlich mü-
ßig und sehr theoretisch, ein philosophisches und theologisches Rätsel. Jesus zeigt in seiner Antwort ihre Sinnlosigkeit
auf – mit einem Zitat aus der Thora, auf die sich die Sadduzäer grundsätzlich berufen, und dem, was daraus folgt: »Ich
bin der Gott Abrahams, der Gott Isaaks und der Gott Ja-
kobs.« Gott aber ist ein Gott der Lebenden, nicht der Toten,
also müssen die Genannten auferstanden sein. So wirft Jesus
diesen Männern – der fundamentalistischen Partei der
Schriften – vor, dass sie ihre Schriften nicht gründlich gelesen haben. Er argumentiert teilweise mit dem »gesunden

Menschenverstand« und sagt so mit anderen Worten: Gott hat die Macht, alles zu ordnen. Wie kommt ihr darauf, dass das Leben nach der Wiederauferstehung so sein wird wie im Diesseits?

Die verärgerte Reaktion Jesu beinhaltet eine weitere Botschaft: Die Sadduzäer reden von einer Witwe, die von einem Mann zum nächsten weitergereicht wird. Dies zeigt die Ohnmacht von Frauen nach dem Tod ihres Mannes. Dass die Sadduzäer ihr schweres Los ungerührt zu einem logischen Rätsel verarbeiten, offenbart deutlich, wie weit sie sich von den alltäglichen Problemen in den Dörfern und Städten Judäas entfernt haben.

»Welches von allen Geboten Gottes ist das wichtigste?«

Ein Schriftgelehrter, der das Streitgespräch mit angehört hat, so erzählt Markus, stellt daraufhin seine Frage. Im Evangelium verbirgt sich hinter dem Begriff des Schriftgelehrten mitunter auch einfach ein Schreiber, also eine Art »Sekretär«. Dieser Berufsstand gehörte zum mittleren religiösen Management zusammen mit Verwaltern und Bürokraten. In der griechisch-römischen Welt traten Schriftgelehrte (oder Stadtschreiber) auch auf lokalen Volksversammlungen auf (z. B. Apg 19,35).

Das Neue Testament macht zwischen den verschiedenen Gruppen der Schriftgelehrten häufig keinen Unterschied. Sie erscheinen als ein einheitlicher Berufsstand, der Jesus generell feindlich gesinnt ist. Bei Markus tauchen Schriftgelehrte im Umfeld des Jerusalemer Tempels und insbesondere im Herrschaftsbereich der Hohepriester auf. Man kann sie sich demnach als lokale Beamte vorstellen, die in religiösen Fragen berieten, als Tempelbürokraten mit Sitz in Jerusalem. In der Bibel kommen selbst die Schriftgelehrten, die in Galiläa auftauchen, aus Jerusalem (Mk 3,22; 7,1). Auf der untersten Hierarchieebene handelte es sich um Schreiber, die Verträge ausfertigten oder das Schreiben von Briefen übernahmen. In den Dörfern dienten sie möglicherweise als lokale Verwalter, als Bindeglied zwischen Regierung und Volk, als Kommunalbeamte des 1. Jahrhunderts.[7] Schriftgelehrte konnten mit verschiedenen Gruppen und in unterschiedlichen Funktionen zusammenarbeiten. So stehen sie bei Matthäus und auch bei Lukas in einer engeren Verbindung zu den Pharisäern und treten dort als Bewahrer jüdischer Traditionen und als Führer der Gemeinschaft auf.

Der Schriftgelehrte, der sich jetzt an Jesus wendet, hebt sich allerdings von den anderen ab. Seine Frage ist kein Angriff, sondern ehrlich gemeint; sie gibt Jesus einmal mehr Anlass, gesellschaftliche und ideologische Grenzen zu überschreiten. Welches Gebot das wichtigste sei, will er wissen. Mit weiser Erhabenheit fasst Jesus das Gesetz und die Lehren der Propheten in wenigen Worten zusammen: Gott ist der einzige Herr, weshalb man ihn mit ganzer Kraft und von ganzem Herzen lieben soll. Aufschlussreich ist hier die Reaktion des Schriftgelehrten, der die Worte Jesu wiederholt, um sie den Menschen besser ins Gedächtnis einzuprägen. Dann aber fügt er eine eigene Deutung hinzu: Sich an dieses Gebot zu halten »ist mehr als alle Opfer, die wir Gott bringen könnten« (Mk 12,33).

Unglaublich: Ein Schriftgelehrter, der im Tempel wirkt, verkündet, dass es Wichtigeres gebe als die Opferriten, die dort gerade vorbereitet werden! Die übliche Position der Schriftgelehrten lässt sich in den Worten Simons des Gerechten zusammenfassen: »Die Welt ruht auf drei Dingen: dem Gesetz, der Opferung und dem Ausdruck der Liebe.« Liebe ist hier als Akt der Nächstenliebe und Großzügigkeit zu verstehen, nicht im Sinne der von Jesus geforderten tieferen Hingabe.[8] Doch dieser Schriftgelehrte hat den Sprung geschafft. Er hat durch die Augen Jesu gesehen – und einen Augenblick lang etwas verkündet, das nicht seine Handschrift trägt.

»Hütet euch vor den Schriftgelehrten«

Nun ist der Befragte an der Reihe, selbst eine Frage zu stellen. Markus zeigt einen Jesus, der nach der überraschenden Unterstützung durch einen Schriftgelehrten einen Angriff auf die Schriftenkenntnis dieses Berufsstandes startet. Seine Frage dreht sich um den Messias. Wie können die Schriftgelehrten den Messias »den Sohn Davids« nennen, so fragt er, wenn David selbst – so Psalm 110,1 – den Messias »meinen Herrn« nenne?

Die Juden erwarteten voller Hoffnung und Sehnsucht die Ankunft eines Messias, der die Nation erlösen und das Königreich wiederherstellen sollte. Zum Kern dieser Vorstellung gehörte, dass der Messias ein Abkömmling Davids sein würde.[9] Jesus zweifelt eine solche Verwandtschaft oder zumindest deren Deutung in der Schrift an. Was meinen die Schriftgelehrten, wenn sie vom Messias als dem Sohn Davids reden? In welchem Sinn ist dies richtig? Welche tatsächliche Verwandtschaft besteht?

Jesus vollbringt hier gleich mehrere Dinge auf einmal. Zunächst beweist er, dass er auch mit den Besten von ihnen jederzeit eine Auseinandersetzung über die Schriften führen kann. Die Sadduzäer hat er bereits geschlagen, jetzt nimmt er sich die Schriftgelehrten vor. Dabei geht es freilich nicht um ein Armdrücken in Sache Schriftkunde. Jesu Frage zielt vielmehr darauf ab, zu zeigen, wie die Schriftgelehrten den Messias verstehen. Tatsächlich verwahrt er sich gegen den Ausdruck »Davids Sohn«. Er belegt, dass diese Benennung durch die Schriftgelehrten rein politisch motiviert und durch keine Stelle in den Schriften verbürgt ist.[10] Die Experten kennen sich keineswegs so gut aus, wie sie vorgeben.

Vor allem aber wendet sich Jesus wohl gegen ihre Vorstellung von einem militärisch-politischen Messias, einem irdischen König, der Kraft seiner Abstammung Anspruch auf den »Thron« erhebt.

Die Schriftgelehrten haben diese Rolle – wohl ihren pharisäischen oder sadduzäischen Führern folgend – politisch umgedeutet – in ihrer wehmütigen Rückschau auf die große Zeit Israels. Doch für diese Darstellung, so sagt ihnen Jesus, gibt es in der Bibel keine Grundlage. Es ist eine rein aristokratische Phantasie. Die Tage von Davids Reich werden nie wieder zurückkehren. Jesus wird das Reich nicht so wiederherstellen, wie die Schriftgelehrten es deuten. Und die Schlacht, die er schlagen wird, ist keine gegen die Römer. Es gilt, einem erbitterteren und tückischeren Feind zu begegnen. Nachdem er – sehr zur Freude der großen Menge (Mk 12,37 b) – die Kenntnisse der Schriftgelehrten als unglaubwürdig entlarvt hat, holt er zu einem weiteren Schlag aus. Da ihn soeben ein Schriftgelehrter unterstützt hat, lässt sich sein Kommentar in Markus 12,36 ff. nicht als pauschale Anklage auffassen, aber offenbar gab es unter den Schriftgelehrten genug aufgeblasene Figuren, die diese Kritik rechtfertigten.

Die Schriftgelehrten trugen ein langes weißes Leinengewand mit Fransen am unteren Saum. Weiße Gewänder waren das Kennzeichen der Auserwähltheit und Reinheit für herausragende Männer, die insbesondere im Tempel wirkten. Prächtige Farben blieben den einfachen Menschen überlassen (wie auch dem niederen Volk, je nachdem, welche Kleider sie sich leisten konnten).[11] Der Mischna zufolge wurden Schriftgelehrte mit Respekt behandelt. Wenn sie vorbeikamen, sollten die Menschen aufstehen, um ihnen

Achtung zu erweisen. Eine Ausnahme bildeten nur die Handwerker. Hier drängt sich der Verdacht auf, dass die Mischna eher eine Wunschvorstellung als die Realität zum Ausdruck bringt. Wie dem auch sei: Das Ansehen ist das eine und die Bezahlung das andere. So ist belegt, dass diese Beamten aus den ärmeren Schichten kamen.[12] Wenige hochangesehene Schriftgelehrte erfüllten Priesteraufgaben, waren dem Tempel angeschlossen und arbeiteten faktisch für die Zentralregierung.[13] Während sie eine Art Einkommen aus dem Tempelschatz bezogen haben dürften, lebten die meisten Schriftgelehrten wohl von der Unterstützung anderer. Da sie für ihre Tätigkeit nicht direkt entlohnt werden durften, wurden die Gläubigen ermuntert, ihnen gastfreundlich zu begegnen.[14] Dies geschah aber nicht immer. So ist von zwei renommierten Schülern des Rabbi Gamaliel bekannt, dass sie Hunger litten und nichts zum Anziehen hatten. Der berühmte Meister Rabbi Aqiba musste im Winter im Stroh schlafen.[15]

Doch sie empfingen auch Wohltaten frommer Juden. Wer einen Schriftgelehrten unterstützte, verschaffte sich Ansehen, was diesen durchaus bewusst war.[16] So geißelt Jesus Schriftgelehrte, die gutmeinende Spender mit begrenzten Mitteln ausnutzen: Witwen waren die schwächsten Glieder in der Gesellschaft und wollten dennoch Gutes tun: Und wie vergalten es ihnen die Schriftgelehrten? Indem sie so lange auf ihre Kosten lebten, bis sie sie um Haus und Hof gebracht hatten. Sie waren die »Fernsehprediger« ihrer Zeit, die Fromme ausplünderten, ihnen ihren geringen Besitz abnahmen und sie mittellos zurückließen.

Eine dieser Witwen führt Jesus als Beispiel für die einfache tätige Frömmigkeit an. Witwen waren zumeist arm und führten Existenzen am äußersten Rand der jüdischen Gesellschaft. Die Urkirche bemühte sich sichtlich um sie: Am Ende diente der Begriff »Witwe« als Bezeichnung für Frauen, die in der Gemeinde dienten (Apg 9,39).

Der Passus bei Markus handelt von einer armen Witwe, die ihre gesamte Habe Gott opfert. Jesus hebt sie bezeichnenderweise nicht vor der Menge, sondern vor seinen Jüngern als beispielhaft heraus. Sind ihnen der Prunk und Glanz des Tempels zu Kopf gestiegen? Haben ihnen die großen Summen, die die Reichen in die Schatullen warfen, den Kopf verdreht? Dann sollen sie sich an dieser Frau ein Beispiel nehmen, nicht an den Wohlhabenden, sondern an dieser Witwe, die alles hingegeben hat. Diese Episode ist ein ergreifendes Beispiel für die von Jesus geforderte aufrichtige, schlichte und innige Frömmigkeit, eine Frömmigkeit der Armen, die weitaus mehr wert war als die Rechtschaffenheit der Reichen. Die gleiche Lehre taucht in der rabbinischen Literatur auf: Ein Priester lehnt von einer Witwe eine Handvoll Korn ab und erhält deswegen in der Nacht im Traum eine Rüge: »Verachte sie nicht. Es ist, als habe sie ihr Leben dargeboten.«[17]

Und so geht die Lehre Jesu im Tempel ihrem Ende entgegen – mit einem Vergleich zwischen den zwei Gruppen von Armen: den Schriftgelehrten und den Witwen. Und die Witwen, so Jesu Schluss, sind die heiligeren.

Die Prophezeiung zum Tempel

Ort: vor dem Tempel
Zeit: am Nachmittag

Als Jesus den Tempel verließ, zeigte einer seiner Jünger begeistert auf die Tempelbauten: »Lehrer, sieh dir diese Steine und diese gewaltigen Bauwerke an!« Jesus erwiderte: »Ja, sieh es dir genau an! Kein Stein wird hier auf dem anderen bleiben. Alles wird nur noch ein großer Trümmerhaufen sein.« (Mk 13,1–2)

Das Frage-und-Antwort-Spiel endet damit, dass Jesus mit seinen Jüngern den Tempel verlässt. Seine Lehren und Erzählungen an diesem Tag waren so verstörend wie seine Taten am Vortag. Als er die Stufen vor dem Vorplatz hinabschreitet, hat er Angriffe gegen die Schriftgelehrten, die Sadduzäer und die Pharisäer geführt. Er hat die finanzielle Basis des Tempels in Frage gestellt und die Ansicht vertreten, dass Außenseiter – Arme, Leprakranke, Zöllner und Witwen – vom Himmelreich mehr begreifen als Leute in feinen Gewändern.

Sein letzter Angriff richtet sich nun gegen den Tempel selbst. Trotz Jesu Lehren können die Jünger ihre Bewunderung für dieses Bauwerk nicht verbergen. Jesu abrupte Reaktion wirkt entmutigend. Obwohl sie wie eine Drohung klingt – und so wird sie von seinen Gegnern auch aufgefasst –, ist sie eine Prophetie. Der Tempel ist auf Sand gebaut und damit dem Untergang geweiht. Auf heutige Verhältnisse übertragen, nimmt sich Jesu Prophezeiung ungefähr so aus, als würde er vor dem britischen Parlamentsgebäude, dem Weißen Haus oder dem deutschen Reichstag zu seinen Jüngern sagen: »Seht her, das alles wird zerstört werden.« Seine Worte sollten Jesus noch verfolgen.

176

Seine kurze Äußerung fasst im Grunde die Ereignisse, die symbolischen Gesten, Lehren und Geschichten der letzten drei Tage zusammen: Die Zerstörung des Tempels ist die Konsequenz aus all dem, was Jesus in Worten und Taten angeprangert hat. Er hat am Sonntag als ein anderer König die Stadt betreten. Sein triumphaler Einzug kam einer Ausrufung zum Messias gleich – und indirekt auch einer Herabsetzung der anderen Reiche, nämlich Wohlstand, Macht und Ansehen, die ihrerseits auf der anderen Seite der Stadt Einzug hielten. Die Kernthemen, die sich um das Reich Jesu rankten, waren Frieden und Liebe, und als Bürger dieses Reichs waren die Außenseiter vorgesehen.

Am Montag prangerte er die Missstände an, die zum festen Bestandteil des Tempelsystems geworden waren. Sein Angriff auf die Geldwechsler und Opferverkäufer richtete sich gegen eine Entwicklung, in deren Verlauf das Geld eine zentrale Stellung im Tempelkult errungen hatte und die Propheten dem Gewinn geopfert worden waren. Doch wie der verdorrte Feigenbaum würden die Führer des Tempels dafür einst geradestehen müssen.

An diesem Dienstag hat er die Sadduzäer, Pharisäer, Schriftgelehrten und Anhänger des Herodes durchweg entlarvt: Ihr Wissen von der Schrift war oberflächlich, ihr Verhalten selbstsüchtig und arrogant, ihre Heuchelei haarsträubend und ihre Sicht vom Messias als einem Aristokratenkönig, der aus ihrer Schicht stammt, schlichtweg unangebracht.

Und am Ende hat Jesus behauptet, dass der Tempel, das Symbol Israels, in sich zusammenstürzen und untergehen werde. Man kann sich vorstellen, wie diese Prophetie den Machthabern zu Ohren kam: vielleicht über Hannas' Spitzel, die sich unter das Volk gemischt hatten, oder über Zuträger aus dem Umfeld Jesu.

In der Episode um die Erweckung des Lazarus trat ein Kaiphas auf, dem es vor allem darum ging, den Tempel und die Nation zu schützen. Mit dieser wichtigen Aufgabe war er betraut worden. Auch wenn Jesus einen Machtmissbrauch anprangerte, haben wir keinen Grund zu der Annahme, dass Kaiphas und seine Helfer den Glauben an die Sache nur vortäuschten. Für sie war der Tempel das Heiligtum, das den Zusammenhalt ihres Volkes verkörperte. Aber wie Jesus es sah, sollten sie mit ihrem korrupten System und ihrer religiösen und politischen Linie das genaue Gegenteil von dem erreichen, was sie eigentlich anstrebten. Wer so einen Tempel wollte, würde ihn verlieren. Doch auch die anderen, die Gegner Roms, die Radikalen, die den gewaltsamen Umsturz betrieben, würden eine Katastrophe erleben. Der Weg der Gewalt führte in dieselbe Richtung wie der des Kompromisses.

Der Tempel würde zerstört werden, wie der Feigenbaum an Ast und Wurzel verdorrt war.

Die Prophezeiung zur Zukunft

Ort: auf dem Ölberg
Zeit: nachmittags

Jesus und seine Jünger verlassen Jerusalem, durchqueren das Kidrontal und setzen sich auf dem Ölberg nieder. Als sie an diesem Abend über das Tal blicken, sehen sie, wie die Sonne hinter dem weiß- und goldglänzenden Tempel versinkt. Dies sind der geeignete Zeitpunkt und der richtige Ort, um über das Ende von allem zu reden. Mit der Äußerung Jesu über die Zerstörung des Tempels ist ein Anfang gemacht:

Gegenüber: Der Tempelberg vom Ölberg aus gesehen. Der Felsendom steht an der Stelle des einstigen Tempels. Die beiden Kuppeln dahinter gehören zur Grabeskirche.

»Wann wird das geschehen?«, fragen die Jünger. »Und an welchem Zeichen wird man erkennen, dass das Ende von alldem bevorsteht?«

Und Jesus sagt es ihnen. Ob er das, was in Markus 13 festgehalten ist, tatsächlich an diesem oder an einem anderen Tag und bei anderer Gelegenheit gesagt hat, ändert nichts an der grundsätzlichen Ausrichtung. Während hinter Jerusalem die Sonne untergeht, erzählt der sitzende Jesus eine Geschichte von Tod und Zerstörung, von belagerten Städten und weltbewegenden Ereignissen, von Menschen, die in die Berge fliehen: Er beschwört die Apokalypse herauf.

> »Wann wird das alles geschehen?
> An welchen Ereignissen werden wir
> das Ende erkennen?«

Die meisten Kulturen der Antike hatten einen anderen Begriff von der Zeit, ohne Anfang, Mitte und Ende. Die Jahreszeiten kamen und gingen, die Jahre verstrichen, und neue Reiche folgten auf untergegangene. Erst die Juden führten die Vorstellung ein, dass die Zeitfolge kein Kreislauf war, dass es einen Punkt geben könnte, an dem sich die Dinge grundlegend änderten. Diesen Zeitpunkt nannten sie den »Tag des Herrn«. An ihm würde Gott ins Weltgeschehen eingreifen und dessen Natur geraderichten. Und Strafen würden verhängt, vor allem gegen die Feinde Israels.[18]

Diese Vorstellung war im jüdischen Denken so vorherrschend, dass sie eine eigene literarische Gattung begründete: die der Apokalyptik. Das griechische *apokálypsis* bedeutet wörtlich »Offenbarung«. Ein apokalyptisches Werk verkündet, was geschehen wird. Wie in vielen anderen Dingen sind sich die Forscher auch über eine genaue Definition der apokalyptischen Literatur uneins. Die Apokalyptik ist gleichsam Science-Fiction in der biblischen Literatur, etwas, was jenseits unseres Wissens in der Zukunft liegt.[19] Bekannt ist beispielsweise der Unterschied zwischen der Offenbarung des Johannes und dem Jakobusbrief – sie unterscheiden sich in der Sprache wie in der erzählten Geschichte. Diese »Andersartigkeit« kennzeichnet die apokalyptische Literatur.

Ihre Sprache stellt den modernen Leser vor Probleme, weil er die Symbolik nicht mehr versteht, ja die Symbole als solche nicht einmal mehr erkennt. Da die apokalyptische Literatur weltbewegende, erschütternde Bilder verwendet, schließen wir daraus, dass es in ihr um das Schicksal der ganzen Welt, kurz, um »das Ende des Universums« gehe.

In diesem Sinn verstehen wir heute das Wort »Apokalypse« – als Untergang und schreckliche Zerstörung mit einstürzenden Bergen und Atomexplosionen, als das Weltenende, das meist für die ferne Zukunft erwartet wird. Der Begriff »Apokalypse« ging zusammen mit dem anderen Lieblingswort »Armageddon« als Synonym für die Zerstörung schlechthin in die Alltagssprache ein. Dabei handelt die Apokalypse nicht nur vom Ende, sondern auch von einem Neubeginn. Sie dreht sich um Übergang und Verwandlung, um die Entstehung von Neuem.[20] Und sie handelt keineswegs von der fernen Zukunft, sondern von unmittelbar bevorstehenden Ereignissen. So wie Orwells Roman *1984* in Wahrheit die Verhältnisse im Jahr 1948 aufzeigt (die vertauschten beiden letzten Ziffern der Jahreszahl machen dies deutlich), so geht es in der jüdischen apokalyptischen Literatur fast immer um das augenblickliche Geschehen oder um die unmittelbare Zukunft.

Die apokalyptische Literatur war und ist noch immer die Lieblingsgattung der Abtrünnigen und Randgruppen, die Literatur der Außenseiter, die Vision der Unterdrückten, Gefangenen und an den Rand Gedrängten. Zu den begeisterten Anhängern zählen vor allem Sekten, von denen viele den großen Umbruch (oft durch Außerirdische) erwarten. »Eines Tages«, so verheißt die Apokalypse, »wird sich alles ändern. Und ich werde recht behalten. Wartet ab. Ihr werdet schon sehen.«[21]

Deswegen fiel die apokalyptische Literatur bei den Christen auf fruchtbaren Boden, denn sie gab ihnen die Mittel an die Hand, die Vorgänge um sie herum richtig zu deuten. Das Frühchristentum, das, wenn überhaupt, einem randständigen Glauben anhing, war eine apokalyptische Religion. Es lebte in Erwartung eines unmittelbar bevorstehenden dramatischen Umbruchs und brachte mit der Offenbarung des Johannes das wohl einflussreichste apokalyptische Werk hervor. Während die Offenbarung nach allgemeinem Verständnis von der »Endzeit« handelt, geht es in ihr auch um die sieben Kirchen in Asien und um deren Geschick. Als ein an diese Kirchen gerichteter Brief erklärt sie nicht nur das Kommende, sondern beleuchtet auch die augenblicklichen Vorgänge um sie herum.

Natürlich glaubte und predigte Jesus, dass neue Zeiten anbrechen würden. Nach traditionell christlicher Deutung ist Markus 13 auf die »Endzeit« zu beziehen, auf ein Weltende, an dem Christus erneut erscheinen wird. Das Kapitel wurde zu einer der Passagen, mit denen sich die beflissenen Forscher, Professoren und Theologen mit Vorliebe befassen – und auch Sektenführer, die mit ihm ihre Zukunftsvisionen untermauern wollen. Allerdings kommen die meisten von ihnen ungefähr 1900 Jahre zu spät. Denn zunächst einmal beantwortet Jesus eine Frage zur Zerstörung des Tempels, von der wir heute wissen, dass sie schon 70 n. Chr. erfolgt ist. Und vor diesem Hintergrund sind seine Äußerungen denn auch zu verstehen. Es geht um unmittelbar bevorstehende Ereignisse und eben nicht um die ferne Zukunft. Es geht um Zerstörung und um Veränderung.[22] In diesem Sinn ist die gesamte »längste Woche« eine Apokalypse. Mit dem Untergang eines Menschen ändert sich alles.

»Ihr werdet von Kriegen und Unruhen hören …«

Als Jesus am Abhang des Ölbergs saß und zum Tempel auf der anderen Seite des Tales hinübersah, kamen Petrus, Jakobus, Johannes und Andreas zu ihm und fragten: »Wann wird das alles geschehen? An welchen Ereignissen werden wir das Ende erkennen?« (Mk 13, 3–4)

Markus 13 und Lukas 19,42–44 werden häufig zur Datierung der Evangelien herangezogen, da beide Kapitel Ereignisse behandeln, die vor, während und kurz nach der Belagerung Jerusalems 70 n. Chr. stattfanden. Die Forscher gehen davon aus, dass die Verfasser der Evangelien Jesus detailreiche Prophezeiungen zu der historischen Belagerung in den Mund legten, über die später Geschichtsschreiber, insbesondere Josephus, berichteten. Da dieses Kapitel den Fall Jerusalems beschreibe, müsse es folglich nach diesen Ereignissen entstanden sein.

Diese Hypothese birgt einige Probleme. Erstens unterstellt sie, dass eine solche Prophetie unmöglich ist, dass niemand anhand der Gegenwart die Zukunft voraussagen könne. Aber angenommen, Jesus war nur ein Mensch: Ist es dann wirklich ausgeschlossen, dass er absehen konnte, wie sich die politische Lage entwickeln würde? Immerhin erkannte auch Kaiphas die Gefahr, dass eine Wende im Verlauf der Ereignisse das Ende für die jüdische Lebensart und den Tempel bedeuten könnte. Jesus unterschied sich von ihm nur in der Überzeugung, dass eine solche Wende bereits stattgefunden habe.

Zweitens: Sollten christliche Verfasser diese »Prophezeiung« Jesus in Wirklichkeit nach der Belagerung Jerusalems in den Mund gelegt haben, so stellt sich die Frage, warum die Schilderung nicht dramatischer ausfiel. Immerhin wartet Josephus zu dem Ereignis mit einer deutlich größeren Fülle an Details auf, was die Krankheiten, den Kannibalismus und die Feuersbrünste angeht, denen die Bauten zum Opfer fielen.[23] Angesichts dieser dramatischen Darstellung würde man doch erwarten, dass sich Details aus ihr auch in den Evangelien wiederfinden.

Drittens ist besonders aufschlussreich, dass die genannten Einzelheiten nicht exakt ins historische Geschehen passen. Während Jesus verkündete, dass kein Stein auf dem anderen bleiben würde, stehen beispielsweise große Quader der Westwand bis heute an Ort und Stelle. Und nicht nur das: Hätten die Menschen während der Belagerung Jerusalems die Flucht in die Berge ergriffen, wären sie direkt den Römern in die Arme gelaufen, die auf dem Ölberg und dem Mount Scopus stationiert waren. Nach frühchristlicher Überlieferung flohen die Jerusalemer Christen dagegen nach Pella in Perea, das nicht in den Bergen, sondern vielmehr 86 Meter unter dem Meeresspiegel liegt! Die Verfasser der Evangelien hätten also eine ziemliche Stümperei abgeliefert, wenn sie es darauf abgesehen hätten, die historischen Ereignisse zu einer Prophetie zu verarbeiten.

Die Gelehrten, denen zufolge die Evangelien erst nach der Belagerung Jerusalems entstanden sein sollen, argumentieren wie folgt:

- Die Autoren stützten sich beim Abfassen der Evangelien auf die historischen Ereignisse.
- Sie haben von ihnen nicht alles richtig mitbekommen.
- Doch das hat sie nicht angefochten.

Sicher plausibler ist die umgekehrte Argumentation: Der Bibelpassus gibt eine echte Prophetie wieder, aber diese ist so allgemein formuliert, dass einige Details zu den späteren Fakten nicht richtig passen.

Woher könnte Jesus die Bilder gehabt haben, die er in seiner Prophetie beschwört? Tatsächlich zehrt er hier von alttestamentarischen Schilderungen von Strafen und Katastrophen. Das Schreckensszenario von Menschen, die mit kleinen Kindern fliehen, spielt direkt auf Hosea 13,16 an. Die Rettung der »Auserwählten« stammt aus Jesaja (Jes 65,8–9), und die Warnungen vor falschen Meistern und Führern sind im Alten Testament ein wiederkehrendes Thema.[24] Die Mahnung, in die Berge zu fliehen, erinnert an Ezechiel (Ez 7,12–16), ist aber auch unmittelbar vergleichbar mit der Beschreibung des Makkabäer-Aufstands.

> Dann ging Mattatias durch die Stadt und rief laut: Wer sich für das Gesetz eifert und zum Bund steht, der soll mir folgen. Und er floh mit seinen Söhnen in die Berge; ihren ganzen Besitz ließen sie in der Stadt zurück. (1 Makk 2,27–28)

In Zeiten der Belagerung war es durchaus üblich, in die Berge zu fliehen, so wie man in späteren Zeiten bei Luftangriffen Schutz im Keller suchte. Und in neutestamentarischer Zeit wusste jeder, der die römische Welt kannte, über die damalige Kriegführung einigermaßen Bescheid. Die Römer belagerten Jerusalem nicht zum ersten Mal; vor gerade einmal 25 Jahren waren sie nach dem fehlgeschlagenen Aufstand nach Herodes' Tod durch Galiläa marschiert und hatten Städte und Dörfer in Schutt und Asche gelegt. Das Muster ihres Vorgehens war bestens bekannt. Wer einen neuen Krieg heraufziehen sah, musste kein großer Prophet sein. Das Leben in Jerusalem, das Jesus für den kommenden Konflikt heraufbeschwört, entspricht exakt dem in vielen ande-

ren Städten während einer römischen Belagerung. Nur die
Größe macht Jerusalem zu etwas Besonderem.

Jesus war ein Prophet, auch wenn er nicht unbedingt prophetische Gaben brauchte, um in die Zukunft zu schauen.
Ein Krieg war im Anzug. Was das bedeutete, wussten Jesus
und seine Jünger nur zu gut. Städte werden belagert, Erd-
wälle aufgeworfen und Rampen errichtet. Und überall
herrscht der Hunger und lauert der Tod. Wer kann, rettet
sich in die Berge. Wie von Kaiphas befürchtet, werden die
Römer alle Sachen fortschleppen, deren sie habhaft werden
können: Sie werden die Stadt belagern und ihre Standarte im
Tempelbezirk aufpflanzen. Und es wird die Strafe Gottes an
den Führern Israels sein, die seine Botschaft nicht hören
wollten.

»Versucht zu verstehen …«

Eine detaillierte theologische Betrachtung über Kapitel 13
von Markus würde den Rahmen dieses Buches sprengen.
Dennoch können wir aus den darin enthaltenen Äußerungen wichtige Schlüsse ziehen: Die Lehren Jesu werden von
falschen Lehrern entstellt werden (Mk 13,6). Es wird
Schlachten und Kriege geben (Mk 13,7–8). Die Anhänger
Jesu müssen sich darauf gefasst machen, dass sie verfolgt,
vor Gericht gestellt und sogar von ihren Familien verstoßen
werden, während die Frohe Botschaft Jesu außerhalb der
Heimat der Juden verkündet wird (Mk 13,9–13). Am Ende
steht eine Schändung des Tempelbergs wie in den Tagen der
Makkabäer, als in dem Heiligtum ein heidnischer Altar errichtet worden war (Mk 13,14). In dieser Zeit der Flucht, in
höchster Not, werden falsche Führer und Propheten auftauchen (Mk 13,14–22).

Bis hierhin deckt sich Jesu Beschreibung mit den späteren

Ereignissen des Judenaufstands und der Zerstörung Jerusalems, als die Römer den Tempelberg in Besitz nahmen und mehrere falsche Messiasse auftraten. Wie wir aus der Apostelgeschichte wissen, waren die Anhänger Jesu in den Jahren nach seinem Tod und vor dem großen Judenaufstand Verfolgungen ausgesetzt. Jesus bezieht sich in seiner Prophetie also erkennbar auf die historischen Ereignisse in den Jahrzehnten von 35 bis 70 n. Chr.

Aber wie steht es mit der sich anschließenden Passage? Sonne und Mond verfinstern sich, die Sterne stürzen herab, und der Menschensohn trifft auf den Wolken ein. Er sendet Engel aus und führt Auserwählte zusammen – »von allen Teilen der Erde« (Mk 13,24–27). Wie ist all dies einzuordnen? Auch hier erkennen wir die Bildersprache der apokalyptischen Literatur, denn wörtlich genommen ergeben diese Aussagen keinen Sinn. Wie sollten beispielsweise die Sterne herabfallen? In welche Richtung? In einer stark stilisierten Sprache beschreibt diese Passage vielmehr die Verwandlung in einer künftigen Welt, in der das Reich Gottes Fuß fasst.

Eine solche Bildersprache benutzen wir auch heute noch. Wir reden von Institutionen, die in ihren »Grundfesten erschüttert« werden, obwohl kein Erdbeben stattgefunden hat, oder vom Platzen einer Bombe, obwohl kein Sprengstoff explodiert ist. Natürlich lässt sich diese Passage auf die ferne Zukunft, die sogenannte »Wiederkunft«, beziehen. Und sicher lebten die Mitglieder der Urkirche in der festen Überzeugung, dass Jesus zurückkehren würde. Matthäus schickt seiner Version dieser Apokalypse eine Reihe von Gleichnissen und seltsamen Erzählungen hinterher, die sich alle um das gemeinsame Thema des plötzlichen Erscheinens oder Verschwindens ranken. So der plötzlich einsetzende Regen zur Zeit Noahs (Mt 24,38–39), so die Menschen, die plötzlich »angenommen« werden (Mt 24,40–41), und so auch die Ankunft der Diebe, Herren und Bräutigame (Mt 24,45–25,13). All dies sind Mahnungen, wachsam zu bleiben und auf der Hut zu sein. Und bei Matthäus folgen Geschichten um das richtige Handeln, so das Gleichnis der Talente Silbergeld (Mt 25,14) und das der Schafe und Böcke (Mt 25,31–46). Sicherlich handeln diese Gleichnisse vom Tag des Gerichts, und tatsächlich wurde das der Schafe und Böcke als Hinweis auf die »Endzeit« gedeutet. Aber hier geht es Jesus hauptsächlich um eine Mahnung an seine Jünger, auch künftig das Richtige zu tun. Das Wissen um die unmittelbar bevorstehende Katastrophe bedeutet nicht, dass sie ihren Schatz verstecken, sondern dass sie ihn vielmehr unter die Leute bringen sollen: Dies ist die Zeit, in der die Hungernden gespeist, die Nackten gekleidet und die Dürstenden mit Wasser versorgt werden müssen.

Es gibt Arbeit: Harte Zeiten und schwierige Aufgaben warten. Und Matthäus beendet diesen Abschnitt mit einer Vorausdeutung auf die Zukunft:

Als Jesus diese Rede beendet hatte, sagte er zu seinen Jüngern: »Ihr wisst, dass übermorgen das Passahfest beginnt. Dann wird der Menschensohn an die Menschen ausgeliefert und ans Kreuz genagelt werden.« (Mt 26,1–2)

Die Apokalypse liegt näher, als sie glauben.

Vierter Tag:
Die Verschwörung und
das Salböl

Mittwoch, 1. April

Die Verschwörung gegen das Leben Jesu:
der Tempel, Mittwochmorgen
Die Salbung in Betanien: Betanien, Mittwochabend
Judas geht zu einem Treffen mit den Priestern: der Tempel,
Mittwoch, später Abend

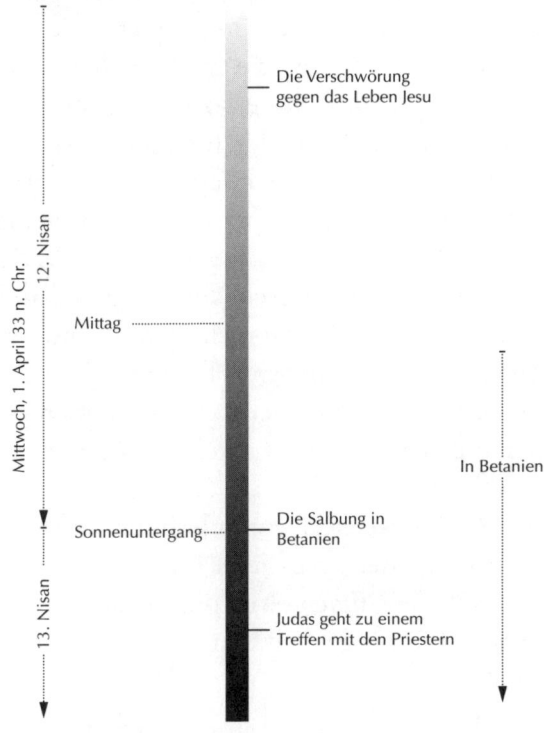

Die Verschwörung
gegen das Leben Jesu

Mittwoch, 1. April 33 n. Chr.

12. Nisan

13. Nisan

Mittag

Sonnenuntergang

In Betanien

Die Salbung in
Betanien

Judas geht zu einem
Treffen mit den Priestern

Die Verschwörung gegen das Leben Jesu

Ort: Jerusalem
Zeit: am Morgen

Es waren nur noch zwei Tage bis zum Passahfest und zum Fest der ungesäuerten Brote. Die Hohenpriester und Schriftgelehrten suchten nach einer günstigen Gelegenheit, bei der sie Jesus heimlich festnehmen und umbringen lassen konnten. Sie waren sich aber einig: »Es darf auf keinen Fall während der Festtage geschehen, damit es nicht zu Unruhen im Volk kommt!« (Mk 14,1–2)

Markus beginnt das nächste Kapitel erneut mit einer Zeitangabe: Der griechische Ausdruck *meta duo hemeras* kann durchaus »am zweiten Tag« (= »morgen«) bedeuten, und in diesem Sinn gebraucht ihn Markus möglicherweise auch. Aber die geläufigere Übersetzung – sie taucht in den meisten modernen Übersetzungen auf – lautet »zwei Tage bis«, was auch besser in den zeitlichen Ablauf bei Johannes passt.

Inzwischen naht eilig das Fest, so dass die Aufgabe der Tempelaristokratie noch dringlicher wird. Jesus genießt noch immer den Schutz der Menge. Eine öffentliche Verhaftung würde zu einem Aufstand führen, den sie auf jeden Fall vermeiden will. Dies entlarvt einmal mehr den Mythos, wonach »die Juden« Jesus getötet haben sollen: Die Führer des Tempels können ihn nicht ohne weiteres festnehmen, weil die Juden seiner Hinrichtung nicht tatenlos zusehen würden.

In der Zeit des Passahfests herrscht in Jerusalem besonderer Umtrieb. Den lehrenden Jesus jetzt im Tempel zu verhaften würde einen gewaltigen Aufruhr auslösen. Also braucht die religiöse Führung einen Plan – und Informationen aus dem Kreis um Jesus.

Die Salbung in Betanien

Ort: Betanien
Zeit: am frühen Abend

Den Evangelien zufolge ereignet sich an diesem Mittwoch tagsüber eher wenig. Vielleicht hält sich Jesus von der Stadt fern: Er weiß, dass sich gegen ihn einiges zusammenbraut, und hält sich lieber bedeckt, aber er hat eine Verabredung: ein Abendessen im Haus Simons des Aussätzigen.

Simon der »Hautkranke« trägt nicht gerade einen ansprechenden Namen. Doch wer ist dieser Mann? Ganz offenbar hat oder hatte er Aussatz; vielleicht gehört er zu jenen, die Jesus irgendwann geheilt hat. Dazu gibt es in den Evangelien mehrere Episoden. Was dort Aussatz genannt wird, deckt sich nicht genau mit der Lepra, die heute auch Hansen-Krankheit genannt wird. Unter Aussatz wurden damals sämtliche Ausschläge, Hautflecken und andere Entstellungen, kurz sämtliche schuppigen Hautkrankheiten zusammengefasst.[1] Aussatz führte damals zur gesellschaftlichen Ächtung und zum Ausschluss aus der Gemeinschaft. Im Buch Hiob wird er als »Bote des Todes« (18,13) bezeichnet.[2] Er verwandelte den Kranken in einen lebenden Toten, den fromme Juden unter allen Umständen meiden mussten.

Wer einen Aussätzigen berührte, wurde unrein. Folglich mussten die Kranken auf Dauer abgesondert werden. Mit Aussätzigen unter einem Dach zu leben kam nicht in Frage. Wer in ihrem Haus geschlafen oder mit ihnen gegessen hatte, musste sämtliche Kleider wechseln (Lev 33–37). Um unrein zu werden, genügte es schon, einen Körperteil in das Haus eines Aussätzigen zu strecken.

Wenn ein reiner Mann seinen Kopf und den größeren Teil seines Leibes in ein Haus steckt, das unrein ist, so wird er

191

unrein; und wenn ein Mann, der unrein ist, seinen Kopf und den größeren Teil seines Leibes in ein reines Haus steckt, so macht er es unrein.[3]

Nur die Häuser von Nichtjuden konnten durch den Kontakt mit Aussätzigen nicht unrein werden – weil sie es ohnehin schon waren.[4] In den rabbinischen Schriften, im Neuen Testament und in den Texten, die in Qumran zum Vorschein kamen, wird ganz selbstverständlich davon ausgegangen, dass Aussätzige aus der Gemeinschaft ausgeschlossen waren. Sie durften Städte und Dörfer nicht betreten. So rufen die Aussätzigen, denen Jesus am Rande eines Dorfs in Samarien begegnet, ihm von Ferne her zu (Lk 17,12).

Da ihnen der Zutritt zu den Städten verwehrt war, konnten Aussätzige natürlich auch nicht in die Nähe des Tempels gelangen.[5] Selbst wenn die Berichte über ein vollkommen rein gehaltenes Jerusalem eine Idealisierung aus der Zeit nach dem 2. Jahrhundert sein könnten, so darf man annehmen, dass Vorkehrungen getroffen worden waren, damit die Tempelbesucher und Pilger nicht aufgrund der Nähe zu Aussätzigen unrein wurden. Andernfalls hätte die lange Anreise keinen Sinn ergeben. Auf jeden Fall wären zusätzliche Reinigungsrituale notwendig geworden.

Wohl aus diesen Gründen lebte Simon in Betanien. Möglicherweise gab es in dieser Region östlich von Jerusalem ganze Leprakolonien. Einen Hinweis darauf könnte die Tempelrolle der Qumran-Gemeinschaft geben: Sie entwirft zwar das Bild eines idealisierten Tempels, spiegelt aber auch die Realität wider, wenn sie beispielsweise davon berichtet, dass Gebiete im Osten der Stadt Aussätzigen zugewiesen worden seien.[6] Wie auch immer, dass Jesus in Simons Haus zu Abend isst, zeigt einmal mehr, wie wenig er sich um die gesellschaftlichen Konventionen und Grenzen religiös statthaften Handelns kümmert. Er berührt Aussätzige mit der

Hand, geht in ihre Häuser und speist mit ihnen. Jesus ist jederzeit bereit, die herrschenden Tabus zu brechen, um die Ausgrenzung von Randgruppen aufzuheben.

»Sie saßen zu Tisch …«

Jesus scheint ein Genießer gewesen zu sein. Überall im Evangelium lesen wir, wie er mit Menschen eine Mahlzeit teilt, ganz gleich, ob es sich um Rechtgläubige oder Ungläubige, Achtbare oder Ausgestoßene handelt. Seine Begeisterung für das Essen trug ihm sogar den Vorwurf ein, er sei ein Fresser und Säufer (Mt 11,19; Lk 7,34). In der Antike besaß das Mahl eine größere Symbolkraft als heute. Wer mit Menschen speiste, zollte ihnen Anerkennung und erklärte sie zu geachteten Freunden.

Man kann einige Vermutungen darüber anstellen, was Jesus mit seinen Tischgenossen damals aß: Wie ein Historiker schrieb, »wurde die ländliche arabische Küche, die man im 19. und zu Beginn des 20. Jahrhunderts antraf, mit ähnlichen Zutaten wie in der Antike zubereitet«.[7]

Die Kohlenhydrate stammten vor allem aus einem Brot, das im damaligen Palästina mit Hefe gesäuert wurde. Die Hausfrau und ihre Töchter standen schon früh auf, um die Tagesration an Getreide zu mahlen, den Teig zuzubereiten und dann das Brot zu backen. »Eine Familie von sechs bis sieben Personen war jeden Morgen drei bis vier Stunden mit dem Mahlen des Getreides beschäftigt.«[8] Vielleicht gab es in Simons Haus Hülsenfrüchte wie Linsen, Ackerbohnen, Kichererbsen oder Erbsen.[9] Als Gemüse wurden damals Knoblauch und Zwiebeln, Kopfsalat, Kohl, Rettich, Karotten, Steckrüben, Kürbis und Gurke gegessen. Und natürlich kamen Oliven wie auch Trauben, Datteln, Feigen, Walnüsse, Mandeln, Granatäpfel und Pfirsiche auf den Tisch.

Auch Wein dürfte gereicht worden sein – das wichtigste Getränk im alten Israel und allgemein in der griechisch-römischen Welt, in der nur wenig Wasser getrunken wurde, weil seine Genießbarkeit nicht gesichert war. Quellen des Talmud deuten darauf hin, dass eine Familie pro Jahr zwischen 330 und 375 Liter Wein verbrauchte – das entspricht ungefähr 400 bis 500 heutigen Flaschen.[10] Allerdings wurde der Wein je nach Stärke zur Hälfte oder sogar zu zwei Dritteln mit Wasser verdünnt.[11]

Da es sich bei diesem Mahl um einen besonderen Anlass handelte, kam wahrscheinlich auch Fleisch auf den Tisch: höchstwahrscheinlich Lamm oder Ziege. Zwar wurden damals auch Rind, Huhn, Fisch, Tauben und sogar Singvögel gegessen, aber 65 bis 70 Prozent der Knochen, die in der Region bei Ausgrabungen zum Vorschein kamen, stammten von Ziegen oder Schafen.

»Salbung aus kostbarem Nardenöl«

Mehr lässt sich über die Menüfolge dieses Abendessens kaum sagen. Rund um dieses Mahl gibt es unterschiedliche Erzählungen, deren Kern sich so zusammenfassen ließe: Während Jesus bei Tisch sitzt, tritt eine Frau auf ihn zu, zerbricht ein Gefäß mit kostbarem, duftendem Salböl und gießt es ihm über das Haar. Die Anwesenden im Raum beschweren sich über diese Verschwendung: Man hätte das Öl doch verkaufen und mit dem Erlös Arme speisen können, aber Jesus nimmt die Frau in Schutz. Die Armen seien immer da, so sagt er, aber sie habe etwas getan, woran man sich immer erinnern werde.

Dies ist der Handlungskern der Geschichte, wie sie Markus erzählt (14,4–9) und wie sie – mit jeweils geringfügigen Abwandlungen – auch in den anderen Evangelien auftaucht.

Bei Markus findet das Geschehen Mittwochnacht in Betanien im Haus Simons des Aussätzigen statt. Ebenso bei Matthäus, bei dem sich aber die Jünger darüber beschweren, dass das Salböl verschwendet wird. Johannes siedelt die Geschichte im Haus des Lazarus in Betanien an – hier ist es eine Maria, die Jesu Füße salbt und mit ihrem Haar trockenwischt. Bei Lukas spielt die Geschichte eher am Anfang der Mission Jesu in Kafarnaum im Haus des Pharisäers Simon. Hier wäscht eine namenlose »Sünderin« Jesus die Füße mit ihren Tränen, trocknet sie mit ihrem Haar und salbt sie anschließend.

Man hat es also anscheinend mit zwei verschiedenen Episoden zu tun, die ähnliche Elemente enthalten und miteinander vermischt wurden. Im Kern handelt Lukas' Geschichte – die Sünderin, die Jesu Füße mit ihren Tränen benetzt, sie mit ihrem Haar trocknet und sie salbt – von Vergebung: Die Leute reagieren auf die Anwesenheit der Sünderin (wahrscheinlich eine Prostituierte) empört, aber Jesus hebt ihre Dankbarkeit im Vergleich zu der kühlen Gastfreundschaft des Hausherrn lobend hervor. Eine andere Ausrichtung hat die Geschichte bei Markus. Hier geht es weniger um Dankbarkeit als vielmehr um die gesellschaftliche Ächtung, um Gefühle und um eine Vorausdeutung auf den Tod Jesu.

Lässt sich feststellen, wer diese Frau war? Nicht mit Gewissheit.[12] Johannes nennt sie Maria von Betanien. Vielleicht deshalb, weil er hier zwei Überlieferungen miteinander verband. Er wusste, dass Jesus bei einem Mahl in Betanien gesalbt wurde und dass er sich dort auch im Haus des Lazarus aufgehalten hatte. Möglicherweise kombinierte er einfach: Bei der salbenden Frau in Betanien musste es sich um die Maria aus der Lazarus-Geschichte handeln. Und ihr etwas unkonventionelles Verhalten beim Gastmahl passte sehr gut zum Verhalten der Maria, die in anderen Erzählungen eine Rolle spielte.

Tatsächlich hatte die Maria aus der Geschichte um die Auferweckung des Lazarus verschiedene Gründe, Jesus dankbar zu sein. Und mehr noch: Seine Rede, in der er ihr Verhalten verteidigt – »Diese Frau hat getan, was sie konnte [...] Überall in der Welt, wo Gottes rettende Botschaft verkündet wird, da wird man auch von dieser Frau sprechen und von dem, was sie getan hat!« (Mk 14,8–9) –, erinnert an seine Verteidigung jener Maria, die sich wie ein Jünger gebärdete: »Maria hat sich für dieses eine entschieden, und das kann ihr niemand mehr nehmen.« (Lk 10,42) Und dies ist durchaus typisch für Maria: Das Gefäß mit dem kostbarsten Salböl über den Füßen Jesu auszugießen entspricht genau der Art Verehrung, die man von einer begeisterten jungen Frau erwarten würde.

Wer sie auch war: Wir erfahren, dass Jesus auf der Seite lag. Die Frau kam also wahrscheinlich von hinten und goss ihm das Salböl über das Haar. In der Antike wurden duftende Salböle – zumindest bei den einigermaßen Wohlhabenden – fast täglich benutzt (siehe dazu Mt 6,17). Und je reicher man war, desto exotischer war diese Duftlotion. Die meisten verwendeten allerdings parfümiertes Olivenöl, das sozusagen Rasierwasser oder Eau de Cologne entsprach. Salböle dienten zur Hautpflege und in der Kosmetik und wurden vor allem wegen ihres Dufts geschätzt: In der damaligen Zeit gab es ja fast keine sanitären Einrichtungen.

Das genannte Salböl wird als selten und kostbar beschrieben. Nardenöl wurde aus dem indischen Himalaya eingeführt. Nach Plinius nahm es »den allerersten Platz unter den Salbölen« ein.[13] Das Öl dürfte Tausende von Kilometer über das weitläufige Netz der griechisch-römischen Handelsrouten bis zu dem kleinen Dorf bei Jerusalem gereist sein. Karawanen transportierten diese Luxusartikel entweder quer durch die Arabische Wüste oder von den Häfen des Roten Meers aus über Land weiter.[14]

Ein anonymer Bericht gibt eine Vorstellung von der Bedeutung des Mittelmeerhandels in der Römerzeit:

In diesem Handelshafen [Barygaza] wird Wein umgeschlagen, hauptsächlich italienischer, aber auch laodizäischer und arabischer. Dazu kommen Kupfer, Zinn und Blei; Korallen und Peridot, jede Art von Tuch, ungemustert und gemustert, sowie bunte Gürtel, die eine Elle breit sind. Storaxharz, Steinklee, Rohglas, Rubinschwefel, Antimonsulfid [Schminkpulver], römische Gold- und Silbermünzen, die mit Gewinn gegen lokale Münzen eingetauscht werden; und ein günstiges Salböl, wenn auch nur in kleinen Mengen … Ausgeführt werden aus dieser Region Narde, Kostwurz, Bdelliumgummi, Elfenbein, Onyx … Achat, allerhand Stoffe, chinesische [Seide] …«[15]

Der Duftstoff des Salböls stammte aus der Wurzel der Speikpflanze. Das fein gehauene *alabastron* – oder Alabastergefäß – der Frau (Mt 26,7) war die griechisch-römische Version des modischen Parfümflakons. Dass sie das Gefäß beim Öffnen zerbrach, bedeutet, dass sie das gesamte darin enthaltene Öl aufbrauchen musste. Nach den Anwesenden im Raum war es 300 Denar wert – so viel, wie ein Landarbeiter in zehn Monaten verdiente. Eine Bestätigung für einen solch horrenden Preis findet sich bei Plinius, nach dem die teuersten Salböle sogar über 400 Denar pro Pfund kosten konnten.[16]

Allerdings fragt man sich, ob es bei dieser Beschwerde wirklich nur um den hohen Preis ging. Der ist häufig nur ein Vorwand, denn tatsächlich empörend war vielmehr die Person, die in der Geschichte das Öl zur Salbung verwendete.

»Warum kränkt ihr die Frau?«

Selbstbewusste Frauen – offenbar unverheiratet und alleinstehend – tauchen unter den Unterstützern Jesu immer
wieder an herausragenden Stellen auf, so Maria Magdalena,
Maria und Marta von Betanien oder Susanna (Lk 8,2–3). Tatsächlich gestand Jesus ihnen eine Rolle zu, wie sie im
1. Jahrhundert selten war. Frauen hatten in der griechisch-
römischen Welt allgemein und in Judäa im Besonderen einen niedrigen Status, waren lediglich Bürger zweiter Klasse.
Die Geburt eines Mädchens bedeutete eine Enttäuschung.
So heißt es in dem jüdisch-apokryphen Werk *Ben Sira:* »Es
ist eine Schmach, Vater eines zuchtlosen Sohnes zu sein, und
die Geburt einer Tochter bedeutet einen Verlust.«[17]
   Frauen konnten bis zu einem gewissen Grad unabhängig
leben, da sie Arbeit annehmen durften. Manche Ehemänner
ließen sie ein Geschäft führen.[18] Frauen verkauften auf dem
Markt Oliven oder bedienten im Laden der Familie.[19] Manche versorgten als Gastwirtin Reisende. In der Mischna ist
von Frauen die Rede, die Teig zum Verkauf auf dem Markt
zubereiten, die schneidern, spinnen oder weben. Frauen
stellten auch den Stoff für den Vorhang im Tempel her, selbst
wenn sie den entsprechenden Bereich nicht betreten durften. In den meisten Fällen arbeiteten sie allerdings zu Hause.
Auch wenn sie an der Gottesverehrung im Tempel teilneh-
men durften, sorgten sie im alltäglichen religiösen Brauchtum hauptsächlich dafür, dass die Männer ihre Pflichten
erfüllen konnten. Ohne die Ausnahmeregelungen für Frau-
en hätten die Männer die Gebote der rituellen Reinheit
nicht erfüllen können. Frauen galten als »gedankenlos«.[20]
Während die Männer debattierten, diskutierten und lernten,
waren die Frauen für das Kochen da.[21] So hatten sie auch
nur wenige Rechte. Beispielsweise konnten sie sich nur
scheiden lassen, wenn der Mann unrein geworden war, wäh-

rend Männer ihre Frau aus praktisch jedem Grund loswerden konnten.[22]

Am wichtigsten war allerdings der Glaube, dass Gott nicht zu Frauen redete: »Im Namen von R. Eliezer b. R. Shimeon: Wir konnten nicht entdecken, dass der Allmächtige außer zu Sara zu einer Frau gesprochen hätte.«[23]

Und Frauen waren *gefährlich*. Sie weckten Begierde. In späterer Zeit beschworen Rabbis nachdrücklich die Gefahr, in die man sich begab, wenn man eine Frau auch nur anblickte.[24] Auch Jesus warnte davor, Frauen anzuschauen, machte aber deutlich, dass dabei die Männer und nicht die Frauen das Problem seien. Da Frauen sogar noch im Tod eine Versuchung bedeuten, wurden verurteilte Männer nackt, Frauen dagegen bekleidet aufgehängt.

Eine Quelle großer Verlockung war insbesondere ihr Haar. Eine anständige Frau verließ niemals ohne Kopfbedeckung das Haus.[25] Frauenhaar galt als etwa so aufreizend wie in der heutigen westlichen Gesellschaft die Brust. Eine fehlende Kopfbedeckung ist etwa einem zu tief ausgeschnittenen Dekolleté vergleichbar: Fromme Frauen trugen in der Öffentlichkeit ein Kopftuch – und die ganz Frommen sogar zu Hause. Auf der Liste der Vergehen, die eine Scheidung des Mannes ohne finanzielle Entschädigung an die Frau rechtfertigen, steht in der Mischna: »Wenn sie mit offenem Haar ausgeht oder auf der Straße [Garn] spinnt oder mit einem Mann spricht«.[26] Ein solches Verhalten war skandalös und hatte für jede verheiratete Frau ernsthafte Konsequenzen. Im Babylonischen Talmud lehrt Rabbi Meir, ein Mann, dessen Frau sich so verhalte, habe die religiöse Pflicht, sich von ihr zu trennen.[27] Dies erklärt auch die schockierten Reaktionen in der Episode, die Lukas und Johannes erzählen: Mit ihrem Haar Füße abzutrocknen war für eine Frau einfach unerhört.

Auch wenn die Frau in Markus' Erzählung nicht durch

ihre Haare Anstoß erregt, so sorgt sie dennoch für einen gesellschaftlichen Skandal: Sie bricht aus ihrer traditionellen
Rolle aus und überschreitet Grenzen. Es stand ihr nicht zu,
die Auseinandersetzung mit Männern zu suchen. Beim Essen ist es ihre Aufgabe, sie zu bedienen, statt mit ihnen zu
sprechen. Doch diese Frau *muss* reden und sich Gehör verschaffen. Und die einzige Möglichkeit besteht darin, das
Gefäß zu zerbrechen und das Haus mit Duft zu erfüllen. Ihr
Akt ist weder schicklich noch fürsorglich oder gar höflich:
Es ist der leidenschaftliche, innige Aufschrei eines Menschen, den die Gesellschaft zum Schweigen verurteilt hat.
Da es buchstäblich keine Worte gibt, die sie sagen kann –
oder darf –, nutzt sie ihre eigene Sprache, die der Berührungen und des Verströmens von Duft. So bringt sie ihre Gefühle für Jesus zum Ausdruck.

Die Jünger weisen die Frau zurecht – nach Markus auf
schroffe Weise –, verstehen aber nicht so ganz, was eigentlich vor sich geht. Sie verstehen ihre Sprache nicht. Dagegen
hat es die Frau begriffen: Sie sieht, was kommt. Sie erkennt,
was nur die Geknechteten erkennen: dass Jesus bestraft werden wird. Sie weiß, was es bedeutet, gesellschaftliche und
religiöse Tabus zu brechen. Eine Frau in ihrer Lage versteht,
dass mächtige Männer keine Gnade kennen, wenn der Status quo in Frage gestellt wird. Sie, die in einem Gefängnis
aufwuchs, weiß instinktiv, was denen blüht, die ohne Scheu
Erlösung in Aussicht stellen.

Deswegen lobt Jesus ihr Verhalten. Er sieht in ihr jemand,
der begreift, was geschehen muss. Was seine Jünger als Verschwendung brandmarken, ist in Wahrheit eine gewaltige
Geste, die so lange nachwirkt, wie das Evangelium verkündet wird. Diese wunderbare Geschichte wird noch in Jahrhunderten erzählt werden. Mit ihrer Tat nimmt sie das
Kommende vorweg – schreibt mit den Berührungen und
dem Verströmen des Dufts einen ersten Kommentar zum

Tod Jesu. Das Zerbrechen des Gefäßes und die Salbung für sein künftiges Begräbnis beschwören einen anderen Akt des Zerschlagens herauf, über den ebenfalls ewig geredet werden wird: die Kreuzigung.

War es Maria oder eine andere? Begab es sich am Sonntag oder am Mittwoch? Geschah es im Haus des Lazarus oder bei Simon dem Aussätzigen? Der historische Wahrheitsgehalt des Geschehens und die Details sind umstritten, aber eines ist verblüffend klar: Auch diese Episode liefert ein Beispiel für die besondere Beziehung Jesu zu den Frauen. Sie hörten auf ihn, diskutierten mit ihm und äußerten sich über ihn. Das war den gesellschaftlichen Normen zufolge kein leichter Weg. Doch wie die Steine Jerusalems konnten sie nicht schweigen.

Judas geht zu einem Treffen mit den Priestern

Ort: Jerusalem
Zeit: am späten Abend

Anschließend ging Judas Iskariot, einer von den zwölf Jüngern, zu den Hohenpriestern, weil er Jesus an sie verraten wollte. Die Hohenpriester freuten sich darüber und versprachen ihm eine Belohnung. Von da an suchte Judas eine günstige Gelegenheit, um Jesus zu verraten. (Mk 14,10–11)

Nach dem Mahl kehren Jesus und die Jünger wahrscheinlich zum Schlafen in ihre Quartiere zurück. Übernachteten sie alle bei Lazarus? Möglicherweise nicht, denn dann hätte sich einer leichter davonstehlen können. Judas Iskariot hat seine Entscheidung getroffen. Vielleicht hat der Zwischenfall mit dem Salböl das Fass zum Überlaufen gebracht, vielleicht auch Jesu anhaltende Angriffe auf die religiösen Institutionen? Vielleicht hat er einfach nur die veränderte Stimmung erkannt und sein Fähnchen in den Wind gehängt …?

Von Judas ist wenig bekannt. Er war einer der zwölf Jünger, und sein Vater hieß Simon (Joh 6,71). Auch sein Beiname Iskariot sagt nichts aus, denn in den griechischen Evangelien taucht er in zehn verschiedenen Schreibungen auf.[28] Nach der beliebtesten Erklärung sollte er aus einer Stadt namens Kerioth stammen, was aber nicht weiterhilft, weil deren Lage unbekannt ist. In manchen Schriften lautet der griechische Beiname »Skariotes«, was manche Gelehrte als eine Verballhornung des Wortes *sicarius* deuten. Josephus beschreibt die *Sicarii* als dolchschwingende fanatische Revolutionäre und Mörder. Allerdings deutet nichts darauf hin, dass diese Gruppe vor einer Zeit in Erscheinung tritt, die 20 bis 30 Jahre nach Judas' Tod liegt.[29]

Was war der eigentliche Grund für Judas' Verrat? Darüber haben die Gelehrten lange erbittert gestritten. Was wollte er erreichen? Und wichtiger noch: Was hatte er den Feinden Jesu anzubieten?

Nach manchen Wissenschaftlern soll Judas der Obrigkeit für Geld nicht den Aufenthaltsort Jesu, sondern die Tatsache verraten haben, dass Jesus behauptete, er sei der Messias und König der Juden.[30] Doch diese Information hätte ihnen auch jeder andere geben können. Nein, Judas verriet den Tempelbehörden vielmehr, wo sie Jesus festnehmen konnten, ohne dass ihnen die Menge in die Quere kam. Dank seiner Information konnten sie ein Verhaftungskommando losschicken, das diese Aufgabe zügig, heimlich und ohne jedes Aufsehen erledigte. Sie bezahlten damit für etwas, was den Mächtigen schon immer bares Geld wert gewesen war: für Diskretion.

Und die kann Judas ihnen bieten. Zu seinen Motiven ist

vieles vorgebracht worden. Nach der Hypothese, bei der er wohl am besten wegkommt, soll Judas einfach nur versucht haben, Jesus zum Handeln zu zwingen. Demnach habe er in ihm den Messias gesehen, war aber enttäuscht, dass sich Jesus seiner Aufgabe zu entziehen schien. Immer wenn sich die Chance bot, die Revolution zu starten, wich Jesus in eine andere Richtung aus. Judas hatte gesehen, über welche Kräfte Jesus verfügte, aber in den Tagen im Tempel hatte sein Hoffnungsträger einfach keinen Gebrauch davon gemacht.

Vielleicht war Judas aber auch von Jesus einfach nur enttäuscht. Vielleicht war er über sein Verhalten sogar empört. Wann kam es zu seinem Verrat? Unmittelbar nachdem ihm eine Frau (!) Salböl über das Haupt gegossen hatte. Und als die Jünger protestierten, bekamen sie von Jesus eine Rüge erteilt. Vielleicht wollte Judas eine solche Behandlung einfach nicht mehr hinnehmen? Vielleicht hatte er von den unverhohlenen Angriffen auf die gesellschaftlichen und religiösen Normen genug?

Vielleicht lag der Fall auch einfacher, und es ging lediglich um Geld – eine Schwachstelle in fast jeder moralischen Rüstung. Als es um die Verschwendung des Salböls ging, redeten die Jünger davon, dass man mit dem Geld die Armen hätte speisen können. War hier Missgunst im Spiel? Immerhin waren die Jünger selbst arm. Und hier, in der reichsten Stadt Judäas, wurden sie mit den Wohlhabenden und Mächtigen in all ihrer Pracht konfrontiert. Sollte kein Anflug von Neid ihren Blick getrübt haben? Das wäre geradezu verwunderlich. Wie Petrus sagte, als sie sich Jerusalem näherten: »Du weißt, wir haben alles verlassen und sind dir nachgefolgt.« Und Jesus antwortete darauf:

Das sollt ihr wissen: Jeder, der sein Haus, seine Geschwister, seine Eltern, seine Kinder oder seinen Besitz zurücklässt, um mir zu folgen und die rettende Botschaft von Gott weiterzusagen, der wird schon hier alles hundertfach zurückerhalten ... (Mk 10,28–29)

Jesus versprach seinen Jüngern offenbar eine Belohnung, aber bislang hatten sie noch nichts empfangen. Und die einzige Kostbarkeit, die sie zu Gesicht bekommen hatten – ein Alabastergefäß mit Salböl –, war in verschwenderischer Manier allein ihrem Meister zugute gekommen. Vielleicht war Judas' Motiv einfach das Geld. Die angebotene Summe – 30 Silberstücke – entsprach etwa sechzig Tagesslöhnen. So eine Vergütung konnte sich sehen lassen.

Auch weitere Motive könnten beteiligt gewesen sein, wobei man dann aber erwarten würde, dass sie in den Evangelien erwähnt seien. Judas wurde ja vor allem durch seinen Verrat bekannt. Sein Motiv ist nicht ganz geklärt, aber dass in seiner Geschichte Geld gleich zweimal eine Rolle spielt und dass es sich dabei um eine größere Summe handelt, deutet darauf hin, dass er den Lauf der Ereignisse einfach voraussah: Er sah das Desaster kommen und wollte abspringen, solange er für sich noch etwas herausschlagen konnte.

Fünfter Tag:
Die Gefangennahme

Donnerstag, 2. April

Die Vorbereitungen des Passahmahls:
Jerusalem, Donnerstagmorgen
Das letzte Abendmahl: Jerusalem, im Abendmahlsaal,
Donnerstagabend
Die Gefangennahme: im Garten Gethsemane, Donnerstagnacht/
Freitagmorgen

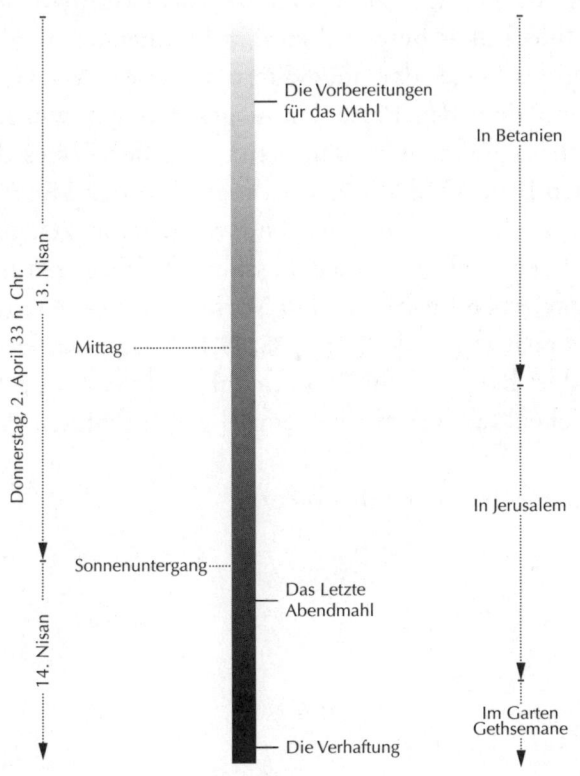

Die Vorbereitungen
für das Mahl

In Betanien

13. Nisan

Donnerstag, 2. April 33 n. Chr.

Mittag

In Jerusalem

Sonnenuntergang

Das Letzte
Abendmahl

14. Nisan

Im Garten
Gethsemane

Die Verhaftung

Die Vorbereitung des Passahmahls

Ort: Jerusalem
Zeit: am Morgen

Am ersten Tag des Festes der ungesäuerten Brote, an dem
das Passahlamm geschlachtet wurde, fragten die Jünger Jesus: »Wo sollen wir für dich das Passahmahl vorbereiten?«
(Mk 14,12)

Das Passahfest wurde von den Juden gefeiert, um ihrer Befreiung aus der Sklaverei in Ägypten zu gedenken, und zwar
am 14. oder 15. Nisan des jüdischen Kalenders, gefolgt vom
Fest der ungesäuerten Brote, das vom 15. bis zum 21. Nisan
dauerte. Diese Feiertage galten allgemein als Passahwoche.

Markus und Lukas beschreiben den Donnerstag als den
»ersten Tag des Festes der ungesäuerten Brote« (Mk 14,12;
Lk 22,7), »an dem das Passahlamm geschlachtet wurde«.
Auch Matthäus nennt ihn »den ersten Tag des Festes der
ungesäuerten Brote (Mt 26,17), allerdings ohne den Hinweis
auf das Lamm. In den synoptischen Evangelien bezeichnet
das letzte Abendmahl solch ein Passahmahl. Dagegen legt
Johannes das Abendmahl auf den Vortag und die Kreuzigung auf den Rüsttag (Joh 13,1; 18,28; 19,14.31.42). Das letzte
Abendmahl ist bei ihm kein Passahmahl. Vielmehr starb Jesus am gleichen Tag wie die im Tempel geschlachteten Pas-
sahlämmer.

Hier gibt es offenbar ein Problem.

»Ich will mit meinen Jüngern in deinem Haus das Passahmahl feiern«

Es gibt mehrere einfallsreiche Hypothesen, nach denen Passah von den verschiedenen Gruppen zu unterschiedlichen Zeitpunkten gefeiert worden sei. So hätten die Galiläer das Fest an einem anderen Termin als die Judäer und die Phärisäer an einem anderen als die Sadduzäer begangen. Dabei soll Jesus einem Festkalender ähnlich dem der Essener gefolgt sein. Keine dieser Thesen fand eine breite Unterstützung.[1]

Nach der einfachsten Lösung spiegeln die Evangelien einfach zwei verschiedene Überlieferungen wider. In der einen findet das Abendmahl zu Passah statt und in der anderen nicht. Vor dem Hintergrund dieser Annahme wird zumeist Johannes' Darstellung angezweifelt, weil er die Bildsprache des Passahfestes dazu einsetzt, um Jesus und seine Rolle theologisch zu deuten. Johannes soll demnach das Datum des Abendmahls verändert haben, um die Symbolik des Passahlamms verwenden zu können.

Wenn man Johannes' Text näher betrachtet, stellt man allerdings fest, dass sein Bericht der *bessere* ist. Er hat eine Kohärenz, die den synoptischen Evangelien fehlt. Verglichen mit ihnen, weiß Johannes über Passah – über die Abläufe im Jerusalem des 1. Jahrhunderts – ganz offenbar genauer Bescheid.[2] So kennt er beispielsweise den Unterschied zwischen Passah und dem Fest der ungesäuerten Brote. Dagegen redet Markus vom »ersten Tag des Festes der ungesäuerten Brote, an dem das Passahlamm geschlachtet wurde« (Mk 14,12), obwohl dieses Fest erst *nach* Passah begann: Der erste Tag des Festes der ungesäuerten Brote ist der 15. Nisan, während das Passahlamm am 14. des Monats geschlachtet wird.[3] Natürlich könnte man das Fest auch so verstehen, dass es den Vortag mit einschloss, so wie bei uns Heiligabend gewöhnlich als Teil von Weihnachten gilt. Aber auch wenn dem so ist, hat Johannes genau genommen recht.[4] In den synoptischen Evangelien ist hier zumindest der Sprachgebrauch verwirrend.

Zudem packen Matthäus, Markus und Lukas in den Tag nach dem letzten Abendmahl ziemlich viel Handlung hinein. Wenn sich das Mahl mit dem Passahmahl deckt, müssen wir davon ausgehen, dass die Tempelbehörden am nächsten Tag – dem eigentlichen Passahtag, einem Feiertag – Soldaten ausgesandt, Jesus den Prozess gemacht und ihn den römischen Behörden überstellt haben. Außerdem hätte Josef von Arimathäa an diesem Tag für Jesus ein Leichentuch kaufen müssen (Mk 15,46). Dies alles hätte am Vorabend von Passah, nicht jedoch an Passah selbst erledigt werden können.[5] Nach den Worten von Bernhard Weiss:

> Es liegt auf der Hand, dass alle Sabbatübertretungen, deren man Jesus beschuldigte, Kleinigkeiten dagegen waren, wenn der Hohe Rat an einem solchen Festtag selbst seine Dienerschaft bewaffnet ausschickte, ein peinliches Verhör abhielt, in offizieller Gerichtssitzung Jesus verurteilte und schließlich den gefälligen Prokurator zur Entweihung des Tages durch eine Hinrichtung veranlasste.[6]

Dagegen fügt Johannes mehrere Einzelheiten ein, die perfekt dazu passen, dass Jesus am Rüsttag gekreuzigt wurde. Die Jünger glauben, Judas wolle in der Nacht des Abendmahls den Armen eine Schenkung machen; das wäre zwar in der Nacht vor Passah möglich, aber nicht an Passah selbst. Nach Johannes weigerten sich die Priester, die Jesus anklagten, das Hauptquartier des römischen Präfekten zu betreten: Sie befürchteten, durch den Kontakt mit den Heiden unrein zu werden. Das heißt, sie hätten später am Tag das Passahfest nicht mehr zelebrieren können, da nicht genügend Zeit war, um sich nochmals zu reinigen.[7] Und eine Verhaftung und Kreuzigung Jesu am Rüsttag passten auch perfekt in die Pläne der Tempeloberen: An diesem Tag bereiteten sich die meisten Menschen auf Passah vor oder strömten zum Tempel am anderen Ende der Stadt. So fiel die Verhaftung am wenigsten auf.

Auch innerhalb der synoptischen Evangelien gibt es einige Unstimmigkeiten. So sagt Jesus in Lukas: »Wie sehr habe ich mich danach gesehnt, mit euch das Passahmahl zu essen, bevor ich leiden muss. Ihr sollt wissen: Ich werde das Passahmahl erst wieder in der neuen Welt Gottes mit euch feiern. Dann hat sich erfüllt, wofür das Fest jetzt nur ein Zeichen ist.« (Lk 22,15–16) Isst er mit seinen Jüngern nun das Passahmahl oder nicht? Manche Gelehrte vertreten die Ansicht, Jesus habe mit seinen Worten gemeint: »Ich wollte dieses Passahmahl mit euch teilen, aber es wird nicht gehen, denn sie werden mich töten.«[8]

Und schließlich deckt sich die Beschreibung des Mahls in den synoptischen Evangelien nicht ganz mit der traditionellen Begehung des Passahmahls. Zwar wurden zu Passah Psalmen gesungen (Mt 26,30; Mk 14,26) [9] und Jesus nimmt das Mahl in einem Raum in der Stadt ein, wie die Regeln zu Passah es vorsehen, aber er bleibt nicht dort. Nach dem jüdischen Brauchtum musste nicht nur das Mahl in Jerusalem gegessen, sondern auch die ganze Nacht dort verbracht werden. Stattdessen verließ Jesus gleich nach dem Mahl die Stadt und stieg auf den Ölberg.[10] Und am auffälligsten: Ein Element bei diesem Festessen fehlt: Wie beim Passahfest vorgeschrieben, gibt es zwar Brot und Wein – die allerdings bei keinem Essen fehlten –, aber das Lamm als wichtigster Bestandteil wird an keiner Stelle erwähnt. Bei den Synoptikern ist nicht einmal die Rede davon, dass ein Lamm geschlachtet wird. Jesus und seine Jünger bereiten sich auf den Festtag nur insofern vor, als sie sich an einem verschwiegenen, ja fast geheimen Ort treffen. Und beim Mahl vergleicht Jesus den Jüngern gegenüber seinen Leib nicht mit dem Lamm, sondern mit dem Brot. Auch wenn es sich hier zugegebenermaßen um ein Argumentum ex silentio handelt, ist es doch unwahrscheinlich, dass Jesus das symbolbeladene Lamm zu Passah einfach ignoriert und sich stattdessen mit dem Brot verglichen hätte.

Als letztes Teilchen fügt sich die Überlieferung der Urkirche in dieses Puzzle ein: Die ersten Christen gingen niemals davon aus, dass das letzte Abendmahl ein Passahmahl gewesen sei. Sie feierten es vielmehr einmal in der Woche oder sogar täglich. Die Überzeugung, dass es sich dabei um ein Passahmahl gehandelt habe, wurde wohl nur von einer Randgruppe vertreten, die Apollinaris von Hierapolis als ignorant und zänkisch beschrieb.[11]

Zusammengefasst heißt dies: Markus, Matthäus und Lukas reden von einem Passahmahl, obwohl es in ihrer Erzählung fast keinen Hinweis auf ein solches Festmahl gibt. Dagegen passen ihre Schilderungen perfekt zu einem Festessen, das in der Nacht vor Passah am Rüsttag stattfand. Nach Johannes handelte es sich nicht um das Passahmahl, und seine Darstellung der Abläufe deckt sich weitaus besser mit den bekannten Tatsachen. Interessiert man sich nur für die historischen Fakten, muss man sich an Johannes halten: Das letzte Abendmahl fand in der Nacht vor Passah statt, und es war kein Passahmahl.

Oder etwa doch …?

»Wie sehr habe ich mich danach gesehnt, mit euch das Passahmahl zu essen, bevor ich leiden muss«

Wir haben bereits gesehen, dass Jesus die religiöse Obrigkeit vor allem durch seinen Umgang mit den Reinheitsgeboten gegen sich aufbrachte. Wenn wir zu diesen Eigenheiten noch seinen Glauben an die eigene Mission hinzufügen, können wir mit Fug und Recht annehmen, dass er den Ausdruck »Passahmahl« als einen bildhaften Begriff für ein Essen gebrauchte, das einen Tag vor der Zeit stattfinden würde.[12] Passah im eigentlichen Wortsinn einen Tag zu früh zu feiern war natürlich unmöglich, denn zuerst musste ja das Lamm geschlachtet werden. Doch wie wir gesehen haben, fehlte dieses Lamm. Folglich handelte es sich wohl um ein von Jesus kreiertes Passahmahl, das er zu einer von ihm festgelegten Zeit abhielt und bei dem er sich an einen Teil der Gepflogenheiten hielt. Er folgte der Tradition, das Mahl innerhalb der Stadtmauern mit einer Gruppe von bis zu zwanzig Leuten einzunehmen, verzichtete aber auf das Lamm, weil keines vorbereitet werden konnte. Stattdessen kam das auf den Tisch, was allen Familien zur Verfügung stand: Brot und Wein gab es sogar bei den Armen. So wie Johannes das rituelle Bad umgedeutet hatte, so deutete nun Jesus das Passahmahl um. Er gab ihm einen neuen Sinn, indem er die traditionellen Muster in ein neues Bild überführte.

Es gibt Präzedenzfälle für Sekten, die »ihr eigenes Ding machen«. Der bemerkenswerteste Fall ist die Qumran-Gemeinschaft. In den Schriften, in denen ihre religiösen Aktivitäten beschrieben werden, fehlt das Passahfest.[13] Aber auch ohne diese Präzedenzfälle fügt sich das letzte Abendmahl Jesu – sein »Passahmahl« mit den Jüngern – exakt in die Haltung ein, die auch seine anderen Aktivitäten in dieser »Längsten Woche« charakterisieren: Er hat den Tempel kritisiert, er hat hervorgehoben, dass das Opfer einer Witwe bedeutender sei als andere Spenden, er hat gelehrt, dass Nächstenliebe und Liebe zu Gott wichtiger seien als jede noch so bedeutende Opferung, und er hat behauptet, dass Zöllner und Dirnen vor den Priestern ins Himmelreich einzögen.

Und nun verändert er einfach den Festkalender.

»Euch wird ein Mann begegnen, der einen Wasserkrug trägt«

Um sich genauer zu verabreden, schickt Jesus »zwei seiner Jünger voraus«. Sein Vorgehen erinnert an die Vorbereitungen zu seinem triumphalen Einzug: ein geheimes Treffen mit einem Mann, der Wasser trägt, und eine kryptische Botschaft. Der Name »Jesus« wird nie erwähnt. Die Rede ist nur vom »Meister«. Diese Anonymität sagt einiges. Es handelt sich nicht um eine wundersame Zufallsbegegnung, sondern um eine sorgfältig geplante Operation.

Die beiden Jünger, die er losschickt, gehören nicht zu den »Zwölf«: Bei Markus heißt es: »Am Abend kam Jesus mit den zwölf Jüngern« (Mk 14,17). Also waren sie in Betanien geblieben und erst später in die Stadt gekommen. Da Passah in Gruppen von bis zu zwanzig Personen gefeiert wurde, erscheint es durchaus möglich, dass am letzten Abendmahl und an den übrigen Ereignissen in dieser Nacht nicht nur Jesus und die Apostel teilnahmen. Eine größere Gruppe, darunter auch Frauen, könnte dort gewesen sein, weshalb »der Raum im Obergeschoss« denn auch als »groß« beschrieben wird (Mk 14,15).

Aber warum entsendet Jesus zwei anonyme Jünger, die mit einem Fremden Losungen austauschen sollen? Nach einer naheliegenden Erklärung wollte er nicht, dass die zwölf den Ort des Treffens kannten. Dies war ein wichtiges Mahl: Danach entsteht der Eindruck, dass Jesus das Gefühl hatte, alles Notwendige getan zu haben und den Dingen jetzt ihren Lauf lassen zu können. Jesus wollte sicherstellen, dass dieses Abendmahl nicht unterbrochen würde. Deshalb sollte keiner der zwölf, unter denen sich auch der Verräter befand, den Ort wissen. Judas sollte nicht herausbekommen, wo dieses Essen stattfindet.

Dieser »große Raum im Obergeschoss« lag wahrscheinlich ganz oben in einem kühlen Haus. In Privathäusern wurden Räume häufig zur Unterbringung von Gästen, für Versammlungen oder als Herberge für Pilger genutzt.[14] Nach der Überlieferung fand das Abendmahl in der Jerusalemer Oberstadt statt. Heutige Besucher Jerusalems können einen Abendmahlsaal in einem Stockwerk direkt über dem »Davidsgrab« besichtigen. Der Bau und das Grab sind nicht authentisch, aber vielleicht der Standort. Unter dem Bauwerk haben Archäologen mutmaßliche Reste einer Synagoge ausgemacht, die wahrscheinlich Judenchristen im 1. Jahrhundert errichtet hatten. Graffiti an Gipsfragmenten zeigen deutlich christliche Motive. Und im Gegensatz zu den traditionellen Synagogen, die auf den Tempelberg ausgerichtet waren, war dieser Bau der Grabeskirche zugewandt, dem überlieferten Ort der Kreuzigung und Beisetzung Jesu.

Auch stammte die Synagoge aus dem späten 1. Jahrhundert, also aus der Zeit nach der Zerstörung des Tempels durch die Römer. Damals durften bekennende Juden nicht mehr in Jerusalem wohnen, geschweige denn dort Synagogen errichten. Dagegen waren die Christen schon vor Ausbruch des Judenaufstands nach Pella (im heutigen Jordanien) geflohen und durften nach der Niederschlagung zurückkehren. Epiphanius von Salamis (315–403 n. Chr.) berichtet vom Besuch Kaiser Hadrians in Jerusalem 130/131. Damals habe »eine kleine Kirche Gottes … den Standort des [Abendmahlsaals] markiert, in den die Jünger vom Ölberg aus zurückkehrten, nachdem der Herr Jesus gefangen genommen worden war«. Vielleicht errichteten die christlichen Rückkehrer eine Synagoge an der Stelle, an der nach ihrer Erinnerung das letzte Abendmahl stattgefunden hatte. Hierhin waren die Apostel nach Jesu Himmelfahrt zurückgekehrt, und hier hatte auch Petrus zu Pfingsten seine Predigt gehalten.[15]

Das letzte Abendmahl

Während sie aßen, nahm Jesus Brot, sprach das Dankgebet, teilte das Brot und gab jedem seiner Jünger ein Stück davon: »Nehmt und esst! Das ist mein Leib!« Anschließend nahm er einen Becher Wein, dankte Gott und reichte den Becher seinen Jüngern. Sie tranken alle daraus. Jesus sagte: »Das ist mein Blut, mit dem der neue Bund zwischen Gott und den Menschen besiegelt wird. Es wird zur Vergebung ihrer Sünden vergossen. Ich sage euch: Von jetzt an werde ich keinen Wein mehr trinken, bis ich ihn wieder mit euch in der neuen Welt Gottes trinken werde.« (Mk 14,22–25)

Markus' Schilderung des letzten Abendmahls erstreckt sich über ganze acht Verse (Mk 14,17–25). Bei Matthäus sind es neun – er fügt eine Bemerkung des Judas hinzu (Mt 26,25) –, ebenso bei Lukas (22,14–23), der aber noch einiges ergänzt: den Streit der Jünger darüber, wer von ihnen der Größte sei (Lk 22,24–29), die Prophezeiung, wonach Petrus Jesus verleugnen werde (Lk 22,31–33) – bei den anderen Synoptikern spielt diese Szene auf dem Ölberg –, sowie eine merkwürdige Passage über Geldbeutel und Schwerter (Lk 22,35–38). Mit all diesen Zusätzen kommt die Schilderung mit ganzen 24 Versen aus.

Dagegen erstreckt sich die Darstellung des letzten Abendmahls bei Johannes über 155 Verse in fünf Kapiteln (13–17). Und trotz dieses erweiterten Umfangs fehlen bei ihm das Gebet zur Eucharistie sowie der Hinweis auf Brot und Wein, die bei den Synoptikern im Zentrum der Schilderung dieses Festes stehen. Johannes' Darstellung enthält einige Elemente, die bei den anderen auch auftauchen, besteht aber hauptsächlich aus dem, was Jesus zu seinen Jüngern spricht. Die eigentliche Handlung des letzten Abendmahls spielt sich in Kapitel 13 ab: die Fußwaschung (Joh 13,1–20), der Hinweis auf den Verräter Judas (13,21–30), das neue Gebot (13,31–35) und der Hinweis auf die Verleugnung durch Petrus (13,36–38). Daran schließt sich ein gutes Stück Theologie an: Die restlichen vier Kapitel bestehen fast ausschließlich aus einer langen Rede Jesu. Die 117 Verse der Kapitel 14–19 geben zu 94 Prozent Worte des Menschensohnes wieder. Die übrigen sieben Verse sind Fragen der Jünger.[16]

Bevor wir die Schilderung des Johannes als unhistorisch abtun, ist unbedingt darauf hinzuweisen, dass sie eine Reihe von Lücken in den anderen Darstellungen schließt. So spricht Johannes beispielsweise als Einziger davon, dass Judas den Raum verlassen habe. Dennoch unterscheidet sich seine Darstellung vollkommen von der der anderen. Es würde jedoch an der Zielrichtung dieses Buches vorbeigehen, die Lehren Jesu bei Johannes im Einzelnen zu untersuchen (was der Leser an dieser Stelle wohl mit Erleichterung aufnimmt). Wenn wir von den Lehren Jesu bei Johannes absehen, so stellen sich die Abläufe beim letzten Abendmahl insgesamt ungefähr so dar:

- Jesus wäscht den Jüngern die Füße (Joh 13,1–20).
- Jesus sagt den Verrat voraus, worauf Judas den Raum verlässt (Mk 14,18–21; Lk 22,21–23; Mt 26,21–25; Joh 13,21–30).
- Sie teilen Brot und Wein (Mk 14,22–25; Mt 26,26–29; Lk 22,15–20).
- Jesus redet mit den Jüngern über die Zukunft (Lk 22,35–38).

»Herr, wie kommst du dazu, mir die Füße zu waschen!«

Nur Johannes erzählt, dass Jesus den Jüngern nach dem Abendmahl die Füße wäscht. Bei Lukas taucht allerdings eine Passage auf, die im weiteren Sinn ein ähnliches Thema behandelt: den Streit darüber, wer der Größte sei. In der Urkirche könnte also durchaus eine Überlieferung aufgetaucht sein, der zufolge während des letzten Abendmahls ein Streit über die künftige Führung entbrannt war. Und in Matthäus' Darstellung über den Streit darüber, wer der Größte sei, heißt es: »... und wer der Erste sein will, der soll sich allen unterordnen« (Mt 20,27). Genau dies aber demonstriert Jesus, indem er seinen Jüngern die Füße wäscht. Richtig verstanden, stellt dieser Akt Jesu einen seiner radikalsten überhaupt dar.

Wie wir gesehen haben, waren die Städte Judäas schmutzig. Wer ihre Straßen durchschritt, ging durch Staub, Matsch, Kot, Herdasche oder Küchenabfälle. Das Waschen der Füße war zunächst eine Frage der Sauberkeit, aber auch Gegenstand der Reinheitsgesetze: Jeder, der den Tempel betrat, musste mindestens seine Füße und Hände waschen.[17]

Kein freier Mann wusch einem anderen die Füße. Diese Aufgabe kam den Sklaven, Ehefrauen oder Kindern zu. Wie gering sie damals geschätzt wurde, zeigt eine Geschichte mit Rabbi Ishmael: Als er aus der Synagoge zurückkehrte, wollte ihm seine Mutter die Füße waschen. Er hielt sie davon ab, weil sie sich nicht erniedrigen sollte. Daraufhin forderte die Mutter den Rat der Rabbiner auf, ihrem Sohn eine Rüge zu erteilen, weil er ihr diese Ehre verweigert hatte.[18]

Nur einer Gruppe von Menschen kam solch eine Aufgabe zu: den Sklaven.

Das Römische Reich stützte sich auf Sklaven. Die Schätzungen über ihre genaue Anzahl schwanken, aber es waren sicher viele Millionen. Die meisten stammten aus den slawischen Ländern Mitteleuropas – daher auch ihr Name: »Sklaven« leitet sich etymologisch von »Slawen« ab.[19] Die meisten von ihnen dienten in den Häusern oder halfen ihrer Herrschaft dabei, Geld zu verdienen. Da Landarbeiter billig waren, wurden sie nur selten zur Bebauung des Bodens eingesetzt. Dennoch war das harte Leben der Sklaven durch ständige Schwerstarbeit geprägt, auch wenn manche Bauern von ihrer Subsistenzwirtschaft so schlecht lebten, dass ihnen das Los von Haussklaven geradezu beneidenswert erscheinen musste.

In Judäa gab es zwei Arten von Sklaven: jüdische und nichtjüdische. In Jerusalem stammten die heidnischen hauptsächlich aus Tyrus und waren mehrheitlich Syrer. Nach ihrer Ankunft in Jerusalem wurden sie zum Sklavenmarkt gebracht. Dort mussten sie auf einem Stein Aufstellung nehmen und wurden meistbietend versteigert.[20] Viele ausländische Sklaven wurden zwangskonvertiert und beschnitten, damit ihre Besitzer nicht unrein wurden.[21]

Juden gerieten auf anderem Weg in die Sklaverei: vor allem, wenn sie eines Diebstahls überführt wurden und die Wiedergutmachung nicht bezahlen konnten. Andere saßen in der Schuldenfalle und mussten sich selbst verkaufen. Israelitische Mädchen unter zwölf Jahren konnten ebenfalls als Sklavinnen verkauft werden, was in der Praxis allerdings auf eine Zwangsverheiratung mit ihrem Herrn hinauslief.[22] Ein jüdischer Sklave kostete zwischen fünf und zehn Minas, während nichtjüdische mit bis zu hundert Minas gehandelt wurden. Dieser Unterschied hatte einen einfachen Grund: Jüdische Sklaven arbeiteten nicht so lange.

Der Thora zufolge durfte man jüdische Sklaven nur sechs Jahre lang beschäftigen, während die nichtjüdischen ihr ganzes Leben in der Knechtschaft verbringen konnten. Auch waren jüdische Sklaven »pflegeaufwendig«. Ihr Leben war nach den Geboten des Alten Testaments geregelt, weshalb sie eine weitaus bessere Behandlung genossen als die anderen. Sogar Besitz war ihnen zugestanden. Sie standen unter dem Schutz der Gebote im dritten Buch Mose (Lev 25,40), wonach sie »Lohnarbeitern« oder »Halbbürgern« gleichgestellt werden mussten. Jüdische Sklaven durften zu keinen Arbeiten gezwungen werden, die unrein machten, schon gar nicht zum Waschen von Füßen.[23]

Dagegen mussten nichtjüdische Sklaven jedwede Arbeit verrichten, weil sie ohnehin unrein waren.[24] Deswegen reagiert Petrus so schockiert auf das, was Jesus vorhat. In der griechischen Ausgabe stammelt er verblüfft: »Du, Meister … meine …!«[25] Nicht, dass er nicht verstünde, was hier vor sich geht. Er versteht es nur zu gut. Jesus hat sich auf die unterste Stufe des Menschseins gestellt: auf die eines nichtjüdischen Sklaven. Das ist das eigentlich Schockierende. Indem er sich entkleidet und von den Füßen seiner Anhänger den Kot, Dreck und Staub der Straßen wegwäscht, erfüllt er die niedrigste Aufgabe, die man sich vorstellen kann.

Was beabsichtigt er damit? Diese Frage beschäftigte die Kirche seit Jahrhunderten. War es ein Bild für die Taufe? Oder steht es für Vergebung durch die Reinigung von Menschen? Beide Erklärungen spiegeln wohl die Neigung der Theologen zu übermäßig spiritueller Deutung wider. Bei seinem Tun erfüllte Jesus einfach die Rolle eines Sklaven, der die denkbar niedrigste Aufgabe übernahm. So demonstrierte er, wie es in dem auf den Kopf gestellten Universum – im Himmelreich – aussehen würde. Er zeigte auf, wie die Dinge getan werden mussten.

Im Wesentlichen legte er damit den Grundstein für die Kirche. Und diese Lehre, so muss man der Fairness halber sagen, hat die Urkirche denn auch beherzigt: Sie zeichnete sich nämlich unter anderem durch ihre besondere Haltung gegenüber den untersten Schichten der Gesellschaft aus. So ist Paulus' Hinweis, wonach es »nicht mehr wichtig ist, ob ihr Juden oder Griechen, Sklaven oder Freie, Männer oder Frauen seid«, denn »in Christus seid ihr alle eins« (Gal 3,28), eine der erstaunlichsten und radikalsten Äußerungen ihrer Zeit. Kein »normaler« Bürger des Römischen Reiches hätte dem zustimmen können. Und diese radikale Sicht des Paulus leitete sich direkt aus einer Lehre her, die mit der Fußwaschung beispielhaft unterlegt wurde. Ohne das Beispiel Jesu hätte die Urkirche wohl kaum eine solche Position vertreten.

Bei dieser Gelegenheit zieht Jesus sein Gewand aus und legt die Tracht eines Sklaven an – das einzige Mal in der Passionsgeschichte, dass er sich selbst entkleidet. Von da an werden ihn andere an- und ausziehen.

»Ja, es ist wahr: Einer von euch wird mich verraten!«

Gleich nach der Fußwaschung redet Jesus von Verrat. Johannes beschreibt ihn als »im Innersten erschüttert«. Er stippt ein Stück Brot in seine Tunke und reicht es demjenigen, der ihn verraten wird: Judas Iskariot.

Diese Szene hat mich schon immer irritiert: Wie begriffsstutzig muss man sein, um den Verräter zu übersehen? Jesus hatte doch gesagt: »Der ist es, dem ich den Bissen Brot, den ich eintauche, geben werde.« Zumindest einige Jünger hätten doch auf den Verräter aufmerksam werden müssen.

Etwas weniger irritierend ist die Szene so, wie die Synoptiker sie schildern. Bei ihnen sagt Jesus nur, dass der Verräter einer unter den zwölf ist, einer, der sein Brot mit mir in die Schüssel taucht (Mk 14,20; Mt 26,23). Aber vielleicht war es ja nie so klar. Es gibt Hinweise darauf, dass sich die Evangelien im Verlauf ihrer Entstehungszeit immer stärker auf Judas als Verräter konzentrierten. In der Episode mit dem Salböl beklagen sich bei Markus noch ganz allgemein »einige« über die Verschwendung (Mk 14,4), während es im später verfassten Matthäusevangelium bereits die Jünger sind, die deswegen böse werden (Mt 26,8). Bei Johannes schließlich, dessen Text vermutlich am spätesten verfasst worden ist, trägt an dieser Stelle Judas Iskariot die Bedenken vor. Zudem wird Judas bei ihm als Dieb geschildert: Als Verwalter der gemeinsamen Kasse hat er Einkünfte veruntreut (Joh 12,4–6). Korrigierte Johannes also einfach die früheren Darstellungen? Oder wusste er im Nachhinein mehr?

Und wann verließ Judas den Raum? Bei Markus erfolgt die Prophezeiung über den Verrat vor dem Mahl. Bei Lukas sitzt der künftige Verräter noch »am Tisch«, nachdem Brot und Wein serviert waren (Lk 22,21). Johannes schildert das gemeinsame Mahl nicht detailliert, aber bei ihm spiegelt sich Lukas' Passage über Petrus wider, der Jesus verleugnen wird. Bis dahin ist Judas bereits verschwunden. Wenn sich Johannes und Lukas hier auf dieselbe Überlieferung beziehen, müssen wir davon ausgehen, dass Judas an Brot und Wein teilhatte und erst danach gegangen ist.

Johannes macht jedenfalls plausibel, warum Judas den Raum verlassen konnte, ohne dass die Jünger stutzig wurden. Als Jesus ihm sagt: »Was du tun willst, das tu bald!« (Joh 13,27), glauben sie, er wolle Vorräte für das Passahfest am nächsten Tag kaufen oder den Armen Almosen spenden.

Das Almosengeben war traditionell eng mit der Teilnahme an Feiern verknüpft. Niemand durfte ohne Geld für Almosen erscheinen – entsprechend den Geboten im Alten Testament (z. B. Ex 23,15; 34,20), die in späteren Überlieferungen als eine Pflicht für Pilger ausgelegt wurden, während des Festes zu spenden. Möglicherweise konnten die Pilger ihre Almosen sogar als Ersatz für eine Opferung geben.[26]

Als sich Judas in die Nacht hinausschlich, glaubten die anderen Jünger, er wolle seine Spenden abgeben. Wie man sich täuschen kann!

»Sooft ihr dieses Brot esst, denkt an mich«

Der früheste Bericht über dieses Abendmahl stammt allerdings nicht aus den Evangelien, sondern aus einem anderen Text des Neuen Testaments – im Jahr 54/55 schrieb Paulus an die Gemeinde in Korinth:

> Denn Folgendes habe ich vom Herrn empfangen und euch überliefert: In der Nacht, in der unser Herr Jesus verraten wurde, nahm er das Brot, dankte Gott dafür, brach es und sprach: »Das ist mein Leib, der für euch hingegeben wird. Sooft ihr dieses Brot esst, denkt an mich und an das, was ich für euch getan habe!« Nach dem Essen nahm er den Kelch und sprach: »Dieser Kelch ist der neue Bund zwischen Gott und euch, der durch mein Blut besiegelt wird. Sooft ihr aus diesem Kelch trinkt, denkt an mich und an das, was ich für euch getan habe!« Denn jedes Mal, wenn ihr dieses Brot esst und aus diesem Kelch trinkt, verkündet ihr, was der Herr durch seinen Tod für uns getan hat, bis er kommt. (1 Kor 11,23–26)

Dies war folglich die Überlieferung, die unter den Mitgliedern der Urkirche in Umlauf war. Die Kirche übernahm die symbolische Handlung Jesu und entwickelte sie zu der heute bekannten Eucharistiefeier (aus dem griechischen Wort für »danken«) weiter. Sie wurde zum Kern ihrer gemeinsamen Mahlzeiten, zu einem symbolischen Akt, der an den Tod Jesu erinnert.

Jesus verwendet für dieses Mahl zwei Symbole, die in der griechisch-römischen Welt nahezu universelle Bedeutung hatten: Wir haben bereits gesehen, dass Brot allgegenwärtig war. Das Knirschen der Mühlsteine und der Duft der Backöfen erfüllen überall in den Städten und Dörfern die Luft. Und Weinstöcke standen an allen Berghängen und in den

Dörfern. Wir können annehmen, dass sogar in den Städten Reben kultiviert wurden und über schmalen Straßen regelrechte Lauben bildeten. So gesehen, hatte das letzte Abendmahl überhaupt nichts Exotisches, sondern es setzte sich einfach aus den Grundbestandteilen der mediterranen Küche zusammen. Und es wurde auf denkbar schlichte Weise serviert. Manche Gelehrte wollten im Brechen des Brotes das Symbol eines gewaltsamen Todes erkennen, tatsächlich aber wurde jede normale Mahlzeit auf diese Weise begonnen. Das Abendmahl war für die griechisch-römische Welt ein ganz normales Essen.

Versuche, es zu etwas Besonderem hochzustilisieren, gehen am Kern der Sache – ihrer Alltäglichkeit – völlig vorbei. Es wurde auch kein besonderes Geschirr, kein »heiliger Gral« für den Wein benutzt,[27] der vielmehr aus einem gewöhnlichen Gefäß getrunken wurde. Brot und Wein gehörten zum üblichen Alltagsessen in Palästina. Und diese Gewöhnlichkeit passt auch zu einem der auffälligsten Kennzeichen Jesu während seiner Mission: zu seiner Vorliebe für gemeinsame Mahlzeiten. Wo immer er unterwegs war, nahm er mit den Menschen an einem Essen teil, das nicht nur ihren körperlichen, sondern auch ihren spirituellen Hunger und Durst stillte. An dieser Tafel waren auch die Ausgestoßenen, die am Rand der Gesellschaft Lebenden und die Unreinen willkommen. Diese Gepflogenheit Jesu gipfelt im gemeinsamen letzten Abendmahl, an dem auch andere teilhaben müssen, das von Tag zu Tag, von Woche zu Woche und von Generation zu Generation weiter gepflegt, genossen und gefeiert werden muss.

Als Ereignis passt es zudem in die Reihe der vorausdeutenden Geschehnisse dieser letzten Woche. Wie der Einzug in die Stadt, die Verfluchung des Feigenbaums oder der Rollentausch bei der Fußwaschung stellt auch das Abendmahl eine Prophetie dar: Mit dem Hinweis auf Brot und Wein, die für seinen Leib und sein Blut stehen, nimmt Jesus die Zeit nach seinem Tod vorweg. Inzwischen wusste er, was kommen würde; er kannte sein Schicksal. Dieses Abendmahl verweist auf künftige Zeiten.

So fügt es sich in die symbolischen Handlungsweisen Jesu ein und bringt seine Vorliebe für gemeinsame Essen zum Ausdruck. Und es spiegelt meines Erachtens eine weitere Leidenschaft Jesu wider: seine Begeisterung für das Geschichtenerzählen. Wir sollten nicht vergessen, dass Jesus dieses Abendmahl als sein Passahmahl ansah. Der Sinn dieses Festes war das Gedenken an die Errettung Israels. Das Passahmahl oder *Seder*, wie es auf Hebräisch heißt, erzählt mit seinen Bestandteilen die Geschichte der Befreiung der Israeliten aus der Sklaverei in Ägypten. Während das ungesäuerte Brot die Eile symbolisiert, in der die Israeliten ihre Flucht vorbereiten mussten, erinnert das Opferlamm an die geschlachteten Lämmer, mit deren Blut sie ihre Türpfosten bestreichen mussten, um sich vor den Heimsuchungen zu schützen (Ex 12,7). So wird die Absicht Jesu erkennbar, mit diesem Abendmahl die Geschichte seines Opfers zu erzählen.

Außerhalb des großen Raumes im Obergeschoss herrschte Hitze und brummten die Insekten – die reale Welt Jerusalems, eine Welt aus Gewalt und Schönheit, Glaube und Verrat. Doch in diesem Gemach herrschte eine andere, *bedeutendere* Realität. Echtes Brot und echter Wein, alltägliche Dinge des Lebens, verwandelten sich in den Grundstoff einer symbolträchtigen Geschichte, die vom Teilen erzählte.

Bei Johannes hält Jesus eine lange Rede – bzw. eine Reihe von Reden –, in der er die Jünger auf ihr künftiges Schicksal vorbereitet. Auch bei Lukas findet sich so eine Warnung, die zwar kürzer, aber ebenso rätselhaft ausfällt wie die mystischen Vorausdeutungen bei Johannes. Bei Lukas streiten die Jünger über ihre jeweilige Bedeutung, worauf Petrus zum Gegenstand einer Prophezeiung wird (siehe unten). Es folgt eine merkwürdige Passage über Geldbörsen, Taschen und Schwerter.

Offenbar geht es darum, dass sich nun etwas ändern wird. Als Jesus die Jünger anfangs ausgesandt hatte (Lk 10,4), erfuhren sie von Gottes wunderbarer Vorsehung. Jetzt liegen die Dinge anders: Nun werden Geldbeutel und Taschen benötigt, und wer kein Geld hat, soll seinen Mantel verkaufen, um ein Schwert zu erstehen.[28] Das alles klingt so gar nicht nach Jesus. Sicher geht es hier nicht um einen Aufruf zum bewaffneten Kampf, sondern darum, dass die Jünger von nun an als Ausgestoßene und Übeltäter gelten werden. Jesus meint es bildlich und hebt dies am Ende mit bitterer Ironie hervor: Die Jünger nehmen ihn beim Wort, zücken plötzlich zwei Schwerter (woher sie kamen, bleibt ungeklärt) und fragen, ob diese genügten. »Genug davon«, beantwortet Jesus die Frage.

Eines dieser Schwerter sollte bald in Aktion treten.

Damit verließen sie den Abendmahlsaal in Richtung Ölberg.

Gethsemane

Ort: Garten Gethsemane
Zeit: mitten in der Nacht / am frühen Morgen

Nach diesem Gebet überquerte Jesus mit seinen Jüngern den
Bach Kidron. Auf der anderen Seite lag ein Garten. Dorthin
ging Jesus mit seinen Jüngern. (Joh 18,1)

Das Passahmahl musste gegen Mitternacht oder 2 Uhr vorbei gewesen sein.[29] Folglich endete Jesu Version des Passahfestes wahrscheinlich in den frühen Morgenstunden. Die
Jünger brachen auf und verließen die Stadt.

Es war eine Vollmondnacht. Von der Oberstadt aus stiegen sie die Stufen hinab, gelangten ins Gassengewirr der
Unterstadt und gingen durch das Dungtor, wie es charman-
terweise hieß. Dahinter lag das Hinnomtal, die Gehenna
oder jener Ort, den Jesus häufig als Synonym für die Hölle
gebrauchte. Hier wurde der Müll der Stadt verbrannt (oder
einfach nur gelagert), hier loderten oder glommen Tag und
Nacht Feuer. Dann durchquerten Jesus und seine Jünger das
Kidrontal, wo die Gräber vom Mondlicht beschienen wurden.[30] Wohin sie auch blickten, alles gemahnte an den Tod.

Jesus, so erzählt uns Lukas, »ging wie gewohnt zum Öl-
berg hinaus« (Lk 22,39). Johannes berichtet, er sei durch das
Kidrontal gegangen (Joh 18,1), und Markus verrät uns den
Namen des Gartens, in den sie anschließend eintraten:
Gethsemane.

Das Gelände, das heute als Garten Gethsemane ausgewiesen ist – hier stehen ein Olivenhain und die »Kirche aller Na-
tionen« –, soll nach vielfacher Meinung dem authentischen
Standort entsprechen. Natürlich können wir nicht wissen,
wo genau Jesus haltmachte, aber es muss ganz nahe bei der
Straße gewesen sein, die im 1. Jahrhundert den Ölberg mit

Blick nach Süden über das Kidrontal. Rechts sieht man die Mauer des Tempelbergs. Links liegen die Überreste monumentaler Gräber aus dem 2. Jahrhundert v. Chr.
rechts: Der Garten Gethsemane

dem Osteingang des Tempels verband. Unterhalb der Russischen Kirche, die weiter oben am Hang liegt, stießen die Archäologen auf eine Flucht aus Steinstufen, die auf eine antike Straße hindeutet.[31] Mit »Garten« bezeichnet Johannes natürlich einen Nutzgarten: ein umfriedetes Stück Land mit Olivenbäumen und einer Ölpresse. Der Name »Gethsemane« leitet sich wahrscheinlich aus dem aramäischen Wort *Gatsemani* für Ölpresse her. Diese war wahrscheinlich in der Höhle untergebracht, die auf dem fraglichen Gelände liegt.[32]

Gethsemane lag nahe an Jerusalem, aber auch weit genug entfernt, um den Massen auszuweichen. Jenseits des Tals musste der Tempel im Mondlicht deutlich sichtbar gewesen sein. In anderer Richtung erkannte man die Straße nach Betanien, die nach Osten bis Jericho führte. Das Besondere am Garten Gethsemane war, dass er nicht nur vor der Stadt, sondern auch in östlicher Richtung lag. Um zu fliehen, hätte Jesus einfach nur den Hügel weiter hinaufgehen und sich dann aus dem Staub machen müssen.

Stattdessen machte er hier halt.

»Ehe der Hahn zweimal kräht«

Da beteuerte Petrus: »Wenn dich auch alle anderen verlassen – ich halte zu dir!« – »Petrus«, erwiderte ihm Jesus, »ich sage dir: Heute Nacht, noch ehe der Hahn zweimal kräht, wirst du dreimal geleugnet haben, mich zu kennen.« – »Ausgeschlossen!«, rief Petrus. »Selbst wenn ich mit dir sterben müsste, würde ich das nicht tun!« Auch die anderen Jünger beteuerten dies. (Mk 14,29–31)

Mit dem Hinweis, dass Jesus den Judas fortschickt, machen die Evangelien eines deutlich: Jesus weiß, was geschehen wird – im Gegensatz zu den Jüngern, die sich an diesem Ort vollkommen unbesorgt geben. Jesus konfrontiert sie mit dem Kommenden, aber sie sind hier, vor den Toren der Stadt, ganz zuversichtlich, dass sie ihm die Treue halten werden.

Die Szene, in der Jesus Petrus prophezeit, dass er ihn verleugnen werde, und in der Petrus heftig widerspricht, taucht bezeichnenderweise in allen Evangelien auf. Bei Lukas und Johannes (Lk 22,34; Joh 13,38) geschieht dies während des letzten Abendmahls, dagegen lassen Matthäus und Markus (Mt 26,34; Mk 14,30) diesen Teil der Geschichte im Garten Gethsemane spielen. Für die Urkirche war diese Begebenheit ein Schlüsselelement, einer der wichtigsten Teile der Erzählung. Petrus beharrt felsenfest darauf, dass er Jesus niemals verleugnen wird. Und auch die Jünger halten dagegen, dass sie sich nicht von ihm abwenden werden. Aber diese Schmach bleibt keinem erspart. Dreimal erweisen sie sich als schlafend, während sie wachsam hätten sein sollen.

Sie haben die Prüfung nicht bestanden, und nun ist es zu spät: Der Verräter weilt schon unter ihnen.

»Ihr habt euch mit Schwertern und Knüppeln bewaffnet, um mich zu verhaften«

Wer hat Jesus verhaftet? Gewiss nicht die Römer. Sie hätte er allenfalls mit seiner Prozession am Sonntag gegen sich aufbringen können. Möglicherweise haben sie vom Aufruhr in den Tempelhöfen etwas mitbekommen, aber das wäre für sie noch kein Grund für eine Verhaftung gewesen.

Nein, die Leute, die loszogen, um Jesus gefangen zu nehmen, wurden von denen geschickt, mit denen Judas verhandelt hatte: von den Tempelbehörden. Das Verhaftungskommando wird in den Evangelien unterschiedlich beschrieben: Bei Markus ist es eine Menge, die von den Hohepriestern, Schriftgelehrten und Ältesten begleitet wird (Mk 14,43). Bei Matthäus fehlen die Schriftgelehrten, und bei Lukas übernehmen die Sache die Menge, die Hohepriester, die Hauptleute der Tempelwache und die »Knechte des Hohenpriesters« (Lk 22,50.52). Johannes lässt »Soldaten, die Knechte der Hohenpriester und der Pharisäer« aufmarschieren (Joh 18,3). Was Letztere hier zu suchen haben, ist schwer nachzuvollziehen, denn sie hatten in Jerusalem keinerlei zivile Macht. Zudem bezeichnet das von Johannes gebrauchte Wort *speira* für Soldaten normalerweise eine ganze Kohorte, was auf 500 bis 600 Mann hinauslaufen würde. Dies kann Johannes nach meiner Überzeugung nicht gemeint haben. Sicher kannte er die Verhältnisse und wusste, dass es geradezu lächerlich gewesen wäre, wenn die römischen Befehlshaber die gesamte Besatzung der Festung Antonia losgeschickt hätten, um einen Jesus festzusetzen. Gemeint ist wahrscheinlich, dass einige römische Soldaten die Tempelwache eskortierten. Vielleicht war eine Art Verbindungsoffizier dabei, der Kontakt zu den Soldaten in der Festung Antonia hielt. Johannes zufolge wichen die Soldaten zurück und fielen zu Boden (18,6), als Jesus ihnen sagte: »Ich bin's!« Statt eines physischen Zusammenbruchs muss man sich hier wohl eher eine Art Bestürzung über die erschütternde Lage vorstellen. In den Evangelien ist ja mehrfach von Römern die Rede, die von den Ereignissen überwältigt wurden.

Auch wenn es einen Verbindungsoffizier gab, so deutet zweierlei darauf hin, dass das Verhaftungskommando hauptsächlich aus Männern der Tempelwache bestand: zum einen die geographische Nähe des Tempels. Ein Trupp zur Ergreifung Jesu konnte relativ bequem vom Osteingang des Tempels aus durch das Kidrontal marschieren und dann im Garten Gethsemane zuschlagen. Dazu passt auch, dass Jesus den Soldaten vorhält, dass sie es nicht gewagt hatten, ihn zu verhaften, als er im Tempel lehrte.[33] Ein entsprechendes Kommando nahm später wahrscheinlich auch die Apostel gefangen und brachte sie vor den Sanhedrin (Hohen Rat): » Noch während Petrus und die anderen Apostel zu den Leuten sprachen, kamen einige Priester, der Hauptmann der Tempelwache und ein paar Sadduzäer auf sie zu.« (Apg 4,1)

Wie wir gesehen haben, überließen die Römer die Arbeit möglichst den lokalen Ordnungskräften. Die Tempelwache rekrutierte sich genau wie die Priesterschaft aus dem Stamm der Leviten. Sie dienten als Türwächter am Eingang des Heiligtums, patrouillierten in den Höfen und standen auf der Befestigungsmauer um den Hof der Heiden Wache. Diese Streitmacht unterstand dem Sanhedrin und dürfte deshalb auch eingesetzt worden sein, um Jesus im Garten Gethsemane zu verhaften.[34] Ihr Anführer oder Hauptmann war als der »Mann des Tempelbergs« bekannt. Bei seiner allabendlichen Inspektion musste ihm jeder Wachsoldat den Friedensgruß entbieten, um zu zeigen, dass er wach war.[35] Begleitet wurden diese Wächter von einigen Tempeldienern, zu deren Aufgaben es gehörte, den Hohepriestern beim An- und Entkleiden zu helfen und die Höfe sowie die anderen Freiflächen zu fegen. (Eine Ausnahme war der Priesterhof.

Er durfte von Nichtpriestern nur zur Darbringung von Opfern betreten werden.) Angeführt wurden die Tempelwächter von den Hohepriestern und vom Vertreter des obersten Priesters – seinem »Diener« –, der seinem Herrn dann fraglos Bericht erstatten würde.

»Er ging zu Jesus, um ihn mit einem Kuss zu begrüßen«

Die Geste des Judas, der Jesus küsst, stellt einen der erschütterndsten Momente in dieser schockierenden Nacht dar. Selbst Jesus erscheint verblüfft:

> Aber Jesus fragte ihn: »Judas, willst du den Menschensohn mit einem Kuss verraten?« (Lk 22,48)

Warum küsste Judas Jesus? Der Gedanke, dass er ihn damit für seine Häscher identifizieren wollte, ist abwegig. Immerhin handelte es sich um keine verdeckte Aktion. Es war eine Vollmondnacht, und zudem brannten Fackeln. Jesus war also auch so zu erkennen. Und es konnte auch nicht darum gegangen sein, das Überraschungsmoment zu nutzen: Die Jünger mussten bemerkt haben, dass etwas im Gange war, als all diese Bewaffneten in den Garten drängten.

In der damaligen Gesellschaft löste eine solche Zurschaustellung von Zuneigung befremdete Reaktionen aus. Zur Zeit Jesu wurde der öffentliche Kuss unter Juden wahrscheinlich nicht praktiziert.[36] Das Gleiche galt auch für die umliegende griechisch-römische Welt. Bei den Römern war ein »sozialer Kuss«, wie man ihn nennen könnte, außer bei Aristokraten unüblich.[37] Dagegen scheint der Kuss unter den Anhängern Jesu zur gewohnten Begrüßung gehört zu haben. So rügt Jesus Simon den Pharisäer, weil dieser ihn nicht mit einem Kuss willkommen hieß – anders als die Frau, die ihm sogar die Füße küsste (Lk 7,45). Paulus forderte seine Briefpartner häufig dazu auf, »sich mit einem heiligen Kuss zu begrüßen«.[38] Offenbar war der Kuss in der Urkirche ein so wichtiges Kennzeichen der Zugehörigkeit, dass er auch in die Liturgie einging. Und dieser unverwechselbar christliche Akt wurde nicht nur bei Versammlungen, sondern auch bei anderen Gelegenheiten gepflegt.[39] Folglich wies der Kuss die ersten Christen als Mitglieder einer großen Familie aus: »Jetzt ist es nicht mehr wichtig, ob ihr Juden oder Griechen, Sklaven oder Freie, Männer oder Frauen seid: In Christus seid ihr alle eins.« (Gal 3,28) Wer sich küsste, bekannte sich zu Jesus und dessen Gemeinschaft.[40] Der Kuss war damit »ein Ausdruck einer revolutionären gesellschaftlichen Verbundenheit und/oder einer radikalen Gleichheit«.[41]

Also küsste Judas Jesus vielleicht nur als übliches Begrüßungszeichen, wie es die Jünger typischerweise taten. Deswegen reagierte Jesus auch so schockiert. Er war nicht über den Verrat bestürzt, den er ja erwartet hatte, sondern darüber, dass Judas dabei eines der Erkennungszeichen seiner Jünger benutzte. Damit beging er nicht nur an ihm selbst Verrat, sondern auch an ihren Ritualen und besonderen Gepflogenheiten. Er kündigte die Zugehörigkeit zu diesem Kreis auf, indem er einen Akt missbrauchte, der sie alle miteinander verband.

Vielleicht war es auch gar nicht so geplant gewesen. Judas' kaltschnäuzig wirkender Akt könnte auch instinktiv erfolgt sein. Er begrüßte Jesus so, wie er ihn seit drei Jahren begrüßte. Vielleicht wurde der Verräter in dieser Nacht im Garten Gethsemane einfach noch von der Macht der Gewohnheit beherrscht?[42]

»Entsetzt verließen ihn alle Jünger und flohen«

Gleich nach dem Kuss kommt es zu einem Handgemenge, bei dem Petrus dem Diener des Hohepriesters ein Ohr abschlägt. Johannes gibt ihm den Namen Malchus. Wie bei anderen Gelegenheiten – so bei der Salbung in Betanien – offenbart Johannes den Namen einer Figur, die bei Markus anonym bleibt. Er verrät auch, dass Petrus die Tat begangen hat. Der Theologe Richard Bauckham hat überzeugend dargelegt, warum die früheren Verfasser der Evangelien Namen verschweigen, die Johannes später preisgibt: Die Synoptiker bemühten sich, eine schützende Anonymität aufrechtzuerhalten. Mit anderen Worten: Sie hätten den lebenden Petrus in Gefahr gebracht, wenn sie seinen Namen öffentlich im Zusammenhang mit einer Gewalttat genannt hätten. Als schließlich Johannes seinen Bericht schreibt, ist Petrus längst tot und muss nicht mehr geschützt werden.[43]

Und wenn sich Johannes zumindest teilweise auf Augenzeugen stützen konnte, dann waren die handelnden Personen dieses Zwischenfalls in Jerusalem wahrscheinlich gut bekannt.

Wie dem auch sei: Petrus hat die Ironie, mit der sich Jesus im Abendmahlsaal zu den Schwertern geäußert hat, nicht verstanden und schlägt dem Diener ein Ohr ab. Jesus heilt daraufhin die Wunde: Widerstand ist nicht angesagt. Ab jetzt weist ihnen die Gewaltlosigkeit den Weg. Da keine Gegenwehr mehr möglich ist, suchen die Jünger das Weite. »Entsetzt verließen ihn alle Jünger und flohen«, heißt es bei Markus (14,50). Ihre Haltung ist nicht weiter verwunderlich, da ihnen ihr Meister doch verboten hatte, sich zur Wehr zu setzen. Es muss eine schreckliche Situation gewesen sein: Nur einen Augenblick zuvor waren sie zum Umfallen müde gewesen – und jetzt Getrampel, Rufe, Fackeln und Schwerter. Und einer der Ihren hat alle ihre Hoffnungen zerstört.

Sie fliehen und lassen alles zurück – in einem Fall sogar buchstäblich: Markus berichtet von einem jungen Mann, der sich der Verhaftung nur entziehen kann, indem er sein Gewand zurücklässt, ein schlichtes ärmelloses Tuch aus Leinen – griechisch: *Sindon* –, das er um seinen Körper geschlungen hatte.

Wer war dieser Mann? Verschiedene Namen wurden genannt, sogar der von Markus selbst, obwohl Markus nach dem Zeugnis der Urkirche Jesus nie persönlich begegnet war. Dass Markus den Namen des Mannes nicht nennt, deutet darauf hin, dass er nicht zu den zwölf gehörte. Wir erfahren nur, dass er jung war und dass sich das Verhaftungskommando bemühte, ihn zu ergreifen, was bei den übrigen Anhängern Jesu nicht der Fall war. Offenbar konnten alle anderen problemlos verschwinden – sogar Petrus, obwohl er eine Gewalttat begangen hatte. Und ihm stellten die Soldaten wohl auch nicht nach, denn er kehrte kurz darauf wieder um und folgte dem Verhaftungskommando zurück nach Jerusalem. Nur diesen einen »packten« die Soldaten.

Warum? Vielleicht handelt es sich um die andere Person, welche die sadduzäischen Führer unbedingt dingfest machen wollten. Wie wir bereits gesehen haben, stand auch Lazarus auf ihrer Hinrichtungsliste, weil er sich mit seiner Auferweckung von den Toten an ihrer Theologie versündigt hatte. Ich habe an anderer Stelle dargelegt, dass Lazarus ein junger Mann war. Der Diener des Hohepriesters könnte durchaus die Order gehabt haben, möglichst beide, Jesus und Lazarus, festzunehmen.

Wenn es Lazarus war, warum wurde er dann nicht benannt? Vielleicht aus dem bereits genannten Grund: um ihn zu schützen. Wie im Fall des Malchus gibt Johannes manchen Personen, die in den anderen Evangelien anonym bleiben, einen Namen. Der Mann, der sich seiner Verhaftung nur mit knapper Not entziehen kann, taucht nur im Johan-

Die Stufen aus dem 1. Jahrhundert führten von der Ober- zur Unterstadt hinab. Diese oder eine ähnliche Straße dürfte Jesus vom Abendmahlsaal aus in den Garten Gethsemane genommen haben. Und über sie wurde er nach der Verhaftung wohl auch wieder zurückgeführt.

nesevangelium auf. Als Markus seinen Text verfasste, könnte Lazarus noch als Verfolgter in Judäa gelebt haben. Seine Wiederauferstehung hatte – mehr als die anderen Wundertaten Jesu – auch politische Auswirkungen. Markus schrieb sein Evangelium wahrscheinlich in der Mitte der 60er Jahre. Um die gleiche Zeit wurde in Judäa Jakobus, der Bruder Jesu, auf Anweisung von Hannas gesteinigt. Das politische Klima in und um Jerusalem war folglich noch immer stark angespannt. Deswegen könnte Markus nicht nur Lazarus' Namen, sondern gleich die gesamte Episode verschwiegen haben. Als Johannes sein Evangelium niederschrieb, war der Tempel bereits zerstört und die Macht der Sadduzäer gebrochen. Jetzt konnte die ganze Geschichte erzählt werden.[44]

Der eigentliche Zweck dieser Episode ist, zu zeigen, dass Jesu Anhänger so verzweifelt zu entkommen suchten, dass einer sogar seine Kleidung zurückließ. Wer der junge Mann auch war, die Gefolgsleute Jesu machten sich, so schnell sie konnten, aus dem Staub. Am Ende bleiben nur Jesus und Judas zurück. Die Operation ist ausgeführt. Das Kommando hat den Mann gefasst. Jesus wird gefesselt durch das Tal und durch die Straßen Jerusalems geführt.

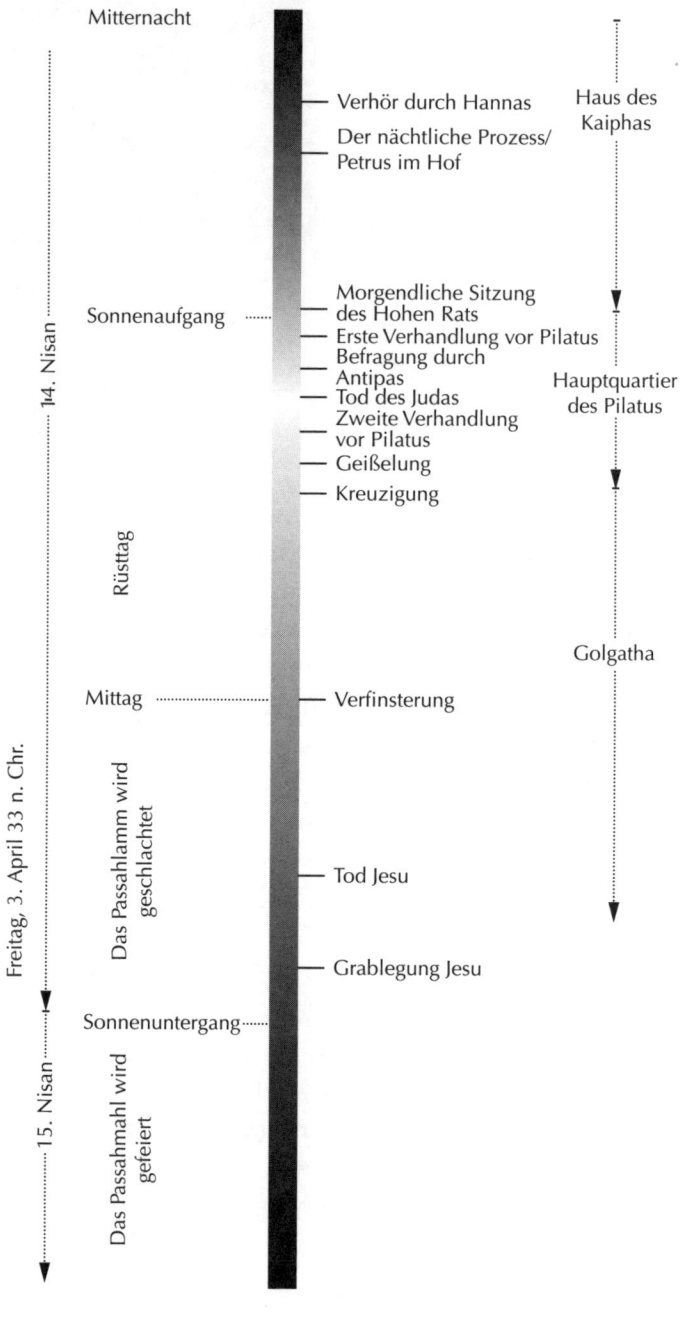

Mitternacht

Verhör durch Hannas

Der nächtliche Prozess/
Petrus im Hof

Haus des
Kaiphas

Sonnenaufgang

Morgendliche Sitzung
des Hohen Rats

Erste Verhandlung vor Pilatus

Befragung durch
Antipas

Tod des Judas

Zweite Verhandlung
vor Pilatus

Geißelung

Kreuzigung

Hauptquartier
des Pilatus

Rüsttag

Golgatha

Mittag

Verfinsterung

Tod Jesu

Grablegung Jesu

Sonnenuntergang

14. Nisan

Freitag, 3. April 33 n. Chr.

15. Nisan

Das Passahlamm wird
geschlachtet

Das Passahmahl wird
gefeiert

Sechster Tag:
Die Hinrichtung

Freitag, 3. April

Verhör durch Hannas: Kaiphas' Haus,
Freitag in den frühen Morgenstunden
Der nächtliche Prozess: Kaiphas' Haus,
Freitag in den frühen Morgenstunden
Petrus im Hof: Kaiphas' Haus, vor Sonnenaufgang
Morgendliche Sitzung des Hohen Rates:
Kaiphas' Haus, 6 Uhr.
Die erste Verhandlung vor Pilatus:
Palast Herodes' des Großen, 7 Uhr
Verhör durch Antipas: Hasmonäer-Palast, 7.30 Uhr
Judas' Tod: Schatzkammer des Tempels, 8 Uhr
Die zweite Verhandlung vor Pilatus:
Palast Herodes' des Großen, 8 Uhr
Die Geißelung: Palast Herodes' des Großen, 8.15 Uhr
Die Kreuzigung: Golgatha, 9 Uhr
Die Verfinsterung: Golgatha, 12 Uhr
Der Tod Jesu: im ganzen Land, 15 Uhr
Die Grablegung Jesu: nahe Golgatha, 16 Uhr

Das Verhör durch Hannas

Ort: Kaiphas' Haus
Zeit: früh am Morgen

Auf welcher Route wurde Jesus abgeführt? Durch das West-
tor des Tempels über den Vorplatz und die Brücke? Oder,
was wahrscheinlich ist, durch das Kidrontal, dann durch eines der südöstlichen Tore Jerusalems und die Stufen nach
oben? Das Ziel war jedenfalls klar: das Haus des Hohepriesters in der Oberstadt. Statt von Kaiphas selbst wird Jesus
allerdings zunächst von dessen Schwiegervater Hannas verhört:

> Der römische Offizier befahl seinen Soldaten und den Die-
> nern des Hohenpriesters, Jesus festzunehmen und zu fesseln.
> Dann brachten sie ihn zu Hannas, dem Schwiegervater von
> Kaiphas, der in diesem Jahr Hoherpriester war. (Joh 18,12–13)

Nur Johannes beschreibt diese Szene, deren historischer
Wahrheitsgehalt häufig angezweifelt wurde. Kritiker konzentrieren sich gewöhnlich darauf, dass Hannas – oder Ananus, wie Josephus ihn nennt – damals kein Hoherpriester war
und folglich auch keine juristischen Befugnisse hatte. Das
setzt allerdings voraus, dass die Verhaftung, der Prozess und
die Hinrichtung Jesu nach konventionellem Recht erfolgt
seien. Dagegen deckt sich das Bild des Hannas aus den historischen Quellen exakt mit dem des Johannes. Er war ein
verdienter Staatsmann, eine politische Größe und der Be-
gründer einer Dynastie – eben einer der Männer, die nach
Ende ihrer politischen Laufbahn ihre Macht und ihren Einfluss behalten.

Johannes verknüpft die Szene der Begegnung mit Hannas
mit der Episode der Verleugnung durch Petrus, indem er

Die Familie Hanan

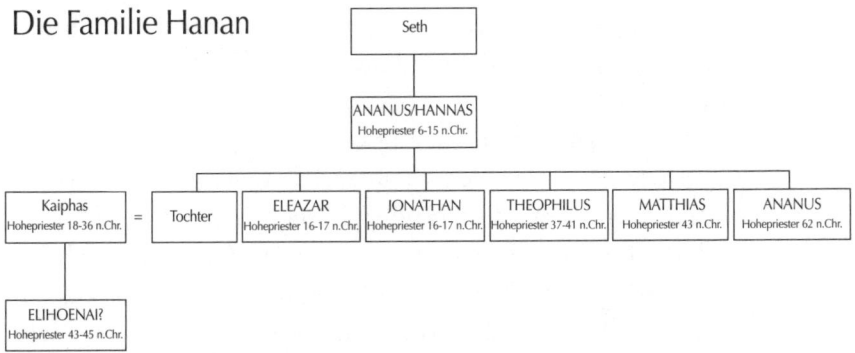

			Seth			

ANANUS/HANNAS
Hohepriester 6-15 n.Chr.

Kaiphas	=	Tochter	ELEAZAR	JONATHAN	THEOPHILUS	MATTHIAS	ANANUS
Hohepriester 18-36 n.Chr.			Hohepriester 16-17 n.Chr.	Hohepriester 16-17 n.Chr.	Hohepriester 37-41 n.Chr.	Hohepriester 43 n.Chr.	Hohepriester 62 n.Chr.

ELIHOENAI?
Hohepriester 43-45 n.Chr.

das Verhör im Haus des Kaiphas spielen lässt. Dies ist durchaus plausibel: Die Familien der Hohepriester lebten in der Oberstadt wahrscheinlich in enger Nachbarschaft zusammen. Ebenso wahrscheinlich hat Kaiphas, der mit den Vorbereitungen für das Passahfest beschäftigt war, die Verhaftungsaktion an seinen Schwiegervater delegiert. Dieser Mann hatte schließlich beträchtliche Erfahrung in der jüdischen Politik.

Hannas befragt Jesus »über seine Jünger und über seine Lehre«. Vielleicht ahnt er bereits, dass hinter dieser Bewegung mehr als nur ein charismatischer Führer steckt. Allerdings weigert sich Jesus, ihm mehr als das zu sagen, was er bereits weiß. Er hat im Tempel offen gesprochen. »Frag doch alle, die mich gehört haben! Sie wissen, was ich gesagt habe.« (Joh 18, 21) Ein Knecht quittiert diese Respektlosigkeit mit einem Schlag in Jesu Gesicht: »Redet man so mit dem Hohepriester?«, sagt er. Jesus entgegnet: »Wenn ich etwas Böses gesagt habe, dann weise es mir nach! Habe ich aber die Wahrheit gesagt, weshalb schlägst du mich?« Diese Entgegnung sagt alles über diese Szene. Sie spielt sich in einer rechtlichen Grauzone ab. Dieses Verhör folgt weder Recht noch Gesetz. Es wird vielmehr von bedeutenden Figuren im politischen Filz des Jüdischen Tempels geführt; vielleicht sogar von *der* Hauptfigur. Hannas oder Ananus, wie er bei Josephus heißt, war von den Römern zum Hohepriester ernannt worden und übte dieses Amt von 6 bis 15 n. Chr. aus.[1] Wie erwähnt, begründete er eine Dynastie von Hohepriestern – das Haus Hannas –, die jahrzehntelang die Zügel der Macht in den Händen hielt. Fünf seiner Söhne sollten das Amt des Hohepriesters bekleiden: Eleazar (16 bis17 n. Chr.), Jonathan (36 bis 37 n. Chr.), Theophilus (37 bis 41 n. Chr.), Matthias (43 n. Chr.) und Hannas (63 n. Chr.). Kaiphas, der das Amt von 18–36 innehatte, war sein Schwiegersohn. (Möglicherweise gab es weitere Verwandte. Elionaeus ben Cantheras, der unter Agrippa Hohepriester war, ist möglicherweise der Elihoenai, Sohn des Ha-Kayyaph, der in der Mischna erwähnt wird. Damit wäre er Kaiphas' Sohn und Hannas' Enkel.)[2] Tatsächlich gab es zwischen den Jahren 6 und 43 nur zwei Jahre, in denen kein Sohn oder Schwiegersohn von Hannas Hohepriester war.[3]

Und nicht nur bei Johannes spiegelt sich wider, dass Hannas die Ereignisse seiner Zeit nachhaltig mitgeprägt hat. So schreibt beispielsweise Lukas über den Beginn der Mission Johannes' des Täufers: »Pontius Pilatus war Statthalter von Judäa, Herodes Tetrarch von Galiläa [...] Hohepriester waren Hannas [Ananus] und Kaiphas« (Lk 3,1–2). Lukas vermerkt zudem, als Petrus vor dem Hohen Rat gestanden habe, hätten sich »der Hohepriester Hannas, Kaiphas, Johannes, Alexander und andere aus der Verwandtschaft des Hohenpriesters« versammelt (Apg 4,6.). Somit gibt es drei Hinweise zu Hannas' fortgesetzter Beteiligung am politischen Geschehen im Neuen Testament. Zwei von ihnen stehen nicht im Bericht des Johannes. Die Hinweise von Lukas und Johannes erscheinen so als politische Realitäten: Ein Hohepriester blieb auf immer Hohepriester, auch nach seinem Ausscheiden aus dem Amt, so wie ein amerikanischer Präsident auch nach Ende seiner Amtszeit noch mit »Mr. President« angeredet wird.[4] Und sollte dieser Hohepriester

tatsächlich das Oberhaupt der machthabenden Dynastie gewesen sein, dann spielte er in den politischen Entscheidun-
gen seiner Zeit weiterhin eine bedeutende Rolle. Wenn jemand in der »längsten Woche« hinter den Kulissen wirkte,
so Hannas, das Oberhaupt der Familie.

Aber woher sollte sein großes Interesse an Jesus rühren?
Die Antwort liegt vielleicht in dessen Protest gegen den
Tempel, der, wie wir gesehen haben, insbesondere Hannas'
Haus beleidigt hatte. Hannas oder Ananus war kein seltener
Name, und wo er in der rabbinischen Literatur auftaucht,
muss es sich nicht zwangsweise um ein Mitglied derselben
Familie gehandelt haben. Dennoch besteht kein Zweifel,
dass das Haus Hannas' mit Blick auf Jesus, dessen Gefolg-
schaft und dessen Familie von einiger Bedeutung ist. Wie
wir sahen, wurde Petrus vor den Hohen Rat geschleppt,
dem Hannas, Kaiphas, Johannes und Alexander angehörten.
Bei diesem »Johannes« handelt es sich wahrscheinlich um
Hannas' Sohn Jonathan. Vor einem so zusammengesetzten
Gericht erscheint Petrus' Äußerung – »… im Namen Jesu
Christi von Nazareth. Er ist es, den ihr gekreuzigt habt und
den Gott von den Toten auferweckte« (Apg 4,10) – deutlich
treffender und gewichtiger. Oberflächlich betrachtet, war
zwar keiner der Anwesenden, zu denen Petrus spricht, an
der Kreuzigung Jesu beteiligt. Doch wenn er zu ihnen als zu
der Familie spricht, die Jesus verhaftet und den Römern
übergeben hat, dann handelt es sich hier nicht um ein frühes
Glaubensbekenntnis: Seine Äußerung ist als Anklage gegen
das ganze Haus Hannas zu verstehen: »Ihr habt diesen Mann
gekreuzigt.«

Der Groll gegen Jesus reichte allerdings weiter. Im Jahr 62
wurde Hannas' Sohn Hannas II. Hohepriester. Nach dem
Tod des römischen Statthalters nutzte dieser das Macht-
vakuum und berief den Sanhedrin ein, um Jakobus, dem
Bruder Jesu, »und gewissen anderen« den Prozess zu ma-

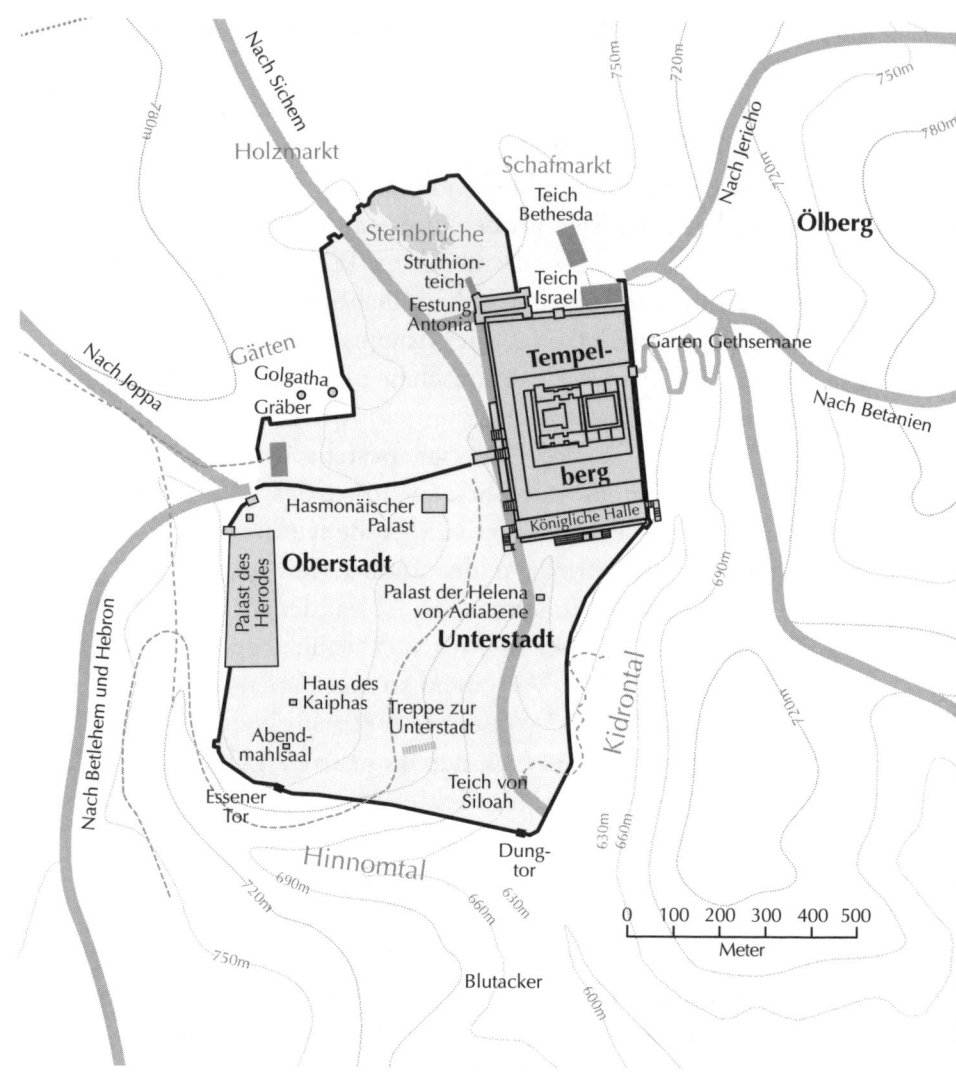

Gleiche Route, verschiedene Ziele:
die Wege Jesu am Donnerstag/Freitag
1. Von Betanien zum Abendmahlsaal, Donnerstagnachmittag
2. Vom Abendmahlsaal zum Garten Gethsemane, Donnerstagnacht
3. Von Gethsemane zum Haus des Kaiphas, Donnerstagnacht/Freitagmorgen

242

chen. Er warf ihnen Gesetzesbrüche vor und verlangte ihre Steinigung. Aufrecht gesinnte Einwohner der Stadt, so ist verzeichnet, seien über das Vorgehen so empört gewesen, dass sie eine Delegation entsandten, um sich bei König Agrippa zu beschweren. Zudem suchten sie den neuen römischen Statthalter Albinus auf, der gerade in die Provinz unterwegs war. Albinus, wütend über die eigenmächtige Aktion, schrieb daraufhin Agrippa. Hannas wurde unverzüglich aus dem Amt entfernt.[5]

Diese Familie amtierte nun zu Jesu Zeit in Jerusalem. Die Vorstellung, dass ein Sanhedrin oder Hoher Rat die Dinge entschieden hätte, ist weit gefehlt. Jerusalem wurde vielmehr von einer Familie beherrscht: vom Haus des Hannas. Und Jesu erste Begegnung nach der Verhaftung war die mit dem Elder Statesman, dem Clanführer oder Oberhaupt dieser Familie.

Der nächtliche Prozess

Ort: Haus des Kaiphas
Zeit: in den frühen Morgenstunden

Nach dem Verhör durch Hannas wird Jesus einem größeren Kreis vorgeführt. Markus charakterisiert die Versammlung als »alle Hohepriester und Ältesten und Schriftgelehrten«. Bei Lukas sind es »die führenden Männer des Volkes, die Hohenpriester und die Schriftgelehrten, also der Hohe Rat« (Lk 22,66). Bei Matthäus führt »man Jesus dem Hohenpriester Kaiphas« vor, »bei dem sich die Schriftgelehrten und die führenden Männer des Volkes versammelt hatten« (Mt 26,57). Bei Johannes ist nur vom Hohepriester Kaiphas die Rede, ohne weitere Ausführungen über die Verhandlung und ihre Teilnehmer (Joh 18,24.28).

Wir sollten uns vor der Annahme hüten, dass der Rat ein offizielles Gremium darstellte. Es ist nicht einmal klar, was Markus und die anderen mit »Hohepriester« meinen. Ist es eine offizielle Rangbezeichnung im Tempel? Aller Wahrscheinlichkeit nach meint Markus die machthabende Gruppe – die Unterstützer und Anhänger des sadduzäischen Hauses Hannas.

Die Evangelien unterscheiden sich auch in der Reihenfolge der Ereignisse:

- Markus: Begegnung mit dem Hohepriester (14,53.55–64); Verspottung und Schläge (14,65); Verleugnung durch Petrus; morgendliche Versammlung des Rats (15,1).
- Matthäus: Begegnung mit dem Hohepriester (26,57–65); Verspottung und Schläge (26,67–68); Verleugnung durch Petrus (26,69–75); morgendliche Versammlung des Rats (27,1–2).
- Lukas: Verleugnung durch Petrus (22,54–62); Verspottung und Schläge (22,63–65); morgendliche Versammlung des Rats (22,66–71).
- Johannes: Begegnung mit Hannas (18,13–14.19–24); Verleugnung durch Petrus (18,15–18.25–27); Begegnung mit dem Hohepriester (18,24).

Vom Verhör durch Hannas abgesehen, gibt es beim Ablauf ein gemeinsames Muster. Lukas vermerkt zwar keine Einzelheiten zu der Begegnung mit dem Hohepriester tief in der Nacht und früh am Morgen, aber er berichtet, dass Jesus bei Nacht zu Kaiphas' Haus geführt wurde – und ebenso, dass sich Petrus eine Zeitlang in dessen Hof aufhielt. (Die Zeit zwischen dem ersten und dem zweiten Mal, da Petrus auf seine Gefolgschaft zu Jesus angesprochen wird, beträgt »ungefähr eine Stunde« (Lk 22,59). So hat Kaiphas ausreichend Zeit für ein Verhör.

Daraus ergibt sich grob folgender Ablauf:

- Jesus wird verhaftet und zum Wohnsitz des Hohepriesters gebracht.
- Er wird zunächst von Hannas befragt, dem ehemaligen Hohepriester und altgedienten Staatsmann aus dem führenden Haus Hannas.
- Anschließend wird er von Kaiphas und dessen Beratern verhört. Diese beschuldigen ihn, die Zerstörung des Tempels zu planen und Gotteslästerung begangen zu haben.
- Während dieser Versammlung leugnet Petrus, dass er Jesus kennt.
- Jesus wird durch den Tempelhof zurückgeführt und sieht dort Petrus (Lk 22,61).
- Er wird erniedrigt, körperlich misshandelt und eingesperrt (Lk 22,63).
- Bei Tagesanbruch wird Jesus einer zweiten Gruppe aus dem Tempel vorgeführt, wahrscheinlich einem hastig einberufenen »Sanhedrin«, in dem jetzt auch Personen vertreten sind, die auf der nächtlichen Versammlung gefehlt haben. Man beschuldigt ihn der Gotteslästerung und kommt überein, ihn zu Pilatus zu schicken.

»Alle Hohenpriester und Schriftgelehrten und die führenden Männer des Volkes ...«

Der Prozess war Gegenstand zahlreicher Untersuchungen, in denen aufgrund juristischer Unregelmäßigkeiten Zweifel an der Darstellung in den Evangelien aufkamen. »So kann es nicht gewesen sein«, sagten die Kritiker. »Dies wäre ungesetzlich gewesen.« Gegen die Darstellung der Verfahrensabläufe wurde Folgendes eingewendet:

- Die Verhandlung lief nachts ab.
- Es wurde an einem Feiertag verhandelt.

- In den Berichten fehlt die gesetzlich verankerte Berufung.
- Der Vorwurf der Gotteslästerung widerspricht der in der Mischna niedergelegten Rechtsetzung.[6]
- Die Versammlung im Haus des Hohepriesters wäre ungesetzlich gewesen.

Zunächst einmal ist hervorzuheben, dass die Rechtsvorschriften, auf die sich die Analyse gründet, in der Mischna erst nach 200 n. Chr. niedergelegt wurden. Es gibt absolut keinen Beweis dafür, dass sie schon zur Zeit der Verhaftung Jesu in Kraft waren. Tatsächlich wird der Sanhedrin in der Mischna irreführend dargestellt.

Zweitens – und das ist wohl von grundsätzlicher Bedeutung – verrät die schiere Vorstellung, dieses Verfahren hätte in legalen Bahnen verlaufen müssen, ein geradezu anrührendes Vertrauen in den Rechtsstaat des 1. Jahrhunderts. In den antiken Städten existierte keine Rechtsstaatlichkeit im modernen Sinn. Es gab keine unabhängige Justiz und keine Medien, keine Genfer Konvention und keine UN-Charta der Menschenrechte. Der Gedanke, der Hohe Rat hätte nachts nicht zusammentreten können, »weil es so nicht in den Dienstvorschriften steht«, ist aberwitzig. In dieser Welt des politischen Filzes wurden Vorschriften schlicht ignoriert. Und dies betrifft nicht nur die damals herrschende Sadduzäerfamilie. Fakt ist, dass faire Gerichtsverfahren in der Antike sehr selten waren. Und sobald die Politik ins Spiel kam, stand selbst im gefeierten römischen Rechtssystem das Urteil im Allgemeinen schon vor Beginn der Verhandlung fest. Diese war nur noch reine Formsache.

Bei der ersten Begegnung mit Kaiphas versuchte man zumindest, den Anschein eines fairen Verfahrens zu wahren. Zeugen wurden geladen und Aussagen aufgenommen (Mk 14,56). Der Hauptanklagepunkt lautete, Jesus habe eine Verschwörung anzetteln wollen, um den Tempel zu zerstören

(Mk 14,56–61). Vorgeworfen wurde ihm folglich die Planung eines terroristischen Aktes. Anschließend befragt Kaiphas Jesus nach seiner Behauptung, wonach er der Messias sei (Mt 26,63–66; Mk 14,62–64). Nur hier gibt Jesus eine Antwort, die – zumindest in den Augen seiner Ankläger – auf ein Geständnis hinausläuft:

> Aber Jesus schwieg. Da stellte ihm der Hohepriester eine weitere Frage: »Bist du Christus, der Sohn Gottes?« – »Ja, der bin ich«, antwortete Jesus. »Ihr werdet den Menschensohn an der rechten Seite Gottes sitzen und auf den Wolken des Himmels kommen sehen.« (Mk 14,61–62)

Dies ist die letzte Äußerung zum Schicksal Jesu. Er ist der Messias und steht für den Beginn eines neuen Königreichs. Dabei ist anzumerken, dass Jesus nicht deshalb Gotteslästerung vorgeworfen wird, weil er sich den Titel des Messias anmaßt: Der Messias ist aus jüdischer Sicht kein göttliches Wesen. Eher fasst man seine Behauptung, dass er eines Tages »zur Rechten der Macht sitzen werde«, als eine Gleichsetzung mit Gott auf. Seine Äußerung, dass er mit den Wolken des Himmels kommen und dass ein neues Königreich heraufziehen werde, ist eine klare Verurteilung der gegenwärtigen Herrschaft. Seine Hinweise auf die Zerstörung und den Wiederaufbau des Tempels sind offenkundig Metaphern für die Ankunft des Messias. Allerdings kann es gefährlich sein, mit solchen Metaphern Diktatoren und Mächtige aufs Korn zu nehmen – vor allem, wenn ihnen die Phantasie fehlt, um sie richtig zu verstehen. Ohnehin ist schon vor Tagen, wenn nicht vor Monaten die Entscheidung gefallen, Jesus zu töten. Nach seinen Aktionen in dieser Woche würde ihm jede Äußerung als Gotteslästerung ausgelegt.

Wie beim Verhör vor Hannas verraten die Verhöhnung und die Schläge alles über das Verfahren: Dies ist die Sprache der Macht, nicht die des Rechts. Der Hohn, mit dem die Sadduzäer Jesus übergießen, ist für sie charakteristisch: Sie glauben nicht an Engel oder einen prophetischen Geist. Indem sie Jesus auffordern, er solle mit seinen verbundenen Augen »prophezeien«, von wem er geschlagen werde, posaunen sie voller Brutalität ihre Theologie hinaus (Mk 14,65).

Insgesamt trägt das Verhör vor Kaiphas alle Merkmale eines Schauprozesses, den die sadduzäischen Hohepriester eiligst organisiert haben. Dies war keine offizielle Vollversammlung des Sanhedrins – eine solche wurde nicht benötigt –, sondern ein Femegericht, durchgepeitscht in einer Nacht-und-Nebel-Aktion. Und so behandelten Jerusalems Führer – wie Jesus stets sagte – eben ihre Propheten.

Petrus im Hof

Ort: Haus des Kaiphas
Zeit: am frühen Morgen

Während Jesus im Haus des Hohepriesters vor seinen Anklägern steht, ist Petrus in dessen Hof gelangt.

Die Verleugnung Jesu durch Petrus ist eine der bekanntesten Episoden aus der Passionsgeschichte. Außerdem gehört sie zu den relativ wenigen, die in allen vier Evangelien auftauchen. Und sie fällt in die Kategorie jener Geschichten, von denen wir sagen könnten, sie sind »so übel, dass sie wahr sein müssen«. Sie rückt Petrus – zumindest am Anfang – in ein sehr schlechtes Licht, und es ist kaum vorstellbar, dass sie von den Evangelisten erfunden wurde. Könnten diese sich eine Geschichte zur »Letzten Woche« Jesu ausgedacht haben, in der die Schlüsselfigur der neuen Bewegung ihren Herrn verrät?

Doch etwas stört, wenn diese Episode tatsächlich so stattgefunden hat: Wie kam Petrus in diesen Hof? Die Häuser in der Stadt waren gut gesichert, vor allem nachts. Die Mauern zur Straße hatten keine Fenster, nur ein Tor, das im vorliegenden Fall mit einer Pförtnerin besetzt war. Zu den Höfen hatte nicht jeder so einfach Zutritt. Diese wurden streng bewacht. So zeigte sich bei Ausgrabungen, dass der offene Hof in einer bedeutenden palastartigen Villa in Jerusalem nicht in einer Ecke, sondern direkt im Zentrum des Baus lag. Ein Besucher kam nur hinein, wenn er das Tor passierte und durch eine Art Korridor Treppen hinabstieg.[7] Ob in diesen Überresten einst tatsächlich der Hohepriester gewohnt hat, ist heute nicht mehr mit Sicherheit feststellbar – auch wenn vier Ritualbäder darauf hindeuten. Noch besser passt die Beschreibung auf eine andere Villa ganz in der Nähe, die über einen größeren offenen Kolonnadenhof verfügte.[8] Entscheidend ist, dass Petrus nicht einfach über eine Hecke klettern konnte, um in dieses Anwesen hineinzugelangen.

Jeder Eingang des Palasts war vermutlich streng bewacht, insbesondere in so spannungsgeladenen Zeiten wie diesen und gerade dann, wenn man hier einen charismatischen Lehrer und Prediger festhielt. Die Tempeloberen sorgten sicher vor, damit nichts ihre Pläne durchkreuzte, Jesus einer raschen Hinrichtung zuzuführen. Wie also konnte es passieren, dass einer seiner Getreuen an den Wachen vorbei in den Hof gelangte?

Johannes erläutert, wie Petrus dies geschafft hat. Er kam nämlich in Begleitung eines »anderen Jüngers«:

Simon Petrus und ein anderer Jünger folgten Jesus, als er abgeführt wurde. Weil dieser andere Jünger mit dem Hohenpriester bekannt war, ließ man ihn bis in den Innenhof des Palastes gehen. Petrus blieb draußen vor dem Tor. Da kam der andere Jünger wieder zurück, redete mit der Pförtnerin und verschaffte Petrus Zutritt. Schon die Pförtnerin fragte Petrus: »Gehörst du nicht auch zu den Jüngern dieses Mannes?« – »Nein, ich nicht!«, antwortete er. (Joh 18,15–17)

Petrus, so erfahren wir, hatte also einen Fürsprecher, der den Hohepriester kannte und der selbst nicht als Sicherheitsrisiko galt. Auffällig ist, dass die Frau am Tor zu Petrus sagt: »Bist du nicht *auch* einer von den Jüngern dieses Menschen?« Demnach war von Petrus' Begleiter bekannt, dass er ein Gefolgsmann Jesu war.

Die Bezeichnung als »Jünger« muss, wie wir gesehen haben, noch nicht heißen, dass er einer der »Zwölf« war. Da diese aus Galiläa stammten, ist es höchst unwahrscheinlich, dass einer von ihnen den Hohepriester persönlich kannte. Im griechischen Text wird die fragliche Person mit der männlichen Bezeichnung »Jünger« belegt. Es war also sicher ein Mann und keine Frau. Zwar hatte Jesus auch weibliche Gefolgsleute, die ebenso ergeben und tapfer wie die Männer waren, aber sie wären damals sicher nicht »Jünger« genannt worden.[9] Wer immer er auch war: Er kannte den Hohepriester offenbar so gut, dass er sofort in dessen Residenz eingelassen wurde, obwohl er doch bekanntermaßen ein Gefolgsmann Jesu war. Trotzdem hielt man ihn nicht für eine Gefahr. Jedem anderen wäre der Zutritt zu dem Palast verwehrt worden, sonst hätte Petrus Jesus auch nicht verleugnet. Es ist auffällig, dass Johannes die fragliche Person nicht benennt: Entweder kennt er sie nicht, oder er will ihre Identität für sich behalten.

Dass der Verfasser des Johannesevangeliums selbst dieser mysteriöse »Jünger« ist, können wir wohl ausschließen. Obwohl er nie explizit identifiziert wird, bezeichnet sich Johannes selbst immer wieder als »der geliebte Jünger«. In seinen fünf anderen Auftritten im Evangelium macht er stets deutlich, dass er der »geliebte Jünger« sei, ein Hinweis, der an dieser Stelle aber fehlt.[10]

Was die anderen herausragenden Jünger angeht, die in Jerusalem lebten – z. B. Nikodemus oder Josef von Arimathäa –, so werden sie hauptsächlich dadurch charakterisiert, dass sie sich nicht offen zu Jesus bekannten. Ihre Beziehung zu Jesus wird erst in der Erzählung nach der Kreuzigung deutlich gemacht. Josef von Arimathäa war ein Jünger Jesu, »doch hatte er das bisher aus Angst vor den Juden [der jüdischen Obrigkeit] verschwiegen« (Joh 19,38). Dass ihre Sympathien bekannt waren, ist unwahrscheinlich. Wir müssen also jemanden finden, den man als Anhänger Jesu kannte, der aber nicht als eine Gefahr gesehen wurde.

Tatsächlich passt dieses Profil auf einen Jünger: Dieser könnte Zugang zum Haus des Hohepriesters gehabt haben und der Frau am Tor bekannt gewesen sein. Und er galt auch sicher nicht als Bedrohung: Judas Iskariot.

Von Judas wissen wir, dass er bei der Verhaftung Jesu anwesend war. Was anschließend geschah, geht aus dem Neuen Testament allerdings nicht hervor. Nachdem er seinen Zweck erfüllt hat, verschwindet er von der Bildfläche. Offensichtlich hat er dem Verhaftungskommando nicht angehört, und er erfüllt alle unsere Kriterien: Er ist ein bekannter Jünger Jesu, stellt aber für die Tempelobrigkeit keine Bedrohung dar. Die Pförtnerin könnte ihn kurz zuvor gesehen haben, als er den Hohepriester über den Verbleib Jesu informierte. Wie hätte er gefährlich sein sollen? Er war ja auf ihrer Seite.

Aber wenn es sich um Judas Iskariot gehandelt hat, warum benennt ihn Johannes dann nicht? Meines Erachtens kann er dies nicht tun. Wie Markus, der den Namen Lazarus verschweigt, geht es Johannes darum, eine schützende Anonymität aufrechtzuerhalten. Allerdings muss dabei nicht Judas, sondern Petrus geschützt werden.

Zur Zeit der Abfassung des Johannesevangeliums war Judas nämlich ein Synonym für Heimtücke und Verrat. Wie wir sehen werden, gibt es in den Evangelien zwei Versionen zu seinem Tod. Spätere Autoren stellen ihn geradezu als Monster, als Inbegriff moralischer Verkommenheit dar. So gibt Papias von Hierapolis, eine ansonsten zuverlässige Quelle aus dem 1. Jahrhundert, folgende Legende wieder:

> Judas wandelte als ein trauriges Beispiel der Gottlosigkeit durch die Welt: Denn sein Leib war so stark aufgetrieben, dass für ihn an einer Stelle, die ein Streitwagen leicht passieren konnte, kein Durchkommen mehr war. Und von einem solchen wurde er denn auch zerquetscht, so dass sein Gedärm herausquoll.[11]

Der wachsende Abscheu vor Judas wird bereits in den Evangelien spürbar. In der Reihe von Matthäus über Lukas bis zu Johannes verfinstert sich sein Bild zusehends. Johannes schützt hier also nicht den Verräter. Vielmehr verschweigt er dessen Namen, damit Petrus mit diesem »Monster« nicht in Verbindung gebracht wird. Er sorgt sich um den Ruf Petri. Vormals konnten die Jünger problemlos in eine Reihe mit Judas gestellt werden, denn sie wussten ja nicht, dass er zum Verräter würde. Nach seiner Tat allerdings lag der Fall natürlich anders.

Wenn man es logisch betrachtet, dann passt meiner Ansicht nach hier alles zusammen. Dass die Verleugnung durch Petrus so schockierend war, spricht stark für den historischen Wahrheitsgehalt dieser Episode. Und um Jesus verleugnen zu können, musste er an den Ort des Geschehens gelangt sein. Und dazu musste ihn jemand in den Hof eingelassen haben.

Warum sollte Judas ihm dabei geholfen haben? Vielleicht aus Gleichgültigkeit? Vielleicht hoffte er, dass sich so ein weiterer Jünger erniedrigen würde? Oder er zeigte bereits Reue und bemühte sich um irgendeine Wiedergutmachung, die natürlich nicht mehr zu leisten war.

»Ich kenne diesen Menschen überhaupt nicht, von dem ihr da redet«

Als Petrus endlich im Hof stand, musste ihm schlagartig der Ernst der Lage bewusst geworden sein. Er, der stets ungestüme und – wenigstens meistens – tapfere Jünger hatte sich plötzlich in die Höhle des Löwen begeben. Und sobald er den Mund aufmachte, würde ihn sein galiläischer Akzent verraten.

Alle Evangelien setzten diesen Gegensatz dramatisch in Szene: Während oben Jesus der Prozess gemacht wird, verleugnet ihn unten Petrus. Er sitzt am Feuer und wärmt sich auf, als das Verhör beginnt. Lukas phantastische Darstellung rüttelt auf: Im Schein des Feuers bemerkte ihn eine Dienerin und sah ihn prüfend an. »Der Mann da war auch bei Jesus!«, rief sie (Lk 22,56). Petrus streitet es ab, worauf kurz darauf ein anderer versichert, dass er ihn erkannt habe. Petrus leugnet ein zweites Mal. Nach einer Stunde behauptet noch einer, er wisse, dass Petrus zu Jesus gehöre. Diesmal weist Petrus alles noch entschiedener von sich. Daraufhin kräht der Hahn. Trotz kleinerer Unterschiede in den einzelnen Schilderungen ist der ungefähre Ablauf klar: Ehe die Sonne aufgeht, wird Jesus von Petrus dreimal verleugnet.

Woran hat man Petrus erkannt? Einer der Männer, die ihn ansprechen, ist ein Verwandter des Mannes, dem er im Garten Gethsemane ein Ohr abgeschlagen hat (Joh 18,27). Vielleicht war der Mann selbst beim Verhaftungskommando dabei und sah Petrus in der Dunkelheit verschwinden. Der wichtigste Faktor ist freilich sein Akzent. Der aramäische

Dialekt der Galiläer forderte bei der kultivierten Schicht in Jerusalem allerhand Spott heraus. Die Galiläer redeten »nicht richtig«. Eine Anekdote handelt von einem Mann aus Galiläa, der in der Stadt auf einem Markt »amar« kaufen will. Die Händler verhöhnen ihn gnadenlos: Will er nun auf einem Esel *[hamâr]* reiten, Wein *[hamar]* trinken, Wolle *['amar]* kaufen oder ein Opferlamm *[immar]* schlachten?[12] Schon aufgrund der Sprache können sich die gebildeten Eliten in Jerusalem unmöglich vorstellen, dass der Messias ein Galiläer sein soll (Joh 7,41.52). Für sie sind diese Leute Tölpel ohne jede Ahnung von der Thora. Ein Messias muss anständig sprechen. Derlei Vorurteile sind uns auch heute nicht fremd. So können sich viele Briten nicht vorstellen, dass heilige Personen wie Jesus, Petrus und die anderen Galiläer aus Birmingham oder aus dem umliegenden Industriegebiet Black Country stammen. Eine Studie kam zu dem Ergebnis, dass »Menschen mit dem typischen näselnden Tonfall der Region um Birmingham als deutlich weniger intelligent gelten als die mit anderen Akzenten«.[13] Jesus war so eine Art »Brummie«, wie die Briten deren Einwohner umgangssprachlich nennen.

Auffällig ist bei Markus, dass die ersten beiden Verleugnungen durch Petrus an unterschiedlichen Orten stattfinden – die erste im Hof *(aule)* und die zweite im Vorhof *(proaulion)*, in den er sich zurückgezogen hatte.[14] Petrus versuchte immer noch, seiner großsprecherischen Behauptung gerecht zu werden, er würde Jesus niemals verlassen. Aber die Angst vor Entdeckung machte ihm einen Strich durch die Rechnung. So entfernt er sich körperlich und seelisch von seinem Meister. Das Ganze trägt sich bis kurz vor Morgengrauen zu. Lukas fügt dem ein weiteres, schlecht passendes Detail hinzu: Jesus dreht sich um und blickt Petrus an (Lk 22,61). Nahm sich Lukas eine poetische Freiheit heraus, um die Tragweite von Petrus' Verrat zu unterstreichen?

Oder bedeutet dies, dass Petrus sich noch im Innenhof von Kaiphas' Haus aufhielt und sich ihre Blicke kreuzten, als Jesus vom Verhör zu seinem Kerker geführt wurde?

Sollte dem so sein, dann wundert es nicht, dass Petrus hinausging und bitterlich weinte.

Ratsversammlung am Morgen

Ort: Kaiphas Haus
Zeit: um 6 Uhr

Bei Tagesanbruch wird Jesus aus irgendeinem Verlies zu einer weiteren Versammlung der Tempelhierarchie geschleppt.

Markus zählt als Teilnehmer die »Hohenpriester, die führenden Männer des Volkes und die Schriftgelehrten« auf, »also der ganze Hohe Rat«. Dabei gebraucht er den Begriff »Sanhedrin« (Mk 15,1).[15] Der Sanhedrin war der Oberste Gerichtshof der jüdischen Nation. Was die Zusammensetzung, die Häufigkeit des Zusammentretens und die Befugnisse dieses Gremiums angeht, so ist vieles unklar. In der Mischna taucht in Bezug auf den Sanhedrin eine idealisierte Darstellung auf – als ein erhabener, offizieller, oberster Gerichtshof, der sich ausschließlich aus Thora-Gelehrten zusammengesetzt habe. Den Vorsitz soll der führende rabbinische Gelehrte innegehabt haben.[16]

Dagegen ist sowohl im Neuen Testament wie bei Josephus vermerkt, dass der Sanhedrin vom Hohepriester geleitet wurde. Die Pharisäer hatten in ihm nur marginalen Einfluss. Es handelt sich um keinen unabhängigen Gerichtshof aus Thora-Gelehrten, sondern um einen Rat unter enger Führung, der auf Ersuchen des Hohepriesters zusammentrat. Der Sanhedrin fungierte bestenfalls als beratendes Gremium, oder er war einfach nur eine Absegnungsinstanz. Die Römer richteten es gerne so ein, dass die Provinzen einer Art eigener Führung unterstanden, auch wenn diese nur dazu gut war, Steuern einzuziehen und Recht zu sprechen. Möglicherweise erfüllte der Sanhedrin diesen Zweck, aber er war nie ein unabhängiges Gremium.[17]

Selbst in einer »regulären« Sitzung war der »Hohe Rat« mit nur wenigen Teilnehmern beschlussfähig. 23 der ordentlichen 71 Mitglieder hätten ein Todesurteil fällen können. Kaiphas könnte für das Verfahren eine ausreichende Anzahl seiner Anhänger einberufen haben. Dies würde erklären, wieso ein Mann wie Joseph von Arimathäa dem Rat angehören konnte, ohne am Urteilsspruch beteiligt gewesen zu sein. Er war abwesend, weil man ihn nicht eingeladen hatte.

Neben dem Rat nennt Markus in seinem Bericht auch die Schriftgelehrten und die führenden Männer des Volkes, wahrscheinlich verdiente Politiker. Bei seiner Aufzählung fällt auf, dass die Pharisäer fehlen. Jesu altgediente Gegner waren an dem Urteil wahrscheinlich nicht beteiligt.[18] Die Schriftgelehrten sollten dem Verfahren wohl einen legalen Anstrich geben. Das sich ergebende Bild deutet auf eine eilig zusammengerufene Gruppe von einflussreichen Leuten hin, die wussten, worauf diese Veranstaltung hinauslief – auf eine Intrige des Hohepriesters und seiner engsten Verbündeten. Tatsächlich trägt diese frühmorgendliche Sitzung alle Züge einer juristischen Farce. In Lukas' Bericht fehlt jeder Hinweis auf eine angebliche Drohung, den Tempel zu zerstören. Stattdessen konzentriert sich die Anklage auf die Behauptung Jesu, er sei der Messias, und insbesondere auf seinen Anspruch, er sei Gottes Sohn.

Doch um Jesus auf Dauer loszuwerden, um ihn zu töten, benötigt die Tempelobrigkeit Unterstützung. Waffen wären ausreichend vorhanden gewesen. Die Tempelwache hätte ihn mit dem Schwert erschlagen oder ihn steinigen können, aber so einfach lag der Fall nicht. Auch wenn über die Grenzen der Macht in Judäa viel diskutiert wurde, so scheint die Linie bei Johannes historisch korrekt zu sein: Allein der Präfekt verfügte über das *ius gladii,* also die Blutgerichtsbarkeit. Josephus äußert ziemlich deutlich, dass Coponius, der erste Präfekt Roms in Judäa, dank kaiserlicher Vollmacht Todesurteile verhängen konnte, was den Juden nicht zugestanden war.[19]

Illustriert wird dies durch den Fall eines »anderen Jesus«, der sich 63 n. Chr., vier Jahre vor dem Judenaufstand, ereignete. Während des Laubhüttenfestes zog ein Mann namens Jesus ben Ananus in Jerusalem umher und prophezeite:

> Eine Stimme aus Osten, eine Stimme aus Westen, eine Stimme aus den vier Windrichtungen, eine Stimme gegen Jerusalem und das heilige Haus, eine Stimme gegen die Bräutigame und die Bräute, und eine Stimme gegen dieses ganze Volk!

Nach Josephus wurde er vom Mob ergriffen und verprügelt, ohne dass es gelang, ihn zum Schweigen zu bringen. Folglich schleppten sie ihn zum römischen Prokurator Albinus. Dort wurde er ausgepeitscht, bis »seine Knochen bloßlagen«, doch er sagte bei jedem Hieb nur: »Wehe, wehe, Jerusalem.«

Die Parallele zur Lage Jesu in diesem Bericht ist aufschlussreich. Ben Ananus wird zwar spontan von Anführern des Mobs verprügelt, zu seiner Verurteilung aber der Blutgerichtsbarkeit des römischen Präfekten Albinus überstellt.

Ein weiterer Hinweis findet sich in der *Megillat Ta'anit,* einer jüdischen Chronik, in der 35 bedeutende Daten für jüdische Feiern aufgelistet werden. Für den 17. Elul des jüdischen Kalenders ist vermerkt, dass die Römer zum Abzug aus der Stadt gezwungen wurden, womit aller Wahrscheinlichkeit nach die Ausweisung der römischen Garnison 66 n. Chr. gemeint ist. Fünf Tage später, so heißt es da, »erhielten wir das Recht zurück, Verbrecher hinzurichten«.

Aus dieser Darstellung folgt, dass die jüdische Führung dieses Recht zu Jesu Zeiten nicht besessen hatte.

Für Hinrichtungen brauchte man folglich die Zustimmung der Römer.

Die erste Verhandlung vor Pilatus

Ort: Palast Herodes' des Großen
Zeit: um 7 Uhr

1961 förderte ein italienischer Archäologe in Caesarea den bisher einzigen physischen Nachweis der Herrschaft des Pontius Pilatus zutage. Es handelt sich um eine Weiheinschrift für ein *Tiberieum*, einen Tempel, der zu Ehren des römischen Kaisers Tiberius errichtet worden war. Sie verrät zweierlei: erstens, dass Pilatus den Titel *Praefectus Iudaeae*, »Präfekt (Statthalter) von Judäa«, trug, und zweitens, dass er großen Wert darauf legte, seinem Kaiser zu schmeicheln.

Dass die Provinz Judäa einem Statthalter unterstellt war, zeigt ihre Bedeutung im übergeordneten Reich. Pilatus entstammte dem Ritterstand, dem zweithöchsten in der römischen Ständegesellschaft. Ritter oder *Equites* waren ursprünglich Römer, die genug Geld hatten, um als Offiziere im berittenen Heer zu dienen. Zur Zeit des Augustus hatten sie sich zu einem eigenen Stand mit offiziellem Titel entwickelt. Kennzeichen waren der goldene Ritterring, der schmale Purpursaum an der Tunika und das Recht, im Thea-

Eine Kopie der 1961 aufgetauchten Inschrift, die an die Errichtung des Tiberieums durch »Pontius Pilatus« erinnert

ter in der vordersten Reihe zu sitzen. Ein Ritter benötigte ein geschätztes Mindestvermögen von 400 000 Sesterzen.[20] Viele Ritter gaben sich mit einer Führungsposition auf unterer Ebene zufrieden – sie waren Teil der lokalen Elite mit gewissen Machtbefugnissen in den Provinzen oder Städten. Doch sie entstammten nicht der obersten Schicht der römischen Gesellschaft, sie waren keine Senatoren. Mit ihnen verglichen, hatten die Präfekten Judäas einen sehr geringen sozialen Status. Von mindestens einem – Felix – ist bekannt, dass er Sklave gewesen war. Ein ehemaliger Sklave als Statthalter von Judäa – das sagt auch einiges über den Status gerade dieser Provinz aus.[21]

Der Name Pontius Pilatus gibt Hinweise auf dessen Herkunft. Römernamen haben drei Bestandteile: den Vornamen *(praenomen)*, den Familiennamen *(nomen gentile)* und den Beinahmen *(cognomen)*. Pilatus' Vorname ist unbekannt. Nach späteren Überlieferungen soll er Lucius geheißen haben, was sich aber als Mythos herausstellte. Sein Nomen gentile Pontius deutet darauf hin, dass er der Familie der Pontier aus dem südlichen Zentralapennin entstammte. Diese gehörten dem kriegerischen italischen Volksstamm der Samniten an, die Jahrhunderte zuvor Roms Aufstieg fast ein jähes Ende bereitet hätten. 82 v. Chr. marschierte der römische Diktator Lucius Cornelius Sulla auf Rom zu und schlug die samnitischen Streitkräfte eines anderen Pontius: Pontius Telesinus. Sulla ließ zahlreiche Samniten niedermetzeln und legte die Region in Schutt und Asche. Strabo schrieb dazu:

> Sullas Verfolgungen endeten nicht eher, als bis er alle, die den samnitischen Namen trugen, vernichtet oder aus Italien vertrieben hatte. Als er nach dem Grund für seinen schrecklichen Zorn befragt wurde, erklärte er, die Erfahrung habe ihn gelehrt, dass kein Römer je in Frieden leben könne, solange er es mit den Samniten zu tun habe. So wurden die Städte Samniums zu Dörfern, und manche verschwanden sogar ganz.[22]

Pilatus entstammte demnach einem Volksstamm, der in der Vergangenheit schwer gelitten hatte. Vielleicht galt er deshalb als Außenseiter, weil sein Stammland im römischen Staat aufgegangen war.

Sein Beiname *Pilatii* leitete sich von lateinisch *pilatus* für Speer her, was auf eine kriegerische oder soldatische Familie hinweist. Als ein Präfekt aus dem Ritterstand war Pilatus sicher Berufssoldat, ein mit allen Wassern gewaschener, schlachterprobter Militär, der sich hochgedient und schließlich das Kommando über Judäa errungen hatte. Zu seinen Aufgaben gehörte es, Steuern einzutreiben, die Ordnung unter dem Volk aufrechtzuerhalten und möglicherweise die Infrastruktur in der Region instand zu halten.[23] Unterstützt wurde er von einem kleinen Stab von Liktoren – höheren Staatsbeamten –, von römischen Soldaten – vielleicht als

Leibwache –, seinen Sklaven und seiner Familie. Zudem oblagen ihm richterliche Aufgaben, auch wenn nur die bedeutendsten Fälle vor ihm verhandelt wurden.

Wie wir gesehen haben, hatte der Präfekt Macht über Leben und Tod. Nach Josephus entstammte auch Componius, der erste Statthalter, dem Ritterstand und war mit weitreichenden Machtbefugnissen ausgestattet.

Und nun wurde Archelaus' Teil von Judäa zu einer Provinz gemacht, und Componius, einer aus dem Ritterstand unter den Römern, wurde als Prokurator entsandt, nachdem ihm Cäsar die Macht über [Leben] und Tod in die Hände gelegt hatte.[24]

Mochte Judäa auch eine kleine Region sein, in der es von religiösen Irrsinnigen und Fanatikern wimmelte, aber in dieser dürren, staubigen und steinigen Gegend fernab von Rom konnte man sich einen Namen machen. Und man bekam die Chance, absolute Macht auszuüben.

Natürlich bot sich hier auch die Gelegenheit, Geld zu scheffeln. Die Statthalter der römischen Provinzen waren Räuber, habgierig und regierungsunfähig – so jedenfalls sahen es die Römer selbst. Schriftsteller wie Tacitus und Juvenal porträtieren Provinzbeamte als gierige Blutsauger, während Josephus die Brutalität und Dummheit der römischen Statthalter angesichts von Revolten geißelt, und dies nicht nur in Judäa, sondern auch in Gallien und Britannien.[25] Solange die Beschwerden über die Ausbeutung nicht zu laut wurden, behielt der Präfekt freie Hand. Kaiser Tiberius, so heißt es, »befahl einst einem Statthalter, eine drastische Steuererhöhung zurückzunehmen: ›Mein Schaf soll geschoren, nicht gehäutet werden‹, sagte er«.[26]

Mit anderen Worten: Niemanden wunderte es, wenn ein Statthalter seine Provinz bis aufs Letzte auspresste. Er war nicht dazu da, dem Volk, das er beherrschte, das Leben zu erleichtern. Er diente nur seinen eigenen Interessen und denen seiner politischen Herren in Rom. Er mochte den Bogen überspannen: Solange er in Rom noch Unterstützung hatte, kam er fast ungeschoren davon. Dazu der römische Dichter Juvenal:

Ein Statthalter der Provinz,
wegen Erpressung verbannt, säuft und frisst den ganzen Tag,
sonnt sich fröhlich im zornigen Auge der Götter;
doch steckt seine Provinz,
nachdem sie den Prozess gegen ihn gewonnen hat,
noch immer in der Klemme.[27]

In der Praxis konnte sich der Statthalter sicher fühlen, solange er die Gunst seiner Oberen genoss. Nur wenn er in Ungnade fiel oder sich Sorgen über die Vorgänge in Rom machen musste, wurde er verwundbar.

Und im Jahr 33 hatte Pilatus das Problem, dass ihm die Entwicklung in Rom einen schweren Stand beschert hatte.

»Die Herrscher der Heiden kommandieren sie herum, und ihre Großen regieren sie als Tyrannen«

Pilatus wurde im Jahr 26 zum Präfekten von Judäa ernannt, allerdings nicht von Kaiser Tiberius persönlich: Der hatte sich zu dieser Zeit aus dem öffentlichen Leben zurückgezogen.

Tiberius hatte Rom in seinen ersten zwölf Herrscherjahren kein einziges Mal verlassen. Im Jahr 26 machte er sich auf den Weg, um einen Tempel in Kampanien einzuweihen, und legte unterwegs einen Zwischenstopp auf Capri ein.

Auf der Insel ließ er sich eine Villa errichten und übte fortan eine Fernregierung aus. Die unmittelbare Herrschaft über Rom und das Reich überließ er weitgehend seinem Vertrauten und Stellvertreter Lucius Aelius Seianus.[28]

Sejan, wie er kurz genannt wird, war im politischen System Roms ein Außenseiter. Er war kein Römer, sondern Etrusker und entstammte wie Pilatus nicht dem Senatoren-, sondern nur dem Ritterstand. Er hatte die Prätorianergarde befehligt, jene von Augustus gegründete Elitetruppe, die als kaiserliche Leibwache fungierte und sich unter seinem Befehl zur bedeutendsten Militärpräsenz in Rom gemausert hatte.[29] Eigentlich war er Chef einer Geheimpolizei, auch wenn sie nicht immer im Verborgenen operierte. Mit einer Heerschar von Berufsspitzeln und professionellen Denunzianten – sogenannten Delatoren – war er über alle in Rom kursierenden Gerüchte auf dem Laufenden.

Nach Philo von Alexandria war Sejan ein notorischer Antisemit, der im Bestreben, »mit diesem Volk aufzuräumen«, gegen die Juden unwahre Beschuldigungen erhob. Tatsächlich gibt es Hinweise darauf, dass er gewaltsam gegen sie vorging. Im Jahr 19 zwang er die Juden in Rom, ihre religiösen Trachten zu verbrennen, und vertrieb sie aus der Stadt. Und er ernannte Pilatus zum Statthalter von Judäa. Solange er an der Macht blieb, verfügte Pilatus über eine fast unumschränkte Herrschaftsgewalt. Wenn Philos Darstellung stimmt, brauchte er keine Angst davor zu haben, dass sich die Juden bei Sejan über ihn beschweren könnten.

Zusätzlich gestärkt wurde seine Machtposition dadurch, dass sein »unmittelbarer Vorgesetzter« abwesend war: Judäas Präfektur unterstand nämlich dem Legaten von Syrien, der seinen Sitz in Antiochia hatte. Der Legat, der dem Senatorenstand angehörte und um die 30 000 Soldaten befehligte, hielt sich in den ersten acht Jahren seiner Amtszeit allerdings gar nicht in Syrien auf. Vielmehr residierten die Legaten in

Rom – wahrscheinlich damit Sejan sie besser unter Kontrolle hatte.

Dass sich Pilatus in Sicherheit fühlte, spiegelt seine Geldpolitik wider. Hatte er zu Beginn seiner Herrschaft noch darauf geachtet, keine Münzen mit Motiven prägen zu lassen, die die Juden beleidigen könnten, so erschienen in den Jahren 29–31 Geldstücke, auf denen erstmals in Judäa Symbole der römischen Macht abgebildet waren, so das *simpulum,* die Schöpfkelle, mit der die Opfertiere mit Wein begossen wurden, und das *lituus,* der Zeremonialstab für Orakel.[30] Diese Münzen lösten unter den Juden sicherlich Unruhe aus, aber Pilatus fühlte sich offenbar in einer so starken Position, dass er darüber hinwegsah. Er musste sich keine Sorgen machen: Mögliche Beschwerden liefen über den Judenhasser Sejan, der ihn ernannt hatte, so dass der Kaiser nichts davon erfahren würde. Dies dürfte auch der jüdischen Führung bekannt gewesen sein, so dass Pilatus ihnen nur wenig entgegenkommen musste. Sejan übte eine unangefochtene Macht aus. In Rom trieb er einen aufwendigen Personenkult und ließ sogar goldene Standbilder von sich aufstellen. Der Senat hatte seinen Geburtstag zum Feiertag erhoben. Man brachte ihm und Tiberius öffentliche Verehrung entgegen. Und im Jahr 13 v. Chr. war er zusammen mit Tiberius zum Konsul ernannt worden.

Doch dann geriet alles aus den Fugen.

Die genaue Ursache für Sejans Sturz ist ungeklärt. Jedenfalls wurde Tiberius bewusst, dass sein einstiger Schützling zu einer Gefahr geworden war. Er übertrug das Kommando über die Prätorianergarde heimlich einem anderen Offizier. Sejan wurde vor den Senat gerufen. Er kam dem Ruf gerne nach, weil er mit einer Ernennung zum Tribun rechnete. Stattdessen wurde ihm eine lange Anklageschrift verlesen. Kurz darauf fand sich der mächtigste Mann Roms in einem Verlies wieder. Draußen feierte das Volk seinen Sturz und riss seine Standbilder nieder.[31] Am selben Abend ereilte ihn die Verurteilung zum Tod. Er wurde aus dem Kerker geführt und stranguliert. Seine Leiche landete auf der Gemonischen Treppe, wo der Mob sie in Stücke riss.

Sejans Sturz war der Auftakt zu einer Welle von Grausamkeiten. Tiberius nutzte die Gelegenheit, um nicht nur mit Sejan und seiner Familie abzurechnen, sondern um die gesamte Opposition in Rom aus dem Weg zu räumen. Ein wütender Mob nahm an jedem Rache, dem eine Verbindung zu Sejan nachgesagt wurde. Dessen Kinder – Strabo, Capito Aelianus und Junilla – wurden in den folgenden Monaten hingerichtet. Seine Frau Livilla, Tiberius' Nichte, beging Selbstmord. Junilla war zum Zeitpunkt ihrer Festnahme noch Jungfrau gewesen. Nach einer antiken Quelle wurde sie mit dem Strick um den Hals vergewaltigt.[32] Tiberius verfolgte jeden, der in Verdacht stand, er könne in Sejans' Komplotte verstrickt sein.

Pilatus in Judäa dürfte erschüttert gewesen sein. Er war von Sejan ernannt worden. Man kann sich vorstellen, wie er in seinem Palast in Caesarea auf und ab ging und sich fragte, was da in Rom passierte. Standen seine Freunde und Verwandten unter Verdacht? Würde auch er den Säuberungen zum Opfer fallen? Schlimmere Nachrichten sollten folgen. Der neue Statthalter von Syrien – L. Pomponius Flaccus – wurde nach Syrien entsandt und traf im Jahr 32 in Antiochia ein.[33] Damit änderte sich auch die Haltung des Kaisers gegenüber den Juden. Philo vermerkt, dass Tiberius »seine Prokuratoren an allen Stellen […] damit betraute, zu den Mitgliedern unserer Nation in den verschiedenen Städten in Ruhe zu reden und ihnen zu versichern, dass die Strafmaßnahmen nicht alle, sondern nur die wenigen Schuldigen beträfen. Auch sollten sie keinen der festgefügten Bräuche stören, sondern diese vielmehr als ein ihrer Obhut anvertrautes Gut, die Menschen als friedlich und die Institutionen als einen Einfluss betrachten, der ein geordnetes Verhalten förderte«.[34]

Pilatus hatte seinen Förderer an der Staatsspitze verloren. Sein neuer Vorgesetzter stand gewissermaßen vor der Tür. Und was die offizielle Politik gegenüber dem ihm unterstellten Volk betraf, so hatte sich der Wind gedreht. Jetzt musste er besonders vorsichtig sein.

»Auch ich bin ein Mann, der einer Autorität untersteht«

Dies führt zum *Tiberieum* zurück. Römische Kaiser wurden nach ihrem Tod zum Gott erhoben, aber Pilatus errichtete seinem Kaiser – als einziger bekannter Offizieller – schon zu Lebzeiten einen Tempel.

Was steckte hinter dieser Geste? Angesichts der politischen Lage könnte das *Tiberieum* als erster Schritt einer Kampagne gedacht gewesen sein, mit der Pilatus Tiberius' Gunst gewinnen und Loyalität zeigen wollte. Was wäre besser geeignet gewesen, als ihm zu Ehren einen Tempel zu errichten, der ihn als göttliches Wesen verherrlichte? In Wirklichkeit wohl vieles. Tiberius stand einem solchen Personenkult nämlich skeptisch gegenüber, und nach Sueton soll er es sich sogar verbeten haben, dass man ihm Tempel weihte.[35]

Dieser Schuss könnte also nach hinten losgegangen sein. Bestenfalls hatte Pilatus viel Geld verschleudert.

Auch sorgte er für böses Blut mit seinem Beschluss, ein Aquädukt zu errichten, das Jerusalem über »zweihundert Achtelmeilen« mit Wasser versorgen sollte. Oberflächlich betrachtet, erscheint das Bauprojekt für eine so große Stadt vernünftig. Allerdings löste es bei den Juden bittere Beschwerden aus, weil es mit »heiligen Geldern« aus dem Tempelschatz finanziert werden sollte. Als Pilatus in Jerusalem eintraf, um die Baustelle in Augenschein zu nehmen, lief eine große Menschenmenge zusammen, um Klagen vorzubringen. Pilatus ließ um sie herum Soldaten mit versteckten Waffen aufmarschieren. Auf sein Signal hin fielen sie mit »größerem Ungestüm, als es in der Absicht des Pilatus lag, über ruhige Bürger wie über Aufständische her«. Nach Beendigung des »Aufruhrs« wurde das Aquädukt fertiggestellt.[36]

Der Stein des Anstoßes war folglich Pilatus' Griff in den Tempelschatz gewesen. Dabei deutet allerdings nichts auf Gewaltanwendung oder den Einsatz von Truppen hin. Der Hohepriester hatte also entweder zugestimmt oder sich Pilatus' Forderung zumindest nicht in den Weg gestellt. Die Überzeugung, dass die Verwendung der Gelder aus dem Tempel für das Bauprojekt ein Sakrileg darstellte, wurde von der Tempelobrigkeit offenbar nicht geteilt.[37]

»Wir wollen nicht, dass dieser Mann über uns herrscht«

Für Aufregung sorgte zudem die Affäre um die Schilde. Bei Philo und bei Josephus finden sich dazu zwei deutlich voneinander abweichende Berichte, die aber auf ein und dieselbe Begebenheit zurückgehen könnten.

Abbildungen des Kaisers wurden bei den Juden grundsätzlich als Gotteslästerung betrachtet – als ein Verstoß gegen das Gebot in der Thora: »Du sollst dir kein Bild machen«, und dies galt nicht nur für Münzen, sondern auch für Waffenschilde. Die vormaligen römischen Präfekten hatten sichergestellt, dass die in Jerusalem stationierten Soldaten keine Schilde mit solchen Abbildungen trugen, aber Pilatus setzte sich einfach über diese Empfindlichkeiten hinweg. Josephus zufolge schuf er mit der Entsendung neuer Truppen über Nacht Fakten: Als die Einwohner am Morgen auf die Straße traten, erblickten sie in ihrer heiligen Stadt Bildnisse des Kaisers. Bald darauf eilten in Caesarea aufgebrachte Juden zum Hauptquartier des Präfekten, um sich über die Rücksichtslosigkeit zu beschweren. Pilatus blieb zunächst unbeeindruckt, aber als sich die Klagen mehrten, berief er auf einem großen Platz in der Stadt eine Versammlung ein, um das Problem aus der Welt zu schaffen. Viele strömten zusammen, ohne zu wissen, dass Soldaten mit versteckten Waffen den Platz umstellt hatten. Auf sein Signal traten sie mit gezückten Schwertern vor. Er drohte den Beschwerdeführern, dass sie niedergemacht würden, wenn sie nicht sofort wieder nach Hause gingen. Aber die Juden, so berichtet Josephus, »entblößten ihren Hals und erklärten, sie wollten lieber sterben als etwas geschehen lassen, was der weisen Vorschrift ihrer Gesetze zuwiderlaufe«. Pilatus erkannte, dass diese Schlacht nicht zu gewinnen war, und ließ die Schilde aus Jerusalem nach Caesarea zurückbringen.[38]

Die Episode zeigt, dass vor allem jede Missachtung des Status von Jerusalem, der Heiligen Stadt, die Juden auf die Barrikaden trieb. Während die Schilde in Caesarea offenbar geduldet wurden, bedeuteten sie in Jerusalem einen Frevel. Und diese Affäre zeigt noch eins: Mit gewaltlosem Widerstand wurde Pilatus nicht fertig. Vor der Aussicht auf einen Massenselbstmord musste er kapitulieren. Dieser Zwischenfall geht wahrscheinlich auf den Beginn seiner Amtszeit zurück. Philo erzählt eine andere Version – oder eine Begebenheit, die ganz anders ausging und wohl später stattgefunden haben musste.

[Pilatus], der so weniger Tiberius ehrte, als dass er die Menge vor den Kopf stieß, ließ einige Schilde im Palast des Herodes in der Heiligen Stadt mit einer Widmung versehen. Weder war eine bildhafte Gestalt noch etwas anderes Verbotenes dargestellt, außer einigen notwendigen Schriftzügen, die zwei Dinge festhielten: den Namen der Person, die diese dort angebracht hatte, und dem der Person, zu deren Ehren sie dort angebracht wurden.

Auch in diesem Bericht geht es wieder um Schilde, wenn auch ohne Bildnis und nur mit einer Inschrift. Dennoch kamen Gerüchte in Umlauf: »Die Menge« hört, dass wieder Schilde in der Stadt seien, und sofort werden Beschwerden laut. Nach Philo ist diesmal auch die königliche Familie des Herodes beteiligt:

> Als aber die Menge hörte, was geschehen war, und als das Geschehene bekannt wurde, baten ihn die Leute mit den vier Söhnen des Königs ... und den damals bei ihnen anwesenden Richtern an der Spitze flehentlich darum, dies zu ändern und die Neuerung, die er mit diesen Schilden eingeführt hatte, wieder zurückzunehmen.

Wie in Josephus' Episode weist Pilatus das Bittgesuch zurück (Philo beschreibt ihn als einen »sturen Mann, wie auch gnadenlos und starrsinnig«). Die Anführer drohen bezeichnenderweise mit einer Beschwerde bei Tiberius und versetzen Pilatus so in Alarmstimmung. Philo – nicht eben sein Bewunderer – berichtet, Pilatus habe befürchtet, dass eine Gesandtschaft vor dem Kaiser weitere Fakten ans Licht bringen könne: »sein korruptes und anmaßendes Treiben, seine Raubwirtschaft, seine Gewohnheit, Menschen zu beleidigen, seine Grausamkeit und seine ständigen Morde ohne Anklagen und Gerichtsurteile sowie seine nie endende, willkürliche und schmerzliche Unmenschlichkeit«.

Am Ende schickten die Führer Tiberius ein Schreiben, und der reagierte sofort: Die Schilde mussten nach Caesarea gebracht und dort im Tempel des Augustus aufgestellt werden.

Die Begebenheit geht Philo zufolge auf die späte Amtszeit des Pilatus zurück[39] – sicher nach Sejans Sturz. Während dessen Regentschaft hätte eine jüdische Gesandtschaft in Rom mit diesem Anliegen sicher keinen Erfolg gehabt.

Für uns ist nur schwer nachvollziehbar, was Pilatus bei dieser Gelegenheit falsch gemacht hatte. Wenn es sich bei dieser Episode um eine andere als um die von Josephus erzählte mit den Schilden handelt (sie weicht in den meisten Einzelheiten deutlich ab), so hat er doch offenbar dazugelernt und die Rechte der Juden nicht grob verletzt: Weiheinschriften – in dem Fall mit Namen von Stiftern – gab es auch im Tempelkomplex, und Philo räumt sogar ein, dass die Schilde keine Bildnisse trugen. Er musste sich also auf sicherem Terrain gewähnt haben, als er auf die Art dem Kaiser seine Loyalität bewies und seinen Machtanspruch über Jerusalem demonstrierte. Dann brachten jedoch Gerüchte Pilatus in Schwierigkeiten.

Interessant ist dabei die Beteiligung der »vier Söhne des Königs«, also der Prinzen aus der Herodier-Dynastie. Dass sie alle vier beisammen waren, deutet auf religiöse Festtage hin. Und da sie sich an den Protesten beteiligten, war ihnen offenbar bewusst, dass Pilatus politisch geschwächt war. Ihnen dürfte es kaum um Schilde mit Inschriften gegangen sein, denn ihr Vater Antipas war kein strenggläubiger Jude. Vielmehr wollten sie wohl die Gunst der Stunde nutzen, um Flagge zu zeigen und die eigene Macht zu stärken. Dass Pilatus zurückrudern musste, dürfte sein Verhältnis zu den Prinzen kaum verbessert haben. Vielleicht erklärt dies eine Äußerung in Lukas: »Herodes und Pilatus waren vorher erbitterte Feinde gewesen. Aber an diesem Tag wurden sie Freunde« (Lk 23,12). Dies lässt den Schluss zu, dass der Streit zwischen Pilatus und den Prinzen vor dem Prozess gegen Jesus und nach Sejans Sturz stattgefunden haben musste – eventuell an einem Fest um 32 n. Chr., also im Jahr vor dem Verfahren.[40]

Diese Geschichte zeigt einen Mann, der einen politischen Drahtseilakt vollführt. Pilatus versucht, dem Kaiser zu gefallen und zugleich die Juden zu beschwichtigen. Gerüchte haben größeren Einfluss auf sein Schicksal als Fakten. Seine Lage gleicht der eines verwundeten Rehs, das von einer blutgierigen Meute umzingelt wird. Zum Passahfest des Jahrs 33 muss er jeden Aufruhr vermeiden. Ein weiterer Beschwerdebrief an Tiberius könnte sein Schicksal besiegeln. Plötzlich benötigt er Verbündete, und er muss die Juden, über deren Empfindlichkeiten er sich bislang rücksichtslos hinweggesetzt hat, jetzt besänftigen. Inzwischen hat er neue Münzen eingeführt. Nach 30/31 ist in Palästina kein Geldstück mehr im Umlauf, auf dem die heidnischen Symbole des *lituus* oder des *simpulum* prangen. Er hat seine Lektion gelernt.[41]

Selbst wenn man annimmt, dass Philo in seiner Schilderung übertreibt, so müssen die Vorwürfe gegen Pilatus zumindest dessen Ruf geschadet haben. Unter den Juden Alexandrias war er als korrupter, grausamer und hochmütiger Mann bekannt – und für »seine ständigen Morde ohne Anklagen und Gerichtsurteile«.

»Pilatus hatte einige Männer aus Galiläa während des Opferdienstes im Tempel niedermetzeln lassen; ihr Blut hatte sich mit dem der Opfertiere vermischt«

Und schließlich war da noch die Affäre mit den Galiläern, von der nur bei Lukas die Rede ist: »Zu dieser Zeit berichtete man Jesus, dass Pilatus einige Männer aus Galiläa während des Opferdienstes im Tempel hatte niedermetzeln lassen. So hatte sich ihr Blut mit dem der Opfertiere vermischt.« (Lk 13,1–2) Genaueres ist über dieses Ereignis nicht bekannt, aber dem Zusammenhang nach könnte es am Passahfest stattgefunden haben.[42] Da Josephus nichts darüber schreibt, dürfte es sich nur um wenige Opfer gehandelt haben. Offenbar hatte die Bluttat nur in Galiläa Wogen geschlagen und war außerhalb fast unbemerkt geblieben. Lukas gibt keine zeitlichen Hinweise und flicht die Episode in einem Block mit Lehren Jesu ein. Doch sie verweist anscheinend auf ein zeitgeschichtliches Ereignis. Angesichts ihrer Stellung innerhalb des Lukasevangeliums ist sehr gut denkbar, dass sie im Jahr vor der Kreuzigung Jesu stattgefunden hatte. Das könnte bedeuten, dass Pilatus folglich während irgendeines großen religiösen Festes im Jahr 32 einen Aufruhr blutig niedergeschlagen hätte.

Daraus folgt, dass Pilatus in diesem Jahr 33 jeden weiteren Ärger unbedingt vermeiden muss. Seine Bemühungen, den Kaiser zu beeindrucken, sind fehlgeschlagen. Auch ist bei Tiberius bereits ein Schreiben mit Beschwerden über ihn eingegangen. Und sein einstiger Beschützer wurde hingerichtet.

An diesem Passahfest möchte er jedes ernsthafte Problem umgehen.

Aber dafür stehen die Zeichen schlecht.

»Von Kaiphas brachten sie Jesus zum Palast des Statthalters«

Jesus wurde als Erstes am Morgen zu Pilatus geschickt, an dem Tag, als das Passahfest seinem Höhepunkt entgegenstrebte. Johannes vermerkt, dass die Priester, die ihn begleiteten, den Palast selbst nicht betraten: Sie fürchteten, durch den Kontakt mit den Nichtjuden unrein zu werden (Joh 18,28).

Mit so einer Haltung werden sie sich bei Pilatus freilich kaum beliebt gemacht haben. Vielleicht hat dies Pilatus – mehr als eine Sympathie für Jesus – dazu bewogen, sich den

Wünschen der Juden zunächst zu verweigern. Der Weg vom Haus des Hohepriesters zum alten Palast des Herodes, in dem Pilatus residierte, war kurz, aber noch ausreichend lang, um die Anklagen gegen Jesus komplett zu verändern:

> Dieser Mensch hetzt unser Volk auf. Er redet den Leuten ein, dass sie dem Kaiser keine Steuern zahlen sollen. Und er behauptet von sich, er sei der Christus, ein König, den Gott geschickt hat. (Lk 23,2)

Diesmal also keine Gotteslästerung und auch keine Drohung gegen den Tempel. Von derlei Vorwürfen hätte sich Pilatus kaum beeinflussen lassen. Stattdessen lautet der Vorwurf jetzt: direkte Auflehnung gegen die Herrschaft Roms. Jesu Ankläger fassen die Vorwürfe in den beiden Punkten zusammen, die bei den Römern garantiert eine scharfe Reaktion hervorrufen würden: Steuerverweigerung und die Behauptung, er sei der wahre Herrscher. Schließlich konnte ohne die Genehmigung Roms niemand König werden.

Pilatus hat einen Mann vor sich, der überhaupt nicht wie ein König aussieht. Als er ihn fragt: »Bist du der König der Juden?«, meint er es wohl kaum ernst. Jesus ist gewaltsam abgeführt, angespuckt und geschlagen worden. Er hat 24 Stunden nicht geschlafen. Und auf die sarkastische Frage antwortet er entsprechend trocken: »Du sagst es.«

Pilatus kommt in seiner spontanen Einschätzung der Lage folglich zu dem Schluss, dass die Vorwürfe unbegründet seien (Lk 23,4). Aber die Tempelbehörden lassen nicht locker: »In ganz Judäa hetzt er die Menschen durch seine Lehre auf. Schon in Galiläa hat er damit angefangen, und nun ist er bis hierher nach Jerusalem gekommen!« (Lk 23,5).

Bei dieser ersten Begegnung macht Pilatus einen deutlich verärgerten Eindruck. Er will mit diesem Problem offensichtlich nichts zu tun haben. Und in der Anklage ist ein

Wort gefallen, das ihm einen Ausweg aufzeigt: »Galiläa«. Jetzt, zur Passahzeit, halten sich wie alle jüdischen Führer zwangsläufig auch die lästigen herodischen Prinzen in der Stadt auf, mit denen er noch eine Rechnung offen hat. Jesus stammt aus Galiläa, also soll sich der König von Galiläa der Angelegenheit annehmen. Er schickt den Mann zu Herodes Antipas.

Verhör durch Herodes Antipas

Ort: Palast der Hasmonäer
Zeit: um 7.30 Uhr

Einige Forscher gehen davon aus, dass diese Episode eine Fiktion sei, weil sie nur bei Lukas erwähnt ist. Der Evangelist soll sie auf der Grundlage von Versen aus Psalm 2, die in der Apostelgeschichte (4, 26) zitiert werden, erfunden haben:

> Die Mächtigen dieser Welt rebellieren. Sie verschwören sich gegen Gott und den König, den er eingesetzt hat.

Mit anderen Worten: Da Lukas gewusst habe, dass die Urkirche die Verse als Anspielung auf Herodes und Pilatus (die »Könige« und »Herrscher«) deutete, soll er sich eine Szene ausgedacht haben, um Herodes in die Geschichte mit einzubeziehen.

Doch dies ergibt keinen Sinn. Zunächst einmal wäre so eine »Erfindung« ziemlich einfallslos gewesen. Wenn man einen Auftritt von König Herodes konstruieren will, würde man ihn kaum nur ein paar belanglose Fragen stellen lassen, die keinen Eindruck hinterlassen. Und wie wir sehen werden, ist Herodes auch keineswegs »gegen« Jesus eingestellt. So ist es wahrscheinlicher, dass es sich gerade umgekehrt abgespielt hat: Da in der Urkirche bekannt war, dass Jesus zu Herodes geschickt worden war, erhielt Psalm 2 von ihr diese Deutung. Für sie galt es als ausgemacht, dass Herodes in den Tod Jesu verstrickt war.[43]

Aber warum taucht diese Episode nicht auch in den anderen Evangelien auf? Vielleicht deshalb, weil die anderen Verfasser nicht genügend Einzelheiten kannten. Vielleicht war ihnen zwar die Überlieferung bekannt, wonach »Jesus Herodes begegnet« war, aber sie hatten nicht genug Informationen, die eine Erwähnung gerechtfertigt hätten. Lukas hatte dagegen als Einziger Hinweise, die er seinen besonderen Quellen verdankte. Eine mag Johanna, eine Anhängerin Jesu, gewesen sein, die mit dem Beamten Chuzas verheiratet war, einem »Beamten des Herodes« (Lk 8,3). Eine wahrscheinlichere Quelle für die Episode in Jerusalem ist Manaën (Apg 13,1), ein Mann, der als enger Freund des Tetrarchen beschrieben wird. Manaën war ein herausragendes Mitglied der Kirche von Antiochia, einer Stadt, zu der Lukas enge Beziehungen unterhielt. Vielleicht nahm er die Geschichte einfach nur deshalb auf, weil er mit Manaën geredet hatte, der zur fraglichen Zeit vor Ort gewesen war.

Lukas schrieb auch für den Römer »Theophilus«, der eher an einer stillen Diplomatie der Römerherrschaft in Judäa interessiert gewesen sein dürfte. Und diese Episode handelt ja vor allem anderen von Diplomatie und Intrigen.

»Er ließ ihn zu Herodes bringen, der sich in jenen Tagen ebenfalls in Jerusalem aufhielt«

In den Evangelien wird Herodes Antipas, einer der zahlreichen Söhne Herodes' des Großen, als eine wankelmütige, unsichere und sogar etwas lächerliche Figur porträtiert. Wie sein Vater war er kein Jude. Halb Idumäer, halb Samariter, war er in Rom aufgewachsen – insgesamt kein verheißungsvoller Hintergrund, um eine Führungsfigur der Juden zu werden. Sein Vater designierte ihn zunächst zu seinem Nachfolger, widerrief aber im letzten Augenblick seinen Willen, so dass Antipas nur Galiläa und Perea als Herrschaftsgebiet erhielt. Diese Enttäuschung haftete ihm zeit seines Lebens an, da ihm die Römer nicht den Titel des Königs, sondern nur den eines »Tetrarchen« zugestanden, was wörtlich »Herrscher über ein Viertel des Reichs« bedeutete. Er war sozusagen ein Herodes light, ein Viertelkönig oder 25-Prozent-Monarch.

Antipas, der mit der Tochter von König Aretas IV. von Nabatäa verheiratet war, verliebte sich während eines Aufenthalts in Rom in Herodias, die Frau seines Halbbruders.[44] Herodias willigte ein, mit ihm durchzubrennen, sollte er sich von seiner ersten Frau scheiden lassen. (Diese erfuhr von der Affäre und floh zu ihrem Vater nach Nabatäa.) Die zwischen Herodias und Antipas geschlossene Ehe galt bei den Juden als illegal (Lev 18,16; 20,21) und wurde von Johannes dem Täufer gegeißelt. Die jüdischen Untertanen sahen Antipas und seinen Hof als gottlos und rituell unrein an.[45] Obwohl von Johannes erbittert kritisiert, war Antipas ein Bewunderer von ihm – im Gegensatz zu seiner neuen Frau. Hinterhältig und intrigant betrieb Herodias die Verhaftung des Propheten und drängte den betrunkenen Antipas dazu, ihn hinrichten zu lassen. Als Köder setzte sie ihre zwölfjährige Tochter Salome ein.[46] Nach überlieferten Beschreibungen pflegten Herodes Antipas und sein Hof einen durch und durch unjüdischen Lebensstil. Sein Aufenthalt in Jerusalem hatte demnach wohl eher diplomatische als religiöse Gründe: Der Herrscher über eine jüdische Bevölkerungsmehrheit musste »Flagge zeigen«. Im Jahr 33 n. Chr. gab es allerdings noch weitere diplomatische Gründe für seinen Aufenthalt in der Heiligen Stadt. Und diese galten ebenso für Pilatus, der bei ihm eine zweite Meinung in Sachen Jesus von Nazareth einholen wollte.

Wie wir gesehen haben, dürften zwischen Antipas und Pilatus nach der Beschwerde bei Tiberius damals frostige Beziehungen geherrscht haben. Vor diesem Hintergrund kann man sich Pilatus' Schritt gut erklären. Zum einen wollte er zweifellos sein Problem gern an einen anderen weiterreichen, zum anderen lag ihm wohl auch daran, ein gestörtes Verhältnis zu verbessern. Antipas einzuschalten bedeutete eine Art Gunstbeweis. Und nach einer Konsultierung konnte sich Antipas über eine einmal gefallene Entscheidung auch nicht mehr in Rom beschweren.

Der Ort des Verhörs Jesu vor Herodes ist nicht bekannt, aber wahrscheinlich fand es im alten Palast der Hasmonäer in der Oberstadt direkt gegenüber dem Tempelberg statt. Zu diesem Bauwerk ist wenig überliefert. Josephus berichtet, es habe in erhöhter Position gestanden – mit einem hervorragenden Ausblick über die Stadt. Der Hasmonäer-Palast in Jericho, das lässt sich aus seinen Überresten schließen, bestand aus einem Innenhof, der von eleganten Kolonnaden umgeben war. Es gab Baderäume mit Wannen. Auch wenn der Jerusalemer Hasmonäer-Palast von dem des Herodes deutlich überragt wurde, handelte es sich dabei sicherlich um ein imposantes Bauwerk an herausgehobener Stelle.[47]

Jesus musste wohl die kurze Strecke vom Palast des Herodes ostwärts zu dem der Hasmonäer gehen. Geleitet wurde er von wenigen Wächtern – entweder Pilatus' Soldaten oder Tempelwachen – und von einigen Anklägern.

Antipas, so erfährt man, war gespannt, ja freute sich auf die Begegnung. Er hatte von Jesus gehört und wollte ihn kurz sehen (Lk 9,9). Vielleicht hoffte er auf ein Streitgespräch oder eine Diskussion, wie er sie einst mit Johannes geführt hatte. Vielleicht war er auch nur auf Unterhaltung aus, auf einen Jesus, der Zauberkunststücke vorführen würde. Ganz sicher erwartete er, dass ihm der Verdächtige mit Respekt begegnen würde, wie es seinem Rang gebührte.

Doch es kommt alles ganz anders. Jesus denkt gar nicht daran, etwas vorzuführen, zu diskutieren oder sich überhaupt zu äußern. Die entstehende peinliche Stille gibt seinen Anklägern Gelegenheit, heftige Angriffe zu starten. Das Gespräch endet mit Hohn und Verachtung. Antipas, dem die Macht fehlt, Jesus zum Sprechen zu bringen, zeigt seine Bedeutung ganz trivial: Er verspottet ihn und lässt ihn wie eine Puppe einkleiden (Lk 23,8–11).

Und hier wird es interessant. Lukas erwähnt, dass er ihm »einen Königsmantel umhängen« lässt. Diese Darstellung wird häufig mit der Szene der Verspottung vor Pilatus in Markus (15,16–20) gleichgesetzt, aber beide unterscheiden sich bedeutend: Statt Purpurmantel, Dornenkranz und Stockschlägen bleibt bei Lukas alles auf eine Verhöhnung Jesu in den Händen der Leibwachen des Herodes beschränkt. Lukas hat sicher keine Szene aus Markus zusammengefasst. Vielmehr handelt es sich um eine eigenständige Episode.

Was spielte sich hier ab? Den entscheidenden Hinweis liefert die Gewandung. Darüber wurden mehrere Vermutungen angestellt. So soll es sich um eine Amtstracht für einen Kandidaten oder um ein königliches Prunkgewand gehandelt haben. Nach beiden Deutungen liegt der »Witz« im krassen Gegensatz zwischen der Einkleidung dieses »Königs« und dem Gewand, das Jesus trägt. Doch es ist noch eine weitere Deutung möglich: Herodes Antipas, so erfahren wir, schickt Jesus in diesem Gewand wieder zu Pilatus. Als Jesus zurückkehrt, blickt Pilatus ihn an und sagt zu den Hohepriestern:

Ihr habt diesen Mann zu mir gebracht und ihn beschuldigt, dass er die Menschen aufhetzt. Ich habe ihn vor euch verhört und bin zu dem Urteil gekommen: Dieser Mann ist unschuldig! Herodes ist derselben Meinung. Deswegen hat er ihn hierher zurückgeschickt. (Lk 23,14–15)

Woher weiß Pilatus das? Antipas hat Jesus nicht begleitet, und es wird auch nicht erwähnt, dass er den Wachen eine Botschaft mitgegeben hätte. Wahrscheinlicher ist, dass dieses Gewand selbst als Botschaft diente: Demnach stände das Prunkgewand für »weiß«, die Farbe der Unschuld. Antipas verhöhnt Jesus und spottet über die Anmaßungen dieses tumben Propheten. Dennoch lautet sein Urteil auf nicht schuldig: Er hat ihn in die Farbe der Unschuld gekleidet.[48]

Obwohl Jesu Schweigen fraglos unverschämt und ärgerlich war, denkt Antipas nicht daran, den an Johannes begangenen Fehler an Jesus zu wiederholen. Er wollte keinen zweiten Unschuldigen töten lassen und sich so den Heimsuchungen eines weiteren Propheten aussetzen.

Im Drama um die »längste Woche« spielt Antipas nur eine unbedeutende Nebenrolle, aber sein kurzer Auftritt gewährt einen tiefen Einblick in die diplomatischen Manöver dieser Zeit. In Form eines grausamen Spotts über Jesus schickt er Pilatus eine Botschaft, die dieser als Bestätigung seiner Position sieht: Jesus ist unschuldig.

Am Ende weist Lukas darauf hin, dass Pilatus und Antipas von diesem Tag an Freunde gewesen seien. Pilatus' Diplomatie hat funktioniert: Seine Entscheidung, Jesus zu Antipas zu schicken, hat zwar sein unmittelbares Problem nicht gelöst, dafür aber langfristige Spannungen abgebaut: Er hat sich mit Antipas ausgesöhnt, der – wie er selbst – von Jesu Unschuld überzeugt war.

Der Tod des Judas

Ort: Schatzkammer des Tempels
Zeit: 8 Uhr

Als Judas, der Verräter, sah, dass Jesus zum Tode verurteilt werden sollte, bereute er bitter, was er getan hatte. Er brachte den Hohenpriestern und den führenden Männern des Volkes die dreißig Silbermünzen zurück. »Ich habe eine große Schuld auf mich geladen und einen Unschuldigen verraten!«, bekannte er. »Was geht uns das an?«, gaben sie ihm zur Antwort. »Das ist deine Sache!« Da nahm Judas das Geld und warf es in den Tempel. Dann lief er fort und erhängte sich. (Mt 27,3–5)

Derweil wieder im Tempel ...

Über Judas' Ende gibt es zwei Versionen. Gemeinsam ist ihnen nur, dass in beiden ein Ort namens *Hakeldamach* oder Blutacker genannt wird. Lukas zufolge kaufte Judas diesen Acker mit dem Lohn seines Verrats. Auf dem Grundstück wurde er dann offenbar buchstäblich zerrissen: »Kopfüber stürzte er zu Tode, sein Körper wurde zerschmettert, so dass die Eingeweide heraustraten.« (Apg 1,18)

Ebenso schockierend, wenn auch weniger spektakulär ist die Darstellung bei Matthäus. Er schildert einen Judas, der seine Tat bitter bereut. Nach der Verurteilung Jesu wirft er das Blutgeld in den Tempel, geht davon und erhängt sich. Die Hohepriester nehmen das Geld an sich und geben es für den Erwerb des Blutackers mit der Begründung aus, dass es unrein geworden sei und nicht in den Tempelschatz zurückgeführt werden könne. Matthäus schlägt dabei die Brücke zu einer Prophetie von Jeremia.

Wie lassen sich die beiden Darstellungen in Einklang bringen? Ich bin nicht sicher, ob dies gelingen kann. Meiner

Ansicht nach deuten sie auf zwei verschiedene Überlieferungen zu Judas' Tod hin, die in der Urkirche im Umlauf waren. Bekannt war damals, dass er auf gewaltsame Weise starb, etwa zur gleichen Zeit wie Jesus.[49]

Dass Judas eine Freveltat begangen hatte, musste auch den Juden bewusst gewesen sein. »Verflucht ist, wer für Geld einen Unschuldigen umbringt«, heißt es in der Thora (5. Buch Mose 27,25). Doch dieser Fluch lässt die Tempeloberen kalt: Das sei ja nicht ihr Problem, so ihre Reaktion. Judas, dem es an Abgebrühtheit fehlt, empfindet ihre Antwort als Schlag ins Gesicht. Er wirft das Geld hin und verschwindet. Dass er es in das Heiligtum des Tempels geworfen hat, ist eher unwahrscheinlich: Es ist kaum vorstellbar, dass er sich dort mit den Hohepriestern getroffen hat, um ein solches Thema zu besprechen. Weitaus wahrscheinlicher fand diese Begegnung an der Schatzkammer des Tempels statt, aus der sein Judaslohn stammte. Vielleicht warf er das Geld in einen Opferkasten wie den, in welchen die arme Witwe ihre Münzen hineingesteckt hatte (Mk 12,41–44).[50]

Den Zeitgenossen wird Judas' reuevoller Selbstmord wohl eher als weitere Schande erschienen sein und nicht als Tat, die ihr Mitleid erregt hätte. Das Judentum begegnete dem Suizid damals noch viel unversöhnlicher als heutzutage. Selbstmörder wurden nicht öffentlich betrauert. Ihre Leichen blieben unbestattet und wurden bis Sonnenuntergang zur Schau gestellt.[51]

Und dies verbindet denn auch die beiden Versionen: Der *Hakeldamach,* der Blutacker, war nämlich der Begräbnisort für »Fremde«. Der überlieferte Ort liegt im Süden außerhalb der gegenwärtigen Stadtmauern im Kidrontal. Zur Zeit des Alten Testaments fungierte dieses Gelände als Begräbnisstätte für einfache Menschen (2 Kön 23,6; Jer 26,23). Auch ließen hier die Könige Israels unreine Kultgegenstände und die Leichen von Feinden »entsorgen«. In der Zeit des Tempels sollte von hier das Wasser stammen, mit dem das Blut der Opfertiere fortgewaschen wurde.[52]

Nach Matthäus hatte Jesus beim letzten Abendmahl drei Vorhersagen abgegeben, die sich dann auch erfüllten. Petrus hat ihn verleugnet (Mt 26,69–75), die Jünger sind geflohen (26,56), und jemand am Tisch – so die dritte Prophezeiung – hat ihn tatsächlich verraten. Und diese Person teilte das Gefühl so vieler verzweifelter Selbstmörder: Besser wäre er nie geboren worden (Mt 26,24).

Die zweite Verhandlung vor Pilatus

Ort: im Palast des Herodes
Zeit: um 8 Uhr

Die Evangelien stellen einvernehmlich einen Pilatus dar, der erkennt, dass der gesamte Prozess gegen Jesus ein abgekartetes Spiel ist. Bei Markus ist zwar nie die Rede davon, dass Pilatus Jesus für unschuldig hält, aber offenbar ist ihm bewusst, dass Jesus nur »aus Neid« angeklagt wird (Mk 15,10). Die Darstellungen weichen nur darin voneinander ab, wie weit sein Engagement geht, die Hinrichtung zu verhindern. Markus zeigt einen Pilatus, der der Menge anbietet, statt Jesus Barabbas zu töten. Dabei stellt er zwei Fragen: »Und was soll mit dem Mann geschehen, den ihr euren König nennt?« – »Was für ein Verbrechen hat er denn begangen?« (Mk 15,12.14) Daraufhin liefert er Jesus aus, um die Menge zufriedenzustellen (15,15). Bei Matthäus findet sich der gleiche Ablauf der Ereignisse, auch wenn Pilatus Jesus hier den »Messias« anstatt den »König der Juden« nennt. Lukas gibt eine einfachere Darstellung: Pilatus fragt: »Was für ein Verbrechen hat er denn begangen?« (Ll 23,22), und beugt sich schließlich dem Willen der Menge. Er lässt Barabbas frei und liefert Jesus aus.

Bei Johannes herrscht weit mehr Interaktion: Zunächst spricht sich Pilatus dafür aus, dass die Juden Jesus selbst richten sollen (Joh 18,29–32), dann bietet er die Freilassung Barabbas' an (18,38b–40) und lässt Jesus geißeln und zur Schau stellen (19,1–5). Er fordert die Menge auf, Jesus selbst zu kreuzigen (19,6–7), stellt sie vor eine abschließende Wahl – »Soll ich wirklich euren König kreuzigen lassen?« (19,15) – und erfüllt am Ende die Forderungen der Menge.

In den Ereignissen, die zur Kreuzigung Jesu führen, spielt Pilatus also folgende Rolle:

- Er verhört Jesus (Mt 27,11–14; Lk 23,13–16; Joh 18,29–38a).
- Er bietet an, Barabbas freizulassen (Mt 27,15–18; Mk 15,6–14; Lk 23,18–19; Joh 18,38b–40).
- Er erklärt Jesus für unschuldig (Mt 27,24–25; Lk 23,20–23; Joh 19,6–12).
- Er lässt Jesus geißeln und mit einem Dornenkranz bekrönen (Mt 27,27–31; Mk 15,16–20; Joh 19,1–5).
- Er gibt Jesus zur Kreuzigung frei (Mt, 27,26; Mk 15,15; Lk 23,24–25; Joh 19,12–16a).

Bei Lukas fehlt der Dornenkranz, während Johannes diese Szene vor die Verurteilung Jesu setzt. Alle Evangelien stimmen darin überein, dass Pilatus den Befehl erteilt, Jesus zu kreuzigen.

Pilatus selbst ist nicht an der Hinrichtung gelegen. Wie wir gesehen haben, geht es ihm in der Hauptsache auch nicht um die Rettung eines Unschuldigen. Ihm ist vor allem daran gelegen, Beschwerden über sich zu vermeiden. Das wird häufig so gedeutet, als ob die Evangelien einen willensschwachen Pilatus porträtierten, der sich dem Druck des Volkes beugt. Dies entspricht jedoch meiner Ansicht nach keineswegs den Tatsachen. Zwar hatte Pilatus Befürchtungen und wurde bis zu einem gewissen Grad manipuliert, aber wie wir noch sehen werden, war er während des Verhörs selbst an der Manipulation stark beteiligt. Johannes zeichnet ihn als einen Mann, der sich zwischen zwei Sphären bewegt: im Palast, in dem er mit Jesus spricht, und im Hof des Palasts, in dem er sich mit dem Mob auseinandersetzt. Dies ist kennzeichnend für den gesamten Ablauf der Ereignisse – ein Hin und Her, ein Gerangel wie bei einem Footballmatch. Und wer reißt wohl den Ball an sich?

Bei Johannes besteht Pilatus' Zwiegespräch mit Jesus fast nur aus Fragen: »Bist du der König der Juden?« (18,33) – »Was also hast du getan?« (18,35) – »Dann bist du also doch ein König?« (18,37) – »Wahrheit? Was ist das überhaupt?« (18,38)

Die letzte Frage ist natürlich die entscheidende: Was ist Wahrheit? Diese zynische Äußerung – vielleicht ist sie einfach Realpolitik – lässt tief in die Welt des Pilatus blicken. Ihm geht es nicht um Wahrheit, sondern um die Wahrnehmung der Wahrheit, darum, was sein Vorgesetzter im Norden an der syrischen Küste über ihn zu hören bekommt. Es geht darum, alle zufriedenzustellen und es dabei so aussehen zu lassen, als habe er das Sagen. Er will keine Entscheidung treffen, die ihn das Amt kosten könnte.

Mehr als alles andere treibt ihn dieses Bestreben an. Jesus ist ihm gleichgültig, auch wenn dessen Schicksal seiner Frau einen schrecklichen Traum beschert hat (Mt 27,19). Wenn Pilatus Jesus wirklich hätte freilassen wollen, hätte er es getan. Er hätte ihn bis zum Ende des Passahfestes in Gewahrsam halten und abwarten können, bis sich die Wogen wieder geglättet hätten. Aber was hätte ihm das genützt?

Folglich muss Pilatus das Terrain sondieren – herausfinden, ob dieser Mann irgendeinen Rückhalt im Volk hat. Und dies tut er, indem er die Menge im Hof vor eine Wahl stellt.

»Wen von den beiden soll ich freilassen?«

Zu dieser Zeit saß ein Mann namens Barabbas im Gefängnis. Er war zusammen mit den Anführern eines Aufstands
festgenommen worden, die einen Mord begangen hatten.
(Mk 15,7)

Für diesen Vorgang ist kein Präzedenzfall belegt: Die Statthalter in der Provinz hatten offenbar kein Gnadenrecht.[53]
Allerdings sind in der griechisch-römischen Welt Amnesti-
en durchaus bekannt. Pilatus könnte die Freilassung eines
eher unbedeutenden Übeltäters als ein günstiges Mittel angesehen haben, um sich bei den Juden ein wenig beliebt zu
machen. Während es sich nach Matthäus und Markus um
einen üblichen Brauch zum Passahfest handelte, betont Johannes, dass es allgemein ein jüdischer Brauch gewesen sei.[54]
In dem Fall könnte er aus der Zeit des Herodes oder noch
davor stammen.

Das stärkste Argument für den historischen Wahrheitsgehalt dieser Begebenheit ist die Tatsache, dass sie in allen vier
Evangelien auftaucht. Das meine ich nicht in der simplen
Bedeutung, dass es »wahr sein muss, weil es in den Evangelien steht«, sondern in der, dass historische Details in den
Evangelien für die Leser und Zuhörer plausibel gewesen
sein müssen. Hätte das römische Recht die Begnadigung
oder Amnestie eines Gefangenen durch einen Statthalter
verboten, würde diese Episode wohl kaum an so herausra-
gender Stelle in den Evangelien auftauchen. Mindestens einem Verfasser wäre aufgefallen, dass sie so nicht stimmen
konnte. Ihr Auftauchen in gleich allen vier Evangelien
spricht deshalb für ihren Wahrheitsgehalt.

Über den Freigelassenen ist wenig bekannt. Wir erfahren
nicht einmal seinen richtigen Namen, denn Barabbas ist ein
Beiname mit der Bedeutung »Sohn des Abba oder Abbas«.[55]

Ebenso ist nicht ganz klar, welches Verbrechen Barabbas begangen hat. Nach Markus saß er im Gefängnis »zusammen mit den Anführern, die bei einem Aufstand einen Mord begangen hatten«. Um welchen Aufstand es sich handelt, erfahren wir nicht. Nach Matthäus (27,16) ist er »ein berüchtigter Verbrecher«. Johannes (18,40) bezeichnet ihn als »Verbrecher«. Und nach Lukas (23,25) saß er wegen »Aufruhr und Mord« im Kerker.

Barabbas war offensichtlich Teil einer Gruppe politischer Umstürzler. Johannes' Ausdruck »*lestes*«, der in der deutschen Übersetzung auch mit »Straßenräuber« wiedergegeben wurde, meint keinen gewöhnlichen Banditen, sondern eine Klasse von Dieben, die als Wegelagerer ein Guerilla-Unwesen trieben. Josephus verwendet das gleiche Wort, um einen politischen Gewalttäter und Guerillakämpfer zu bezeichnen, eine Art Terrorist des 1. Jahrhunderts.[56] Diese Banditen genossen in der Gesellschaft durchaus Rückhalt. Viele hatten Kontakt zu den Bauern in den Dörfern, denen wegen ihrer Unterstützung für *lestai* Strafaktionen drohten.[57] Pilatus stellt die Menge vor die Wahl zwischen zwei politischen Gefangenen: Jesus von Nazareth, einem Mann, der einen Steuerboykott vertrat und sich den Königstitel anmaßte, und Barabbas, einem Banditen, der in Terrorakte verwickelt war und möglicherweise sogar einen Mord begangen hatte.

Was Barabbas getan hat, ist dabei freilich nicht entscheidend. Er diente Pilatus einfach nur als politischer Lackmustest. Anders als häufig dargestellt, versuchte Pilatus nicht, Jesus vor dem aufgebrachten Mob zu erretten. Mit einer Meinungsumfrage wollte er einfach herausfinden, welche Hinrichtung populärer wäre. Er wusste, dass die Tempelaristokratie Jesus nur »aus Neid« (Mk 15,10) ausgeliefert hatte, konnte aber nicht abschätzen, ob er sich Ärger einhandeln würde, wenn er den Wünschen der Hohepriester nachgab.[58]

Und er erhielt auf seine Frage eine klare Antwort: Jesus hat in dieser Menge keinen Rückhalt. Sie will lieber Barabbas auf freiem Fuß sehen.

Und dies sagt auch alles darüber, was für eine Menge sich hier versammelt hatte.

»Die Hohenpriester aber hetzten das Volk auf«

Von allen Mythen und Fehlinformationen über die »längste Woche« hat sich besonders hartnäckig die Behauptung gehalten, wonach »die Juden« Jesus hätten kreuzigen wollen.

Diese Legende hängt eng mit dem Verständnis dieser Szene zusammen. Sie wird häufig so dargestellt, als hätten sich die »Juden« spontan in der Masse gegen Jesus gewendet. Immer wieder heißt es, die Menschen, die am Sonntag seinen Einzug in die Stadt bejubelt hatten, hätten am Freitag schreiend nach seiner Kreuzigung verlangt. Warum sie ihre Meinung geändert haben sollten, erfährt man dabei aber nie. Wieso hat sich der Wind im Volk gedreht? Warum wendete sich die Menge plötzlich gegen Jesus? Die einfache Antwort lautet, dass es so einen Stimmungsumschwung überhaupt nicht gegeben hat.

Der Vorwurf stützt sich hauptsächlich auf einen Vers in Matthäus: »Die Menge schrie zurück: »Ja, wir und unsere Kinder, wir tragen die Folgen!« (Mt 27,25) Für »Volk« verwendet Matthäus das Wort *laos,* womit häufig das Volk in seiner Gesamtheit, also die jüdische Nation, gemeint ist. Alleinstehend kann es aber auch nur »Menge« bedeuten, insbesondere dort, wo es mit dem gewöhnlichen griechischen Wort für »Volk«, *ochlos,* auftaucht. Matthäus könnte es folglich auch als Synonym verwendet haben. In Matthäus 27,24 wäscht sich Pilatus »vor allen Leuten« *(ochlos)* die Hände, worauf in Vers 25 »die Menge« *(laos)* erwähnt wird ... Matthäus meint hier offenbar nicht nur die Menge im Hof, sondern alle Anwesenden, einschließlich der Vertreter der Tempelführung – also der Führer der Juden.[59] »Das ganze Volk« im eigentlichen Sinn kann er nicht meinen, da viele Juden bekanntlich gegen dieses Urteil waren. Er kann nicht einmal »alle Juden in Jerusalem« meinen. Dies würde Matthäus 26,5 widersprechen: Hier kann die Tempelobrigkeit Jesus nicht öffentlich festnehmen lassen, weil dies unter dem Volk einen Aufstand auslösen könnte. Und gerade an dieser Stelle verwendet Matthäus ebenfalls das Wort *laos*.

Aus den Evangelien geht klar hervor, dass die Menschen auf Jesu Seite waren – zumindest so viele, dass die Tempelbehörden vor seiner Verhaftung zurückschreckten. Seine Popularität war sein Schutzschild. Deshalb mussten sie in den frühen Morgenstunden und an einem abgelegenen Ort zuschlagen.[60] Jesus hatte in der Bevölkerung breiten Rückhalt. Dies wird nicht nur durch die Verse bestätigt, in denen von Unterstützung die Rede ist, sondern auch durch den Zeitpunkt seiner Verhaftung und Verurteilung. Der Prozess wurde rasch und in aller Heimlichkeit vorangetrieben. Und wie wir sehen werden, erfolgte die Hinrichtung zu einem Zeitpunkt, da sich die Aufmerksamkeit der breiten Massen auf andere Dinge richtete. Dass die gesamte jüdische Bevölkerung in Jerusalem plötzlich die Fronten gewechselt haben soll, ist schlechthin absurd.

Um was für eine Menge handelte es sich folglich? Dazu gibt es zwei Anhaltspunkte: den Ort und die Zeit ihres Zusammentretens.

Die Menge versammelt sich im Hof von Pilatus' Hauptquartier. Wieso sollte eine große Menge einfaches Volk so problemlos in dieses Gebäude eingelassen werden? Wenn sich eine Volksmasse in einem Land des Nahen Ostens vor der amerikanischen oder britischen Botschaft versammelt, würde dann der Botschafter die Tore weit öffnen und alle hereinbitten? Wohl kaum. Außerdem hätte der Palast des Herodes, obwohl er für örtliche Verhältnisse riesig war, einem großen johlenden Mob gar keinen Platz geboten.

Wichtig ist außerdem der Zeitpunkt: Es ist frühmorgens am Rüsttag, dem Tag der Vorbereitungen auf den Feiertag, an dem die Festtagspilger allerhand zu tun haben. Bis zum Beginn der Opferungen um drei Uhr nachmittags muss alles für das Ereignis erledigt sein. Die Gläubigen müssen das Mahl vorbereiten, das Opferlamm kaufen und ihre Häuser nach Hefe durchsuchen. Um diese Zeit sind die Pilger und die Einwohner der Stadt mit ganz anderen Dingen beschäftigt.

Es handelt sich also um einen »handverlesenen« Mob – und damit um einen gelenkten Aufstand. Bei Markus sind es die »Hohepriester, die Ältesten [und] die Menge«, aber der Schlüssel zum Verständnis liegt in den beiden zuerst genannten Gruppen. Die Hohepriester und Ältesten stellen die Tempelaristokratie. Sie haben ihren Plan nicht so weit vorangetrieben, um ihn jetzt noch durchkreuzen zu lassen. Sie haben eine Woche lang darauf gewartet, Jesus festnehmen zu können. Dass ihnen die Menge im letzten Moment einen Strich durch die Rechnung macht, kommt überhaupt nicht in Frage. Die Menge muss also gekauft sein, muss aus ihren Anhängern bestehen. Für die Tempelobrigkeit war solch ein Vorgehen durchaus üblich.

Ishmael ben Philabi wurde Ende der 40er / Anfang der 50er Jahre n. Chr. zum Hohepriester ernannt. In einem Bericht schildert er, wie die herrschenden Schichten ihre politischen Gegner mit Hilfe von Banden auszuschalten versuchten.[61] Die Unruhen während des Judenaufstands waren durch innere Kämpfe zwischen den verschiedenen Lagern mit ihren jeweiligen Anhängern gekennzeichnet. Nach Josephus gebärdeten sie sich wie Straßenräuber. So sicherte insbesondere der ehemalige Hohepriesters Ananias seine Macht, indem er die Leute mit Hilfe seiner Leibdiener einschüchterte, während zwei weitere ehemalige Priester – Jesus ben Damnaeus und Jesus ben Gamalas – dazu eigens Banden einsetzten.[62]

»Die Juden« forderten weder den Tod Jesu, noch verlangten sie Barabbas' Freilassung. Sie waren vielmehr mit anderen Dingen beschäftigt und gar nicht vor Ort. In den Straßen der Oberstadt und den Wohnhäusern der Unterstadt, in den Städten und Dörfern Galiläas und Judäas, in den Judenvierteln der Städte im gesamten Römerreich bereiteten sie sich auf das Passahfest vor. Im ehemaligen Palast des Herodes hatten sich dagegen die Gedungenen der Hohepriester und die führenden Familien Jerusalems versammelt. Nur so konnten sie »das Volk« für ihre Zwecke »aufhetzen« (Mk 15,11): Sie erteilten ihren Leuten Anweisungen, für die Freilassung des Barabbas zu stimmen.

Dass Pilatus dieses Manöver durchschaute, ist für mich zweifelhaft. Es dürfte ihm schwergefallen sein, die verschiedenen Fraktionen auseinanderzuhalten. Sein Verhalten deutet eher darauf hin, dass er von den Feinheiten der jüdischen religiösen Politik keine Ahnung hatte. Besatzungsmächte bekommen von den Realitäten vor Ort selten viel mit.

Pilatus ging davon aus, dass die Äußerungen der anwesenden Menge die Mehrheitsmeinung widerspiegele – ohne zu ahnen, dass andere für sie entschieden hatten. Dazu war sie ja herbestellt worden.

»Kein Freund des Kaisers«

In den verschiedenen Evangelien wird das Handeln des Pilatus am Ende von unterschiedlichen Faktoren bestimmt. Für Markus und Lukas stellt er nur die Menge zufrieden (Mk 15,15; Lk 23,23). Matthäus legt den Akzent auf einen Pilatus, der den Ausbruch eines Aufstands befürchtet (Mt

27,24). Bei Johannes ist sich der Präfekt bis zum Schluss seiner Sache unsicher, insbesondere, als er erfährt, dass dieser Jesus behauptet, er sei der Sohn Gottes (Joh 19,7–8). Vielleicht will Johannes hier einmal mehr zeigen, dass Jesus Nichtjuden Ehrfurcht einflößte – wie das Erschrecken des Verhaftungskommandos und der Zenturio, der den Gekreuzigten anblickt –, oder Pilatus hat plötzlich erkannt, dass es hier um Transzendentes geht, dass dieser Mann tatsächlich von einer besonderen Aura umgeben ist.

Aber all dies ändert nichts, denn jetzt spielen die Tempelführer ihre Trumpfkarte aus:

Wenn du den laufen lässt, bist du kein Freund des Kaisers; denn wer sich selbst zum König macht, lehnt sich gegen den Kaiser auf. (Joh 19,12)

Pilatus befand sich an einem schwierigen Punkt seiner Laufbahn. Diese Worte mussten ihn vollends auf Kurs gebracht haben: Das Letzte, was er momentan brauchen konnte, war ein weiterer Beschwerdebrief an den Kaiser, noch dazu einer mit dem Vorwurf, er sei nicht sein Freund. Hier ging es nicht um eine diffuse Drohung, sondern um den kalkulierten Einsatz eines besonderen Begriffs: Cäsars Freunde – die *Amici Caesaris* – waren eine inoffizielle Gruppe, der nur Senatoren und berufene Ritter in hohen Regierungsämtern angehörten. Der Verlust dieses Status bedeutete einen politischen und gesellschaftlichen Abstieg, der so manchen in den Selbstmord trieb.

Für Pilatus ist die Sache entschieden. Soweit er mitbekommen hat, verfügt Jesus über keinen Rückhalt im Volk, und die jüdische Führung droht ihm, diese Bagatelle zu einer Staatsaffäre zu machen, die ihm politisch das Genick brechen könnte. Er muss jetzt nur dafür sorgen, dass ihm niemand einen Vorwurf machen kann. Und daraus ergibt sich eine der bekanntesten Szenen aus der »Längsten Woche«: Pilatus, der die Menge befragt hat, wäscht seine Hände in Unschuld.

> Als Pilatus sah, dass er so nichts erreichte und dass der Tumult nur immer größer wurde, ließ er eine Schüssel mit Wasser bringen. Für alle sichtbar wusch er sich die Hände und sagte:»Ich bin am Blut dieses Menschen nicht schuldig. Die Verantwortung dafür tragt ihr!« (Mt 27,24)

Man beachte Pilatus' Worte: Jesus ist unschuldig. Das alles hat nichts mit ihm zu tun. Seine Hände sind rein.

Am Ende dieses dubiosen Verfahrens gibt es keinen eindeutigen Sieger. Die Jerusalemer Tempelführung hat die Muskeln spielen lassen und Pilatus an seine prekäre Lage erinnert. Andererseits hat Pilatus seine Beziehung zu Herodes Antipas gefestigt, die Ordnung aufrechterhalten und eine Beschwerde vermieden. Und nicht nur das: Er hat die »Menge« und die Tempelführung zufriedengestellt und damit Zeit gewonnen, um für sich zwei weitere recht bedeutende Erfolge herauszuholen.

Den Schauplatz des ersten Erfolgs siedelt Johannes auf dem »Lithostrotos«, dem »Steinpflaster« oder Gabbata an. Gemeint ist wahrscheinlich der Hauptplatz des Palastes, auf dem der Präfekt zu Gericht sitzt. Die Bedeutung des Begriffs »Gabbata« ist unklar. Er stammt aus dem Aramäischen und weist Johannes einmal mehr als einen guten Kenner der Jerusalemer Verhältnisse aus. Wahrscheinlich bedeutet er »erhabener Platz« oder »Höcker«.[63] Darunter versteht man einen erhöhten Bereich auf dem Pflaster oder einfach den erhöhten Standort des Herodes-Palasts in der Stadt. Hier verkündet Pilatus auf dem Richterstuhl das Urteil. Er fragt die Ankläger ein letztes Mal: »Soll ich wirklich euren König kreuzigen lassen?« In seiner Frage liegt ein Spott – Jesus ist ja nicht ihr König –, mit dem er sich ein wenig für ihre Drohungen rächt. Und seine spöttische Taktik geht auf. Die Hohepriester antworten: »Wir haben keinen König, nur den Kaiser!« (Joh 19,15).

Dieser Schachzug ist wahrhaft brillant: Trotz seiner prekären Situation und seiner zeitweiligen Ängste hat Pilatus es geschafft, den Hohepriestern eine Loyalitätsbekundung für Rom und den Kaiser zu entlocken.

Im Gegensatz zur vorherrschenden Meinung erscheint Pilatus in dieser Schilderung keineswegs als schwache, willfährige Figur und ebenso wenig als respektabler Römer mit einer schwierigen Aufgabe, sondern als ein gewiefter, bestens geübter Taktiker, der die Menschen politisch zu manipulieren weiß. Nachdem ihm die Lage zeitweilig zu entgleiten drohte, hat er das Blatt gewendet – am Ende geht er aus dem Prozess gestärkt hervor. Er hat die Wünsche der Tempeloberen erfüllt, ohne seine Position aufzugeben, hat ihnen eine Loyalitätsbekundung entlockt, sich selbst von einem Urteil distanziert, das ihm um die Ohren fliegen könnte, und einen möglichen Volksaufstand abgewendet.

Und für all dies musste er nur einen Juden aus Galiläa opfern.

Die Geißelung

Ort: Palast des Herodes
Zeit: um 8.15 Uhr

Die Soldaten brachten Jesus in den Hof des Statthalterpalasts und riefen die ganze Truppe zusammen. Sie zogen ihm einen purpurroten Mantel an, flochten eine Krone aus Dornenzweigen und drückten sie ihm auf den Kopf. Dann grüßten sie ihn voller Hohn: »Es lebe der König der Juden!« Mit einem Stock schlugen sie Jesus auf den Kopf, spuckten ihn an und knieten vor ihm nieder, um ihn wie einen König zu ehren. Nachdem sie ihn so verspottet hatten, zogen sie ihm den roten Mantel wieder aus und gaben ihm seine eigenen Kleider zurück. Dann führten sie Jesus ab zur Kreuzigung. (Mk 15,16–20)

Im Bericht des Johannes wird Jesus gegeißelt und erniedrigt, bevor er ein letztes Mal der Menge vorgeführt wird. In anderen Berichten ergeht der Befehl zu seiner Geißelung erst nach dem Kreuzigungs-Urteil.

Geißelung und Erniedrigung stellen somit den ersten Teil der Strafe dar, den ersten Schritt hinab in die Hölle.

Die Martern, die Jesus erdulden musste, führen uns drastisch die Unterschiede zwischen dem 21. und dem 1. Jahrhundert vor Augen. Was uns heute unvorstellbar grausam und erniedrigend anmutet, war für die damaligen Soldaten Unterhaltung.

Die Geißelung war eine römische Form der Strafe, die häufig an Delinquenten aus den unteren Schichten oder an Ausländern vollstreckt wurde. Das Ausmaß der Schmerzen möchte man sich lieber nicht vorstellen, denn die brutalen Schläge zerfetzten dem Opfer buchstäblich das Fleisch. Wie wir in dem Bericht über den unglückseligen Jesus ben Ananus gesehen haben, wurde er ausgepeitscht, »bis seine Knochen bloßlagen« (siehe Seite 257). Bei der Geißelung verlor das Opfer die Kontrolle über seinen Körper, weshalb das jüdische Gesetz – es sah die Geißelung ebenfalls vor – hier zwischen Männern und Frauen einen Unterschied machte. Einem Rabbi zufolge musste die Vollstreckung bei einem Mann abgebrochen werden, sobald er sich mit Kot beschmutzt hatte, während sie bei Frauen schon eingestellt wurde, wenn sie sich eingenässt hatten. Selbst bei diesem barbarischen Vorgehen gab es für Frauen eine gewisse Form von Milde.[64] Die Römer, die keine rituelle Unreinheit kannten, scherten sich nicht um solche körperlichen Folgen. Wichtig waren nur die Hiebe, die jeden inneren Widerstand zerschlagen sollten.

Wenn wir uns vorstellen, wie brutal und erbarmungslos dabei zugeschlagen wurde, können wir davon ausgehen, dass die Schergen von Hass und Menschenverachtung angetrieben wurden.

Das Urteil gegen Jesus wurde von Soldaten der römischen Armee vollstreckt. In Rom wurden zahlreiche Hinrichtungen, die Claudius und Nero angeordnet hatten, von Militärpersonal vollzogen, häufig von hochrangigen Offizieren. Auch aus den Evangelien geht klar hervor, dass die Geißelung und Kreuzigung Jesu von Soldaten erledigt wurde. Und mindestens ein hochrangiger Offizier war anwesend.[65]

Das Wort »römisch« kann hier allerdings die irrige Vorstellung von Italikern wecken, die fernab der Heimat ihren Dienst taten und sich in ihre Weingärten zurücksehnten. In Wahrheit waren in Pilatus' kleiner Entourage wohl nur der Offizier und die Verwaltungsbeamten echte Römer. Die Übrigen stammten aus der Region.

Nach Markus soll in der Präfektur die »ganze Kohorte« anwesend gewesen sein (Mk 15,16), was darauf hindeuten würde, dass am Passahfest nur 1000 bis 1200 Soldaten in Jerusalem waren: eine Kohorte in der Festung Antonia und eine im Palast. Wir haben gesehen, dass es in Judäa keine Garnison aus römischen Legionären gab, sondern lediglich fünf Kohorten von Hilfstruppen stationiert waren. Während Legionäre römische Bürger sein mussten, bestanden Hilfstruppen aus lokalen Rekruten. (Am Ende ihres 25-jährigen Militärdienstes konnten sie allerdings das römische Bürgerrecht erwerben.) Und die konnten keine Juden sein. Juden waren nämlich vom Militärdienst ausgenommen, weil sie am Sabbat nicht kämpfen durften und noch andere Handikaps hatten. Demnach handelte es sich bei diesen Soldaten aus der Provinz um nichtjüdische Einwohner Samarias und Caesareas.[66] Von einer dieser Kohorten ist der Name bekannt: Josephus bezeichnet sie als Sebastii – die Augustäer –, abgeleitet aus *sebaste*, dem griechischen Wort für Augustus, »der Erhabene«. Sebaste war zugleich der griechische Name der Stadt Samaria.[67]

Die Soldaten, die Pilatus' Urteil vollstreckten, waren folglich weder Italiker noch Juden, sondern Griechen aus Caesarea oder Samariter. Einige der Garnisonssoldaten, die Jerusalem bewachten und Pilatus in die Stadt eskortierten, könnten durchaus Samariter gewesen sein. Sie waren im Gegensatz zu den Juden nicht vom Militärdienst befreit.[68]

Und Samariter hassten Juden.[69]

»Liebe deine Feinde«

Zwischen den Juden und den Samaritern schwelte eine jahrhundertealte Feindschaft. Während der Wiedererrichtung des Tempels betrachtete Nehemia den Samariter Sanballat als Nichtjuden und verbot deswegen jeden Umgang mit ihm. Als Sanballats Tochter den Enkel des Hohepriesters Eljaschib heiratete, kehrte Nehemia nach Jerusalem zurück und wies das Paar sofort aus (Neh 13,28).

In der zwischentestamentarischen Ära kam es den Juden und Samaritern nie in den Sinn, mit vereinten Kräften gegen Antiochus IV. zu kämpfen, unter dessen Herrschaft sie gleichermaßen litten. Und in der Makkabäerzeit brannte Hyrkanos ihren Tempel nieder und machte die Stadt Sichem dem Erdboden gleich. Die Zerstörung ihres Tempels bestärkte die Samariter in ihrer Überzeugung, dass sie eine eigene Religionsgemeinschaft seien. Ihre heilige Stadt war nicht Jerusalem, sondern Sichem, und anstatt auf dem Berg

Moria stand ihr Tempel auf dem Garizim. Dies bildete die Hauptquelle ihres Konfliktes. In der späteren rabbinischen Lehre wird auch das »Problem« der Samariter erörtert: »Wann werden wir sie wieder aufnehmen? Wenn sie auf den Berg Garizim verzichten und sich zu Jerusalem und zur Auferstehung der Toten bekennen.«[70]

Als Pompeius Palästina eroberte, entzog er die Stadt Samaria und das Umland der jüdischen Kontrolle, gab sie an die Einwohner zurück und gliederte sie der Provinz Syrien an.[71] Unter Herodes dem Großen fiel die Region erneut an die Juden. In kluger Diplomatie investierte Herodes stark in die Infrastruktur der Stadt. Zu seinen Bauprojekten gehörte auch ein Augustus geweihter Tempel. Außerdem siedelte er dort Veteranen an, die sich aus benachbarten ethnischen Gruppen rekrutierten. Nach Josephus kamen so um die 6000 Kolonisten nach Sebaste (Samaria). Malthrake, Herodes' fünfte Frau, war Samariterin. Zumindest stammte sie aus der Region und war Nichtjüdin.[72]

Herodes' Anstrengungen konnten die Zwistigkeiten freilich nicht entschärfen. Keine Seite ließ eine Gelegenheit aus, um gegen die jeweils andere Angriffe zu starten. Josephus berichtet, dass in den Anfangsjahren der Römerherrschaft einige Samariter in den Tempel eindrangen und Leichen in die Höfe legten, um ihn unrein zu machen.[73] Die Juden hielten sich von den verabscheuten Samaritern möglichst fern. Diese galten als Nichtjuden und damit als unrein. Anders als die Juden in Galiläa, die regelmäßig durch Samaria reisten, bekamen die meisten Einwohner Jerusalems – vor allem die Angehörigen der Tempelaristokratie – Samariter nur in römischen Uniformen zu Gesicht, wenn sie von den Mauern der Festung Antonia herabspähten.

Wenn die Soldaten Samariter waren, lässt dies ihren Spott gegen Jesus umso beißender erscheinen. Jesu Einstellung gegenüber den Samaritern war allerdings für Juden völlig untypisch. Für ihn waren dies Leute, wie sie ihm zu anderen Zeiten auf Judäas Straßen oder auf seiner Reise durch Samaria begegnet waren. Er hatte sie sogar beispielhaft zu Menschen erhoben, die noch vor den frommen Juden ins Himmelreich einziehen würden.

Die Vorstellung, dass Jesus von einem Trupp Latein sprechender Italiker ans Kreuz geschlagen wurde, hat mit der Realität wenig zu tun. Vielmehr übernahmen dies einfache Soldaten aus der Region, die unter erbitterten Judenhassern rekrutiert worden waren.

»Dann flochten sie eine Krone aus Dornenzweigen«

Dies ist ein Grund dafür, warum sich die Soldaten so sehr an den Schlägen und Erniedrigungen weiden. »Heil dir, König der Juden!« Was für ein Spaß. Gedemütigt wird damit nicht nur ein erbärmlicher Tölpel vom Land, sondern das gesamte jüdische Volk mit seinen Herrschaftsansprüchen. Ihr »König« ist auf Gedeih und Verderb den Römern ausgeliefert. Die Soldaten aus Samaria können mit ihm – und ihnen – alles machen, was sie wollen.

Schon verletzt und blutend, wird Jesus auf den Hauptplatz zurückgeführt, wo sich die ganze Kohorte an dem Spaß beteiligt. Jetzt haben sie Macht über ihn. Sie werden ihn ein- und entkleiden wie eine lächerliche Puppe. Sie stecken ihn in ein farbenprächtiges Gewand. Obwohl mit »purpurn« übersetzt, deckt der hier gebrauchte Farbbegriff das gesamte Spektrum von Blau bis Rot ab. Dass die Soldaten gerade ein Gewand zur Hand hatten, das mit Purpur, dem kostbarsten Farbstoff, gefärbt war, ist eher unwahrscheinlich.[74] Jedenfalls ist alles Teil des grausamen Spiels. Jesus wird zum Schein königlich eingekleidet, dann drückt man ihm einen Dornenkranz auf den Kopf.

Die »Dornenkrone« gehört fest zur Ikonographie der »längsten Woche«. Dargestellt wird sie gewöhnlich in Form einer der üblichen abendländischen Kronen, als ein breiter Kreis, der Jesus um das Haupt geschlungen wird. Dabei kommt auch eine ganz andere Art Kranz in Frage. Bildnisse von Königen auf Münzen der Zeit zeigen strahlenförmige Kronen, die an eine Sonne erinnern. Und was die Dornen betrifft, so darf man annehmen, dass die Soldaten die nächstbeste geeignete Pflanze verwendeten. Besonders verbreitet war die Dattelpalme *Phoenix dactylifera*, deren Wedel im unteren Bereich mit aufwärts gebogenen, tückischen Stacheln bewehrt sind.[75] Da solche Palmwedel nur wenige Tage zuvor beim Einzug Jesu in Jerusalem ausgestreut worden waren, wurden sie vielleicht sogar mit Bedacht gewählt. Hatten die Soldaten etwas von diesem Einzug mitbekommen? Und war dies ihre Rache für seinen Spott?

Jesus wird also brutal gegeißelt, erniedrigt, verspottet, bespuckt und immer wieder geschlagen. Dann, so Markus' schauerlich nüchterne Worte, »führten sie Jesus ab zur Kreuzigung« (15,20).

Die Kreuzigung

Ort: Golgatha
Zeit: um 9 Uhr

In der griechisch-römischen Welt ging man über Kreuzigungen schweigend hinweg. Natürlich war diese Hinrichtungsmethode bekannt, schließlich gab es in den meisten Städten entsprechende Plätze. Allerdings wurden nur Leute aus den untersten Schichten gekreuzigt, Sklaven oder Rebellen, so dass dieses Thema nicht für eine gepflegte Unterhaltung taugte.[76]

Deswegen ist über den genauen Ablauf einer Kreuzigung nur wenig bekannt. Selbst die Evangelien, die dazu die umfassendste Darstellung in der antiken Literatur geben, gehen über die Einzelheiten hinweg. Immerhin beschreiben sie den groben Ablauf. Nach dem Auspeitschen wurde dem Opfer der Querbalken des Kreuzes über die Schulter gelegt und festgeschnallt. Da Holz in Jerusalem rar war, wurden Kreuze vermutlich mehrfach verwendet.[77] So bepackt, musste der Gefangene den Weg zur Hinrichtungsstätte zurücklegen.

Dieser Gang war eher kurz. Bei den Kreuzwegstationen entlang der *Via Dolorosa*, welche die heutigen Pilger in Jerusalem abschreiten, handelt es sich um eine mittelalterliche Erfindung. Der Startpunkt entspricht wahrscheinlich nicht den historischen Tatsachen. Wie wir gesehen haben, machte Pilatus Jesus nicht in der Festung Antonia, sondern im Palast des Herodes den Prozess, also nur wenige hundert Meter südlich des Ortes, an dem Jesus sterben sollte.

Diese nur wenige hundert Meter lange Strecke überforderte Jesus. Die Römer mussten einen »Freiwilligen« bestimmen, der ihm das Kreuz abnahm. Die Synoptiker haben ihn als »Simon aus Kyrene, den Vater von Alexander und Rufus« (Mk 15,21) identifiziert. Dass er »gerade von seinem Feld zurückkam« (Mk 15,21), könnte bedeuten, er hatte seine Arbeit beendet oder er war ein Anhänger Jesu, der von den Ereignissen erfahren hatte und herbeigeeilt war. Inzwischen hatte sich nämlich eine – nach Lukas sogar große – Gruppe von Unterstützern versammelt.

Markus erwähnt Simons Söhne Alexander und Rufus in einer Art und Weise, als müssten seine Leser sie kennen. Es gab einen Rufus in der Kirche in Rom (Röm 16,13) und sehr früh schon eine Kirche in Kyrene (Apg 6,9; 11,20; 13,1). In einer im Kidrontal entdeckten Grabhöhle kam ein Ossuarium mit den Knochen »Alexanders, des Sohnes von Simon«

zum Vorschein. Die hebräische Inschrift »*Alexandros Qr-nyt*« haben einige Forscher als *qrnyh* gedeutet, was »*qireni-yah*« oder Kyrene bedeutet. Obwohl es sich um häufige Namen handelt, könnten wir es mit dem Grab des Mannes zu tun haben, dessen Vater für Jesus das Kreuz getragen hatte.[78] Wurden Simon und seine Familie Anhänger Jesu? War er der erste Anhänger, der buchstäblich sein Kreuz auf sich nahm? Wichtiger allerdings als Spekulationen und mögliche Verbindungslinien ist die Tatsache, dass Jesus inzwischen außerstande ist, sein Kreuz selbst zu tragen. Aufgrund der brutalen Hiebe kann er sich kaum noch auf den Beinen halten.

Hinter ihm und um ihn herum drängen sich viele Menschen. Auch diese Schilderung entlarvt den Mythos, nach dem sich »die Juden« gegen Jesus gewandt haben sollen. Viele in der Menge – vornehmlich Frauen – jammern und wehklagen mit gebrochenem Herzen und schlagen sich verzweifelt an die Brust. Einige hat vielleicht nur Neugier, andere das Mitleid hergetrieben.

Frauen waren damals häufiger bei Hinrichtungen anwesend, um den Gemarterten schmerzlindernde Opiate zu verabreichen.[79] Aber von einigen der Genannten ist bekannt, dass sie Anhängerinnen Jesu waren. Und die hier geschilderte Verzweiflung sprengt offenbar das übliche Maß einer förmlichen Trauerbekundung.

Warum sonst sollte sich Jesus an sie wenden? Seine Worte, die Lukas wiedergibt, sind Urteile, die an die Begebenheit auf dem Hügel über Jerusalem zwei Tage zuvor erinnern: »Wenn schon das grüne Holz Feuer fängt, wie schnell brennt dann das trockene Holz lichterloh!?« (Lk 23,31) Ein Brand ist im Anzug: Grünes Holz steht schon in Flammen; wehe, wenn der Brand erst das dürre Holz erreicht![80]

»Und sie brachten Jesus
an den Ort namens Golgatha.«

Der Hinrichtungsplatz hieß Golgatha oder Schädelstätte.
Wie alle derartigen Orte lag er vor den Mauern der Stadt,
dank der typisch römischen Effizienz an einer Stelle, die
dem Palast des Herodes am nächsten lag – an einem Friedhof in einem alten Steinbruch.

Heute steht dort eine Kirche, eine der ältesten und berühmtesten der Christenheit. Während sie in der abendländischen Welt Grabeskirche heißt, bezeichnen die orthodoxen Christen sie mit dem Optimismus, wonach »das Glas
halb voll und nicht halb leer ist«, als *Anastasis,* die »Kirche
der Auferstehung«. Doch dieses Gotteshaus spaltet die Ge-
müter: Man liebt oder man hasst es. Viele Christen fühlen
sich von den endlosen Streitereien um die Hoheit, den düsteren Ritualen und der Innenausstattung, einer Mischung
aus glitzerndem Prunk und Düsternis, regelrecht abgesto-
ßen. Andere spüren den Hauch des Mysteriums, eine tiefe
Verwurzelung in der Vergangenheit: An diesem magischen
Ort hat alles begonnen.

Aber ist es wirklich die richtige Stelle? Tatsächlich gibt es
gute Gründe anzunehmen, dass Jesus hier gekreuzigt und in
der Nähe bestattet wurde. Zunächst einmal lag diese Stätte
zur Zeit seines Todes vor den Stadtmauern. Zweitens stand
einst der Palast des Herodes nur ein Stück weiter südlich, so
dass die römischen Soldaten diese Stelle rasch erreichen
konnten. Drittens kamen unter der Kirche Gräber zum Vorschein, die zu einem Friedhof aus dem 1. Jahrhundert gehörten. Und die Überlieferung, wonach es sich um den Kreuzi-
gungsort handelt, stammt noch aus einer Zeit, bevor das
Christentum zur römischen Staatsreligion wurde. Die Stelle
war also in Erinnerung geblieben, selbst wenn es bis dahin
gefährlich war, an sie zu erinnern. Und sollte der Felsen in

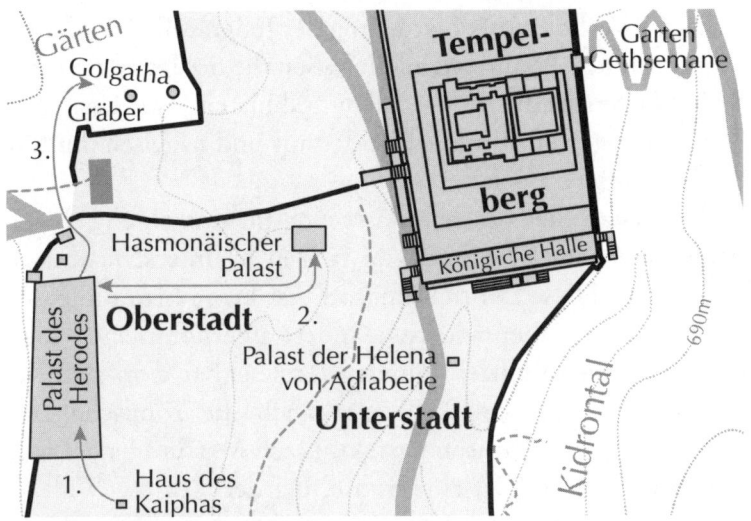

Prozess und Hinrichtung: Die Wege Jesu am Freitagmorgen
1. *Vom Haus des Kaiphas zu Pilatus*
2. *Von Pilatus zu Herodes Antipas und zurück*
3. *Von Pilatus' Hauptquartier nach Golgatha*

der Kirche nicht Golgatha sein, musste die Kreuzigung dennoch in unmittelbarer Nähe stattgefunden haben.

Die Soldaten bieten Jesus einen mit Myrrhe aromatisierten Wein an, aber er lehnt ab. Diese Bibelstelle wird gewöhnlich als Weigerung gedeutet, ein Beruhigungsmittel zu nehmen: Was er auch erleiden müsste, er wollte es wach und bei vollem Bewusstsein durchleiden. Myrrhe wirkt allerdings weder schmerzstillend noch beruhigend. Vielmehr galt ein auf solche Art aromatisierter Wein als Köstlichkeit. Im Gegensatz zur Narde, mit der Jesus in Betanien gesalbt wurde, war Myrrhe ein regionales Erzeugnis aus den Balsamgärten des Jordantals. Das Wüstenklima und die tiefe Lage sorgten für bestes Gedeihen.[81] Plinius schrieb, der »köstlichste Wein in alter Zeit« sei »der mit einem Hauch Myrrhe gewürzte« gewesen.[82] Es handelt sich also nicht um eine gnädige Geste der Soldaten, sondern erneut um eine zynische Verhöhnung: Der König der Juden soll »köstlichen Wein« trinken. Wahrscheinlich haben die Soldaten gelogen. Später lassen sie die Maske fallen und bieten Jesus Essig an. Dann zogen sie ihm die Kleider aus und nagelten ihn um 9 Uhr morgens ans Kreuz.

Wie genau dies geschah, lässt sich im Einzelnen schwer nachvollziehen. Kreuzigungen fanden in unterschiedlicher Form statt. Diese Hinrichtungsart war keine Erfindung der Römer, wurde aber wie viele andere übernommene Praktiken von ihnen perfektioniert. Vergleichbar dem Bau ihrer Straßen und Brücken, war auch die römische Art der Kreuzigung teuflisch perfekt. Nach Martin Hengel war »die Kreuzigung [...] eine Strafe, bei der sich die Willkür und der Sadismus der Henker austoben konnten«.[83] Josephus berichtet, dass sich die römischen Soldaten einen Spaß daraus machten, ihre Opfer in verschiedenen Posen zu kreuzigen:

Gegeißelt und vor dem Tod allen möglichen Martern unterzogen, wurden [die Gefangenen] schließlich vor der Stadtmauer gekreuzigt. Die Soldaten nagelten aus Zorn und Hass jeden der Gefangenen zur Verhöhnung in einer anderen Stellung ans Kreuz, und wegen der großen Menge fehlte es an Raum für die Kreuze und an Kreuzen für die Körper.[84]

Seneca berichtet von einer Massenkreuzigung, deren Zeuge er wurde: »Ich sehe dort Kreuze – nicht nur in einer, sondern in vielen Arten. An manchen sind die Opfer kopfüber befestigt, an anderen an ihren intimen Teilen aufgespießt, andere mit ausgespreizten Armen.«[85]

Ein bei Jerusalem aufgetauchtes archäologisches Zeugnis einer Kreuzigung – das einzige überhaupt – deutet darauf hin, dass der Querbalken vor Ort befestigt und dann die Hände des Opfers aufgenagelt wurden. Anschließend setzte man den Delinquenten mit angezogenen Beinen auf einen schmalen Pflock. Danach wurde entweder ein einziger Nagel durch beide Knöchel getrieben und von vorn auf den Längsbalken aufgenagelt, oder die Füße wurden beiderseits an ihn angenagelt.[86]

Die Opfer wurden demnach nicht weit oben an Längsbalken (das Aufrichten hätte eine große Kraftanstrengung erfordert), sondern nur knapp über Augenhöhe aufgerichtet. Nach den christlichen Überlieferungen soll das Kreuz Jesu auf einer Felsnase gestanden sein, also an einer Stelle, an der das Opfer gut sichtbar war. Das Kreuz selbst war nicht besonders hoch, so dass Jesus wahrscheinlich seinen Peinigern in die Augen sehen konnte.

Pilatus ließ an dem Kreuz ein Schild mit der Aufschrift anbringen: »Jesus von Nazareth, der König der Juden«. Es war in den wichtigsten Sprachen beschriftet, die in Jerusalem gesprochen wurden: in Hebräisch, Latein und Griechisch – als ein letzter Seitenhieb des Pilatus gegen die jüdischen Führer, die ihn gebeten hatten, auf den Ausdruck »König der Juden« auf einem öffentlich sichtbaren Schild zu verzichten. Trotz ihrer Beschwerden dachte Pilatus gar nicht daran, den Schriftzug zu verändern (Joh 19,22). Das Schild mit der »Anklage« wurde direkt über Jesu Kopf auf dem Längsbalken angebracht.

»Dann kreuzigten sie ihn und mit ihm zwei Verbrecher«

Die Kreuzigung war ein sichtbares Zeichen der Schande. Als Hinrichtungsart zielte sie darauf ab, durch die Zurschaustellung und Erniedrigung des Opfers andere abzuschrecken. Durch Terror sollten die Menschen zum Gehorsam gezwungen werden. Die Kreuzigung war »der Sklaventod«, mit dem hauptsächlich Unfreie bestraft wurden. Sie

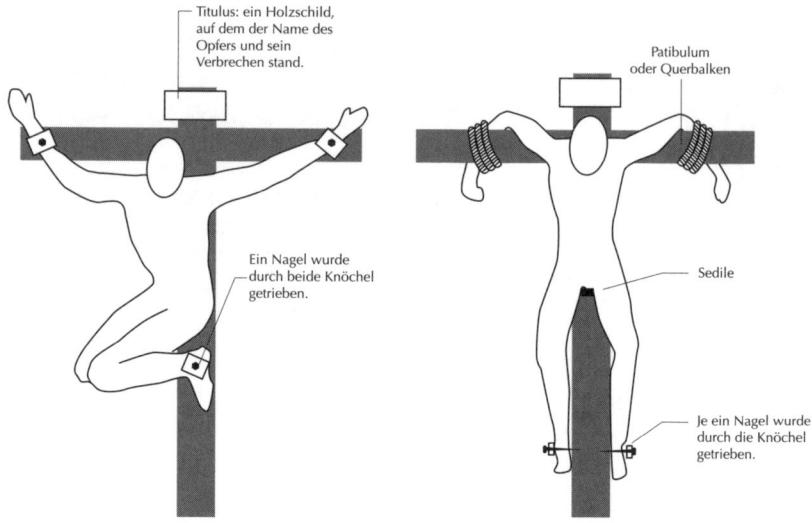

Titulus: ein Holzschild, auf dem der Name des Opfers und sein Verbrechen stand.

Ein Nagel wurde durch beide Knöchel getrieben.

Patibulum oder Querbalken

Sedile

Je ein Nagel wurde durch die Knöchel getrieben.

Der Gekreuzigte

Im Jahr 1968 kamen in einem Ossuarium in Giv'at ha-Mivtar bei Jerusalem die Knochen eines gekreuzigten Mannes namens Yeho-hanan (Jonathan) zum Vorschein. In einem Knöchel (calcaneum) steckte noch ein Nagel. Wahrscheinlich um den Tod zu beschleunigen, waren seine Beinknochen zerschlagen worden.

Über die Art seines Todes wurden zwei Hypothesen aufgestellt. Nach der ersten sei er an den Handgelenken angenagelt worden, worauf man seine Beine angewinkelt und einen Nagel durch seine Knöchel getrieben haben sollte. Das Opfer soll demnach eine Embryonalstellung eingenommen haben (Abb. links).

Nach einer überarbeiteten Hypothese soll das Opfer rittlings durch die Knöchel am Längsbalken festgenagelt gewesen sein. Die Arme seien über den Querbalken gelegt und festgebunden worden (Abb. rechts).

Nach den Evangelien wurde Jesus durch die Hände ans Kreuz genagelt. In dem Fall hätten seine Arme wohl festgebunden werden müssen. Kreuzigungsopfer wurden zudem entweder durch ein Sedile – einen kleinen »Sitzpflock« – oder ein Suppedaneum, einen Sims zum Stehen, gestützt.

Die früheste bildliche Darstellung der Kreuzigung Jesu. Sie findet sich auf einer Tafel im Tor der Kirche Santa Sabina in Rom.

war eines der grausamen Mittel, um die Millionen Sklaven im Römischen Reich unter Kontrolle zu halten. So gipfelte der Sklavenaufstand im 1. Jahrhundert v. Chr. in einer Massenkreuzigung: Der siegreiche Crassus ließ sechstausend Gefangene an Kreuze schlagen, welche entlang der Via Appia nach Rom aufgestellt wurden. Dabei drohte Sklaven die Kreuzigung bei jeder Art von Verfehlung.[87]

Als Hinrichtungsart wurde die Kreuzigung auch gegen Rebellen eingesetzt. Beim kleinsten Hinweis auf einen Aufstand in den Provinzen schlug Rom mit brutaler Gewalt zu und kreuzigte Beteiligte, um sie öffentlich zu erniedrigen. Die Opfer durften häufig nicht bestattet werden. Nach Borg und Crossan handelte es sich um Akte »imperialen Terrors«.[88]

In einer grausamen Ironie wurden für die Kreuzigung lange Zeit die Juden verantwortlich gemacht, obwohl gerade sie häufig Opfer dieser Hinrichtungsart wurden. Nur wenige Völker litten mehr unter ihr. Josephus berichtet, dass der hasmonäische Herrscher Alexander Hannaus 88 v. Chr. 800 Menschen kreuzigen ließ.[89] In den Tagen vor dem Judenaufstand rächte sich der römische Prokurator Gessius Florus dafür, dass er verspottet worden war. Er ließ wahllos jüdische Bürger und Adlige aufgreifen, in Ketten legen und kreuzigen. Vergeblich bat Königin Berenike, sie zu begnadigen.[90] Nach Josephus ließ Quinctilius Varus wegen einer Revolte nach dem Tod Herodes' des Großen 2000 Juden kreuzigen.[91]

Als Jesus davon sprach, dass seine Anhänger ihr Kreuz auf sich nehmen sollten, redete er also von einer gängigen Praxis. Die Juden verstanden es so, dass sie von den Römern gekreuzigt würden, wenn sie sich nicht bedingungslos unterwarfen. Jesus wusste, dass letztlich die Römer sein Schicksal besiegeln würden.[92] Und die Kreuzigung galt bei Juden nicht nur als Strafe für eine Rebellion, sondern auch für den Ungehorsam gegenüber Gott. So schrieb Rabbi Nathan in einem Kommentar zu Exodus 20,6:

»Warum wirst du zur Enthauptung geführt?« – »Weil ich meinen Sohn beschneiden ließ, damit er Israelit wird.« – »Warum wirst du zur Verbrennung geführt?« – »Weil ich die Thora gelesen habe.« – »Warum wirst du zur Kreuzigung geführt?« – »Weil ich ungesäuertes Brot gegessen habe.«[93]

Mit anderen Worten: Die Treue zur Thora brachte die Menschen in einen Konflikt mit den Römern. Und der endete immer gleich.

Als Strafe für Unbotmäßigkeit wurden auch die beiden Gefangenen gekreuzigt, die zusammen mit Jesus hingerichtet wurden. Obwohl häufig »Verbrecher« oder »Räuber« genannt, gehören sie derselben Kategorie wie Barabbas an. Es waren *lestai*, politische Aufständische und Banditen, die sich vor allem die Reichen und Mächtigen, insbesondere die Anhänger oder Mitglieder der prorömischen Regierungen in Galiläa und Judäa zur Zielscheibe nahmen.[94] Josephus sah hinter den Taten eines Lestes im Gegensatz zu denen eines gewöhnlichen Banditen eher politische Motive.[95] In den syrischen *Sprüchen des Menander* taucht ein grausiges Epigramm auf: »Der Raub ist der Zimmermann des Kreuzes.« Mit »Raub« war freilich nicht einfach Diebstahl oder Einbruch gemeint. Das Kreuz war vielmehr die Strafe für Raub aus politischem Antrieb.[96]

Dieses Banditentum war nicht nur eine Form des Gelderwerbs, sondern zielte auch darauf ab, das Land zu destabilisieren und Angst und Schrecken zu verbreiten. Die *pax romana,* die das Reisen erleichterte, sollte gestört werden. »Ihr habt vielleicht die Städte unter Kontrolle«, so die Botschaft der Banditen, »aber eben nicht das flache Land.« Die Männer, zwischen denen Jesus am Kreuz hing, waren also keine Taschendiebe oder Einbrecher, sondern politisch motivierte Banditen oder Terroristen. So jedenfalls sahen es die Römer.

Und demnach galt Jesus sozusagen als einer von ihnen. Auch er war ein politischer Gefangener, dem wegen seiner Behauptung, er sei ein König, Aufstachelung zum Umsturz vorgeworfen wurde. Zumindest einer der Verbrecher erkannte offenbar, dass Jesus im selben Boot mit ihm saß: »Denk an mich, wenn du in dein Königreich kommst«, sagte er zu ihm. Und Jesus antwortete außergewöhnlich zuversichtlich und hoffnungsvoll: »Ich versichere dir: Noch heute wirst du mit mir im Paradies sein« (Lk 23,42–43). »Paradies« ist ein Lehnwort aus dem Persischen; es bezeichnet einen umfriedeten Garten, einen kühlen und stillen Ort mit schattenspendenden Bäumen.[97] Und hier, inmitten von Blut und Staub, in der Hitze einer römischen Hinrichtungsstätte in einem stillgelegten Steinbruch, verheißt der sterbende Jesus einem Verbrecher ein glückliches Ende.

Etwas ganz Ungewöhnliches geschieht, das nichts mit dem Römerreich, sondern mit der Vision eines anderen Königreichs zu tun hat (Lk 23,43). Die Huren und Zöllner kommen leichter ins Paradies als die Frömmler. Und das soll nun auch für Banditen gelten.

Die Soldaten, die Jesus ans Kreuz schlugen, durften seine spärliche Habe behalten. Diese bestand allerdings nur aus den Kleidern, die er auf dem Leib trug. Während Offiziere ein ganz passables Entgelt bekamen – so strich ein Hilfszenturio ungefähr 3750 Denar pro Jahr ein, mehr als das Zehnfache eines Landarbeiters[98] –, wurden die einfachen Soldaten oder Infanteristen nur dürftig bezahlt.

Ein Fußsoldat einer Hilfskohorte erhielt im Jahr 750 Sesterzen – ungefähr 187 Denar.[99] Die Kosten für Unterkunft und Verpflegung wurden, wenn auch bezuschusst, vom Sold einbehalten. 14 n. Chr. beschwerten sich meuternde Legionäre über willkürliche Abzüge vom Sold. Neben den Kosten für Verpflegung, Kleidung, Bewaffnung und Zelte hatten sie weitere Ausgaben – hauptsächlich Schmiergelder für Zenturionen. Auf die Art verloren die unteren Ränge zwischen 40 und 75 Prozent ihrer Bezüge. So kamen sie zwar in den Genuss einer Grundversorgung, aber das Geld reichte nicht, um ihre Angehörigen zu unterstützen.[100]

Also brauchten sie ein Zubrot, das sie hauptsächlich durch Handel oder Erpressung erwarben.[101] So sagt Johannes der Täufer den Soldaten, die ihn fragen, was sie nach ihrer Taufe tun sollen: »Plündert nicht und erpresst niemand! Seid zufrieden mit eurem Sold!« (Lk 3,14).

Wenn sich eine Gelegenheit bot, griffen die Soldaten folglich zu. Jesus hatte gesagt, dem, der einem den Mantel nehme, dem lasse man auch das Hemd (Lk 6,29). Und nun nahmen sie ihm das Gewand ab.

Auch berichtet Lukas, dass die Soldaten in die allgemeine Verspottung Jesu einstimmten, ihm Essig als Wein anboten und ihn aufforderten, sich nun selbst zu retten. Alle Evangelien erwähnen den allgemeinen Hohn durch Passanten (Mt 27,39) und Soldaten (Lk 23,36) sowie durch die Hohepriester, Ältesten und Schriftgelehrten (Mt 27,41; Mk 15,31). (Letztere dürften in der Tempelhierarchie kaum ganz oben gestanden haben, sonst hätten sie sich auf der anderen Seite der Stadt mit den Vorbereitungen für das Passahfest beschäftigt.) Aber ihr Hohn und der Spott der »Leute, die vorbeikamen«, steht im Einklang mit den Anklagen gegen Jesus beim ersten Verhör: Jesus hat dem Tempel gedroht! Und jetzt schaut ihn euch an! Der Messias will er sein, aber er kann sich nicht einmal selbst retten (Mk 15,31–32)!

»Unter dem Kreuz standen ...«

In der Menge standen freilich auch andere, denen nicht nach Spott zumute war: Jesu Familie. Sein Vater Josef war zu diesem Zeitpunkt wahrscheinlich schon tot, aber seine Mutter Maria war anwesend.[102] Tatsächlich erscheint bei den Evangelisten jeweils eine unterschiedliche Gruppe von Frauen am Kreuz.

- Markus: Maria aus Magdala, Maria, die Mutter von Jakobus dem Kleinen und Joses, sowie Salome (Mk 15,40).
- Matthäus: Maria aus Magdala, Maria, die Mutter des Jakobus und des Josef, und die Mutter der Söhne des Zebedäus (Mt 27,56).
- Johannes: seine Mutter und die Schwester seiner Mutter, Maria, die Frau des Klopas, und Maria von Magdala (Joh 19,25).

Bei einigen handelt es sich wahrscheinlich um dieselben Personen mit verschiedenen Beziehungen. So erwähnt Matthäus »die Mutter der Söhne von Zebedäus«, wo Markus von einer »Salome« spricht. Da Matthäus davon ausgeht, dass der Name Salome den Lesern nichts sagt, gibt er eine geeignete Umschreibung. Möglicherweise taucht diese Salo-

me sogar in der Liste aller drei Evangelien auf. Vielleicht ist
sie die Frau, die Johannes »die Schwester seiner [Jesu] Mutter« nennt. Wenn dem so ist, dann wären die Apostel Johannes und Jakobus Jesu Vettern mütterlicherseits.[103] Allerdings
könnten auch verschiedene Frauen gemeint sein. Die Anwesenheit der vielen Marias zeigt die große Beliebtheit dieses
Namens. Nach den Evangelisten hielten sich diese Frauen
»unter« den Umstehenden auf. Jedenfalls würde eine Gleichsetzung der Salome mit der »Schwester seiner Mutter« erklären, warum die Mutter des Johannes und des Jakobus
Jesus für ihre Söhne um das Privileg bittet, in seinem Reich
neben ihm sitzen zu dürfen. Sie gehörten ja immerhin zur
Familie (Mt 20,20–23).[104]

Dagegen stellt sich die Frage, wo die Männer sind. Keiner
der Brüder Jesu ist anwesend, und (vom Verfasser des Johannesevangeliums abgesehen) es fehlen auch sämtliche
Jünger. Die Namen seiner Brüder sind bekannt: Jakobus,
Joses, Judas und Simon (Mk 6,1–4). Allerdings geht aus den
Evangelien hervor, dass sie von Jesu Mission vor der Kreuzigung nicht überzeugt waren. »So konnten seine Brüder
nur reden, weil sie nicht an ihn glaubten«, heißt es bei Johannes (7,5). Sie versuchten sogar, ihn aufzuhalten (Mk 3,21).
Zu diesem Zeitpunkt befürchteten sie offenbar, dass er
Schande über die Familie bringen würde.[105] Deswegen über-
antwortet Jesus am Kreuz die Sorge für seine Mutter nicht
den Brüdern, sondern Johannes. Seine Familie hat ihn mehrheitlich im Stich gelassen. Also wird es einem Fremden zukommen, ihn ins Grab zu legen.

Finsternis um die Mittagszeit

Ort: im ganzen Land
Zeit: um 12 Uhr

Die Evangelisten berichten, dass zwischen Mittag und drei Uhr Nachmittag eine unnatürliche Finsternis über dem Land gelegen habe. Manche sahen darin eine Sonnenfinsternis, was jedoch astronomisch gesehen unmöglich gewesen wäre. Da Passah zu Vollmond stattfand, konnte sich der Mond nicht vor die Sonnen schieben und sie komplett verdunkeln. In den vielen vorgebrachten Hypothesen reichen die Erklärungen von Sonnenflecken bis hin zu Sandstürmen.[106] Verfinsterungen waren jedenfalls Zeichen des Unheils[107] und wurden auch mit Prophezeiungen aus dem Alten Testament in Verbindung gebracht, so mit Amos:

> Ich, der Herr, kündige euch an: An jenem Tag lasse ich die Sonne schon am Mittag untergehen, und die Dunkelheit bricht am helllichten Tag über das Land herein. Eure Freudenfeste lasse ich zu Leichenfeiern werden und eure fröhlichen Lieder zu Totenklagen. Als Zeichen eurer Trauer werdet ihr euch Tücher aus grobem Sacktuch um die Hüften binden und euch die Köpfe kahl scheren. Ihr werdet so verzweifelt sein wie jemand, dessen einziger Sohn gestorben ist. Es wird ein bitterer Tag für euch sein, wenn das Ende kommt! (Am 8,9–10).

Dies ist wohl der erste Hinweis auf Dinge, die uns aus dem historischen Kontext heraus immer tiefer in dunklere und geheimnisvollere Sphären führen. Es ist eine kosmische Erscheinung: unerklärlich und rätselhaft. Von jetzt an tritt in den Evangelien das Mystische auf den Plan.

Diese Finsternis symbolisiert den zunehmend düsteren

313

Verlauf dieser Geschichte. Die finstere judäische Politik hat dies bewegt: drei Stunden Martern, Erniedrigungen und rücksichtsloser Hohn. Drei Stunden beweinen die Frauen den Todeskampf ihres Sohnes, Neffen und Erlösers. Diese Finsternis zog seit der Morgendämmerung herauf.

»Weil am nächsten Tag Sabbat war ...«

Am Nachmittag begann das Geschrei.

Wenn es etwas gab, was mit diesem Tag in Verbindung gebracht werden muss, so das Gebrüll der Tiere in Todesangst, die zum Schlachten in den Tempel geführt werden und dort zusammengepfercht auf ihr Schicksal warten.

Denn es war Rüsttag. Um 15 Uhr begannen die Opferschlachtungen, und die Stadt war erfüllt vom Gestank nach Blut.

Am Vorabend, während Jesus beim letzten Abendmahl gesessen war, hatte man die Häuser der Stadt sorgfältig nach Resten von Hefe durchsucht, um sie zu entfernen. Am Rüsttag selbst sammelten sich die Gläubigen um den Tempel herum und innerhalb seiner Umfriedung. Jeder Mann – oder jede Gruppe von Männern – trug ein zumeist gekauftes Lamm herbei, das sie vier Tage zuvor sorgfältig ausgesucht hatten. Am Nachmittag des 14. Nisan zogen in einer überirdisch anmutenden, schwermütigen Atmosphäre die Zelebranten zum Tempel und betraten zur festgelegten Zeit in drei Gruppen den Priesterhof. Hinter ihnen wurde das Tor geschlossen. Wer das Opfer darbrachte, durchtrennte dem Lamm die Kehle und häutete den Kadaver. Derweil fing ein Priester in einem Becken das Blut auf, das dann von Priester zu Priester bis an einen Altar weitergereicht wurde, an dessen Stufen man es ausgoss. Nach der Häutung nahm der Zelebrant das Tier aus, und die Eingeweide wurden auf dem

Altar verbrannt. Während dieser Riten rezitierten oder sangen die Leviten Psalmen zu Musik.

Josephus nennt eine verblüffend hohe Anzahl von Opfertieren, bei der es sich sehr wahrscheinlich um eine grobe Übertreibung handelt. So sollen bei einem Fest 256 500 Lämmer geschlachtet worden sein.[108] Wenn wir davon ausgehen, dass die gesamte Opferzeremonie maximal zwei Stunden dauerte, so hätten pro Minute 2000 Lämmer geschlachtet werden müssen. Da Gruppen zu zwanzig Personen je ein Opferlamm darbrachten, hätten sich in Jerusalem mehr als 5 Millionen Menschen aufhalten müssen. Joachim Jeremias schätzt, dass an dem Fest zwischen 85 000 und 125 000 Pilger sowie ungefähr 30 000 Einwohner Jerusalems teilnahmen. Auch diese Zahl erscheint noch zu hoch gegriffen.[109] Dazu hätten noch immer mindestens 5000 Lämmer geopfert werden, pro Minute 42 Tiere geschlachtet, ihr Blut aufgefangen, ihr Fell abgezogen und ihre Eingeweide entfernt werden müssen.

Der Todeskampf eines Lamms, dem die Kehle durchtrennt wird, kann bis zu zwei Minuten dauern.[110] Fügt man weitere zwei Minuten zum Enthäuten und Ausweiden hinzu, wären für die Opferung von 5000 Lämmern insgesamt 333,33 Mann-Stunden notwendig gewesen. Und dazu hätten 170 Priester zwei Stunden lang auf Hochtouren arbeiten müssen.

Dies ist schon deshalb unwahrscheinlich, weil sich all diese Leute in einem Areal – dem Hof der Israeliten – drängten, das nur siebzig Meter breit und zwanzig Meter lang war. Daraus lässt sich nur ableiten, dass die Anzahl der geopferten Lämmer in Jerusalem geringer war, dass die Opferschlachtungen länger als zwei Stunden dauerten, dass die Gruppen größer waren oder – was am wahrscheinlichsten ist – dass sich nicht jeder in Jerusalem an der Opferung beteiligte. Aus der Mischna geht hervor, dass sich Gläubige, für die ein Opferlamm unerschwinglich war, einer der vielen Gruppen anschließen konnten, die in der Stadt feierten.

Wie dem auch sei: Die Opferung so vieler Tiere musste wie am Fließband vonstattengegangen sein. Damit vergleichbar ist heute der Haddsch, die Pilgerfahrt der Muslime. Zu diesem Ereignis werden an drei aufeinanderfolgenden Tagen geschätzte 800000 bis 1 Million Schafe, Ziegen und Kamele geschlachtet. Das Fleisch dient als Almosen für Arme und nicht als Blutopfer. Die Schlachtung findet nur an dem dafür ausgewiesenen Ort statt, und die Pilger dürfen nur so viel Fleisch mitnehmen, wie sie und ihre Angehörigen in drei Tagen verzehren können.[111] Aber selbst mit modernen Methoden schaffen diese Opferungen gewaltige Probleme. 1972 stapelten sich auf dem Schlachtplatz die Kadaver so hoch, dass man mit Hilfe von Bulldozern Notausgänge freiräumen musste.[112]

Auf dem weitaus kleineren Areal des Hofs der Israeliten musste ein gewaltiges Gedränge geherrscht haben. Der Gestank und das verzweifelte Gebrüll der Tiere, das Chaos aus Tierhäuten und Kot, das mit dem strahlend weißen Marmor und dem Gold des Tempels kontrastierte – all das dürfte dem Beobachter atemberaubende und eindringliche Eindrücke beschert haben.

Sicher drangen Lärm und Gestank bis nach Golgatha vor den Toren der Stadt. Auch hier begann um 15 Uhr ein Geschrei.

»Es ist vollbracht«

Ort: Golgatha
Zeit: um 15 Uhr

Um die neunte Stunde, so Markus, »schrie [Jesus] laut auf«. Das Griechische weist diesen Schrei als Hilferuf oder als Stoßgebet aus.[113] Das wörtlich übersetzte *phone megale* gibt hier nicht unbedingt die Eindringlichkeit des Todesschreis eines Gekreuzigten wieder.

Nach Markus rief Jesus laut einen Vers aus einem Psalm in Aramäisch aus: *Elo, Elo, lema sabachtani,* »Mein Gott, mein Gott, warum hast du mich verlassen?« (Mk 15,34) Das Zitat stammt aus Psalm 22 und ist die einzige von Markus festgehaltene Äußerung Jesu am Kreuz. Dieser Schrei des totalen Verlassenseins und der Entfremdung ist sicher keine Fiktion: Man kann sich nicht vorstellen, dass ein späterer Autor, der eine triumphierende Christusfigur zeichnen wollte, Jesus diesen Schrei schierer Verzweiflung in den Mund legte. Seine Sprache hat hier etwas ebenso Rührendes wie Erschütterndes. Jesus verwendete charakteristischerweise das aramäische Wort *abba,* um seine Beziehung zu Gott zu bezeichnen. Auch jetzt fällt er wieder in seine Muttersprache zurück. Doch in diesem Moment scheint »Abba« auf nahezu rätselhafte Weise fern. Einige Umstehende missverstehen seine Worte und verwechseln das aramäische *Elo* mit dem hebräischen Namen Elija.[114] Dies warf die Frage auf, ob die römischen Soldaten Elija verstanden: Dies würde ebenfalls darauf hinweisen, dass es sich um Männer aus der Region gehandelt haben muss. Italischen Legionären wäre Elija kein Begriff gewesen, während Samariter aramäisch sprachen.

War es ein Schrei der Versagens oder der Anerkennung? Nach der traditionellen Theologie war dies der Augenblick des Verlassenwerdens, an dem Jesus für die gesamte Menschheit leidet. Dennoch ist daran zu erinnern, dass es sich um ein Gebet handelt, und Gebete beinhalten stets die Hoffnung, dass sie entgegen dem äußeren Anschein erhört werden. Psalm 22 endet rechtfertigend und versöhnlich.

In allen vier Evangelien wird Jesus »Essig« angeboten, ein Ausdruck für sauren Wein. Bei Lukas taucht die Szene weiter vorn in der Erzählung auf, während sie Johannes und die anderen Synoptiker unmittelbar ans Ende setzen. Es gibt allerdings keinen Grund zur Annahme, dass Jesus dieser »Essig« während seines Martyriums nur einmal angeboten wurde. Die Schilderung des Johannes weist hier die meisten Details auf. Jesus sagt: »Ich habe Durst.« Jemand steckt einen Schwamm auf einen Ysopzweig, taucht ihn in Essig und hält ihn an Jesu Lippen. Dass ein Zweig verwendet wird, bedeutet nicht, dass Jesus außer Reichweite ist. Der Zweig dient einfach nur als Werkzeug, mit dem die Flüssigkeit aus dem Krug ohne Becher zu Jesus befördert wird.

Das Anbieten von Essig könnte als Fortsetzung der Verhöhnung aufgefasst werden, aber an dieser Stelle wäre weiterer Hohn wohl witzlos gewesen. Bei dem »Essig«, der in einem Gefäß bereitstand (Joh 19,29), handelte es sich tatsächlich um ein verbreitetes Getränk, den roten Landwein, den gewöhnliche Soldaten tranken. Jesus stirbt unmittelbar nach dem Trinken. In Matthäus und Markus stößt er einen lauten Schrei aus, in Johannes sagt er: »Es ist vollbracht.« In Lukas ruft er laut: »Vater, in deine Hände gebe ich meinen Geist« (Luk 23,46). Matthäus' Beschreibung deckt sich mit der von Markus.

Und damit war es vollbracht: ein weiterer Tod eines gescheiterten Revolutionärs, ein weiterer ritueller Tod an diesem Tag des rituellen Schlachtens, ein weiteres alltägliches Opfer zum Wohl des Reichs.

»Lebt er tatsächlich nicht mehr?«

Der Tod Jesu wirft die Frage nach der genauen Todesursache auf. Bei einer Kreuzigung, so schrecklich sie auch ist, werden keine großen Blutgefäße durchtrennt. Das Einschlagen von Nägeln durch Hände und Füße führt nicht zum Tod. Viele Ärzte haben sich darüber geäußert, woran ein Kreuzigungsopfer letztlich stirbt. Es gibt dazu mindestens zehn verschiedene Hypothesen, und viele Autoren haben sie zu Kombinationen verarbeitet.[115]

Nach der häufigsten Erklärung soll das Opfer den Erstickungstod erleiden. So berichten Gefangene, die an den Armen freischwebend aufgehängt wurden, dass sich in solch einer Haltung die Muskulatur verkrampft. Das Atmen wird am Ende so stark beeinträchtigt, dass der Tod eintritt. Nach antiken Berichten über Kreuzigungen lebten manche Opfer allerdings noch längere Zeit, manche überstanden sogar mehrere Tage am Kreuz. Dies war ja auch der Zweck: Diese Form der Hinrichtung sollte ein weithin sichtbares Zeichen der Abschreckung sein und jeglichen Aufstand im Keim ersticken. Aus römischer Sicht galt also: Je länger die Opfer litten, desto besser.

Der Grund für dieses lange Überleben war die Tatsache, dass die Delinquenten nicht nur an den Armen aufgehängt waren, sondern zudem gestützt wurden. Sie saßen gewöhnlich auf einem Holzpflock oder einem kleinen Gesäß-Querbalken, der am Längsbalken angebracht war, dem sogenannten *sedile* (»Sitz«). Im Bericht über den ungewöhnlich raschen Tod Jesu spiegelt sich dies wider:

Am Abend ging Josef von Arimathäa, ein geachtetes Mitglied des Hohen Rates, zu Pilatus. Josef wartete auf das Kommen der neuen Welt Gottes. Weil am nächsten Tag Sabbat war, entschloss er sich, Pilatus schon jetzt um den Leichnam Jesu

zu bitten. Pilatus wollte nicht glauben, dass Jesus schon gestorben war. Darum rief er den Hauptmann und erkundigte
sich: »Lebt Jesus tatsächlich nicht mehr?« Als der Hauptmann das bestätigte, überließ er Josef von Arimathäa den
Leichnam. (Mk 15,42–45)

Jesus starb also unerwartet rasch. Dies deutet darauf hin,
dass er schon vor der Kreuzigung schwer verletzt war. Wie
wir gesehen haben, konnte er sein Kreuz nicht selbst zur
Hinrichtungsstätte tragen, obwohl es vom Palast des Herodes bis Golgatha kein weiter Weg war. Wahrscheinlich war
er durch den Blutverlust erheblich geschwächt. Ab einem
gewissen Grad führt Blutmangel zu einem sogenannten hy-
povolämischen Schock – die Organe werden nicht mehr
ausreichend mit Sauerstoff versorgt.

Im menschlichen Körper zirkulieren durchschnittlich um
die fünf Liter Blut. Der hypovolämische Schock wird durch
äußere oder innere Blutungen hervorgerufen – er setzt bereits bei einem Verlust von 10 bis 15 Prozent des Gesamtvo-
lumens ein. Bei 30 Prozent ist der Schock sehr schwer.
Kommt ein Trauma wie das einer Kreuzigung hinzu, sind
die Auswirkungen selbst eines geringeren Verlusts deutlich
verheerender. Die äußeren Blutungen durch die Geißelung
und die Nägel sowie die inneren aufgrund von Schlägen
dürften ausgereicht haben: Letztlich starb Jesus durch Ver-
bluten – so wie viele Kreuzigungsopfer. Manche Verurteilte
kamen schon vor der Kreuzigung durch die Hiebe ums Leben.[116]

Jesus starb am Kreuz, aber diese Marter war nur der Gna-
denstoß, der ihm den Rest gab. Das Kreuz diente der Zurschaustellung, es war ein Zeichen der Macht und ein grausiges menschliches Warnschild, das auf die Folgen einer Rebellion aufmerksam machte.

Jesus starb an den Folgen der Hiebe, die ihm die Soldaten

am Morgen beigebracht hatten. Wie sein Urteil lange vor der Verkündigung feststand, so hatte auch sein Lebenslicht lange vor dem Einschlagen der Kreuznägel zu flackern begonnen.[117]

»Sie brachen ihm die Beine nicht«

Am Vortag eines Feiertags und noch dazu eines Sabbats wollten die Juden die Leichen der Kreuzigungsopfer nicht bis Sonnenuntergang, also bis zum Beginn von Passahfest und Sabbat, draußen lassen. Dies hätten ihre religiösen Riten verboten. Deshalb verlangten sie, den Gekreuzigten die Beine zu brechen – eine Praxis, die ihren Tod beschleunigte. Nach der üblichen Theorie über diese Praxis des *crurifragium*, wie die Römer sie nannten, sollten die Opfer ersticken, weil sie sich mit den Beinen nicht mehr abstützen konnten. Wie erwähnt, saßen sie allerdings auf einem Pflock, so dass es beim »Crurifragium« wohl eher darum gegangen ist, einen geschundenen Körper auf brutale Weise noch stärker zu traumatisieren. Vermutlich hat vor allem der Schock den Sterbeprozess beschleunigt.

Die beiden Banditen neben Jesus wurden auf diese Art beschleunigt ins Jenseits befördert. Jesus war dagegen bereits tot. Um sich seines Todes zu vergewissern, stach ihm ein Soldat in die Seite. Johannes berichtet, dass »Blut und Wasser« herausflossen, was bezeugt sei. In seinen theologischen Schlüssen über den Tod Jesu schlägt Johannes eine Brücke zu zwei Prophetien aus dem Alten Testament (Joh 19,31–37).

Zu dieser Szene wurden verschiedene physiologische Erklärungen vorgetragen. So sollte zum Beispiel das Blut aus dem Herzen geflossen sein, während es sich bei dem »Wasser« um seröse Flüssigkeit aus dem Herzbeutel gehandelt habe. Eine andere Hypothese leuchtet eher ein. Bei schweren inneren Verletzungen in der Brust sammelt sich zwischen den Rippen und den Lungen mitunter eine blutige Flüssigkeit – bis zu zwei Litern –, die sich dann in zwei Schichten trennt, in rotes But und klares, helleres Serum. Der Urheber dieser Hypothese, A. F. Sava, vermutet, dass »sich schon durch die brutale Geißelung Christi mehrere Stunden vor seinem Tod am Kreuz Blut in seiner Brust angesammelt hat. Die Trennung des Blutes und der Stich unterhalb der Linie zwischen den beiden Schichten muss unweigerlich dazu geführt haben, dass ›unmittelbar‹ Blut, gefolgt von Wasser, ausfloss.«[118]

In Markus verkündet der Zenturio, der Jesus auf diese Weise sterben sah: »Dieser Mann ist wirklich Gottes Sohn gewesen« (15,39). In Lukas erklärt er: »Dieser Mann war wirklich unschuldig« (23,47). In Matthäus bemerkt er ein Erdbeben und sagt: »Dieser Mann ist wirklich Gottes Sohn gewesen!« Ob er »Gottes Sohn« oder *ein* »Sohn Gottes« sagte, ist schwer auszumachen, denn das Griechische hat keinen unbestimmten Artikel. Man muss diese Szene nicht unbedingt als plötzliche »Bekehrung« auffassen. Die Äußerung des Soldaten könnte auch im Sinn von »Das war ein gottgleicher Mann!« gemeint gewesen sein, als eine Reaktion auf die Gefasstheit Jesu im Angesicht des Todes.

Auch dieser »Hauptmann« wird oft als Römer porträtiert, könnte aber als Befehlshaber über Hilfstruppen auch Samariter oder Grieche gewesen sein. Hilfstruppen unterstanden dem Kommando eines Militärtribuns aus dem Ritterstand. Viele dieser Offiziere bekamen als erstes Kommando derartige Einheiten zugewiesen, um Erfahrungen zu sammeln. Tribunen stützten sich wahrscheinlich stark auf ihre Zenturionen, bei denen es sich durchaus um Aufsteiger handeln konnte. Der »Hauptmann« war also kein kultivierter Römer, sondern ein Mann aus der Region: Er war ent-

weder als Mitglied einer angesehenen Provinzfamilie gleich
zum Zenturio ernannt worden, oder er hatte sich, was wahrscheinlicher ist, als einfacher Berufssoldat von ganz unten
hochgedient.[119] Vielleicht hatte ihn Pilatus persönlich zum
Hauptmann gemacht: Vom Präfekten Ägyptens ist bekannt,
dass er die Zenturionen seiner Hilfstruppen selbst ernannte.[120]

Der »Hauptmann« erkannte an Jesus etwas Faszinieren-
des und Unerklärliches. Diesen ungewöhnlichen Mann, der
auf die gemeinste Weise gestorben war, umgab etwas ganz
Besonderes.

»Da zerriss der Vorhang im Tempel
von oben bis unten«

Mit Jesu Tod dringen wir noch weiter in diese undurchsich-
tige Welt der Merkwürdigkeiten vor, die mit der Verfinsterung der Erde begonnen hat. Auch hier gibt es zwischen den
Schilderungen bedeutende Unterschiede. Markus und Lukas erwähnen die Äußerung des Hauptmanns und dass der
Vorhang im Tempel zerreißt. Bei Matthäus tauchen der Vorhang, der Hauptmann, ein Erdbeben, geöffnete Gräber und
auferweckte Heilige auf. Dagegen gibt sich Johannes, bei
dem man eine kosmisch angehauchte, mystische Schilderung erwartet hätte, am nüchternsten: kein Vorhang, kein
Erdbeben und keine auferweckten Toten. (Ja nicht einmal
eine mysteriöse Finsternis.)

Was sollen wir damit anfangen? Und wie gehen wir als
Historiker mit solchen Berichten über sich öffnende Gräber
um? Und über Erdbeben? Und über einen 25 Meter langen
bestickten Vorhang, welcher der Länge nach auseinander-
reißt?[121]

Lassen Sie uns mit dem Vorhang beginnen. Die Synoptiker berichten, dass der Vorhang im Tempel von oben bis unten durchriss (Mt 27,51; Mk 15,38; Lk 23,45). Diese Schilderung wird oft hinterfragt, da sie außer in den Evangelien nirgendwo sonst auftaucht. Ein solch bedeutungsschweres Ereignis hätte Josephus sicherlich festgehalten.[122] Im Tempel hingen nur zwei Vorhänge. Einer trennte das Allerheiligste vom Heiligen, und einer das Heiligtum vom Hof. Die Autoren meinen wahrscheinlich den inneren Vorhang, wenn auch nur auf einer symbolischen Ebene.

In der christlichen Theologie wurde das Zerreißen des Vorhangs so gedeutet, dass nach dem Tod Christi jedermann Zutritt zum Allerheiligsten habe, dass dieser vormals den Priestern vorbehaltene Ort nun allen offen stehe. Doch es sind noch weitere Deutungen möglich. Eine beinhaltet eher ein Bild des Ausgangs als des Zugangs: Demnach hat der Geist den Tempel verlassen.[123] Betrachtet man allerdings Beschreibungen dieses Vorhangs aus der damaligen Zeit, stößt man noch auf etwas anderes, das etwas besser zu Matthäus' Erwähnung eines Erdbebens passt. Für Juden wie Josephus oder Philo hat der Tempel eine Art kosmische Bedeutung. Für Josephus symbolisieren die sieben Arme des Leuchters die Planeten. Philo sah in den Gewändern des Hohepriesters Symbole für Himmel und Erde sowie in den Smaragden auf seinen beiden Schultern Sinnbilder für Sonne und Mond.[124] Der Vorhang bestand aus einem babylonischen Stoff mit blauen, scharlachroten und purpurnen Stickereien. Diese Kombination stand Josephus zufolge für die Schöpfung:

[D]enn das feine Leinen war ein geeignetes Zeichen für die Erde, denn Flachs wächst auf der Erde. Der Purpur stand für das Meer, weil dieser Farbstoff aus einer Seeschnecke gewonnen wird. Das Blau passt zur Bezeichnung der Luft. Und Scharlach weist von Natur aus auf Feuer hin.[125]

324

Matthäus, ein Zeitgenosse Josephus' und Philos, teilt diese kosmologische Deutung. Er bringt das Zerreißen des Vorhangs in Zusammenhang mit dem Erdbeben und der Spaltung der Felsen (Mt 27,51). Als er das Zerreißen des Vorhangs und das Zerspringen der Felsen beschreibt, verwendet er das gleiche Wort. Auch wenn nach der späteren christlichen Überlieferung hierin ein Symbol für den Zugang zum Allerheiligsten zu sehen ist, so glaubten die Juden damals eher, dass es einen Bruch in der Schöpfung darstelle. Das große Symbol der Schöpfung, der Vorhang, der im Innersten des Tempels – der selbst im Zentrum des Universums lag – hing, war zerrissen. Juden wie Josephus und Philo mussten dies so auffassen, dass in der Schöpfung alles aus den Fugen geraten war.

Tatsächlich berichtet Matthäus im Licht dieses erschütternden und weltbewegenden Ereignisses, dass sich die Gräber öffneten. Seine Beschreibung ist einigermaßen merkwürdig:

Gräber öffneten sich, und viele Verstorbene, die nach Gottes Willen gelebt hatten, erwachten vom Tod. Nach der Auferstehung Jesu verließen sie ihre Gräber, gingen in die Stadt und erschienen dort vielen Leuten. (Mt 27,52–53)

Die Auferweckten warteten also noch einige Tage ab, nachdem ihre Gräber – das Erdbeben hatte wahrscheinlich Steine weggerollt und Deckel abgehoben – geöffnet worden waren, bevor sie in der Stadt erschienen. Da die Grabstätten vor den Stadtmauern und abseits des bewohnten Geländes lagen, mussten die Auferweckten erst einmal in die Stadt kommen. Dass ein Erdbeben Gräber öffnet, ist nichts Ungewöhnliches. Doch das Erscheinen dieser Toten in der Stadt taucht nirgendwo sonst im Neuen Testament, geschweige denn an anderer Stelle auf. Demnach müssen wir diese Schilderung eher als eine symbolisch gemeinte theologische Äußerung denn als eine historische Darstellung auffassen.[126]

»Frauen, die mit ihm aus Galiläa gekommen waren …«

Die einzelnen Evangelien spiegeln verschiedene Überlieferungen wider. Selbst da, wo sie sich auf dieselbe Überlieferung stützen, führen sie Ereignisse in unterschiedlicher Reihenfolge an. Eines allerdings ist all diesen Berichten gemein: die Anwesenheit von Frauen.

Mit einigen der Frauen, die bei der Kreuzigung zugegen waren, haben wir uns bereits befasst. Man kann sich diese Episode gut vorstellen: Wenn die Kreuzigung Jesu auf der Felsnase Golgatha stattfand, dann harrten die Frauen und die Menge in dem stillgelegten Steinbruch darunter aus.

Lukas malt die Szene am Ende der Handlung aus: Jesus ist tot. Die Leichen werden von den Kreuzen abgenommen. Die Menge, die große Hoffnungen in Jesus gesetzt hatte, löst sich auf. Nur die wenigen treuen Anhänger bleiben:

> Betroffen kehrten die Menschen, die ein Schauspiel erleben wollten, in die Stadt zurück. Die Freunde Jesu und die Frauen, die mit ihm aus Galiläa gekommen waren, hatten aus einiger Entfernung alles mit angesehen. (Lk 23, 48–49)

Dann werden Bekannte Jesu die Regie übernehmen. Und als Zeugen des dramatischen Schlussakts werden die Frauen dienen.

Josef von Arimathäa

Ort: am Grab
Zeit: um 16 Uhr

Es wurde spät. Josef von Arimathäa hatte nicht viel Zeit und musste sich beeilen. Bedenken, ob womöglich negative Folgen zu erwarten waren, hatten jetzt keinen Sinn. Was getan werden musste, musste getan werden. Er hatte den Tod Jesu mit angesehen und strebte nun nach Süden durch die Tore und zum Palast des Herodes. Hier setzte der wohlhabende und einflussreiche Mann alle Hebel in Bewegung und überredete Pilatus, ihm den Leichnam Jesu zu überlassen, damit er ihn würdig bestatten konnte. Es gibt keinen Grund zu der Annahme, dass Josef auf große Widerstände stieß, denn wie wir wissen, war Pilatus ja keineswegs davon ausgegangen, dass Jesus sein Schicksal verdient hatte.

Ein typisches Felsengrab aus dem 1. Jahrhundert. Der Stein wurde in eine ausgehauene Rinne gesetzt und vor den Eingang des Grabs gerollt.

Nach Markus hing sein Leichnam zu diesem Zeitpunkt noch immer am Kreuz. Da Josef noch ein Leichentuch beschaffen musste, kann man davon ausgehen, dass Jesus kurz nach 15 Uhr gestorben war. Danach begannen nämlich die Geschäfte im Hinblick auf Passah zu schließen.

Josef ließ ein neues Grab aus dem Fels hauen. Er war begütert, wie man es von einem Mitglied des Hohen Rates erwarten konnte. Wie wir gesehen haben, bedeutete seine Mitgliedschaft keineswegs, dass er mit Jesu Tod einverstanden sein musste oder dass er zu Rate gezogen worden wäre. Pilatus lässt den Tod Jesu feststellen und erteilt dann Josef die Erlaubnis, den Leichnam beizusetzen.

Hier fällt besonders auf, dass sich nicht die Familie, jedenfalls nicht die männlichen Angehörigen, um Jesu Beisetzung kümmert, und auch nicht – wie im Fall Johannes' des Täufers – die Jünger (Mk 6,29). Stattdessen bereitet ein scheinbar Fremder das Begräbnis in aller Eile vor.

Für diejenigen, die den historischen Wahrheitsgehalt der Berichte um die Beisetzung bestreiten, ist Josef von Arimathäa eine reine Fiktion, erfunden aus einem einzigen Grund: um zu erklären, wieso ein gekreuzigter Mann, dem normalerweise ein Begräbnis verweigert worden wäre, doch in einem Grab landete (aus dem er anschließend verschwand). Angesichts der Kraft dieser Überlieferung (Josef erscheint in allen vier Evangelien) bin ich allerdings der Ansicht, dass diese Episode doch ernster genommen werden muss. Bekannt ist von Josef, dass er ein wohlhabendes Mitglied des Sanhedrins war, wenn auch seine Macht und sein Einfluss eher gering waren. Modern ausgedrückt: Er war ein bekannter Hinterbänkler. Seine Heimatstadt Arimathäa konnte nicht identifiziert werden. Sie lag nicht in Galiläa, denn Lukas nennt sie »eine Stadt in Judäa« (Lk 23,51). Verschiedene Standorte wurden gemutmaßt. Eusebius von Caesarea, der Vater der Kirchengeschichte, verwies auf Rempthis oder

Rentis nordöstlich von Lydda.[127] Wie dem auch sei, Josef war inzwischen dauerhaft in Jerusalem ansässig und hatte sich hier bereits ein Grab gekauft. Manche haben vermutet, dass er Jesus vielleicht aus Barmherzigkeit bestattet habe, ohne ein wirklicher Anhänger gewesen zu sein, schon deshalb, weil Markus ihn nicht als Jünger bezeichnet. Als solcher taucht er indes bei Johannes und Matthäus auf, und wie wir gesehen haben, verfügte insbesondere Johannes offenbar über eine Informationsquelle unter den Anhängern Jesu in Jerusalem.

Dass Josef es »wagte« (Mk 15,43), um Jesu Leichnam zu bitten, bedeutet vielleicht nur, dass man ein wenig Mut brauchte, um den römischen Präfekten mit einer Bitte anzugehen. Vielleicht hieß Pilatus aber auch einen Anhänger Jesu nicht unbedingt willkommen?[128] Oder vielleicht musste er weniger Pilatus als vielmehr die Kollegen im Sanhedrin fürchten? Bei Johannes heißt es, er habe sein Interesse an Jesus »aus Furcht vor den Juden«, also vor der jüdischen Führung, geheim gehalten (Joh 19,38). Aber zu diesem Zeitpunkt waren alle am anderen Ende der Stadt, im und um den Tempel, fieberhaft mit den Vorbereitungen für das Passahfest beschäftigt. Sicher hatten sie keine Ahnung, dass einer von ihnen spät am Tag dem Ketzer, den sie sich soeben vom Hals geschafft hatten, ein würdiges Begräbnis verschaffte. Josef brauchte also schon etwas Mut, nicht zuletzt, um sich selbst als Anhänger Jesu zu bekennen.

Zuerst lässt Pilatus überprüfen, ob Jesus wirklich tot ist. Da Opfer von Kreuzigungen mitunter erst nach Tagen sterben, will er einen Fluchtversuch sicher ausschließen.[129] Nachdem Jesu Tod bestätigt wurde, stimmt er zu, Josef den Leichnam zu übergeben. Warum Pilatus so entscheidet – der Mann ist ja nicht einmal ein Verwandter des Toten –, mag angesichts seiner politischen Manöver am Morgen einen einfachen Grund haben: Er will die Führung im Tempel ärgern. Wie in den Episoden mit dem Schild am Kreuz über Jesu Kopf und den wiederholten Fragen zu »eurem König« war Pilatus bewusst, dass die Tempeloberen Jesus aus dem Weg räumen wollten und dass er aus politischen Gründen mitspielen musste. Doch nachdem er seine Pflicht erfüllt hatte, konnte er sie auf anderen Wegen daran erinnern, wer eigentlich das Sagen hatte. Pilatus war an Jesu Bestattung folglich ebenso interessiert wie Josef von Arimathäa. Ein kleiner Triumpf war auch ein Triumph.

Die Darstellung, wonach Josef den Leichnam »abgenommen« habe, ist nicht unbedingt wörtlich zu nehmen. Und ebenso wenig darf die fehlende Beteiligung der Frauen überinterpretiert werden. Josef war ein reicher Mann, der diese Aufgabe sicher seinen Dienern und Sklaven übertrug. Vielleicht hatte er sogar nichtjüdische Diener, die nicht das Problem hatten, durch den Umgang mit einem Leichnam unrein zu werden. Vielleicht bezahlte er aber auch die Soldaten für die Kreuzabnahme. Wie wir gesehen haben, waren sie für ein kleines Zubrot immer zu haben. Dies erscheint schon deshalb plausibel, weil die Soldaten offenbar die Stelle des Grabes kannten, als sie am nächsten Tag zu seiner Bewachung abkommandiert wurden (siehe unten). »Die Frauen, die Jesus aus Galiläa gefolgt waren« (Lk 23,55), dürften ihnen einfach nachgegangen sein. So wussten sie, wo sie den Leichnam finden konnten.

Die Begräbnisriten waren mitunter ziemlich komplex: Der Leichnam wurde gewaschen, gesalbt, in Stoff gehüllt oder eingekleidet, das Kinn wurde zugebunden und die Augen wurden geschlossen.[130] Doch für die üblichen Rituale war keine Zeit. Jesus wurde nicht einmal gewaschen – das Mindeste, was man erwartet hätte, da Blut an einem Leichnam als unrein galt.[131] Johannes erwähnt zwar, dass der Leichnam gesalbt und mit Binden umwickelt wurde; es liest sich aber so, als sei die Sache in aller Eile erledigt worden.

Und Johannes nennt einen weiteren Beteiligten – Nikodemus, der Jesus einmal bei Nacht aufgesucht hatte (Joh 3,1–21). Er war »einer von den Männern des Hohen Rates« (Joh 3,1), das heißt, er gehörte ebenfalls dem Sanhedrin an. Da er im Johannesevangelium mehrfach auftritt, könnte er möglicherweise eine von Johannes' besonderen Informationsquellen gewesen sein (Joh 3,1.4.9; 7,50; 19,39). Möglicherweise stammte er aus Galiläa, auch wenn die Frage »Bist du etwa auch aus Galiläa?« (Joh 7,52) eher wie eine Beleidigung klingt. Auch er war wohlhabend, wenn man nach der Menge der Duftstoffe und Öle urteilt, die er zur Salbung des Leichnams mitbrachte. Die von Johannes genannten hundert römischen Pfund Myrrhe und Aloe entsprächen nach modernen Maßen 35 Kilogramm. Wie schon die 600 Soldaten, die zur Verhaftung Jesu abkommandiert worden sein sollen, erscheint auch diese Zahl bei Johannes stark übertrieben. Unter 36 Kilogramm Duftstoffen hätte man einen Leichnam geradezu begraben können. Ein Forscher hat darauf hingewiesen, dass das griechische Wort *hekaton* als *hekaston* gelesen werden müsse, also als »ungefähr *je* ein Pfund Myrrhe und Aloe« – eine realistischere Menge.[132] Von Myrrhe war bereits die Rede. Mit Aloe ist entweder das hocharomatische pulverisierte Holz des Adlerholzbaums – *Aquilaria malaccensis* – gemeint, das aus Südostasien stammt und dem Sandelholz ähnelt. Oder es handelt sich um einen flüssigen Extrakt aus *Aloe vera*, dem heute bekannten (auch in Shampoos verwendeten) Liliengewächs. Aufgrund ihrer heilenden Wirkung wurde die bitter schmeckende *Aloe vera* häufig zum Einbalsamieren verwendet. Da aber offenbar von einem Duftträger in trockener Form die Rede ist, hat es sich wohl eher um eine aromatische Holzart gehandelt.[133]

Vielleicht geht es hier um denselben Nikodemus, der in

rabbinischen Quellen genannt wird: Nikodemus, Sohn des Gorion; er war Ratsmitglied in Jerusalem und einer der reichsten Männer der Stadt. Während des Judenaufstands 67–70 n. Chr. wurde einer seiner Kornspeicher niedergebrannt. Dieser Nikodemus hatte Familienbesitzungen in Galiläa. Wenn man die gewaltigen Mengen an Salbölen berücksichtigt, die er nach Johannes' Bericht mitbrachte, musste er reich gewesen sein. Er kam wahrscheinlich während des Judenaufstands um[134] und ließ seine Tochter völlig mittellos zurück.[135]

Jesu Grabstätte liegt heute in der Grabeskirche in Jerusalem, nur ein kurzes Stück von der überlieferten Stelle der Kreuzigung entfernt. Nach Markus konnten sich die beiden Marias überzeugen, wo genau der Leichnam beigesetzt wurde – eine Erwähnung, mit der noch einmal verdeutlicht werden soll, dass der genaue Standort durch Zeugenaussagen überliefert und sicher belegt ist. Diese Zeugen haben gesehen, wo Jesus gestorben ist und wo er beigesetzt wurde. Bekannt ist außerdem, dass in der Urkirche Angehörige von Jesu Familie gut vertreten waren. Auch sie dürften sich an die Überlieferungen erinnert haben.

15 Jahre nach Jesu Tod, nachdem Herodes Agrippa Jerusalem erweitert hatte, lag die Begräbnisstätte innerhalb der Stadtmauern. Im Jahr 135 vertrieben die Römer nach dem zweiten Judenaufstand alle Juden aus Jerusalem und errichteten auf diesem Areal einen gewaltigen Aphroditetempel. Er markierte diese Stelle für die nächsten zweihundert Jahre. Nach Hieronymus ragte der Golgatha-Felsen über der Plattform des Tempels auf und diente dem Standbild der Göttin als Sockel. Es sieht so aus, als hätten die Römer – Ironie der Geschichte – den späteren Christen diesen Ort unfreiwillig kenntlich gemacht. Als in der zweiten Hälfte des 2. Jahrhunderts Melito von Sardes nach Jerusalem kam, wurde er von Anwohnern zur Kreuzigungsstelle geführt,

die, so seine Beschreibung, inmitten breiter Straßen lag.[136] Diese Überlieferung veranlasste die Baumeister Konstantins des Großen 325 zu Grabungsarbeiten an Fundamenten aus der Zeit Hadrians. Dabei legten sie den Felsen und ein Höhlengrab frei.[137] War dies die richtige Stelle? Vielleicht. Sollte sich jemand die Lage von Golgatha aus den Fingern gesogen haben, hätte er gewiss einen anderen Ort gewählt – außerhalb der Stadtmauern. Doch die Überlieferung reichte weiter zurück. Die Christen ließen der Grabstätte offenbar keine Verehrung zukommen, ein wichtiger Faktor, wie wir noch sehen werden. Aber sie wussten noch, wo sie gelegen hatte.

Vom Kreuzigungsplatz bis zur Grabstätte war es nur ein kurzer Gang: Beide befanden sich in einem stillgelegten Steinbruch, der einen idealen Standort für einen jüdischen Friedhof bildete, dank der zahlreichen Felswände, in die sich Grabhöhlen schlagen ließen. Bei den jüdischen Gräbern aus dieser Zeit handelt es sich hauptsächlich um sogenannte *Loculi-Gräber*, Grabnischen, die in Felswände gehauen wurden. Sie waren ungefähr sechzig Zentimeter breit und wurden bis in eine Tiefe von ca. zwei Metern in den Fels getrieben,[138] eine Anordnung, die an die Schubfächer für die Toten in einem Leichenschauhaus erinnert. Vielleicht lagen die Leichname auf steinernen Platten oder Bänken, immerhin ist im Evangelium die Rede davon, dass Leute später in Jesu Grab jemanden sitzen sahen. In anderen Grabtypen ruhten die Leichname meist auf Regalebenen oder Platten anstatt in Nischen. Im Umfeld der Grabeskirche Jesu kamen beide Formen zum Vorschein.[139]

Josef habe nur diese Grabstatt aushauen lassen, erfahren wir. Er hatte sie als neues Grab für seine Familie gekauft. Loculi-Gräber waren Familiengräber, in denen neben Mutter, Vater und Kindern auch Vettern, Stiefbrüder, Schwägerinnen, Tanten – kurzum die ganze Verwandtschaft – unterkommen konnten. Durch den schmalen Eingang gelangten Besucher nur gebückt in die Grabkammer hinein. Sie wurde mit einem großen runden Stein verschlossen, der in einer Rinne an der Vorderfront vor den Eingang gewälzt wurde und zum Schutz vor wilden Tieren diente.

Die Evangelien vermitteln den Eindruck, dass Josef von Arimathäa die Bestattung Jesu sehr pragmatisch anging. Er nutzte einfach ein neues, noch nicht belegtes Grab, das für den Augenblick seinen Zweck erfüllte.

Damit schien der Fall abgeschlossen. Jesus von Nazareth, Josua ben Josef, war tot und das Abenteuer damit zu Ende. Alle gingen nach Hause. Die Sonne ging unter. Sie ruhten am Sabbat nach dem Gebot Gottes (Lk 23,56).

»Dann kehrten sie in die Stadt zurück, um dort wohlriechende Öle und Salben vorzubereiten«

Wie fühlten sich die Anhänger Jesu in dieser Nacht in Jerusalem? Für diejenigen, die am Kreuz gestanden hatten, musste der Rückweg durch die Stadt sehr schmerzlich gewesen sein: Überall herrschte Festtagslärm, alles wies auf Passah hin.

Ursprünglich musste das Passahfest im Hof des Tempels gefeiert werden.[140] Wegen der starken Bevölkerungszunahme und den Umbauten des Herodes, der den Tempel immer mehr zum Pilgerziel machte, war dies praktisch unmöglich geworden. Die Regeln wurden geändert. Zu Passah erweiterten sich die Grenzen des Tempelhofs bis über die gesamte Stadt hinaus. Für eine Nacht wurde ganz Jerusalem zum Tempelareal, damit das Passahmahl innerhalb seiner Mauern eingenommen werden konnte. Die Essener widersetzten sich vehement dieser Demokratisierung des Festes. Der Verfasser des *Buchs der Jubiläen* – eine jüdisch-apokryphe

Schrift, etwa aus dem Jahr 150 v. Chr. – forderte die Todesstrafe für jeden, der das Lamm außerhalb der Tempelgren-
zen verzehrte.[141]

Das Lamm wurde in Gruppen von 10 bis 20 Personen ver-
speist. Da die Stadt vor lauter Menschen überquoll, wurde
in jedem verfügbaren Raum gefeiert. In einer später entstandenen Passage aus der *Tosefta* heißt es, dass die Juden das
Passahlamm »in ihren Höfen und auf ihren Dächern« aßen.[142]
In den Straßen standen Passahöfen zum Rösten der Lämmer.[143] Jerusalem muss an diesem Tag von Feuern erleuch-
tet und vom Duft gerösteten Fleischs erfüllt gewesen sein.
Überall saßen Gruppen von Pilgern – auf Dächern, in den
Gassen und auf den Straßen – und nahmen ihr Mahl ein.
Wenn die Zahlen stimmen, war die Passahnacht ein einziges
riesiges Straßenfest.

Und so kehrten die Frauen in ein Jerusalem zurück, das
von Festtagsstimmung erfüllt war. Blieben sie in der Stadt?
Kehrten sie zurück nach Betanien? Vielleicht gingen sie das
kurze Stück zu dem Raum zurück, in dem am Vorabend der
Sohn und Mann, der ihr Held und ihre Hoffnung gewesen
war, mit seinen Jüngern ein Passahmahl geteilt hatte. Und
jetzt war alles vorüber.

Genau wie wir heute stellten sich bestimmt auch diese
Frauen, die ihm so weit gefolgt waren, die Frage, warum
Jesus hatte sterben müssen.

Die Gründe, warum andere seinen Tod wollten, habe ich
bereits dargelegt. Er hatte sich mit den Falschen angelegt,
die Wirtschaftspolitik des Tempels angegriffen, die Tempelaristokratie als Banditen und die Schriftgelehrten als
Schmarotzer gebrandmarkt. Er hatte mit der Prophezeiung,
dass der Tempel zerstört würde, ihren Status angegriffen
und damit, dass er einen Toten zum Leben erweckt hatte,
ihren Glauben herausgefordert. Die Tempeloberen kontrollierten die Massen dadurch, dass sie ihnen Zugang zu den

heiligen Bezirken gewährten, und jetzt kam jemand daher und verkündete, dass heilige Bereiche überflüssig seien und der Tempel zerstört würde. Aus Sicht der Tempelelite kann man das Problem mit Jesus so zusammenfassen: Er brach Tabus und war buchstäblich unkontrollierbar – ein Aufwiegler, Unruhestifter und gefährliches Element, das den Römern schnell einen Vorwand liefern konnte, um gegen die Juden vorzugehen.

Aus römischer Sicht war er lediglich ein Faustpfand für Verhandlungen, mehr nicht. Wahrscheinlich war er ein Unschuldiger, der ins Räderwerk der judäischen Politik geraten war. Dabei kam sein Verhalten erschwerend hinzu: Er spielte nicht mit, nahm angebotene Auswege nicht an und bestätigte die Vorwürfe, anstatt sie zu leugnen.

Und Jesus selbst? Warum ließ er sich festnehmen? Warum machte er sich vom Garten Gethsemane aus nicht einfach aus dem Staub? Er hat an seinem Tod sicherlich ein Stück weit mitgewirkt. Jesu Einsatz für Gewaltlosigkeit war bis zu einem gewissen Grad Teil seiner jüdischen kulturellen Prägung. Die Juden hatten zwar in der Vergangenheit Kriege geführt (und sollten dies bald wieder tun), aber bislang immer widerwillig, weshalb sie denn wohl auch – zumindest in der Antike – nie eine große Kriegsnation waren. Während andere Völker ihre Siege mit Militärparaden, Triumphbögen und Festtagen begingen, war das Lichterfest Hanukka der einzige jüdische Feiertag, mit dem eines militärischen Sieges gedacht wurde. Den jüdischen Schriften nach wird allerdings nur die anschließende Wiedereinweihung des jüdischen Tempels in Jerusalem gefeiert.[144]

Jesu Einsatz für Gewaltfreiheit wurzelte folglich in dessen Deutung des Judentums. Sein Engagement entsprang insbesondere zwei Gedanken: dass man seinen Nächsten lieben sollte wie sich selbst und dass zu den Nächsten mehr Menschen gehörten, als sich seine Landsleute vorstellen konnten. Dazu zählten auch Samariter, Zöllner, Huren und Heiden, die damals eigentlich als Feinde galten. Auch ihnen musste man die Liebe Gottes aufzeigen. Damit erhob Jesus den Anspruch, mit seinem Erscheinen das Judentum nicht abzuschaffen, sondern es ganz zu erfüllen. Damit trieb er die Deutung des Judentums bis an die äußersten Grenzen.

Dies war die eigentliche Tragik im Kern dieser finsteren Ereignisse. Jesus wurde nicht deshalb zur Gefahr, weil er das jüdische Gesetz abschaffen, sondern weil er es kompromisslos umsetzen wollte. Für diejenigen, die in ihren Positionen unvermeidliche Kompromisse eingingen, stellte ein Mann, der Kompromisse geißelte, eine Gefahr dar.

Die Tempelbehörden hatten sich mit der militärischen, politischen und wirtschaftlichen Macht arrangiert. Um den jüdischen Staat und den Tempel zu bewahren, hatten sie mit Rom Kompromisse geschlossen. Das macht aus ihnen noch keine willfährigen Schurken. Möglicherweise wurden sie von edelsten Motiven geleitet und glaubten vielleicht, dass ihnen keine andere Wahl blieb. Doch wer sich, auch mit besten Absichten, mit Diktatoren in ein Boot setzt, erleidet meistens Schiffbruch, denn Militärdiktatoren halten sich an keine Regeln.

Und Jesus nahm ihnen nun die Waffen ab. Die Drohung, sich unrein zu machen, schreckt keinen ab, der an keine Unreinheit glaubt. Der Ausschluss vom Tempelkult trifft niemanden, der sich diesem Kult verweigert. Und auch der Tod schreckt niemanden, der auf ihn vorbereitet ist. Deshalb stürzte Jesus sogar Pilatus in Verwirrung. Gegen einen Mann, der bereit ist, auch den zu lieben, der ihm nach dem Leben trachtet, ist jeder Tyrann machtlos.

Warum musste Jesus sterben? Weil er sterben wollte. Weil er sich weigerte, zurückzuschlagen, und immer verkündet hatte, dass man seine Feinde lieben soll, auch wenn man ein schlimmes Ende nimmt.

Hinter seinem Verhalten steckt allerdings noch mehr, denn Jesus hätte auch auf den Kampf gegen seine Feinde verzichten und dennoch überleben können. Wie wir gesehen haben, hätte er auch einfach weitermachen und Konflikte trotzdem vermeiden können. Also ging es vielleicht um mehr ... um eine Art Prüfung, eine Strategie, einen Sieg oder eine Verteidigung. Vielleicht hat Paolo Sacchi mit seinen Worten recht: »Jesus wollte sterben, und zwar aus einem bestimmten Grund.«[145]

Siebter Tag:
Die Stille

Samstag, 4. April

Die Wachen am Grab: Der Palast Herodes' des Großen,
Samstagmorgen

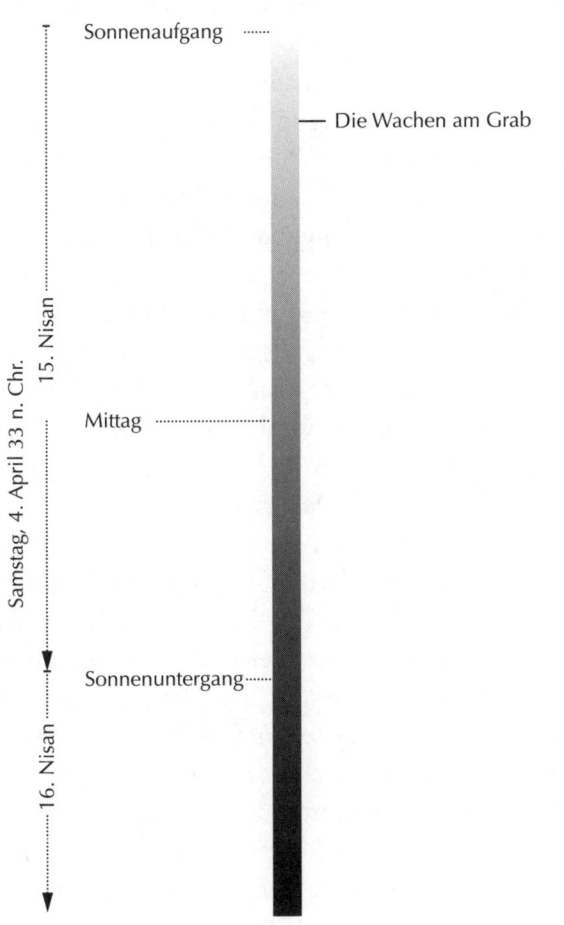

Die Wachen am Grab

Ort: Palast Herodes' des Großen
Zeit: um 8 Uhr

Am Samstagmorgen, am Sabbat und an einem Feiertag, war alles still. Drei Evangelien – Johannes, Markus und Lukas – schweigen sich über den Sabbat aus und lassen die Geschichte erst am Sonntagmorgen weitergehen.

Nur Matthäus wartet mit einer kleinen, aber wichtigen Schilderung auf, in der es um die Bewachung von Jesu Grab geht.

Pilatus muss im Stillen erleichtert gewesen sein: Das Passahfest war ohne einen Aufstand oder diplomatische Verwicklungen verlaufen. Er hatte Punkte gesammelt und neue Bündnisse geschmiedet. Dann aber, so Matthäus, kreuzte eine Delegation aus dem Tempel bei ihm auf. Offenbar hatten die Oberen die Nachricht erhalten, dass Josef von Arimathäa Jesus bestattet hatte, was einige Schritte notwendig machte. Sie waren davon ausgegangen, dass Jesus in eine anonyme unmarkierte Grube geworfen würde; jetzt lag er stattdessen in einem würdigen Grab, das alle Voraussetzungen bot, um ihn zum Märtyrer zu erheben. Seltsamerweise tauchen bei Matthäus in der Delegation auch Pharisäer auf. Wie wir gesehen haben, waren sie weder am Prozess noch an Jesu Verurteilung direkt beteiligt. Tatsächlich ist dies in Matthäus' Passionserzählung ihr einziger Auftritt.[1] Vielleicht waren sie deshalb in der Delegation, weil einer von ihnen – Nikodemus – die Bestattung übernommen hatte. Josef von Arimathäa könnte ebenfalls Pharisäer gewesen sein. Markus und Lukas berichten, dass er »auch auf das Kommen der neuen Welt Gottes wartete«, womit er also kein Sadduzäer gewesen sein konnte (Mk 15,43; Lk 23,50). Falls einer aus ihren Reihen die Tempelelite gegen sich aufgebracht hatte, könnten sie die Notwendigkeit gesehen haben, sich – rein aus diplomatischen Gründen – einzuschalten.

Dabei stellt sich auch das Problem des Sabbats. Es erscheint merkwürdig, dass der Tempel gerade an diesem Tag eine Delegation entsendet. Irgendwie muss es wohl einen Kommunikationsweg zwischen dem Tempel und dem Präfekten gegeben haben, der sogar am Sabbat funktionierte.

Die Tempelbehörden verlangen folglich, das Grab zu bewachen; sie möchten verhindern, dass der Leichnam Jesu von seinen Anhängern fortgebracht wird. Pilatus gibt ihrer Forderung statt, vielleicht weil er am Vortag Josef von Arimathäas Bitte entsprochen hat und dadurch als Sympathisant Jesu erscheinen könnte. Mit seinem Schritt demonstriert er, dass er sich um eine gewisse Ausgewogenheit bemüht.

Die Bewachung eines solchen Grabes ist keineswegs unmöglich oder unwahrscheinlich. Die Frage ist nur, wer diese Aufgabe übernahm. Zunächst deutet alles auf eine römische Wache hin, aber in der zweiten Hälfte der Erzählung (Mt 28,11–15) kehren die Soldaten nicht zu Pilatus, sondern zu den Hohepriestern zurück. Trotzdem weisen sie der Sprachgebrauch und die Terminologie eher als römische Soldaten aus.[2] Vielleicht kamen sie von der Festung Antonia, die neben dem Tempel lag. Dies würde erklären, warum sie zuerst mit den Priestern zusammentrafen. Vielleicht stellte auch die Tempelobrigkeit die Wache, die daraufhin zu Pilatus marschierte, um die Lage des Grabes in Erfahrung zu bringen und eine offizielle Genehmigung für ihr Tun einzuholen.

Dieses Ereignis wird in keinem anderen Evangelium erzählt, die Soldaten werden in ihren Berichten überhaupt nicht erwähnt. Dies ist eine der Anomalien bei Matthäus, ein Stück volkstümliche Überlieferung, die er in seine Erzählung eingeflochten hat. Viele Forscher vertreten indes die Auffassung, Matthäus habe die Geschichte erfunden, um spätere Vorwürfe gegen die Christen zu entkräften: insbesondere den Hauptvorwurf, dass sie den Leichnam Jesu geraubt und behauptet hätten, er sei von den Toten auferstanden. »Mitnichten!«, will Matthäus damit sagen. »Das Grab wurde doch von Soldaten bewacht!«

Problematisch erscheint mir an dieser Erklärung eines: Wenn die Episode tatsächlich frei erfunden ist, dann wäre sie ziemlich schlecht zusammengereimt, denn die Soldaten bewachen das Grab ja erst ab Samstagmorgen oder noch später. Jesus lag demnach schon über 12 Stunden in einem unbewachten Grab, so dass die Anwesenheit von Wachen den Verdacht, dass der Leichnam geraubt worden sei, nicht hätte entkräften können.[3] Und selbst wenn die Geschichte erfunden war, setzte sie ein leeres Grab voraus. Nach der Hypothese gingen die Urkirche wie auch deren Gegner ganz selbstverständlich davon aus, dass der Leichnam in ein Grab gelegt wurde und daraus verschwand: Der Streit dreht sich nur darum, was mit ihm passiert war.

Matthäus berichtet an anderer Stelle, dass die Tempelaristokratie die Soldaten besticht: Sie sollen die Lüge verbreiten, die Anhänger Jesu hätten den Leichnam gestohlen, während sie geschlafen hätten. Und die Tempeloberen würden auch den Statthalter beschwichtigen, falls ihm zu Ohren käme, dass sich die Soldaten einer solchen Pflichtverletzung schuldig gemacht hätten.

Mit den Mitteln des Historikers lässt sich der Wahrheitsgehalt dieser Episode nicht überprüfen. Das Interessante daran ist freilich der Schlusssatz: »So hat sich diese Geschichte bei den Juden weiterverbreitet« (Mt 28,15). Gesichert ist freilich, dass das Grab leer war, was auch von den Gegnern des Christentums nie bestritten wurde.

Für den Samstag nach Sonnenuntergang, also nach Ende

des Sabbats, ist eine weitere Begebenheit vermerkt: Drei der galiläischen Frauen – Maria aus Magdala, Maria, die Mutter des Jakobus, und Salome – ziehen los und kaufen duftende Öle, um Jesu Leichnam im Grab zu salben (Mk 16,1). An diesem Abend wollen sie Vorbereitungen treffen. Jesu Leib muss gewaschen werden. Sie müssen sich um ihn kümmern.

Achter Tag:
Die Rückkehr

Sonntag, 5. April

Das leere Grab: das Grab, Sonntag bei Tagesanbruch
Die Straße nach Emmaus: Sonntagnachmittag
Der Raum des letzten Abendmahls: Sonntagabend

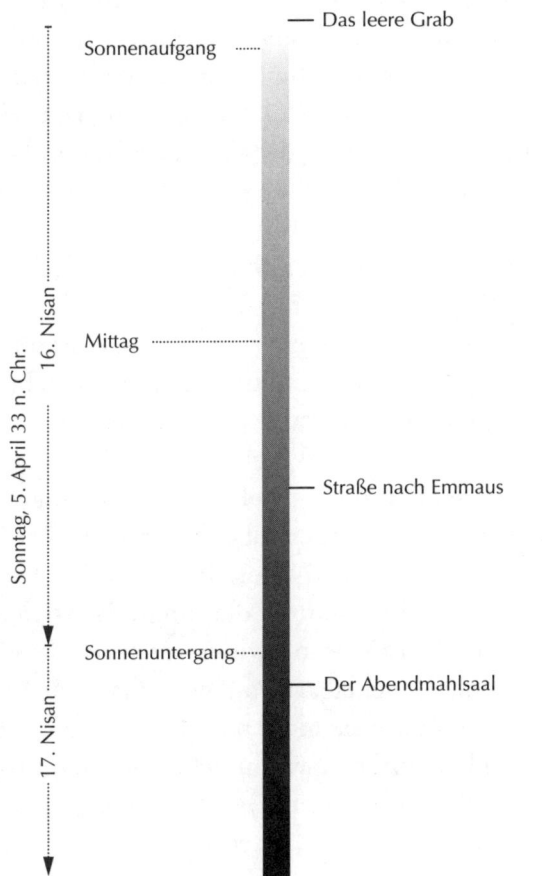

Das leere Grab

Ort: Jesu Grab
Zeit: um 5 Uhr morgens

»Sehr früh« am Sonntagmorgen ziehen die Frauen durch die Stadt zum Friedhof vor den Stadtmauern. Zaghaft bricht die erste Dämmerung an. Vom Tempel her dürfte man den Schall der Morgentrompete gehört haben. In der Stadt selbst ist alles still. Auf ihrem Gang zum Grab kommen die Frauen durch das Stadttor und an der Hinrichtungsstätte vorbei, wo sie zwei Tage zuvor alles untergehen sahen. Mit den Salbölen wollen sie Jesus, der einen schmachvollen Tod gestorben ist, einbalsamieren und ihm so die letzten Ehren erweisen. Es gibt nur ein Problem: Sie müssen dazu den schweren Stein vor dem Eingang des Grabes beiseiterollen.

Als sie jedoch am Grab eintreffen, ist es bereits geöffnet. Jemand hat den Stein schon beseitigt.

Bis hierher konnten wir die Berichte in den Evangelien – anhand von Vergleichen sowie mit Hilfe der Suche nach weiteren Einflüssen und Beispielen – vor dem zeitgeschichtlichen, politischen und kulturellen Hintergrund beleuchten. Hier jedoch versagt dieser Ansatz, denn zu diesem einzigartigen Ereignis kann man keinen Vergleich ziehen.

Deswegen gerät man an dieser Stelle in Versuchung, alle historischen Erwägungen beiseitezulassen und die Erzählungen in den Evangelien als Mythos, Fiktion oder Metapher zu betrachten. Das Problem ist allerdings, dass sich die Evangelien einer solchen Deutung widersetzen. Anders als ein Dokumentarfilm, der schlagartig auf eine fiktionale Ebene überwechselt, verändern sie nicht plötzlich ihren Stil. Im Gegenteil: Sie bleiben ihrem gewöhnlichen – oder ungewöhnlichen – Erzählmodus treu. Das Berichtete, so ihre Botschaft, ist wirklich geschehen, ist real.

Die Berichte der jeweiligen Evangelien unterscheiden sich erwartungsgemäß in Details und Akzenten. Eine Untersuchung der verschiedenen Darstellungen und ihrer Gemeinsamkeiten ist durchaus lohnenswert.

In Markus' Handlungsgerüst gehen drei Frauen zum Grab und finden den Stein beiseitegerollt vor. Sie treten ein und sehen einen in Weiß gekleideten jungen Mann vor sich, der ihnen sagt, Jesus von Nazareth sei »auferstanden«. Er deutet auf die Stelle, wo Jesus gelegen war, und fordert sie auf, zurückzukehren und »seinen Jüngern und Petrus« zu sagen, dass er ihnen nach Galiläa vorausgehe. Erschreckt fliehen die Frauen aus dem Grab und »redeten mit niemandem darüber, so erschrocken waren sie« (Mk 16,1–8).

Etwas anders verläuft die Handlung bei Matthäus. Er beschreibt zwei Frauen – Maria aus Magdala und »die andere Maria« –, die zum Grab gehen. Während eines gewaltigen Erdbebens (der Evangelist scheint für Erdbeben wohl eine besondere Vorliebe zu haben) steigt ein Engel vom Himmel herab, wälzt den Stein beiseite und setzt sich auf ihn. Als die Wächter seine hell wie ein Blitz erstrahlende Gestalt in einem Gewand erblicken, das »weiß wie Schnee« ist, erzittern sie und stürzen »wie tot zu Boden«. Der Engel teilt den Frauen die gleiche Botschaft wie in Markus mit: Jesus sei nach Galiläa gezogen, sollen sie den Jüngern ausrichten. Nachdem die Frauen das Grab verlassen haben, erscheint ihnen auf dem Rückweg zu den Jüngern plötzlich Jesus. Sie umfassen seine Füße und beten ihn an, worauf er die Botschaft wiederholt: »Geht, sagt meinen Brüdern, sie sollen nach Galiläa kommen. Dort werden sie mich sehen« (Mt 28,1–10).

Bei Lukas eilen die Frauen zum Grab und finden dort den weggerollten Stein vor. Beim Hineingehen treffen sie zwei Engel an, die sie an die Prophetie Jesu erinnern, wonach er auferstehen werde. Die Frauen kehren zurück, um alles »den elf Jüngern und den anderen Freunden« zu verkünden. (Erst jetzt werden Maria aus Magdala, Johanna und Maria, die Mutter des Jakobus, und »noch etliche andere Frauen« benannt.) Die Apostel glauben ihnen nicht, doch Petrus eilt zum Grab, blickt hinein (ohne einzutreten) und entdeckt nur noch die Leinentücher (Lk 24,1–12).

Bei Johannes tritt nur eine Frau auf: Maria von Magdala. Sie geht »noch vor Sonnenaufgang« zum Grab und entdeckt, dass der Stein weggerollt worden ist. Sie eilt zurück und schreckt Petrus und den Jünger, »den Jesus liebte«, auf. Diese eilen zum Grab. Als Erster trifft der »geliebte« Jünger ein, hält am Eingang inne und sieht die leeren Leichenbinden am Boden. Als Petrus eintrifft, tritt er ins Grab ein, sieht ebenfalls die Binden und das Schweißtuch, das Jesu Haupt bedeckt hatte, »zusammengefaltet an der Seite«. Der andere Jünger tritt nun ebenfalls ein, worauf sie »wieder nach Hause« zurückgehen. Derweil ist Maria aus Magdala zurückgekommen und steht weinend vor dem Grab. Drinnen sieht sie zwei weiße Engel sitzen, »an der Stelle, wo Jesus gelegen hatte; einen am Kopfende, den anderen am Fußende«. Sie fragen sie, warum sie weine, worauf sie antwortet, man habe ihr ihren Herrn weggenommen und sie wisse nicht, »wohin man ihn gebracht« habe. Dann dreht sie sich um und erblickt eine stehende Gestalt, die sie für den »Gärtner« hält. Als sie den Mann fragt, wohin man Jesus gelegt habe, sagt der nur ein Wort: »Maria.« Sie erkennt ihn als Jesus. Jesus weist sie an, zu den Jüngern zurückzukehren und ihnen zu berichten, was sie gesehen habe. Und dies tut sie denn auch (Joh 20,1–18).

Hatten sie es also mit einem oder mit zwei Engeln zu tun? Saßen sie im Grab oder draußen auf dem Stein? Ging Petrus hinein oder nicht? Haben die Frauen von ihrem Erlebnis berichtet oder es für sich behalten? Ereignete es sich vor Morgengrauen oder schon bei Tag?

»Da flohen die Frauen aus dem Grab ...«

Zunächst müssen wir uns wohl dem so abrupt erscheinenden Ende bei Markus zuwenden. Es gibt zu dieser Episode zwei Ausgänge, die von späteren Verfassern hinzugefügt wurden. Vielleicht hat das abrupte Ende bei Markus einen ganz einfachen Grund: Vielleicht hat *er* diese Geschichte so enden lassen. Das Grab war leer, und die Frauen gingen erschreckt davon, ohne den erhaltenen Anweisungen zu gehorchen, weil sie sich fürchteten. Doch irgendwie passt es nicht zusammen. Ich kann mir nicht vorstellen, dass uns Markus bis zu dieser Stelle führt und es dann dabei belässt. Aus literarischer Sicht – wenn überhaupt – kann ich nur schwer glauben, dass die ursprüngliche Erzählung tatsächlich auf diese Weise geendet hat.

Die zweite Erklärung lautet, dass das ursprüngliche Ende verlorengegangen ist. Schließlich deuten die beiden späteren Versionen zum Ausgang dieser Episode auf die verbreitete Überzeugung hin, wonach das Markusevangelium nie auf diese Weise hätte enden sollen. Tatsächlich glaube ich, dass in ihnen ein Nachhall des ursprünglichen Endes spürbar ist. So ähnelt beispielsweise der Bericht über die Erscheinung des Auferstandenen atmosphärisch dem Bericht von Paulus. Wahrscheinlich stammten beide aus den Verkündigungen der Urkirche. Der längere Schluss beinhaltet die erste Erscheinung Christi vor Maria von Magdala, die Erscheinung an der Straße nach Emmaus und die Erscheinung vor den elf in dem verschlossenen Raum. Mit anderen Worten: Er deckt sich einigermaßen mit dem Ablauf der Ereignisse, die in den anderen Evangelien beschrieben werden.[1] Wenn wir den Schluss von Markus' Schilderung suchen, müssen wir an anderer Stelle nachforschen. Da Lukas und Matthäus ihre Evangelien auf Markus' Darstellung aufgebaut haben, findet sich dessen ursprünglicher Schluss höchstwahrscheinlich auch bei ihnen. Statt auf die Unterschiede sollte man sich bei den Evangelien wohl eher auf die Gemeinsamkeiten konzentrieren. Folgendes ist allen gemeinsam:

• Frauen gehen zum Grab. Sie sind die ersten Zeugen des Geschehenen und überbringen die Kunde den Jüngern und anderen.
• Maria von Magdala besucht das Grab.
• Das Grab ist leer, der Stein ist beiseitegerollt, und die Leichenbinden liegen am Boden.
• Engel erscheinen.

Zudem wird in allen drei Evangelien Petrus besonders herausgehoben. Bei Markus sollen die Frauen das Geschehene »vor allem Petrus« verkünden. Bei Lukas und Johannes geht er selbst zum Grab und untersucht es. Zumindest dies ermöglicht uns, den wahrscheinlichen Ablauf der Ereignisse wie folgt zu rekonstruieren:

Zur Gruppe der Frauen gehörten Maria von Magdala, Maria, die Mutter des Jakobus, Johanna und Salome. Sie gingen sehr früh, bei Sonnenaufgang, zum Grab und fanden es leer vor. Der Stein war weggerollt, und die Leichentücher lagen auf dem Boden. Dann begegnete ihnen ein Engel (oder mehrere) und teilte ihnen mit, dass Jesus auferstanden sei. Die Frauen kehrten daraufhin zu dem Raum zurück, in dem sich die Jünger aufhielten – wahrscheinlich der Raum des letzten Abendmahls. Petrus und weitere Jünger gingen zum Grab, um sich selbst ein Bild davon zu machen; sie sahen, dass die Frauen die Wahrheit gesagt hatten. Ihnen folgte Maria von Magdala, der Jesus erschienen ist (auch wenn sie ihn zunächst für den »Gärtner« gehalten hat).

Es gibt folglich einen Handlungskern, der mit Blick auf die Erzählung einen Sinn ergibt. Natürlich variieren die Berichte: Das tun Augenzeugenberichte immer. Doch wir sehen den Kern der Sache, während Leute, die sich an den Unterschieden in den Berichten festbeißen, leicht das Gesamtbild übersehen. Um mit dem Mann zu sprechen, der nicht mehr im Grab liegt, »sieben sie Mücken aus dem Essen und schlucken ganze Kamele hinunter« (Mt 23,24). Im Kern stimmen alle Berichte überein: Jesus war tot, dann aber offenbar wieder lebendig.

Die Straße nach Emmaus

Ort: Straße nach Emmaus
Zeit: am Nachmittag

Derweil irgendwo auf der Straße ...
Lukas' Bericht enthält eine spannende Geschichte, die sich am selben Tag ereignete. Zwei Jünger – keine der elf, die sich noch in Jerusalem aufhalten – wandern zu einem Dorf namens Emmaus. Ein Unbekannter schließt sich ihnen an und redet über die jüngsten Ereignisse in Jerusalem. Diese Jünger sind am Morgen zum Raum des letzten Abendmahls gegangen, weil sie die Nachrichten von den Frauen gehört hatten:

»Heute Morgen wurden wir sehr beunruhigt durch einige Frauen, die zu uns gehören. Schon vor Sonnenaufgang waren sie zum Grab gegangen; aber der Leichnam Jesu war nicht mehr da. Die Frauen erzählten, ihnen seien Engel erschienen, die sagten: ›Jesus lebt!‹ Einige von uns sind gleich zum Grab gelaufen. Es war tatsächlich leer, wie die Frauen berichtet hatten. Aber Jesus haben sie nicht gesehen.« (Lk 24,22–24)

Der Satz – »einige von uns gingen dann zum Grab« – stützt interessanterweise Johannes' Bericht der Ereignisse, wonach Petrus und der Jünger, »den Jesus liebte«, das Grab in Augenschein nahmen. Jedenfalls beginnt der Fremde zu berichten, was geschehen sei, worauf ihn die Jünger zu sich nach Hause zum Essen einladen. Als er das Brot bricht, erkennen sie Jesus, worauf dieser verschwindet. Sie eilen sofort nach Jerusalem zurück, um den anderen das Geschehene zu berichten.

Trotz eifriger Bemühungen ist es nie gelungen, das Dorf Emmaus zu identifizieren. Nach den verschiedenen Handschriften zum Lukasevangelium lag es entweder 60 oder 160 Stadien von Jerusalem entfernt, wobei die geringere Entfernung – gut elf Kilometer – die richtige gewesen sein dürfte. Einer dieser Jünger, die nach Emmaus unterwegs sind, ist bezeichnenderweise bekannt: Lukas identifiziert ihn als Kleopas. Und der Sohn eines Klopas, ein Mann namens Symeon, soll nach einem aus der Urkirche stammenden Bericht der Nachfolger des Jakobus als Führer der Jerusalemer Kirche gewesen sein.

> Er [Symeon] war ein Vetter – so heißt es jedenfalls – des Erlösers. Denn tatsächlich berichtet Hegesippus, dass Klopas Josefs Bruder gewesen sei.[2]

Wenn einem Verwandten Jesu die Führung der Kirche übertragen worden war, so leuchtet ein, dass auch dessen Nachfolger ein Verwandter sein würde. Symeon war Jesu Vetter väterlicherseits. Wendet man sich an dieser Stelle erneut der Erzählung über die Frauen am Kreuz zu, dann stößt man auf eine »Maria, die Frau des Klopas« (Joh 19,25). Mit hoher Wahrscheinlichkeit dürften Lukas' Kleopas und Johannes' Klopas ein und dieselbe Person gewesen sein.[3] Dies würde bedeuten, dass der Mann, dem Jesus an der Straße nach Emmaus erscheint, sein Onkel war. Und dies passt vollkommen zu der Überlieferung, wonach Jesus einem anderen Familienmitglied, seinem Bruder Jakobus, erschienen sei. In einem weiteren Schritt identifizierte der frühchristliche Theologe Origenes den namenlosen Jünger, der in Lukas mit Kleopas nach Emmaus unterwegs ist, als dessen Sohn Symeon.[4] Diese Verwandtschaftsbeziehung wäre gewiss eine starke Qualifikation, um die Nachfolge des Jakobus anzutreten: Demnach wäre Symeon nicht nur ein Verwandter Jesu gewesen, sondern Jesus wäre ihm auch noch nach seiner Auferstehung erschienen.

Dies alles bedeutet, dass sich Jesu Familie – zumindest einige Mitglieder – bei seinem Tod in Jerusalem aufhielten. Als er starb, standen neben seiner Mutter zwei Tanten am Kreuz. Und Lukas zufolge erschien er nach seiner Auferstehung – wie auch anderen – seinem Onkel.

Der Abendmahlsaal

Ort: Abendmahlsaal
Zeit: am Sonntagabend

Kleopas und sein Gefährte kehrten nach Jerusalem zurück; in der Zwischenzeit war Jesus auch noch anderen erschienen. Lukas vermerkt, als sie in den Raum hineinplatzten, fanden sie die elf und die anderen Jünger versammelt. Diese sagten: »Der Herr ist tatsächlich auferstanden! Simon Petrus hat ihn gesehen!« (Lk 24,33–35). Wann spielte sich diese Szene ab? Dazu schweigt sich Lukas aus, aber es passt zu den frühesten Berichten über die Auferstehung, die nicht durch die Evangelien, sondern durch den ersten Brief des Paulus an die Korinther überliefert sind. Diese Epistel ist älter als alle Evangelien:

»Zuerst habe ich euch weitergegeben, was ich selbst empfangen habe: Christus ist für unsere Sünden gestorben. Das ist das Wichtigste, und so steht es schon in der Heiligen Schrift. Er wurde begraben und am dritten Tag vom Tod auferweckt, wie es in der Heiligen Schrift vorausgesagt ist. Er hat sich zuerst Petrus gezeigt und später allen zwölf Jüngern. Dann haben ihn mehr als fünfhundert Brüder zur gleichen Zeit gesehen, von denen die meisten noch heute leben; einige sind inzwischen gestorben. Später ist er Jakobus und schließlich allen Aposteln erschienen. Zuletzt hat er sich auch mir gezeigt, der ich es am wenigsten verdient hatte.«
(1 Kor 15,3–8)

Der Korintherbrief entstand um das Jahr 54, aber Paulus erinnert an Dinge, die er weitaus früher erfahren hatte, und zwar wenige Jahre nach dem Tod Jesu, als er dessen Anhänger wurde. Es handelt sich demnach um ein Stück frühester Kirchenlehre, das von einem Anhänger zum nächsten »weitergereicht« wurde. Es ist folglich kein detaillierter Bericht, sondern eine urkirchliche Formel. In ihm tauchen allgemeine Ausdrücke wie »die zwölf« für »die Jünger« auf, auch wenn es zur damaligen Zeit nur noch elf waren. Eine klare Unterscheidung, ob Jesus »den zwölf« oder »allen Aposteln« erschien, fehlt offenbar. Außerdem schließt dieser Kreis Maria nicht ein, aber der Bericht handelt von Figuren oder Gruppen, die der größeren Kirche bekannt gewesen sein müssen, so die Erscheinung vor den »fünfhundert Brüdern«, von denen noch viele am Leben waren. Und vor allem erschien Jesus vor »allen Aposteln« – einem weiteren Kreis als dem der zwölf und einer schwer zu definierenden Gruppe, der aller Wahrscheinlichkeit nach auch Missionare und Lehrer angehörten, die in der Urkirche und in der Kirche in Korinth bekannt waren. Unter ihnen könnten auch die in Apg 6,1–6 erwähnten »sieben« gewesen sein.[5]

Dies deutet darauf hin, dass es zu Jesu Erscheinen vor Petrus eine Überlieferung gibt, und diese Überlieferung tauchte neben jener zu Jesu Erscheinen vor der Gruppe auf, zu der es aber im Gegensatz zur »Petrus-Erscheinung« keine gesonderte Niederschrift gibt.

Bei Lukas erscheint Jesus der Gruppe, gleich nachdem Kleopas und seine Gefährten Zeugnis abgelegt haben. Jesus tritt »in ihre Mitte« und zeigt ihnen, dass er aus Fleisch und Blut besteht. Er isst sogar ein Stück gebratenen Fisch (Lk 24, 41–43). Detaillierter ist Johannes' Version der Erscheinung: Die Jünger haben sich »aus Furcht vor den Juden« eingeschlossen (Joh 20,19). In beiden Berichten zeigt Jesus ihnen seine Hände und Füße (Lk 24,40; Joh 20,20). Und in beiden redet er über den Heiligen Geist (Lk 24,49; Joh 20,22).

An diesem Sonntag kommt es folglich zu vier verschiedenen Auferstehungserscheinungen: im Garten vor Maria von Magdala, auf der Straße nach Emmaus vor Kleopas und einem Begleiter, an einem nicht näher benannten Ort vor Petrus und schließlich im Raum des letzten Abendmahls vor den Jüngern.

In den folgenden Wochen werden noch sehr viele Personen Jesus sehen. Die Evangelien verzeichnen im Anschluss weitere Erscheinungen. Was wir von diesen Berichten auch halten – seien sie wahr oder falsch –, wir können sie jedenfalls nicht einfach als die Behauptung einer Einzelperson abtun, die Jesus wiedergesehen haben will. Paulus macht beispielsweise deutlich, dass die meisten Menschen, die Jesus gesehen haben, zur Zeit seines Schreibens noch am Leben waren. Als er den Brief an die Korinther verfasste, lebten zweifellos noch Menschen, die den Auferstandenen nach eigenen Aussagen persönlich gesehen hatten. Einige dürften »bedeutende« Figuren – so Petrus und Jakobus – gewesen und der korinthischen Kirche fraglos bekannt gewesen sein. Ihre Namen sind längst vergessen, aber ihr Zeugnis bleibt.

Aber auch wenn es Zeugen gibt, lautet die Schlüsselfrage: Haben sie die Wahrheit gesagt?

An dieser Stelle muss ich behutsam vorgehen. Hoffentlich habe ich in diesem Buch die Glaubwürdigkeit der Szenen und Ereignisse in den Evangelien aufzeigen können: Unabhängig davon, was wir von ihnen halten, stehen sie mit dem gesellschaftlichen und politischen Hintergrund Judäas im 1. Jahrhundert im Einklang; hier gibt es keine Widersprüche. In diesem Buch wollte ich mich mit den wichtigsten Figuren des Neuen Testaments auseinandersetzen, einige historische Linien verfolgen und ganz allgemein die Ereignisse aus den Evangelien erläutern.

Das Buch sollte keine Verteidigungsschrift für den christlichen Glauben werden. Dennoch möchte ich an einige Punkte erinnern, die ich in der Einleitung erwähnt habe. Bei unserem Vorgehen müssen wir uns in erster Linie davor hüten, gegenüber den damaligen Menschen eine herablassende Haltung einzunehmen. Sie waren kein einfältiges Volk, das es »nicht besser wusste«. Was wir über die antike Welt auch denken: Wir müssen uns stets vor Augen halten, dass die damaligen Menschen mit dem Tod weitaus besser vertraut waren, als wir es heute sind. Sie wurden tagtäglich mit ihm konfrontiert – auf der Straße und im Schmutz um sie herum, in den Häusern und an den Hinrichtungsstätten, die es im Römischen Reich überall gab. Wir müssen ihnen also zubilligen, dass sie zwischen Leben und Tod, zwischen einem Leichnam und einem lebenden Menschen, der umherging und Fisch aß, durchaus unterscheiden konnten.

Die Berichte zur Auferstehung werden heute gerne in einem spirituellen oder metaphorischen Sinn aufgefasst, aber in der Antike war dies nicht der Fall. Auch die Verfasser der Evangelien wollten sie nicht so verstanden haben. An den

Stellen, an denen sie Hände und Füße oder einen Fisch erwähnen, meinen sie das auch rein physisch. Kein Evangelist behauptet, Jesus sei als Mensch in einem Grab gelandet und ihm als Metapher wieder entstiegen. Sie alle versichern, dass die Auferstehung real stattgefunden habe, dass sie wirklich geschehen sei. Metaphorische oder andere Deutungen können hier nicht als Hintertürchen dienen.

Welche Beweise lassen sich nun anführen, um die Aussagen der Augenzeugen zu stützen?

Erstens die Tatsache, dass Frauen als Zeuginnen auftreten. Unverblümt gesagt, hätte damals keine Religion, die etwas auf sich hielt, Frauen als Zeugen genannt. So ein Zeugnis galt vor jüdischen Gerichtshöfen als geradezu unverwertbar. Während eines gewöhnlichen Prozesses wurden Frauen nicht befragt, und man verzichtete nach Möglichkeit auf ihre Aussagen, da »kein Mann möchte, dass seine Frau vor Gericht Schande über sich bringt«. Frauen durften überhaupt erst dann herangezogen werden, wenn es keine Alternative mehr gab.[6] Die Nennung von Frauen als wichtigste Zeugen für das leere Grab wäre ein grober strategischer Missgriff gewesen – wenn sie nicht wirklich die ersten Zeuginnen waren und die Evangelisten nicht einfach versucht hatten, die Dinge tatsachengetreu wiederzugeben. Ein starkes Argument ist auch die Tatsache, dass Frauen in diesen Schilderungen von Anfang an eine Schlüsselrolle innehatten. Wie wir allerdings gesehen haben, werden im Bericht des Paulus zu den Erscheinungen nach der Auferstehung – im Brief an die Kirche in Korinth, die fest in die griechisch-römische Kultur eingebettet war – Frauen nicht gesondert erwähnt. Vielleicht geschah es aus den oben erwähnten kulturellen Bedenken, da Frauen wohl nicht nur in der jüdischen Welt als unzuverlässige Informationsquellen galten. Die Evangelien entstanden nach dem Paulusbrief. Wenn wir bei ihren Darstellungen von einer späteren Erfindung ausgehen, müssten wir annehmen, dass Frauen absichtlich auf die Liste der Zeugen gesetzt wurden. Das wäre ungefähr so, als wolle jemand einen Bericht der *FAZ*, der ARD oder der *Süddeutschen Zeitung* besser belegen, indem er ihn mit der Darstellung einer Boulevardzeitung untermauert, die für ihre unwahren Behauptungen bekannt ist. Daher kann man wohl ausschließen, dass jemand das Zeugnis der Frauen den Schilderungen später hinzugefügt hat. Sie mussten schon in den frühesten Überlieferungen enthalten gewesen sein. Und dass sie überhaupt auftauchen, lässt darauf schließen, dass es sich bei diesen Berichten eben nicht um Fiktionen handelt.[7]

Zweitens gibt es in den Berichten einige Unstimmigkeiten. Sie könnten gegen deren Wahrheitsgehalt sprechen, aber wie James Dunn meinte, »spricht die Widersprüchlichkeit von Zeugnissen eher für die Aufrichtigkeit ihrer Urheber als gegen deren Wahrhaftigkeit«.[8] Wären diese Zeugnisse von späteren Verfassern erdichtet worden, würde man deutlich mehr Einheitlichkeit erwarten. Tatsächlich wären die Unstimmigkeiten wohl beseitigt und alle Schwierigkeiten durch Erklärungen aus dem Weg geräumt worden. Da dies aber nicht geschah, können wir davon ausgehen, dass die Urkirche es für wichtig erachtete, die ursprünglichen Berichte einschließlich der Stellen, an denen sie voneinander abwichen, getreu zu überliefern. Es konnte ja sein, dass eine Frau in ihrem Zeugnis die Ereignisse etwas anders in Erinnerung gehabt hatte als eine andere. Aber die Leute, die ihr zuhörten, gaben ihre Version wieder. Dies war der entscheidende Punkt: Als *ihre* Version verdiente diese Darstellung Respekt. Wie Wright sagt: »So weltbewegende und so gemeinschaftsbildende Geschichten wie diese können nicht einfach verändert werden, wenn sie erst einmal erzählt sind. Zu viel hängt von ihnen ab.«[9]

Drittens zeugen diese Berichte von Ehrlichkeit: Wie wir

beim Schluss von Markus festgestellt haben, könnte dieses Evangelium tatsächlich so geendet haben: statt mit einer Erscheinung des Auferstandenen mit Schrecken und Entsetzen. So könnte es gewesen sein, auch wenn es mich nicht überzeugt. Trotzdem wird in den Berichten eingeräumt, dass diese Ereignisse unwirklich erscheinen. So heißt es bei Matthäus: »Als sie ihn dort sahen, fielen sie vor ihm nieder. Einige aber zweifelten, ob es wirklich Jesus war.« (28,17). Warum sollte jemand, der einen aalglatten Fall präsentieren will, so etwas schreiben? Von Zweifel ist hier nur deshalb die Rede, weil einige Beteiligte tatsächlich Zweifel hatten.

Viertens gibt es mit Blick auf das leere Grab keinerlei Gegendarstellungen. Wie Matthäus' Bericht von der Bestechung der Wachen zeigt, musste das Grab leer gewesen sein, denn sonst ergäbe der Verdacht, dass die Auferstehung erfunden wurde, keinerlei Sinn. Und dass der Leichnam fehlte, war auch nie umstritten. Strittig war nur der Grund, warum das Grab leer war.[10]

Fünftens hat die Urkirche dem Grab keine Verehrung zuteil werden lassen, obwohl dessen Standort natürlich noch bekannt war. Nichts deutet darauf hin, dass die Gläubigen dort einen Kult ausgeübt hätten. Kein Schriftsteller der Urkirche ab der Apostelgeschichte vermerkt eine Zusammenkunft an dieser Stätte, um Jesus zu verehren. Der Grund liegt eben darin, dass der Leichnam dort nicht mehr geehrt werden konnte.

Sechstens sprechen die Hinweise des Paulus für den Wahrheitsgehalt der Auferstehungsepisode. Innerhalb zweier Generationen nach dem Tod Jesu – damals lebten noch Menschen, die ihm zu Lebzeiten begegnet waren – sollen fünfhundert Personen Jesus gesehen haben. Paulus' Botschaft ist deutlich: Wollt ihr Zeugen? Es gibt sie, und sie weilen noch unter uns.

Siebtens erschien der Glaube an eine Auferstehung als

völlig bizarr. Wie wir gesehen haben, glaubten die Pharisäer an eine Auferstehung der Toten, aber eben nur an eine endzeitliche, die nach dem Tag des Herrn erfolgen würde. Die heidnische Welt wies eine solche Vorstellung rundweg zurück. Der christliche Glaube an eine Auferstehung, die vor dem Ende der Zeiten erfolgen sollte und allen die Auferstehung verhieß – siehe die wandelnden Toten bei Matthäus –, war mehr als befremdlich.

Und schließlich spricht auch die Tatsache, dass die Urkirche diesen Glauben gelebt hat, für die Wahrhaftigkeit der biblischen Darstellung. Etwas verwandelte diese Menschen, formte sie zu einer Kraft, machte aus einem wilden Haufen verschreckter Landbewohner ein weltveränderndes Phänomen. In der Apostelgeschichte wird das rasche Wachstum der Kirche geschildert, mit 3000 Taufen allein zu Pfingsten. Auch wenn man diese Zahlen für übertrieben hält, so ist doch unleugbar, dass die Christengemeinschaft trotz häufiger Verfolgungen zunahm und sich rasch ausbreitete. Beispielhaft ist hier die Entwicklung in der Familie Jesu. Hatten die männlichen Mitglieder am Kreuz gefehlt, so hielten sich seine Brüder anschließend in Jerusalem auf:

> Sie kamen im oberen Stockwerk des Hauses zusammen, wo sie sich von nun an trafen. Es waren Petrus, Johannes, Jakobus, Andreas, Philippus, Thomas, Bartholomäus, Matthäus, Jakobus, der Sohn des Alphäus, Simon, der ehemalige Freiheitskämpfer, und Judas, der Sohn des Jakobus. Zu ihnen gehörten auch einige Frauen, unter anderem Maria, die Mutter Jesu, und außerdem seine Brüder. Sie alle trafen sich regelmäßig an diesem Ort, um gemeinsam zu beten. (Apg 1,13–14)

Was hatte sich für sie verändert? Die Antwort lautet, zumindest Paulus zufolge, dass ihnen Jesus erschienen war. Sein

Bruder Jakobus, der ihn anfangs für verblendet gehalten hatte, leitete schließlich die erste Kirche in Jerusalem und fand durch einen Sohn Hannas' den Märtyrertod. Judas, einem weiteren Bruder Jesu, wird ein Brief aus dem Neuen Testament zugeschrieben. Auch wenn dies manche Forscher für irrig halten, zeigt es zumindest, dass Judas ebenfalls eine herausragende Figur in der Urkirche geworden war. Einem Mann, der diesem Glauben nie angehangen hatte, hätte man niemals einen solchen Brief zuschreiben können.[11] Zumindest zwei der Brüder Jesu überwanden folglich ihren Unglauben, legten ihre Skepsis ab und bekehrten sich zum Glauben und zur Gefolgschaft Christi.

Ich persönlich konnte mir das Wachstum der Urkirche und den nachhaltigen Glauben an Jesus immer nur so erklären, dass beide von der Auferstehung getragen worden waren. Ohne sie hätte die Geschichte Jesu mit einem Misserfolg geendet. Ein ehrbares Scheitern könnte vielleicht in unserer Zeit eine religiöse Bewegung anstoßen, nicht aber in der rauhen Zeit des Neuen Testaments. Misserfolge, auch wenn sie ehrenwert sind, lösen keine religiösen Bewegungen aus. So blieben die Märtyrer von Masada zwar im Gedächtnis, aber keiner hat ihretwegen eine Religion gestiftet.

Dies bildet die Struktur der »Längsten Woche«: Am vormaligen Sonntag war Jesus von Betanien aus triumphal in die Stadt eingezogen. Bei Lukas schließt sich der Kreis: Jesus führt seine Jünger aus Jerusalem über den Ölberg bis Betanien und »verließ sie« dort (Lk 24,51). Er zog im Triumph ein und zieht im Triumph wieder aus – auf einer langen, harten und seltsamen Reise, die noch nicht zu Ende ist.

Das Nachbeben:
33 n. Chr. und danach

Damit war die Geschichte natürlich nicht zu Ende. Von Jerusalem breitete sich das Christentum wie ein Lauffeuer aus. Die Frohe Botschaft sprang von einem zum Nächsten über. Die ersten Anhänger Jesu drängten aus dem Abendmahlsaal, begannen zu predigen und zu lehren, speisten die Armen, teilten ihren Besitz und verhielten sich allgemein so, als hätten sie einen Sieg errungen.

Petrus, der bloßgestellte Jünger, wurde das Herz und die Seele der neuen Bewegung. Offenbar wieder in seine Mission eingesetzt, entwickelte er einen beispiellosen Tatendrang, eilte umher und folgte in allem dem Vorbild seines Herrn, wobei er sich ebenfalls von der Obrigkeit gefangen nehmen ließ. Nach einem ereignisreichen Leben wurde er wahrscheinlich im Jahr 68 n. Chr. in Rom hingerichtet. Vom Schicksal der anderen Jünger und Anhänger ist nur wenig bekannt. Der Apostel Jakobus wurde 46 n. Chr. unter Herodes Agrippa hingerichtet. Jakobus, der Bruder Jesu, wurde von Ananus ben Ananus 63 n. Chr. getötet – in einem letzten Akt der Rache des Hauses Hannas an der Familie Jesu von Nazareth. Von den andern Anhängern ist wenig bekannt. Sie gingen in der Geschichte auf.

»An diesem Tag wurden Herodes und Pilatus Freunde«

Etwas mehr weiß man über die Feinde Jesu.

Herodes Antipas sollte Galiläa nur noch vier Jahre regieren. Als sein Bruder, der Tetrarch Philippos, im Jahr 34 starb, schlug Kaiser Tiberius die Tetrarchie sehr zum Leidwesen von Antipas der Provinz Syrien zu. Ungefähr im Herbst 36 wurden Antipas' Streitkräfte von seinem Ex-Schwiegervater Aretas, der ihm die Scheidung mit seiner Tochter nicht verziehen hatte, vernichtend geschlagen. Antipas konnte die Römer noch dazu bewegen, Truppen zu entsenden, um die Niederlage zu vergelten; doch ehe die Soldaten eingetroffen waren, kam die Meldung vom Tod des Tiberius. Sein Nachfolger Caligula war eng mit Antipas' Neffen Agrippa befreundet, einem weiteren Glied in der langen unwürdigen Kette herodianischer Intriganten. Caligula verlieh Agrippa das Territorium seines verstorbenen Onkels Philippos und einen Königstitel dazu. Empört überredete Herodias ihren Mann Antipas, nach Rom zu ziehen und beim Kaiser für sich ebenfalls einen Königstitel zu erbitten. Widerwillig setzte sich Antipas in Bewegung.

Die Reise geriet zum Desaster. Als Agrippa von dieser Mission hörte, schickte er Caligula einen Brief mit Beschuldigungen gegen Antipas: Er habe Rom verraten und Geheimabkommen mit den Parthern getroffen. Anstatt Antipas zu belohnen, verbannte Caligula ihn und seine Frau unter dem Vorwurf der Verschwörung nach Lugdunum Convenarum, dem heutigen Saint-Bernard-de-Comminges in den Pyrenäen. Sein gesamter Besitz und seine Ländereien fielen Agrippa zu. Damit verliert sich seine Spur in der Geschichte. Als weiteres Opfer der Intrigen seiner Frau beschloss er seine Tage – gemeinsam mit ihr – arm und anonym am anderen Ende des Reiches, Tausende von Kilometern von seiner Heimat entfernt.

Der Königstitel sollte für Herodes Antipas immer nur ein Traum bleiben.

Pilatus' Schicksal endete Ende 36 oder Anfang 37. Seine Laufbahn und die des Kaiphas waren bis zu ihrem gemeinsamen Ende anscheinend eng verbunden. Vielleicht wirkte es sich nachteilig auf Pilatus' Laufbahn aus, dass er versucht hatte, Kaiphas zu beschwichtigen.

Wie zu erwarten, wurde die Amtszeit des Pilatus durch einen religiösen Streit beendet. Nach einem überlieferten Glauben der Samariter sollten auf dem Berg Garizim in Samaria heilige Gefäße aus dem Tempel verborgen sein. Im Jahr 35 behauptete ein samaritanischer »Prophet«, er werde diese Gefäße beibringen, wenn sich Menschen auf dem Berg versammelten. Daraufhin kam am Fuß des Berges Garizim eine große Menge zusammen. Die römischen Soldaten befürchteten einen Aufstand und gingen gegen sie vor; sie töteten viele, nahmen einige gefangen und trieben die Übrigen in die Flucht. Am Ende ließ Pilatus mutmaßliche Rädelsführer hinrichten, darunter einige der angesehensten und vornehmsten Führer der Samariter. Warum Pilatus einschritt, ist schwer nachzuvollziehen. Eine Gruppe Samariter auf einem Berg stellte kaum eine Gefahr für seine Macht dar. Vielleicht hörte er wieder auf einen Rat des Kaiphas, den die Sorge umtrieb, die Samariter könnten auf dem Garizim einen eigenen Tempel errichten? Ein zweiter Tempel mit einer rivalisierenden Priesterschaft war das Letzte, was Kaiphas hätte brauchen können.[1] Die Samariter wussten, dass es sich um eine völlig harmlose Versammlung gehandelt hatte, und beschwerten sich bei Vitellus, dem Legaten in Syrien. Vitellus beorderte Pilatus nach Rom, wo er sich für seine Handlung verantworten sollte,[2] und holte bei Tiberius eine schriftliche Genehmigung ein, die Gewänder des Hohepriesters erstmals seit 30 Jahren wieder in die Verfügungsgewalt der Juden zu geben.[3]

Josephus zufolge eilte Pilatus nach Rom, traf dort aber zu spät ein, um sich vor Tiberius zu rechtfertigen. Der Kaiser war im März 37 gestorben. Pilatus hatte alles versucht, um Tiberius' Gunst zu erringen. Er hatte es gewagt, Schilde nach Jerusalem bringen zu lassen, und Tiberius sogar einen

Tempel errichtet. Leider war alles umsonst gewesen. Der neue Kaiser Gaius Caligula begegnete dem Andenken an seinen Adoptivgroßvater ziemlich unsentimental.[4] Wie man ihm prophezeit hatte, musste Pilatus in Rom feststellen, dass er nicht als Freund des Kaisers galt. Eusebius zufolge soll er Selbstmord begangen haben.[5]

Wenn Kaiphas unbeabsichtigt dafür verantwortlich gewesen ist, dass Pilatus seine Reise nach Rom antreten musste, so kostete ihn dies seinen Posten. Um das Jahr 36 entband ihn Vitellus von seinem Amt als Hohepriester. Danach machte er erst im 20. Jahrhundert wieder von sich reden – durch die Entdeckung seines Grabes. Er wurde durch seinen Schwager Jonathan ersetzt, einen Sohn Hannas'. Zumindest hatte Hannas den Posten erneut in der Familie halten können.

Die Grabstätte Hannas' ist möglicherweise bekannt. Josephus berichtete, dass während der Belagerung Jerusalems im Jahr 70 eine Mauer um die Stadt gezogen worden sei. Diese habe sich um den östlichen Stadtbereich gewunden, sei dann nach Süden in das »Tal des Brunnens« hinab verlaufen und schließlich »bis zum Grab des Hohepriesters Hannas« wieder aufgestiegen. Auf dem besagten Gelände liegen die Hakeldamach-Gräber. Das prachtvollste, versehen mit einem dreiteiligen Eingang, findet sich im Zentrum einer Sechsergruppe. Es könnte durchaus die letzte Ruhestätte des großen alten Hannas gewesen sein.[6]

Wie wir gesehen haben, folgten ihm seine Söhne ins Amt des Hohepriesters nach. Allerdings nahm bei ihnen nicht alles ein glückliches Ende. Jonathan wurde um das Jahr 60 von einem Meuchelmörder erstochen.[7] Sein jüngster Sohn, ein weiterer Hannas, wurde Hohepriester und nutzte, wie erwähnt, die Gelegenheit, um Jakobus steinigen zu lassen – ein letzter Akt der Rache an der Familie Jesu. Dafür wurde er von den Römern abgesetzt. Später, in den Anfangsjahren des Aufstands gegen Rom, wirkte er als wichtige Führungsfigur und setze sich für eine friedliche Lösung ein. Immerhin hatte seine Familie mit den Römern jahrelang zusammengearbeitet: Ihr Eigentum und ihr Wohlstand standen auf dem Spiel. Leider war ihr Wunsch nach einer friedlichen Koexistenz mit Rom anderen inzwischen ein Dorn im Auge. Hannas jr. wurde zur Strecke gebracht und ermordet. Seinem Leichnam blieb eine Bestattung versagt.[8]

»Ich bin immer bei euch, bis das Ende dieser Welt gekommen ist«

Und Jesus? Was geschah mit ihm?

Nun, wir eigneten ihn uns an und vergaßen die Geschichte dahinter. Den üblen Teil – die Politik, die Armut und alles andere – ließen wir unter den Tisch fallen. Wir wischten das Blut weg, setzten ihn auf einen Thron, legten ihm ein purpurnes Gewand an und erkoren ihn zum Kaiser. Wir hielten ihn von den Tischen der Wechsler fern und verwandelten das Werkzeug seiner Hinrichtung in ein kostbares Kleinod.

Und als letzten Verrat machten wir ihn zum Führer einer weltweiten Bewegung, die Prinzipien vertrat, die er selbst verabscheut hätte. Wir erkoren ihn zum Oberhaupt einer Amtskirche, die das Treiben von Sadduzäern, Pharisäern und Römern zusammen noch in den Schatten stellte. Hatte Jesus zu Lebzeiten Gewaltlosigkeit, Liebe, Bescheidenheit und Gerechtigkeit gepredigt, so ging es nach seinem Tod nur noch um Autorität, Macht, Reichtum, Prunk und Ansehen – und darum, jeden, der anderer Meinung war als man selbst, kurzerhand niederzumachen.

Sicher … so war es nicht immer gewesen. Alles hatte positiv angefangen. In der Urkirche waren die Lehren Jesu noch vom Geist Gottes erfüllt, die Frohe Botschaft richtete sich an alle, die sie hören wollten, und zwischen Sklaven und Freien,

Juden und Nichtjuden gab es keinen Unterschied. Die Menschen versuchten, Jesu Grundsätze tatsächlich umzusetzen. Natürlich war der Weg nicht immer klar, es gab auch Streit und Schwierigkeiten. Manche verdrehten die Lehren, veränderten die Glaubenswahrheiten und nutzten die Kirche für eigene Zwecke. Doch die Kirche wuchs weiter. Sie tat, was Jesus getan hatte, und leistete den aktuellen weltlichen Mächten Widerstand. Sie nahm die schlimmsten Reaktionen des Reichs auf sich und folgte dem Weg ihres Führers.

Die Urkirche veränderte mit Jesu Gedanken die Welt. Dann erhielt das Römerreich seine Revanche: Es veränderte mit weltlichen Gedanken die Kirche. Im Jahr 325 erhob Kaiser Konstantin das Christentum zur Staatsreligion. Erstmals in ihrer Geschichte erhielt die Kirche funktionelle Macht, was sich störend auf ihre ursprünglichen Bekenntnisse auswirkte – das Einstehen für Gewaltlosigkeit, den Verzicht auf Macht, das Eintreten für die Armen. Seit der Zeit Konstantins des Großen, als die Kirche zur »offiziellen« Kirche des Abendlands geworden war, kämpfte sie darum, die Prinzipien ihres Stifters, des großen Außenseiters, an die Realitäten der Welt anzupassen. Allzu oft wurde sie zu einer Gelddruckmaschine mit Sitz im Verwaltungsrat, in herausgehobener gesellschaftlicher Stellung, mit Abzeichen, Ehren und Institutionen. Und auf die Juden blickte sie herab. Anstatt in ihnen die Kultur und das Volk zu sehen, aus dem ihr Stifter hervorgegangen und in dem er großgeworden ist, ergriff die Kirche jede Gelegenheit, um Rache zu nehmen.

Meist blieb es Außenseitern überlassen, Jesu Vision am Leben zu erhalten: Mönchen, die in die Wüste flohen, Lehrern, die ihre Gedanken offen äußerten, und Gelehrten, die sich fragten, warum die Menschen die Geschichte Jesu nicht in ihrer eigenen Sprache lesen können sollten. Zu diesen Außenseitern zählen auch diejenigen Christen, die Juden versteckten, um sie vor dem sicheren Tod zu erretten, die

Pastoren, die Sklaven halfen, ihren Ketten zu entrinnen, und die Prediger, die auf die Straße gingen, um dafür zu demonstrieren, dass zwischen Schwarz und Weiß keine Unterschiede gemacht werden. Und es sind jene Außenseiter gemeint, die Lepröse umarmten, Kranke pflegten und Gefangenen beistanden und – o Herrlichkeit, o wahre Herrlichkeit! Diese Menschen gibt es zu Millionen. Sie fehlen in der offiziellen Geschichtsschreibung, in dieser langen und ermüdenden Litanei aus Synoden, Konzilien, Kreuzzügen und ketzerischen Lehren. Aber es gibt sie, diejenigen, die dem Leben ihres Religionsstifters nacheifern und es zu leben versuchen.

Dies ist denn auch die Botschaft der »längsten Woche«. Sie dreht sich im Grund nicht um Fakten, Daten und Theorien, sondern vielmehr um einen Menschen und unsere Reaktion auf sein Leben. Die eigentliche Wahrheit ist, dass es keiner je geschafft hat, Christus unter Kontrolle zu bekommen. Er stürmt wild und triumphierend die Hügel unserer Theorien hinab, dringt in den Kern unseres Lebens ein und stellt die anerkannten Ideen, die wir säuberlich aufgestapelt haben, kurzerhand auf den Kopf. Der historische Jesus, der dem religiösen und politischen Unterdrückungsapparat den Kampf ansagte, der sich leidenschaftlich um die Bedrängten in der Gesellschaft kümmerte, der buchstäblich zum Ausgestoßenen wurde, der Obrigkeiten verspottete und ihre Weisheiten als Torheiten entlarvte, der die Straße der Liebe triumphal bis ans Ende ging – er weilt noch unter uns. Er hat das Purpurgewand abgelegt, ist von seinem Thron herabgestiegen und spendet allen Bedürftigen Brot und Wein. Er lebt und teilt aus: der große Rebell, der Führer des auf den Kopf gestellten Königreichs – Jesus Christus, Josua ben Joseph, der Sohn Gottes.

Darum geht es bei dieser Geschichte.

Sie ist bis heute nicht zu Ende.

Anmerkungen

Einleitung

1   Christen, welche die Ereignisse der Karwoche in Echtzeit nachvollziehen möchten, finden dazu auf meiner Webseite eine Anleitung: http//www.nickpage.co.uk.

2   Der frühkirchliche Historiker Eusebius erwähnt zwar die *acta pilatii*, doch die Vorstellung, Tiberius hätte diese dem Senat vorgelegt, ist reine Legende. Von Pilatus sind etliche weitere »Akten« und »Briefe« bekannt, doch handelt es sich dabei sämtlich um religiös motivierte Fälschungen aus dem 4. Jahrhundert. Siehe: Eusebius: *The Ecclesiastical History and the Martyrs of Palestine*. Übersetzt von Hugh Jackson Lawlor/John Ernest Leonard Oulton, London 1927, Bd. 1, S. 38. Siehe auch: Ernst Bammel/C. F. D. Moule (Hrsg.): *Jesus and the Politics of His Day*. Cambridge 1984, S. 173.

3   Simon Légasse: *The Trial of Jesus*. London 1997, S. 2 f.

4   Martin Goodman: *The Ruling Class of Judaea: The Origins of the Jewish Revolt Against Rome, A.D. 66–70*. Cambridge 1987, S. 5.

5   Goodman: *The Ruling Class of Judaea*. S. 23.

Vorbeben: Winter 32 – Frühjahr 33

1   Es gibt außerdem noch zwei Berichte von Reisen als Säugling und als Kind: Lk 2,22–38 und Lk 2,41–51.

2   Dieser Bericht enthält auch die Tempelepisode von der des Ehebruchs überführten Frau (Joh 7,53–8,11). In Johannes' erstem Manuskript findet sich diese hingegen nicht, so dass sie vermutlich nicht Bestandteil des ursprünglichen Evangeliums war. Es ist freilich gut möglich, dass sie Teil anderer Aufzeichnungen von Jesu Leben war. Auf jeden Fall ist die Botschaft ebenso radikal wie aufschlussreich und stellt sämtliche religiösen und gesellschaftlichen Konventionen auf den Kopf. Mit anderen Worten: Sie fügt sich nahtlos in Jesu Lehre ein.

3   Mk 15,42; Mt 27,62; Lk 23,54; Joh 19,31.

4   Philo: *De specialibus legibus*, ii, 144–175; zitiert in: J. B. Segal: *The Hebrew Passover: From the Earliest Times to A.D. 70*. London 1963, S. 27.

5   George Ogg: *The Chronology of the Public Ministry of Jesus*. Cambridge 1940, S. 276. Jack Finegan: *Handbook of Biblical Chronology: Principles of Time Reckoning in the Ancient World and Problems of Chronology in the Bible*. Peabody 1998, S. 361 f.

6   Finegan: *Handbook of Biblical Chronology*. S. 364. J. Fotheringham: *Astronomical Evidence for the Date of the Crucifixion*, in: *Journal of Theological Studies* XII, 1910. Zum Thema Mond siehe: Rainer Riesner: *Paul's Early Period: Chronology, Mission Strategy, Theology*. Cambridge 1998, S. 56 f.

7   George Raymond Beasly-Murray: *John*. Waco 1987, S. 172 f.

8   Goodman: *The Ruling Class of Judaea*. S. 12.

9   Seneca: *Über die Gnade* 1,2 f.

10 Eric Carlton: *Occupation: The Policies and Practices of Military Conquerors*. London 1992, S. 18.

11   Xavier Lecureuil, französischer Konsul in Patras, zitiert in: Mark Mazower: *Inside Hitler's Greece: The Experience of Occupation 1941–44*. London 2001, S. 3.
12   Klaus Wengst, *Pax Romana and the Peace of Jesus Christ*. Übersetzt von John Bowden, London 1987, S. 13.
13   Wengst: *Pax Romana and the Peace of Jesus Christ*. S. 28
14   Juvenal / Peter Green: *The Sixteen Satires*. London 1974, S. 293.
15   Plutarch: *Regeln der Staatskunst* X. Zitiert in: Naphtali Lewis / Reinhold Meyer: *Roman Civilization: Selected Readings*. New York 1990, S. 231.
16   John Reader: Cities. London 2004, S. 83.
17   Wengst: *Pax Romana and the Peace of Jesus Christ*. S. 27.
18   Babylonischer Talmud, Sabbat 33b. Übersetzung von M. Hadas: *Philological Quarterly* 8 (1929), S. 373. Simeon soll dem Tode entronnen sein, indem er die Flucht ergriff und sich die nächsten 14 Jahre in einer Höhle versteckt hielt.
19   Rabbi Gamaliel, zitiert in: Ramsay McMullen: *Enemies of the Roman Order: Treason, Unrest, and Alienation in the Empire*. Cambridge 1966, S. 148.
20   Steven E. Sidebotham: *Roman Economic Policy in the Erythra Thalassa 30 B.C.–A.D. 217*. Leiden 1986, S. 133, 135.
21   Ant 17.11.4, siehe: Fergus Millar: *The Roman Near East, 31 BC–AD 337*. London 1993, S.51.
22   Goodman: *The Ruling Class of Judaea*. S. 33–35.
23   Goodman: *The Ruling Class of Judaea*. S. 40 f.
24   Goodman: *The Ruling Class of Judaea*. S. 45 f.
25   R. Steven Notely / Anson F. Rainey: *Carta's New Century Handbook and Atlas of the Bible*. Jerusalem 2007, S. 235.
26   Goodman: *The Ruling Class of Judaea*. S. 56.
27   Notely / Rainey: *Carta's New Century Handbook and Atlas of the Bible*. S. 235.
28   Richard A. Horsley / John S. Hanson: *Bandits, Prophets, and Messiahs: Popular Movements in the Time of Jesus*. San Francisco 1988, S. 61.
29   Goodman: *The Ruling Class of Judaea*. S. 111.
30   Warren Carter: *Pontius Pilate*. USA 2003, S. 35
31   Horsley / Hanson: *Bandits, Prophets, and Messiahs*. S. 53
32   m.Shebiith 10.3 f in: Herbert Danby: *The Mishnah, Translated From the Hebrew*. London 1933, S. 51.
33   Horsley / Hanson: *Bandits, Prophets, and Messiahs*. S. 60.
34   Horsley / Hanson: *Bandits, Prophets, and Messiahs*. S. 61.
35   R. Steven Notley / Marc Turnage / Brian Becker: *Jesus' Last Week*. Leiden 2006, S. 204.
36   Robert O. Paxton: *Vichy France: Old Guard and New Order, 1940–1944*. New York 2001, S. 285 f.
37   John Dominic Crossan: *The Historical Jesus: The Life of a Mediterranean Jewish Peasant*. Edinburgh 1993, S. 118.
38   Goodman: *The Ruling Class of Judaea*. S. 74.
39   N. T. Wright: *Jesus and the Victory of God*. London 1996, S. 161.
40   Bammel / Moule: *Jesus and the Politics of His Day*. S. 135 f.
41   Bammel / Moule: *Jesus and the Politics of His Day*. S. 142.
42   Ernst Bammel (Hrsg.): *The Trial of Jesus: Cambridge Studies in Honour of C. F. D. Moule*. London 1970, S. 48–50
43   C. F. D. Moule: *The Birth of the New Testament*. London 1981, S. 55.
44   Goodman: *The Ruling Class of Judaea*. S. 123.
45   Siehe auch: Josephus: *Geschichte des Jüdischen Krieges* 2.162
46   Bammel / Moule: *Jesus and the Politics of His Day*. S. 144.
47   David M. Rhoads: *Israel in Revolution: 6–74 C.E. A Political History Based on the Writings of Josephus*. Philadelphia 1976, S. 32.

48   James C. Vanderkam: *From Joshua to Caiaphas: High Priests After the Exile.* Minneapolis 2004, S. 435 f.

49   Kaiphas blieb daraufhin noch weitere vier Jahre Hohepriester – insgesamt bekleidete er dieses Amt rund 19 Jahre. Joachim Jeremias: *Jerusalem in the Time of Jesus: An Investigation into Economic and Social Conditions during the New Testament Period.* London 1974, S. 195, 153.

50   Goodman: *The Ruling Class of Judaea.* S. 123.

51   Tal Ilan: *Jewish Women in Greco-Roman Palestine: An Inquiry Into Image and Status.* Tübingen 1995, S. 71.

52   Millar: *The Roman Near East.* S. 362.

53   Bammel: *The Trial of Jesus.* S. 63

54   Carter: *Pontius Pilate.* S. 39.

55   Jeremias: *Jerusalem in the Time of Jesus.* S. 97–99.

56   Josephus: *Geschichte des Jüdischen Krieges* 2.397, 400

57   Möglicherweise bezieht er sich hier auf eine Geschichte aus dem Alten Testament, nämlich die Geschichte von Scheba, Sohn des Bichri, der von den Einwohnern eben jener Stadt enthauptet wurde, in der er Zuflucht gesucht hatte. Statt ihre Stadt und ihr eigenes Leben aufs Spiel zu setzen, warfen sie lieber seinen Kopf über die Mauer. Siehe: 2 Sam 20,1 ff.

58   Siehe: Michael Avi-Yonah: *The Jews Under Roman and Byzantine Rule: A Political History of Palestine From the Bar Kokhba War to the Arab Conquest.* Jerusalem / New York 1984, S. 9.

59   Martin Goodman: *Judaism in the Roman World: Collected Essays.* Leiden 2007, S. 124.

60   Josephus: *Jüdische Altertümer* 18.16 f.

61   Josephus: *Jüdische Altertümer* 13.297 f.

62   Josephus: *Jüdische Altertümer* 13.173

63   Goodman: *Judaism in the Roman World.* S. 128.

64   Josephus: *Jüdische Altertümer* 20.198–200.

65   Josephus: *Geschichte des Jüdischen Krieges.* 2.166.

66   Josephus: *Jüdische Altertümer* 18.16.

67   Josephus: *Jüdische Altertümer* 18.17.

68   Martin Goodman: *Rome and Jerusalem: The Clash of Ancient Civilizations.* London 2008, S. 422 f. Crossan beschreibt den Tempelhauptmann als »stellvertretenden Hohepriester« (Crossan: *The Historical Jesus.* S. 212).

69   Josephus: *Geschichte des Jüdischen Krieges.* 2.409 f.

70   Bammel: *The Trial of Jesus,* S. 35.

Der Vorabend

1   Wenn Johannes' Zeitangaben stimmen, legt dies nahe, dass Jesus am Sabbat reiste. Nach der Thora war eine Reise am Sabbat auf »2000 Ellen« beschränkt – etwa 900 Meter (Num 35,5; Apg 1,12).

2   Goodman: *The Ruling Class of Judaea.* S. 132.

3   Tohoroth 7.6 in: Danby: *The Mishnah.* S. 726.

4   Donald Alfred Hagner: *Matthew 1–13.* Dallas 1993, S. 8.

5   Der Begriff »Jünger« taucht im Neuen Testament nur ein einziges Mal in seiner weiblichen Form auf – in der Apostelgeschichte ist von der in Joppe lebenden »Jüngerin Tabita« die Rede (Apg 9,36). Petrus besuchte die Stadt im Jahre 37 n. Chr.

6   Kenneth E. Bailey: *Jesus Through Middle Eastern Eyes.* London 2008, S. 193.

7   Siehe etwa: S. G. F. Brandon: *Jesus and the Zealots: A Study of the Political Factor in Primitive Christianity.* Manchester 1967.

8   Brandons Theorie wird widerlegt in: Bammel / Moule: *Jesus and the Politics of His Day.*
     S. 1–9.
9   Ilan: *Jewish Women in Greco-Roman Palestine.* S. 55.
10   Ilan: *Jewish Women in Greco-Roman Palestine.* S. 67. Berenice, die Tochter Agrippas I.,
     heiratete ihren ersten Ehemann beispielsweise im Alter von 13 Jahren.
11   Eine weitere Möglichkeit ist, dass Marta die Älteste war und bereits verheiratet gewesen,
     nun aber verwitwet war. Wenn wir ihr bei Lukas zum ersten Mal begegnen, heißt es:
     »Eine Frau namens Marta nahm ihn freundlich auf« (Lukas 10,38) – in *ihr* Haus? Es
     wurde spekuliert, dass Simon der Aussätzige Martas Ehemann oder der Familienvater sei
     (Nesbitt: *Bethany Traditions.* S. 120). Nesbitt vetritt die These, dass Jesus während seiner
     Aufenthalte in Jerusalem regelmäßig im Haus des Simon Unterkunft fand.
12   m.Sot 3.4 in: Danby: *The Mishnah.* S. 296.
13   t.Sot 7.9, Ilan: *Jewish Women in Greco-Roman Palestine.* S. 191.

Erster Tag: Der Einzug in Jerusalem

1   John Wilkinson: *Jerusalem as Jesus Knew It: Archaelogy as Evidence.* London 1978,
     S. 114 f.
2   Jos 15,63; Sam 5,6 ff.
3   Warwick Ball: *Rome in the East: The Transformation of an Empire.* London 2000, S. 261.
4   Ball nennt als Beispiel die Straßen in Australien und Amerika, die durch die Veranden
     und Bohlenwege faktisch zu Kolonnadenstraßen geworden sind. Ball: *Rome in the East.*
     S. 270 f.
5   Goodman: *The Ruling Class of Judaea.* S. 127.
6   Josephus: *Geschichte des Jüdischen Krieges* 5.201–206.
7   Duane Roller: *The Building Program of Herod the Great.* Berkeley 1998, S. 180.
8   Goodman: *Judaism in the Roman World.* S. 64–66.
9   Gideon Fuks / Uriel Rappaport / Aryeh Kasher: *Greece and Rome in Eretz Israel: Col-
     lected Essays.* Jerusalem 1990, S. 143.
10   Goodman: *Rome and Jerusalem: The Clash of Ancient Civilizations.* S. 316.
11   Louis H. Feldman: *Jew and Gentile in the Ancient World.* Princeton 1993, S. 293.
12   Ball: *Rome in the East.* S. 59.
13   Goodman: *The Ruling Class of Judaea.* S. 97.
14   Naphtali Lewis: *Life in Egypt Under Roman Rule.* Oxford 1983, S. 29, 169.
15   Goodman: *The Ruling Class of Judaea.* S. 48 f.
16   Ze'ev Safrai: *The Economy of Roman Palestine.* London 1994, S. 379.
17   Peter Richardson: *City and Sanctuary: Religion and Architecture in the Roman Near
     East.* London 2002, S. 137.
18   Zitiert in: Reader: *Cities.* S. 83.
19   Safrai: *The Economy of Roman Palestine.* S. 34.
20   Alex Scobie: *Slums, Sanitation and Mortality in the Roman World.* In: *Klio* 68, 1986,
     S. 404.
21   Ein Papyrus aus Arsinoë enthält ein Mietangebot für ein Eckhaus mit drei Ladengeschäf-
     ten zur Hauptstraße und zwei zur Seitenstraße. Lewis: *Life in Egypt Under Roman Rule.*
     S. 51.
22   Scobie: *Slums, Sanitation and Mortality in the Roman World.* S. 399–433.
23   Robert Neuwirth: *Shadow Cities: A Billion Squatters, a New Urban World.* London
     2005, S. 181.
24   Neuwirth: *Shadow Cities.* S. 179.
25   Scobie: *Slums, Sanitation and Mortality in the Roman World.* S. 402.

26 Scobie: *Slums, Sanitation and Mortality in the Roman World*. S. 403.
27 Mike Davis: *Planet of Slums*. New York 2006, S. 33.
28 Kevin Corrigan Kearns: *Dublin Tenement Life: An Oral History*. Dublin 1994, S. 27.
29 Gerda de Kleijn: *The Water Supply of Ancient Rome: City Area, Water, and Population*. Amsterdam 2001, S. 74.
30 Regenfälle in Städten. Siehe: A. Trevor Hodge: *Roman Aqueducts & Water Supply*. London 1993, S. 355.
31 so Wilkinson in: *Jerusalem As Jesus Knew It*. S. 66 f.
32 Aristeas 89 in: Robert Hayward: *The Jewish Temple: A Non-Biblical Sourcebook*. London 1996, S. 28.
33 An den Häusern von Pompeii wurden Notizen angebracht: »Tun Sie es nicht hier – sonst setzt's was!« A. Trevor Hodge: *Roman Aqueducts & Water Supply*. S. 337.
34 Suetonius: *Vespasian* 5.4.
35 Suetonius: *Nero*, 26.
36 Hodge: *Roman Aqueducts & Water Supply*. S. 339.
37 m.Shekalim 8.1 in: Danby: *The Mishnah*. S. 161.
38 Scobie: *Slums, Sanitation and Mortality in the Roman World*. S. 408, 414.
39 Scobie: *Slums, Sanitation and Mortality in the Roman World*. S. 416.
40 Scobie: *Slums, Sanitation and Mortality in the Roman World*. S. 419.
41 Scobie: *Slums, Sanitation and Mortality in the Roman World*. S. 417.
42 Kearns: *Dublin Tenement Life*. S. 27.
43 Kearns: *Dublin Tenement Life*. S. 29.
44 Neuwirth: *Shadow Cities*. S. 186.
45 Neuwirth: *Shadow Cities*. S. 4.
46 Scobie: *Slums, Sanitation and Mortality in the Roman World*. S. 431.
47 Josephus: *Jüdische Altertümer* 17.213–217
48 b.Sukk. 37a–b. Zitiert in: Ben Witherington: *The Gospel of Mark: Socio-Rhetorical Commentary*. Grand Rapids 2001, S. 307.
49 In 2 Kön 9,13 wird Jehu auf ähnliche Weise begrüßt. Tatsächlich war es in der griechischrömischen Welt durchaus üblich, vor geliebten oder berühmten Menschen Gewänder auszubreiten. Plutarch berichtet von Soldaten, die ihre Kleider zu Füßen Catos des Jüngeren ausbreiteten, als dieser die Armee verließ. Auf dem Sarkophag der Adelphia ist ein Mann dargestellt, der eine Art Gewand vor die Hufe des Pferdes legt, auf dem Adelphia reitet.
50 Bammel / Moule, *Jesus and the Politics of His Day*. S. 319–321.
51 Josephus: *The Jewish War*. Übersetzt von G. A. Williamson. Hammondsworth 1981, S. 40.
52 Josephus: *The Jewish War*. S. 144.
53 Dieser Gedanke wurde meines Wissens zuerst von John Dominic Crossan und Marcus Borg geäußert. Siehe: Marcus J. Borg / John Dominic Crossan: *The Last Week: What the Gospels Really Teach About Jesus' Final Days in Jerusalem*. San Francisco 2007, S. 2–5.
54 E. P. Sanders: *The Historical Figure of Jesus*. London 1995, S. 23–26.
55 F. E. Peters: *Jerusalem: The Holy City in the Eyes of Chroniclers, Visitors, Pilgrims and Prophets From the Days of Abraham to the Beginnings of Modern Times*. Princeton 1985, S. 89.
56 Goodman: *The Ruling Class of Judaea*. S. 102.
57 Nicht nur die Juden hatten Angst, sich durch den Kontakt mit Toten zu verunreinigen. Mehrere römische Quellen erwähnen die *contagio funesta*. Thomas Kazen: *Jesus and Purity Halakhah: Was Jesus Indifferent to Impurity?* Stockholm 2002, S. 177.
58 Textstellen 19,2 ff. Der Wortlaut lässt darauf schließen, dass der Priester solche Asche für den entsprechenden Gebrauch vorrätig hielt. Kazen: *Jesus and Purity Halakha*. S. 185 f.

59 m.Yoma 3.3 in: Danby: *The Mishnah.* S. 164.

60 François Bovon: *Fragment Oxyrynchus 840, Fragment of a Lost Gospel, Witness of an Early Christian Controversy Over Purity.* Journal of Biblical Literature 119 (4), 200, S. 705.

61 Bonaccorsi: *Vangeli apocrifi,* 36 und 38. Zitiert in: Bovon: *Fragment Oxyrynchus 840.* S. 714 f. Bovon vertritt die Ansicht, dass es sich bei diesem Fragment um ein später entstandenes Schriftstück handelt, das nicht jüdische Gebräuche widerspiegelt, sondern eine Kontroverse über die Taufe innerhalb der christlichen Kirche. Dies deckt sich mit der Meinung von David Tripp: *Meanings of the Foot-Washing: John 13 and Oxyrynchus Papyrus 840.* Expository Times, 1992. Joachim Jeremias und – sehr umfassend – Michael J. Kruger (*The Gospel of the Savior: An Analysis of P. Oxy. 840 and Its Place in the Gospel Traditions of Early Christianity,* Leiden 2005) – halten den Abschnitt für authentisch und sehen ihn im Kontext des jüdischen Christentums.

62 Joachim Jeremias: *Unknown Sayings of Jesus.* London 1964, S. 52.

63 Kruger: *The Gospel of the Savior.* S. 110 f.

64 Jeremias: *Unknown Sayings of Jesus.* S. 51.

65 Siehe: *Was the Aksa Mosque built over the remains of a Byzantine church?* In: *Jerusalem Post* vom 16. 11. 2008. Siehe auch: http://www.ritmeyer.com/2008/11/28/temple-mount-mikveh

66 Siehe: m.Seqal 8.2. Kruger: *The Gospel of the Savior.* S. 119.

67 Kruger: *The Gospel of the Savior.* S. 121.

68 Jeremias: *Unknown Sayings of Jesus.* S. 52.

69 Kruger: *The Gospel of the Savior.* S. 136–139.

70 Tos. Kelim B.Q. 1.6. Zitiert in: Jeremias: *Unknown Sayings of Jesus.* S. 58.

71 Kazen: *Jesus and Purity Halakhah.* S. 258 f.

Zweiter Tag: Im Tempel

1 Die befestigte Stadt Jerusalem erstreckte sich über ein Gebiet von etwa 115 Hektar. Der Tempel nahm dabei eine Fläche von rund 144 000 Quadratmetern, also 14,4 Hektar, ein. David Noel Freedman (Hrsg.): *The Anchor Bible Dictionary* III. New York 1999, S. 747.

2 Josephus: *Über die Ursprünglichkeit des Judentums* 2.103.

3 Philo: *De specialibus legibus.* 1.74, S. 156.

4 Goodman: *Judaism in the Roman World.* S. 50.

5 Emil Schürer / Fergus Millar / Gézà Vermès / Martin Goodman: *The History of the Jewish People in the Age of Jesus Christ (175 B.C.–A.D. 135).* Band I, Edinburgh 1973, S. 366.

6 Josephus: *Über die Ursprünglichkeit des Judentums* 2.104 f.

7 Ball: *Rome in the East.* S. 261.

8 m.Kelim 1.8–9 in: Danby: *The Mishnah.* S. 606.

9 m.Yoma 3.10 in: Simon Goldhill: *The Temple of Jerusalem.* London 2006.

10 Goodman: *Judaism in the Roman World,* S. 51.

11 Middot 4.7. Über das Aussehen des Tempels wird viel diskutiert, weil sich Josephus' Beschreibung nicht mit der Beschreibung in der Mischna deckt. Die angespannte politische Situation unserer heutigen Zeit hat Ausgrabungen so gut wie unmöglich gemacht. Ein Grund für die unterschiedlichen Beschreibungen könnte sein, dass am Tempelkomplex selbst kontinuierlich gearbeitet wurde. Die Arbeiten begannen unter Herodes dem Großen und dauerten fast bis zum Ausbruch der Revolution im Jahre 66 n. Chr. an (Goodman: *Judaism in the Roman World.* S. 48). Eine weitere Möglichkeit ist, dass die Mischna erst viel später verfasst wurde und, in den Worten von Michael Chyutin, »auf alle verfügbaren Quellen zurückgriff und versuchte, sie zu einem kohärenten Bild des

Tempels zusammenzufügen, das so tatsächlich nie existiert hatte« (Michael Chyutin: *Architecture and Utopia in the Temple Era*. London 2006, S. 145). Was die Darstellung des Tempels im Traktat Middot in der Mischna betrifft, so handelt es sich um eine literarische Rekonstruktion, nicht um eine historisch korrekte Beschreibung.

12   Middot 3.8. Die Mischna besagt, der Rebstock sei so schwer gewesen, dass 300 Männer nötig waren, um ihn zu bewegen. Dies ist vermutlich eine Übertreibung, doch zweifelsohne erforderte das Gewicht ein paar stabile Säulen in der Halle. Über den Eingang siehe: Chyutin: *Architecture and Utopia in the Temple Era*. S. 161.

13   Bammel/Moule: *Jesus and the Politics of His Day*. S. 332.

14   Bammel/Moule: *Jesus and the Politics of His Day*. S. 333.

15   John D. W. Watts: *Isaiah 34–66*. Nashville 2005, S. 820.

16   Siehe etwa: E. P. Sanders: *Jesus and Judaism*. London 1985, S. 68.

17   Fuks/Rappaport/Kasher: *Greece and Rome in Eretz Israel*. S. 167.

18   m.Pesahim 4.8, t.Pesahim 2(3).19 Zitiert in: Safrai: *The Economy of Roman Palestine*. S. 154.

19   Safrai: *The Economy of Roman Palestine*. S. 378.

20   Bammel/Moule: *Jesus and the Politics of His Day*. S. 278.

21   Mekilta, Yithro, Bahodesh I, zitiert in: Bammel/Moule: *Jesus and the Politics of His Day*. S. 280.

22   Bammel/Moule: *Jesus and the Politics of His Day*. S. 283.

23   m.Shek 1.3, Danby: *The Mishnah*. S. 152. Strittig bei: Witherington: *The Gospel of Mark*. S. 316. William L. Lane: *The Gospel According to Mark; the English Text With Introduction, Exposition, and Notes*. Grand Rapids 1974, S. 405.

24   m.Shekal 6.5.

25   Peter Richardson: *Building Jewish in the Roman East*. Waco 2004, S. 245.

26   m.Shekel 2.4 in: Danby: *The Mishnah*. S. 154.

27   t.Ketub 12.

28   Josephus: *Geschichte des Jüdischen Krieges*, 4.105

29   Richardson: *Building Jewish in the Roman East*. S. 246.

30   Richardson: *Building Jewish in the Roman East*. S. 247.

31   Daniel Sperber: *Roman Palestine, 200–400: Money and Prices*. Ramat-Gan 1991, S. 74.

32   Siehe: m.Shek 1.7. Danby: *The Mishnah*. S. 153.

33   »Der geforderte Betrag belief sich lediglich auf einen halben Schekel, doch da der ganze Schekel bzw. die Tetradrachme eine wertvollere Münze war, wurde die Zahlung eines ganzen Schekels für zwei Männer dadurch gefördert, dass auf die Entrichtung eines Halbschekels eine Gebühr von 8 Prozent erhoben wurde.« Catherine M. Murphy: *Wealth in the Dead Sea Scrolls and in the Qumran Community*. Leiden 2002, S. 312. Es gibt Beweise dafür, dass dies für die Tempelobrigkeit ein einträgliches Geschäft war. In einem Münzhort aus dem 1. Jahrhundert fanden Archäologen 3400 tyrische Schekel, 1000 Halbschekel und 160 römische Denar von Augustus. Die zusätzliche Gebühr wurde in römischem Silberdenar entrichtet. Da der Halbschekel zwei Denar wert war, entsprachen 8 Prozent des Halbschekels 0,16 römischen Denar. Der Münzhort stellt die Tempelsteuern von 7800 Männern dar, von denen 6800 die günstigere Ein-Schekel-Zahlweise nutzten und 1000 den Halbschekel entrichteten. Jeder von ihnen hatte zusätzliche 0,16 Denar zu zahlen, was insgesamt 160 Denar ergab.

34   Josephus: *Über die Ursprünglichkeit des Judentums* 2.195.

35   Robert Hayward: *The Jewish Temple: A Non-Biblical Sourcebook*. London 1996, S. 119.

36   Wright: *Jesus and the Victory of God*. S. 408–410.

37   Safrai findet dies zu hoch und schätzt einen halben Denar oder weniger. Safrai: *The Economy of Roman Palestine*. S. 433. B. Avoda Sara 62a führt ebenfalls einen Denar als durchschnittliches Tageseinkommen an.

38 Die Kosten stammen aus Sperber: *Roman Palestine, 200–400: Money and Prices.* S. 101. Der Schreiberlohn bezieht sich auf Eccles. Rab. 2.17.

39 Sperber: *Roman Palestine.* S. 103.

40 Diese Preise entsprechen den Kosten in anderen Teilen der griechisch-römischen Welt: Cicero zufolge bekam man für einen Denar etwas über 13 Liter Weizen. Jeremias: *Jerusalem in the Time of Jesus.* S. 122 f.

41 Jeremias: *Jerusalem in the Time of Jesus.* S. 120 f.

42 m.Menahot 13.8, m.Bava Kama 3.9, zitiert in: Sperber: *Roman Palestine.* 104 f.

43 Murphy: *Wealth in the Dead Sea Scrolls and in the Qumran Community.* S. 311 f.

44 Peters: *Jerusalem.* S. 99 f.

45 David E. Long: *The Haji Today: A Survey of the Contemporary Makkah Pilgrimage.* Albany 1979, S. 27.

46 Long: *The Haji Today.* S. 34.

47 Long: *The Haji Today.* S. 14 f.

48 Long: *The Haji Today.* S. 5.

49 Goodman: *The Ruling Class of Judaea.* S. 52.

50 Goodman: *Judaism in the Roman World.* S. 60.

51 Long: *The Haji Today.* S. 102.

52 m.Ker 1.7 in: Danby: *The Mishnah.* S. 564.

53 m.Shekel 4.9 in: Danby: *The Mishnah.* S. 157, 798. In der Mischna sind die Preise in *seahs* per *sela* dargestellt. Eine Umrechnung in moderne Gewichte ist kompliziert. Ein *seah* entsprach etwa 12 Litern. Siehe *Weights and Measures* in: Freedman: *The Anchor Bible Dictionary* VI. S. 897–908.

54 b.Yoma 35d, Sperber: *Roman Palestine.* S. 103.

55 Siehe etwa: Sanders: *Jesus and Judaism.* S. 64 f.

56 Goodman: *The Ruling Class of Judaea.* S. 52.

57 Jeremias: *Jerusalem in the Time of Jesus.* S. 20.

58 Jeremias: *Jerusalem in the Time of Jesus.* S. 49.

59 Sifre; cf. j.Pe'a 1.6 zitiert in: Notley/Rainey: *Carta's New Handbook and Atlas of the Bible*, S. 235.

Dritter Tag: Das Ende der Zeiten

1 Bertram Lee Woolf: *The Authority of Jesus and Its Foundations: A Study in the Four Gospels & the Acts.* London 1929, S. 84 f.

2 *Bauer-Danker-Lexicon*, 2. Aufl. (BAGD), S. 793. Freedman, David Noel (Hrsg.): *The Anchor Bible Dictionary.* IV, S. 493.

3 Ernst Bammel/Charles F. D. Moule: *Jesus and the Politics of His Day.* Cambridge 1984, S. 251.

4 Bammel/Moule: *Jesus and the Politics of His Day.* S. 241–248.

5 Klaus Wengst: *Pax Romana, Anspruch und Wirklichkeit: Erfahrungen und Wahrnehmungen des Friedens bei Jesus und im Urchristentum.* München 1986, S. 63 ff.

6 Goodman: *The Ruling Class of Judaea: The Origins of the Jewish Revolt against Rome*, A.D. 66–70. Cambridge 1987, S. 79.

7 Anthony J. Saldarini: *Pharisees, Scribes and Sadducees in Palestinian Society.* Grand Rapids 1993, S. 274.

8 m.Aboth 1.2, in: Lane: *The Gospel According to Mark.* S. 434.

9 Lane: *The Gospel According to Mark.* S. 435, siehe z. B. Jes 9,2–7; 11,1–9; Jer 23,5 ff.; 30,9; 33,15.17.22; Am 9,11.

10 Robert Horton Gundry: *Mark: A Commentary on His Apology for the Cross.* Grand Rapids 1993, S. 718.

378

11 Lane: *The Gospel According to Mark*. S. 440.
12 Lane: *The Gospel According to Mark*. S. 440.
13 Saldarini: *Pharisees, Scribes and Sadducees in Palestinian Society*. S. 274 f.
14 Joachim Jeremias: *Jerusalem und die Zeit Jesu: Kulturgeschichtliche Untersuchung zur neutestamentlichen Zeitgeschichte*, II, »Die sozialen Verhältnisse«. Leipzig 1924, S. 27 f.
15 Jeremias: *Jerusalem und die Zeit Jesu*. II, S. 31.
16 Jeremias: *Jerusalem und die Zeit Jesu*. II, S. 28.
17 Leviticus Rabba III, 107, zitiert nach: Lane: *The Gospel According to Mark*. S. 443.
18 Theodore Zeldin: *An Intimate History of Humanity*. London 1998, S. 350.
19 Zum Beispiel die Definition der »Apocalyptic Group of the Society of Biblical Literature«. »Apokalypse ist eine Gattung der Offenbarungsliteratur mit einem erzählerischen Rahmen. In ihr teilt ein überirdisches Wesen einem menschlichen Empfänger eine Offenbarung mit. Die so geoffenbarte transzendente Realität ist insofern zeitlich, als sie ein eschatologisches Heil ins Visier nimmt, und insofern auch räumlich, als sie eine weitere, übernatürliche Welt enthält.« Robert L. Webb: »*Apocalyptic*«: *Observations on a Slippery Term*. In: Journal of Near Eastern Studies 49 (2), 1990, S. 123.
20 Webb: »*Apocalyptic*«: *Observations on a Slippery Term*. S. 115 f.
21 Eine ursprüngliche Außenseiterposition kann freilich auch von etablierten Gruppen vereinnahmt werden. So unterstützen manche mittelalterliche Apokalypsen den Papst und den Kaiser. John Joseph Collins: *The Apocalyptic Imagination: An Introduction to Jewish Apocalyptic Literature*. Grand Rapids, Mich., 1989, S. 10.
22 Einen detaillierteren Bericht siehe Nicholas, T. Wright: *Jesus and the Victory of God*. London 1996, S. 339–346.
23 Wright: *Jesus and the Victory of God*. S. 348 f.
24 Wright: *Jesus and the Victory of God*. S. 349.

Vierter Tag: Die Verschwörung und das Salböl

1 Thomas Kazen: *Jesus and Purity Halakhah: Was Jesus Indifferent to Impurity?* Stockholm 2002, S. 98.
2 Kazen: *Jesus and Purity Halakhah: Was Jesus Indifferent to Impurity?* S. 109.
3 M.Neg 13.8, in: Herbert Danby: *The Mishnah. Translated from the Hebrew*. London 1933, S. 694.
4 Danby: *The Mishnah*. S. 691.
5 Kazen: *Jesus and Purity Halakhah: Was Jesus Indifferent to Impurity?* S. 111 f.
6 Géza Vermès: *The Complete Dead Sea Scrolls in English*. London 2004, S. 207.
7 Shimon Dar: *Food and Archaeology in Romano-Byzantine Palestine*. In: John Wilkins / David Harvey / Mike Dobson (Hrsg.): *Food in Antiquity*. Exeter 1995, S. 327.
8 Das war nicht nur mit Nachteilen verbunden. Nach dem Talmud hatten Dorfmädchen, die jeden Morgen Mehl mahlten, größere Brüste als die Stadtmädchen, die das Brot einfach beim Bäcker kauften. (Tosefta Nida 6.9) zitiert nach Dar: *Food and Archaeology in Romano-Byzantine Palestine*. S. 330.
9 Dar: *Food and Archaeology in Romano-Byzantine Palestine*. S. 327 f.
10 Yerushalmi Shevitt 5.7.36. Dar: *Food and Archaeology in Romano-Byzantine Palestine*. S. 331.
11 Tosefta Baba Metzia 3.27.
12 Allerdings kann man sagen, dass die Überlieferung, wonach die Frau im Lukasevangelium Maria aus Magdala gewesen sei, in keinem anderen Evangelium auftaucht.
13 Gundry: *Mark: A Commentary on His Apology for the Cross*. S. 802.
14 *Spices, Incense, Drugs, and Condiments*. In: Freedman, David Noel (Hrsg.): *Anchor Bi-*

379

ble Dictionary (II, S. 810–813). Narde ist heute noch als Speick erhältlich, eine Ölessenz. Wer auf eine neue Art an die biblischen Geschichten herangehen will, der investiere in eine Flasche mit etwas Massageöl für eine Fußbehandlung!

15 Anonymus:*The Commerce and Navigation of the Erythraean Sea*, Xlix, Ivi, sowie Lewis, Naphtali / Meyer, Reinhold: *Roman Civilization: Selected Readings*. New York 1990, S. 121 f.

16 Gundry: *Mark: A Commentary on His Apology for the Cross*. S. 803.

17 Ben Sira 22.3, zitiert nach Tal Ilan: *Jewish Women in Greco-Roman Palestine: An Inquiry Into Image and Status*. Tübingen 1995, S. 44.

18 Ilan: *Jewish Women in Greco-Roman Palestine: An Inquiry Into Image and Status*. S. 129.

19 m.Ket 9.4.

20 (bQuidd. 80b) zitiert nach Ilan: *Jewish Women in Greco-Roman Palestine*. S. 124.

21 Ilan: *Jewish Women in Greco-Roman Palestine: An Inquiry Into Image and Status*. S. 179.

22 Nach der Rabbinerschule von Hillel. Die Schule Shammais argumentierte, dass ein Mann sich nur wegen Unkeuschheit von seiner Frau scheiden lassen konnte. mGitt 9.10.

23 (ySot. 7.1, 21b), zitiert nach Ilan: *Jewish Women in Greco-Roman Palestine*. S. 127.

24 Ilan: *Jewish Women in Greco-Roman Palestine: An Inquiry Into Image and Status*. S. 127.

25 Wohlhabendere Jüdinnen umgingen dieses Gebot, indem sie Perücken trugen, was sich ärmere nicht leisten konnten – ein weiteres Beispiel für Privilegien bei den Reinheitsgeboten.

26 Kenneth E. Bailey: *Jesus Through Middle Eastern Eyes: Cultural Studies in the Gospels*. London 2008, S. 248. Danby: *The Mishnah*. S. 794.

27 Bailey: *Jesus Through Middle Eastern Eyes*. S. 248.

28 Brown, Raymond Edward: *The Death of the Messiah: From Gethsemane to the Grave: A Commentary on the Passion Narratives in the Four Gospels*. London 1994, S. 1411.

29 Donald Alfred Hagner: *Matthew 1–13*. Dallas 1993, S. 266. Brown: *The Death of the Messiah*. S. 1415.

30 Alan Richardson: *The Political Christ*. London 1973, S. 38.

Fünfter Tag: Die Gefangennahme

1 Joachim Jeremias, *Die Abendmahlsworte Jesu*, 4. durchges. Aufl. Göttingen 1967, 17 f.

2 George Ogg: *The Chronology of the Public Ministry of Jesus*. Cambridge 1940, S. 232.

3 Jeremias: *Die Abendmahlsworte Jesu*. S. 11.

4 Judah B. Segal: *The Hebrew Passover: From the Earliest Times to A.D. 70*. London 1963, S. 245.

5 Segal: *The Hebrew Passover: From the Earliest Times to A.D. 70*. S. 244 f.

6 Bernhard Weiss: *Das Leben Jesu* in zwei Bänden. Bd. 2, Stuttgart / Berlin 1902, S. 454. Siehe ebenso Ogg: *The Chronology of the Public Ministry of Jesus*. S.232 f. Segal: *The Hebrew Passover: From the Earliest Times to A.D. 70*. S. 244 f.

7 Johannes 18,28, siehe Jeremias, *Die Abendmahlsworte Jesu*. S. 14 f.

8 Ogg: *The Chronology of the Public Ministry of Jesus*. S. 230.

9 Siehe R. Steven Notley / Marc Turnage / Brian Becker: *Jesus' Last Week*. Leiden 2006, S. 49 f. Manche vertraten die Ansicht, dass es sich um ein Passahmahl gehandelt haben musste, weil die Tischgenossen beim Essen lagen. Allerdings gibt es zahlreiche weitere Beispiele im Neuen Testament für Essen, die im Liegen eingenommen wurden. Dies war also offenbar nicht nur bei bedeutenden Festmählern der Fall.

10 Brown: *The Death of the Messiah*. S. 124.

11 Ogg: *The Chronology of the Public Ministry of Jesus*. S. 239. Paulus bringt das »Opfer« Jesu zwar mit dem Opfer des Lamms in Verbindung, aber auch mit der Entfernung aller

Hefe aus dem Haus. 1 Kor, 5,7 ff. Siehe Segal: *The Hebrew Passover: From the Earliest Times to A.D. 70.* S. 243.

12 Siehe Ben Witherington: *The Gospel of Mark: Socio-Rhetorical Commentary.* Grand Rapids, Mich., 2001, S. 371.

13 Segal: *The Hebrew Passover.* S. 247. Ein in Qumran aufgetauchter Festkalender beinhaltet auch Passah, wobei es sich aber eher um eine sadduzäische als um eine der dortigen Gemeinden handeln könnte.

14 Michael Chyutin: *Architecture and Utopia in the Temple Era.* London 2006, S. 108.

15 Siehe Bargil Pixner: *Church of the Apostles Found on Mount Zion.* In: Biblical Archaeology Review 16 (3), Mai/Juni 1990.

16 Joh 14,5.8.22; 16,17 f.29 f.

17 Tos. Kelim B.Q. 1.6.

18 Pe'a 1.15c. 14 zitiert nach George Raymond Beasley-Murray: *John.* Waco, Texas, 1987, S. 233.

19 Theodore Zeldin: *An Intimate History of Humanity.* London 1998, S. 7 f.

20 Jeremias: *Jerusalem und die Zeit Jesu: Kulturgeschichtliche Untersuchung zur neutestamentlichen Zeitgeschichte.* I, S. 40.

21 Jeremias: *Jerusalem und die Zeit Jesu: Kulturgeschichtliche Untersuchung zur neutestamentlichen Zeitgeschichte.* II A, S. 26; II B, S. 221.

22 Jeremias: *Jerusalem und die Zeit Jesu: Kulturgeschichtliche Untersuchung zur neutestamentlichen Zeitgeschichte.* II B, S. 186 f.

23 Jeremias: *Jerusalem und die Zeit Jesu: Kulturgeschichtliche Untersuchung zur neutestamentlichen Zeitgeschichte.* II B, S. 187, Fn 130.

24 Eine Fußwaschung konnte man auch von einer Frau oder einem Kind verlangen.

25 Beasley-Murray: *John.* S. 233.

26 Notley / Tunage / Becker: *Jesus' Last Week.* S. 43.

27 Der Legende nach war der Heilige Gral der Becher, den Jesus beim letzten Abendmahl verwendete und der im Anschluss aus mir nie nachvollziehbaren Gründen dazu benutzt worden sein soll, sein Blut am Kreuz aufzufangen. Der Heilige Gral taucht erstmals im 12. Jahrhundert in der Literatur auf – in einem Versroman des französischen Dichters Chrétien de Troyes, der auf die Zeit zwischen 1180 und 1191 datiert wird.

28 John Nolland: *Luke.* Dallas 1989, S. 1076 f.

29 Joachim Jeremias: *Die Abendmahlsworte Jesu.* 4. durchges. Aufl., Göttingen 1967, S. 40, Fn. 6.

30 J. Murphy-O'Connor: *The Holy Land: An Archaeological Guide From Earliest Times to 1700.* Oxford 1986, S. 106.

31 Murphy-O'Connor: *The Holy Land: An Archaeological Guide From Earliest Times to 1700,* S. 106 f.

32 Brown: *The Death of the Messiah.* S. 149.

33 Mt 26,55. Jeremias: *Jerusalem und die Zeit Jesu: Kulturgeschichtliche Untersuchung zur neutestamentlichen Zeitgeschichte.* II B, S. 73.

34 Jeremias: *Jerusalem und die Zeit Jesu: Kulturgeschichtliche Untersuchung zur neutestamentlichen Zeitgeschichte.* II B, S. 73 f.

35 Jeremias: *Jerusalem und die Zeit Jesu: Kulturgeschichtliche Untersuchung zur neutestamentlichen Zeitgeschichte.* II B, S. 74.

36 Beispiele für die drei Arten statthafter öffentlicher Küsse siehe Gen.Rab.70 [45b], zitiert nach Nick Page: *What Happened to the Ark of the Covenant?* Milton Keynes 2007, S. 113.

37 Karen Harvey: *The Kiss in History.* Manchester 2005, S.197. Brown: *The Death of the Messiah.* S. 255.

38 Siehe Röm 16,16; 1 Kor 16,20; 2 Kor 13,12, 1 Tess 5,26, Ebenso Petrus: 1 Petr. 5,14.

39   L. Edward Phillips: *The Ritual Kiss in Early Christian Worship.* Cambridge 1996, S. 7 f.
40   Brown: *The Death of the Messiah.* S. 255.
41   Alan Kreider: *Worship and Evangelism in Pre-Christendom.* Cambridge 1995, S. 28.
42   Page: *What Happened to the Ark of the Covenant?* S. 113–116.
43   Richard Bauckham: *Jesus and the Eyewitnesses: The Gospels as Eyewitness Testimony.* Grand Rapids, Mich., 2006, S. 194 f.
44   Bauckham: *Jesus and the Eyewitnesses: The Gospels as Eyewitness Testimony.* S. 199 f.

Sechster Tag: Die Hinrichtung

1   James C. Vanderkam: *From Joshua to Caiaphas: High Priests After the Exile.* Minneapolis 2004, S. 420.
2   m.Par 3.5. Siehe Goodman, *The Ruling Class of Judaea,* S. 143 ff.
3   Eine vollständige Darstellung siehe Vanderkam: *From Joshua to Caiaphas: High Priests after the Exile.* S. 420 ff.
4   Josephus berichtet von mehren Fällen. Vanderkam: *From Joshua to Caiaphas.* S. 420.
5   Vanderkam: *From Joshua to Caiaphas.* S. 476 f.
6   M. Sanhedr, 7.5, in: Danby: *The Mishnah, Translated From the Hebrew.*
7   Leen Ritmeyer / Kathleen Ritmeyer: *Jerusalem in the Year 30 A.D.* Jerusalem 2004, S. 42 f.
8   Ritmeyer / Ritmeyer: *Jerusalem in the Year 30 A.D.* S. 42 f.
9   Page: *What Happened tot he Ark oft he Covenant?,* S. 180 f.
10   Joh 13,23 f.; 19,26 f.; 20,2–4.8; 21,7.20–24. Manche vertreten die Auffassung, er sei auch der namenlose Jünger, nach dem Jesus in Johannes 1,35 ff. ruft. Siehe hierzu Craig S. Keener: *The Gospel of John: A Commentary.* Peabody, Mass., 2003, S. 1091.
11   In einer späteren Beschreibung heißt es, seine Augen seien »so angeschwollen gewesen, dass man sie nicht mehr sah«. Sein Körper sei »mit Blutergüssen und Würmern bedeckt« und seine Begräbnisstätte verlassen gewesen. »Niemand konnte an dem Platz vorübergehen, ohne sich die Nase zuzuhalten.« Siehe hierzu Rev. Alexander Roberts / James Donaldson (Hrsg.): *Church Fathers – The Ante-Nicene Fathers.* 1885.
12   b.Erubin 53b, in: Géza Vermès: *The Changing Faces of Jesus.* London 2000.
13   Siehe *Brummie accent is perceived as »worse than silence«.* In: The Times, 4. April 2008.
14   Brown: *The Death of the Messiah.* S. 601.
15   »… οἱ ἀρχιερεῖς μετά τῶν πρεσβυτέρων καί γραμματέων καί ὅλον τό συνέδριον« (Mk 15,1).
16   Goodman: *The Ruling Class of Judaea.* S. 113.
17   Goodman: *Rome and Jerusalem.* S. 327.
18   David Flusser / R. Steven Notley: *The Sage From Galilee: Rediscovering Jesus' Genius.* Grand Rapids, Mich. / Cambridge 2007, S. 138 f.
19   Emil Schürer / Fergus Millar / Géza Vermès / Martin Goodman: *The History of the Jewish People in the Age of Jesus Christ* (175 B.C.–A.D. 135). Edinburgh 1973, Bd. I, S. 370.
20   Martin Goodman / Jane Sherwood: *The Roman World, 44 BC–AD 180.* London 1997, S. 172 f.
21   Goodman: *The Ruling Class of Judaea.* S. 8.
22   Strabo 5.4.11.
23   Plinius organisierte beispielsweise zahlreiche Bauprojekte, siehe hierzu Plinius der Jüngere, *Epistulae* 10.37–44.
24   Flavius Josephus: *Geschichte des Jüdischen Krieges* 2.117 f.
25   Goodman: *The Ruling Class of Judaea.* S. 7.
26   Philip Matyszak: *The Sons of Caesar: Imperial Rom's First Dynasty.* London 2006, S. 143.
27   Juvenal / Peter Green: *The Sixteen Satires* (1.38–57), London 1974, S. 66.
28   Siehe Tacitus, *Annals* iv, S. 41 u. 57; Suetonius, *Tiberius,* xli.

29 Matyszak: *The Sons of Caesar: Imperial Rom's First Dynasty.* S. 143 f.
30 Goodman: *The Ruling Class of Judaea.* S. 7.
31 Matyszak: *The Sons of Caesar: Imperial Rom's First Dynasty.* S. 151.
32 Tacitus: *Annals* V. 9; Cassius Dio: *Roman History* LVIII.11.
33 Warren Carter: *Pontius Pilate: Portraits of a Roman Governor.* Collegeville, Minn., 2003, S. 3 f.
34 Philo: *De Legatione ad Gaium* xxiv, S. 159–161. F, *The Loeb Classical Library*, X., S. 81 ff.
35 R. Steven Notley / Anson F. Rainey: *Carta's New Century Handbook and Atlas of the Bible.* S. 236.
36 Josephus: *Jüdische Altertümer* 18.60 ff.
37 James S. McLaren: *Power and Politics in Palestine: The Jews and the Governing of Their Land 100 BC–AD 70.* Sheffield 1991.
38 Josephus: *Jüdische Altertümer.* 18.55–59.
39 Doyle: *Pilate's Career and the Date of the Crucifixion.* In: Journal of Theological Studies 42, 1941.
40 Philo: *On the Embassy to Gaius.* Loeb Classical Library, S. 299–305. Zur Datierung dieser Ereignisse siehe Harold W. Hoehner: *Herod Antipas.* Cambridge 1971, S. 178–183.
41 Doyle: *Pilate's Career and the Date of the Crucifixion.* In: Journal of Theological Studies 42 (1941).
42 Helen K. Bond: *Pontius Pilate in History and Interpretation.* Cambridge 1989, S. 195.
43 Hoehner: *Herod Antipas.* S. 227–230.
44 Herodias war zugleich seine Nichte. Der Stammbaum der Herodianer ist ziemlich kompliziert. Siehe hierzu Peter Connolly: *Living in the Time of Jesus of Nazareth.* Oxford 1983, S. 39.
45 Dies war nicht die einzige Vorschrift zur rituellen Reinheit, gegen die Antipas verstieß. So ließ er auch zu Ehren des Kaisers eine Stadt namens Tiberias errichten. Unglücklicherweise lag auf dem von ihm gewählten Standort ein heidnischer Friedhof, womit jeder Jude, der in der Stadt wohnte, für sieben Tage unrein wurde (Num 19,11–16). Antipas war folglich gezwungen, die Stadt mit Sklaven und freigelassenen Gefangenen zu besiedeln, denen er Häuser unter der Bedingung zur Verfügung stellte, dass sie die Stadt nie verlassen würden.
46 Mk 6,14–29. Siehe Page: *What Happened to the Ark of the Covenant?* S. 19–26.
47 Wilkinson: *Jerusalem as Jesus Knew it.* S. 142. Der Palast war zugleich die zweite Residenz Agrippas II., als Judäa unter römischer Herrschaft stand. Josephus: *Jüdische Altertümer* 20.189 f.
48 Hoehner: *Herod Antipas.* S. 241 ff.
49 Brown: *The Death of the Messiah.* S. 655.
50 Brown: *The Death of the Messiah.* S. 645.
51 Brown: *The Death of the Messiah*, S. 644.
52 m.Yoma 5.6 in: Danby: *The Mishnah.* S. 168. Vermès: *The Complete Dead Sea Scrolls in English.* S. 201 f.
53 Schürer et al.: *The History of the Jewish People in the Age of Jesus Christ* (175 B.C.–A.D. 135). I, S. 370.
54 Bond:, *Pontius Pilate in History and Interpretation.* S. 199.
55 In späteren Handschriften von Matthäus taucht der Name »Jesus Barabbas« auf. Er entspricht wahrscheinlich der ursprünglichen Überlieferung: Es ist unwahrscheinlich, dass der Name Jesus in der späteren christlichen Überlieferung an einen Schurken vergeben worden wäre.
56 Carter: *Pontius Pilate.* S. 144. Wright: *Jesus and the Victiory of God.* S. 155 f.
57 Goodman: *The Ruling Class of Judaea.* S. 63.
58 Carter: *Pontius Pilate.* S. 69 f.

59 Siehe »λαοσ« in: Colin Brown (Hrsg.): *New International Dictionary of New Testament Theology*. Exeter 1986; Brown: *The Death of the Messiah*. S. 836; Hagner, Donald Alfred: *Matthew 14–28*, Dallas 1995, S. 828.

60 Diese Unterstützung dauerte wohl einige Zeit fort. So heißt es in der Apostelgeschichte 5,26, dass die Festnahme der Apostel mit Vorsicht durchgeführt werden musste, weil zu befürchten stand, dass die »Leute« des »Tempelhauptmanns« gesteinigt würden.

61 Josephus: *Geschichte des Jüdischen Krieges* 20.179 ff.

62 Josephus: *Jüdische Altertümer* 20.214, zitiert nach Goodman: *The Ruling Class of Judaea*. S. 139.

63 Brown, Raymond Edward: *The Gospel According to John*. London 1971, S. 881 f.

64 Ilan: *Jewish Women in Greco-Roman Palestine: An Inquiry Into Image and Status*. Tübingen 1995, S. 159.

65 Schürer et al.: *The History of the Jewish People in the Age of Jesus Christ* (175 B.C.–A.D. 135). I, S. 371.

66 Pollard, Nigel: *Soldiers, Cities, and the Civilians in Roman Syria*. Ann Arbor 2000, S. 120.

67 Siehe Freeman und Kennedy: *The Defence of the Roman und the Byzantine East: Proceedings of a Colloquium Held at the University of Sheffield in April 1986*. Oxford 1986, II, S. 311. Millar: *The Roman Near East*, 31 BC–AD 337. S. 45.

68 Alan David Crown: *The Samaritans*. Tübingen 1989, S. 11.

69 Brown: *The Death of the Messiah*. S. 701, Anm. 64. A. H. M. Jones / Michael Avi-Yonah: *The Cities of the Eastern Roman Provinces* (2. Aufl.). Oxford 1971, S. 272.

70 Talmud-Traktat Kutim 28.

71 Crown: *The Samaritans*. S. 35.

72 Crown: *The Samaritans*. S. 35f.

73 Josephus: *Jüdische Altertümer*. 18.29 f.

74 Robert Horton Gundry: *Mark: A Commentary on His Apology for the Cross*. S. 942.

75 Siehe H. St. J. Hart: *The Crown of Thorns in John 19,2–5*. In: Journal of Theological Studies 3 (1952).

76 John T. Carroll / Joel B. Green: *The Death of Jesus in Early Christianity*. Peabody, Mass. 1995, S. 167–170.

77 J. Zias / E. Sekeles: *The Crucified Man from Giv'at ha-Mivtar: A Reappraisal*. in: Israel Exploration Journal 35, 1985, S. 22.

78 Pieter van der Horst: *Jewish Funerary Inscriptions – Most are in Greek*. In: Biblical Archaeology Review 18 (5) 1992.

79 I. Howard Marshall: *The Gospel of Luke: A Commentary on the Greek Text*. Exeter 1978, S. 864.

80 Marshall: *The Gospel of Luke: A Commentary on the Greek Text*. S. 865.

81 Ze'ev Safrai: *The Economy of Roman Palestine*. S. 147.

82 Plinius: *Nat.* 14,15 § 92 in: Craig A. Evans: *Mark 8:27–16:20*. Nashville 2001, S. 501.

83 Martin Hengel: *Mors turpissima crucis: Die Kreuzigung und die »Torheit« des »Wortes vom Kreuz«*, In: Rechtfertigung: Festschrift für Ernst Käsmann zum 70. Geburtstag, Tübingen 1976, S. 139.

84 Josephus: *Geschichte des Jüdischen Krieges*, 5.449 ff. und *The Jewish War*, S. 326.

85 Seneca, nach H. C. Michaelis (Hrsg): *De Consolatione ad Marciam*, zitiert nach Matthew W. Maslen / Piers D. Mitchell: *Medical theories on the cause of death in crucifixion*. In: Journal of the Royal Society of Medicine 99 (2006), S. 185.

86 Siehe N. Haas: *Anthropological Observations on the Skeletal Remains from Gi'vat ha-Mivtar*. In: *Israel Exploration Journal* 20 (1970), S. 49 ff. und J. Zias / E. Sekeles: *The Crucified Man from Giv'at ha-Mivtar: A Reappraisal*. S. 22–27.

87 Siehe hierzu Hengel: *Mors turpissima crucis: Die Kreuzigung und die »Torheit« des »Wortes vom Kreuz«*. S. 156 ff.

88 Marcus J. Borg/John Dominic Crossan: *The Last Week: What the Gospels Really Teach About Jesus' Final Days in Jerusalem.* San Francisco 2007, S. 146.

89 Auf dieses Ereignis bezieht sich möglicherweise ein Bericht aus den Schriftrollen vom Toten Meer: 4QpNah 1,7 f.

90 Josephus: *Geschichte des Jüdischen Krieges,* 2.293–314.

91 Josephus: *Geschichte des Jüdischen Krieges* 2.76 ff.

92 Notley/Turnage/Becker: *Jesus' Last Week.* S. 201.

93 *Mekilta De Rabbi Ishmael,* zitiert nach Notley/Turnage/Becker: *Jesus' Last Week.* S. 199.

94 Steven E. Sidebotham: *Roman Economic Policy in the Erythra Thalassa 30 B.C.–A.D. 217.* Leiden 1986, S. 132.

95 Thomas Grünewald: *Räuber, Rebellen, Rivalen, Rächer, Studien zu Latrones im Römischen Reich.* Stuttgart 1999, S. 143.

96 Ernst Bammel: *The Trial of Jesus: Cambridge Studies in Honour of C. F. D. Moule.* London 1979, S. 163 f.

97 John Nolland: *Luke.* Dallas 1989, S. 1152 f.

98 Michael Speidel: *Roman Army Pay Scales.* In: Journal of Roman Studies 82 (1992), S. 105.

99 Speidel: *Roman Army Pay Scales.* S. 106. Berittene erhielten mehr, weil sie für das Futter ihrer Pferde selbst aufkommen mussten.

100 Sara Elise Phang: *Roman Military Service: Ideologies of Discipline in the Late Republic and Early Principate.* Cambridge 2008, S. 172.

101 Michael Speidel: *The Pay of the Auxilia.* In: Journal of Roman Studies 63 (1973), S. 146 f.

102 Zu Josef siehe Page: *What Happened to the Ark of Covenant?* S. 159–163.

103 Bauckham vertrat die Auffassung, dass Salome eher Jesu Schwester als seine Tante gewesen sei. Siehe hierzu Richard Bauckham: *Gospel Women: Studies of the Named Women in the Gospels.* Edinburgh 2002, S. 225 ff.

104 Siehe Page: *What Happened to the Ark of Covenant?* S. 94 f. Maria, die Frau des Klopas, könnte ebenfalls eine Verwandte gewesen sein, wie wir an hinterer Stelle noch sehen werden.

105 Hershel Shanks/Ben Witherington: *The Brother of Jesus: The Dramatic Story & Meaning of the First Archaeological Link to Jesus & His Family.* London 2003, S. 105.

106 Nolland: *Luke.* S. 1156 f.

107 Plinius der Ältere bringt eine Sonnenfinsternis mit Cäsars Tod in Verbindung. Siehe hierzu *Naturalis historia 2,30,* in: Brown: *The Death of the Messiah.* S. 1043.

108 Josephus: Geschichte des *Jüdischen Krieges,* 6.423–425.

109 *Die Abendmahlsworte Jesu.* 4. durchges. Aufl. Göttingen 1967, S. 36.

110 Nach dem Farm Welfare Council, siehe http://News.bbc.co.uk/1/hi/uk/3604675.stm. Einer meiner Freunde, ein Vikar und ehemaliger Schlachter, rechnet nach eigenem Bekunden damit, dass ein geübter Schlachthausarbeiter ein Schaf in ca. vier Minuten töten und enthäuten kann.

111 Long, David E.: *The Hajj Today: A Survey of the Contemporary Makkah Pilgrimage.* Albany 1979, S. 85.

112 Long: *The Hajj Today.* S. 86.

113 Brown: *The Death of the Messiah.* S. 1046.

114 Evans: *Mark 8,27–16,20.* S. 507.

115 Eine Liste siehe Maslen: *Medical theories on the cause of death in crucifixion.* S. 186.

116 Siehe hierzu Hengel: *Mors turpissima crucis: Die Kreuzigung und die »Torheit« des »Wortes vom Kreuz«.* S. 144 f.

117 Siehe Page: *What happened to the Ark of the Covenant?* S. 145–151.

118 Beasley-Murray: *John.* S. 356.

119   J. F. Gilliam: *The Appointment of Auxiliary Centurions (PMich.164)*. In: Transactions and Proceedings of the American Philological Association 88 (1957) S. 155 f. u. 167.

120   Gilliam: *The Appointment of Auxiliary Centurions (PMich.164)*. S. 158.

121   Flavius Josephus: *The Jewish War*. Übersetzt von Williamson, S. 303.

122   Für einige spiegelt sich die Bildhaftigkeit dieses Ereignisses in Hebräer 9 wider, wo es vor allem um den Zugang zum Heiligtum geht. Doch der Hebräerbrief enthält darauf keinen direkten Hinweis.

123   Witherington: *The Gospel of Mark: Socio-Rhetorical commentary*. S. 400.

124   Robert Hayward: *The Jewish Temple: A Non-Biblical Sourcebook*. London 1996, S. 150.

125   Hayward: *The Jewish Temple*. S. 150.

126   Hagner: *Matthew 14–28*, S. 850 ff.

127   Brown: *The Death of the Messiah*. S. 1213, Anm. 17.

128   Witherington: *The Gospel of Mark: Socio-Rhetorical commentary*. S. 402.

129   Man konnte eine Kreuzigung auch überleben. Josephus erzählt dazu folgende Anekdote, die in der chaotischen Zeit nach dem gescheiterten Judenaufstand spielt: »Als ich von Titus Cäsar mit Cerealius und tausend Berittenen in ein Dorf namens Thecoa entsandt wurde, um herauszubekommen, ob es für ein Lager geeignet sei, und wieder zurückkam, sah ich viele gekreuzigte Gefangene. An drei davon erinnerte ich mich als meine früheren Bekannten. Es tat mir im Innersten leid. Mit Tränen in den Augen ging ich zu Titus und berichtete ihm von ihnen. Er befahl sofort, sie vom Kreuz abzunehmen, und ließ sie mit größter Sorge behandeln, damit sie genesen konnten. Dennoch starben zwei unter den Händen des Arztes, während sich der dritte erholte.« (Josephus: *Vita*, 1.420 ff.)

130   Brown: *The Death of the Messiah*. S. 1243.

131   m.Oholot 2.2 in: Danby: *The Mishnah*. S. 651.

132   A. N. Jannaris: *Expository Times*. 14, S. 1902 f., S. 460, in: Brown: *The Death of the Messiah*, S. 1260.

133   Brown: *The Death of the Messiah*, S. 1263.

134   *Encyclopaedia Judaica*. Jerusalem 1971, Bd. 12, S. 801 f.

135   Flusser / Notley: *The Sage From Galilee: Rediscovering Jesus' Genius*. S. 140 f.

136   Martin Biddle: *The Tomb of Christ*. Stroud 1999, S. 60.

137   Brown: *The Death of the Messiah*. S. 1281 f.

138   Rachel Hachlili: *Jewish Funerary Customs, Practices and Rites in the Second Temple Period*. (JSJSup 94). Leiden 2005, S. 56 f.

139   Brown: *The Death of the Messiah*. S. 1249.

140   Siehe 1 Chr 35.

141   IIQ19 17.8f. in: Vermès: *The Complete Dead Sea Scrolls in English*. S. 166, Jubiläenbuch 49,16–20.

142   Tos Pes 6.11 zitiert nach Jeremias: *Die Abendmahlsworte Jesu*. S. 37, Fn. 5.

143   m.Taan 3.8, in: Danby: *The Mishnah*, S. 198.

144   Mark Kurlansky: *Nonviolence: The History of a Dangerous Idea*. London 2006, S. 13.

145   Paolo Sacchi: *The History of the Second Temple Period*. London 2004, S. 494.

Siebter Tag: Die Stille

1   Brown: *The Death of the Messiah*. S. 1298.

2   John Nolland: *The Gospel of Matthew: A Commentary on the Greek Text*. Grand Rapids 2005, S. 1238 f.

3   Siehe W. L. Craig: *The Guard at the Tomb*. In: New Testament Studies 30 (1984), S. 273–281.

Achter Tag: Die Rückkehr

1   Außer einer Merkwürdigkeit: die Vorstellung, dass die Jünger Jesu »Schlangen anfassen« würden. Einige Kulte haben dies wörtlich genommen und auf den Umgang mit Schlangen als Zeichen der Heiligkeit gesetzt. Dies entspringt vielleicht einer Überlieferung zu den Erfahrungen des Paulus: Nach Lukas wurde er von einer Giftschlange gebissen, überstand dies aber unbeschadet.

2   Eusebius: *The Ecclesiastical History and the Martyrs of Palestine*. Übersetzt von Hugh Jackson Lawlor und John Ernest Leonard Oulton, London 1927, S. 78.

3   Siehe Bauckham: *Gospel Women: Studies of the Named Women in the Gospels*. S. 203–223.

4   *Origenes Contra Celsum* 2.62. Siehe Bauckham: *Jesus and the Eyewitnesses: The Gospels as Eyewitness Testimony*. S. 43.

5   William F. Orr / James Arthur Walther: *I Corinthians: A New Translation*. Garden City, N. Y., 1976, S. 321 f.

6   Siehe Ant 4.219; bKet 74b, zitiert nach Ilan: *Jewish Women in Greco-Roman Palestine*. S. 163 ff.

7   Siehe N. T. Wright: *The Resurrection of the Son of God*. London 2003, S. 607 f.

8   James D. G. Dunn: *The Evidence for Jesus: The Impact of Scholarship on Our Understanding of How Christianity Began*. London 1985, S. 65.

9   Wright: *The Resurrection of the Son of God*. S. 611.

10 Dunn: *The Evidence for Jesus: The Impact of Scholarship on Our Understanding of How Christianity Began*. S. 67.

11 Zumindest würde es belegen, dass Judas als ein Anhänger Jesu galt. Warum hätte man ihm sonst eine solche Urheberschaft zuschreiben sollen?

Das Nachbeben: 33 n. Chr. und danach

1   James H. Charlesworth: *Jesus and Archaeolgy*. Grand Rapids, Mich. / Cambridge 2006, S. 334.

2   Schürer / Millar / Vermès / Goodman: *The History of the Jewish People in the Age of Jesus Christ (175 B.C.–A.D. 135)*. Edinburgh 1973. I, S. 386 f.

3   Fergus Millar: *The Roman Near East, 31 BC–AD 337*. Cambridge Mass. / London 1993, S. 55

4   Tiberius hatte Caligulas Vater, den Feldherrn Germanicus, adoptiert.

5   Eusebius: *The Ecclesiastical History and the Martyrs of Palestine*. Übersetzt von Hugh Jackson Lawlor und John Ernest Leonard Oulton. London 1927, S. 42. Diese Darstellung wurde zuweilen angezweifelt, aber Eusebius beruft sich dabei auf keine antiken Quellen.

6   James C. Vanderkam: *From Joshua to Caiaphas: High Priests after the Exile*. Minneapolis, Minn., 2004, S. 423 f. Leen Ritmeyer / Kathleen Ritmeyer: *Jerusalem in the Year 30 A.D.* Jerusalem 2004, S. 44.

7   Martin Goodman: *The Ruling Class of Judaea*. Leiden 2007, S. 213.

8   Vanderkam: *From Joshua to Caiaphas: High Priests after the Exile*. S. 481.

Bibliographie

Avi-Yonah, Michael: *The Jews under Roman and Byzantine Rule: A Political History of Palestine from the Bar Kokhba War to the Arab Conquest*. Jerusalem / New York 1984

Bailey, Kenneth E.: *Jesus Through Middle Eastern Eyes: Cultural Studies in the Gospels*. London 2008

Ball, Warwick: *Rome in the East: The Transformation of an Empire*. London 2000

Bammel, Ernst: *The Trial of Jesus: Cambridge Studies in Honour of C. F. D. Moule*. London 1970

Bammel, Ernst / Moule, Charles F. D.: *Jesus and the Politics of His Day*. Cambridge 1984

Bauckham, Richard: *Gospel Women: Studies of the Named Women in the Gospels*. Edinburgh 2002

Bauckham, Richard: *Jesus and the Eyewitnesses: the Gospels as Eyewitness Testimony*. Grand Rapids, Mich. 2006

Beasley-Murray / Raymond, George: *John*. Waco, Texas, 1987

Biddle, Martin: *The Tomb of Christ*. Stroud 1999
(Das Grab Christi: neutestamentliche Quellen – historische und archäologische Forschungen – überraschende Erkenntnisse, Gießen / Basel 1998)

Bond, Helen K.: *Pontius Pilate in History and Interpretation*. Cambridge 1998

Borg, Marcus J. / Crossan, John Dominic: *The Last Week: What the Gospels Really Teach about Jesus' Final Days in Jerusalem*. San Francisco 2007

Bovon, François: *Fragment Oxyrhynchus 840, Fragment of a Lost Gospel, Witness of an Early Christian Controversy over Purity*. In: Journal of Biblical Literature 119 (4), 2000

Brandon, Samuel G. F.: *Jesus and the Zealots: A Study of the Political Factor in Primitive Christianity*. Manchester 1967

Brown, Colin (Hrsg.): *New International Dictionary of New Testament Theology*. Exeter 1986

Brown, Raymond Edward: *The Death of the Messiah: From Gethsemane to the Grave: A Commentary on the Passion Narratives in the Four Gospels*. London 1994

Brown, Raymond Edward: *The Gospel According to John*. London 1971

Carlton, *Eric: Occupation: the Policies and Practices of Military Conquerors*. London 1992

Carroll, John T. / Green, Joel B.: *The Death of Jesus in Early Christianity*. Peabody, Mass., 1995

Carter, Warren: *Pontius Pilate: Portraits of a Roman Governor*. Collegeville, Minn., 2003

Charlesworth, James H.: *Jesus and Archaeology*. Grand Rapids, Mich., 2006

Chyutin, Michael: *Architecture and Utopia in the Temple Era*. London 2006

Collins, John Joseph: *The Apocalyptic Imagination: An Introduction to Jewish Apocalyptic Literature*. Grand Rapids, Mich., 1998

Connolly, Peter: *Living in the Time of Jesus of Nazareth*. Oxford 1983
(Das Leben zur Zeit des Jesus von Nazareth. Hamburg 1984)

Craig, W. L.: *The Guard at the Tomb*. In: New Testament Studies 30 (1984)

Crossan, John Dominic: *The Historical Jesus: The Life of a Mediterranean Jewish Peasant*. Edinburgh 1993

Crown, Alan David: *The Samaritans*. Tübingen 1989

Danby, Herbert: *The Mishnah, Translated from the Hebrew*. London 1933

Dar, Shimon: *Food and Archaeology in Romano-Byzantine Palestine*. In: Wilkins, John/Harvey, David/Dobson, Mike (Hrsg.): *Food in Antiquity*. Exeter 1995, S. 326–335

Davis, Mike: *Planet of Slums*. London/New York 2006

Doyle, D.: *Pilate's Career and the Date of the Crucifixion*. In: Journal of Theological Studies 42 (1941)

Dunn, James D. G.: *The Evidence for Jesus: The Impact of Scholarship on Our Understanding of How Christianity Began*. London 1995

Encyclopaedia Judaica. Jersualem 1971

Esler, Philip Francis: *The Early Christian World*. London 2000

Eusebius: *The Ecclesiastical History and the Martyrs of Palestine*. Übersetzt von Hugh Jackson Lawlor und John Ernest Leonard Oulton, London 1927. (Siehe auch Eusebius von Caesarea: *Kirchengeschichte*. Hrsg. u. eingel. von Heinrich Kraft, übers. v. Philipp Haeuser, 2. Aufl., München 1981)

Evans, Craig A.: *Mark 8,27–16,20*. Nashville 2001

Feldman, Louis H.: *Jew and Gentile in the Ancient World*. Princeton 1993

Finegan, Jack: *Handbook of Biblical Chronology: Principles of Time Reckoning in the Ancient World and Problems of Chronology in the Bible*. Peabody, Mass., 1998

Flusser, David/Notley, Steven R.: *The Sage From Galilee: Rediscovering Jesus' Genius*. 4. erw. Aufl. Grand Rapids, Mich. 2007

Fotheringham, J.: *Astronomical Evidence for the Date of the Crucifixion*. In: Journal of Theological Studies XII (1910)

Freedman, David Noel (Hrsg.): *The Anchor Bible Dictionary*. New York 1999

Fuks, Gideon/Rappaport, Uriel/Kasher, Aryeh: *Greece and Rome in Eretz Israel: Collected Essays*. Jerusalem 1990

Gilliam, J. F.: *The Appointment of Auxiliary Centurions (PMich.164)*. In: Transactions and Proceedings of the American Philological Association 88 (1957)

Goldhill, Simon: *The Temple of Jerusalem*, London 2006

Goodman, Martin: *Judaism in the Roman World: Collected Essays*. Leiden 2007

Goodman, Martin: *Rome and Jerusalem: The Clash of Ancient Civilizations*. London 2008

Goodman, Martin: *The Ruling Class of Judaea: The Origins of the Jewish Revolt against Rome, A.D. 66–70*. Cambridge 1987

Grünewald, Thomas: *Räuber, Rebellen, Rivalen, Rächer, Studien zu Latrones im Römischen Reich*. Stuttgart 1999

Gundry, Robert Horton: *Mark: A Commentary on His Apology for the Cross*. Grand Rapids, Mich. 1993

Haas, N.: *Anthropological Observations on the Skeletal Remains from Gi'vat ha-Mivtar*. In: Israel Exploration Journal 20 (1970)

Hachlili, Rachel: *Jewish Funerary Customs, Practices and Rites in the Second Temple Period*. Leiden 2005

Hagner, Donald Alfred: *Matthew 1–13*. Dallas 1993

Hagner, Donald Alfred: *Matthew 14–28*. Dallas 1995

Hart, H. St. J.: *The Crown of Thorns in John 19,2–5*. In: Journal of Theological Studies 3 (1952)

Harvey, Karen: *The Kiss in History*. Manchester 2005

Hayward, Robert: *The Jewish Temple: A Non-Biblical Sourcebook*. London 1996

Hengel, Martin: *Mors turpissima crucis: die Kreuzigung in der antiken Welt und die »Torheit« des »Wortes vom Kreuz«*. In: *Rechtfertigung: Festschrift für Ernst Käsmann zum 70. Geburtstag*. Tübingen 1976

Hodge, A. Trevor: *Roman Aqueducts and Water Supply*. London 1996

Hoehner, Harold W.: *Herod Antipas*. Cambridge 1972

Horsley, Richard A./Hanson, John S.: *Bandits, Prophets, and Messiahs: Popular Movements in the Time of Jesus*. San Francisco 1988

Ilan, Tal: *Jewish Women in Greco-Roman Palestine: An Inquiry into Image and Status.* Tübingen 1995

Jeremias, Joachim: *Die Abendmahlsworte Jesu.* 4. durchges. Aufl. Göttingen 1967

Jeremias, Joachim: *Jerusalem und die Zeit Jesu: Kulturgeschichtliche Untersuchung zur neutestamentlichen Zeitgeschichte.* 2. Bde. Leipzig 1923, 1924 und 1937

Jeremias, Joachim: *Unbekannte Jesusworte.* In: Eichrodt, E. / Cullmann, A. (Hrsg.): *Abhandlungen zur Theologie des Alten und Neuen Testaments.* Zürich 1948

Jones, A. H. M. / Avi-Yonah, Michael: *The Cities of the Eastern Roman Provinces.* Oxford 1971

Josephus Flavius: *The Jewish War.* Übersetzt von Williamson, Geoffrey A. Harmondsworth 1981 (Siehe De Michel, Otto / Bauernfeind, Otto (Hrsg.): *De bello judaico: griechisch und deutsch.* Wissenschaftliche Buchgesellschaft, Darmstadt 2010

Justinus (Märtyrer): *The First and Second Apologies.* Übersetzt von Barnard, Leslie W., New York 1997

Juvenal: *The Sixteen Satires.* London 1974 (Adamietz, Joachim (Hrsg.): *Juvenal, Satiren. Lateinisch-Deutsch.* Sammlung Tusculum, München / Zürich 1993)

Kazen, Thomas: *Jesus and Purity Halakhah: Was Jesus Indifferent to Impurity?* Stockholm 2002

Kearns, Kevin Corrigan: *Dublin Tenement Life: An Oral History.* Dublin 1994

Keener, Craig S.: *The Gospel of John: A Commentary.* Peabody, Mass. 2003

Kleijn, Gerda de: *The Water Supply of Ancient Rome: City Area, Water, and Population.* Amsterdam 2001

Kreider, Alan: *Worship and Evangelism in Pre-Christendom.* Cambridge 1995

Kruger, Michael J.: *The Gospel of the Savior: An Analysis of P. Oxy. 840 and Its Place in the Gospel Traditions of Early Christianity.* Leiden 2005

Kurlansky, Mark: *Nonviolence: The History of a Dangerous Idea.* London 2006

Lane, William L.: *The Gospel According to Mark; the English Text with Introduction, Exposition, and Notes.* Grand Rapids 1974

Légasse, Simon: *The Trial of Jesus.* London 1997

Lewis, Naphtali: *Life in Egypt under Roman Rule.* Oxford 1983

Lewis, Naphtali / Meyer, Reinhold: *Roman Civilization: Selected Readings.* New York 1990

Lieu, Judith / North, John / Rajak, Tessa: *The Jews Among Pagans and Christians in the Roman Empire.* London 1994

Long, David E.: *The Hajj Today: A Survey of the Contemporary Makkah Pilgrimage.* Albany 1979

Marshall, Ian Howard: *The Gospel of Luke: A Commentary on the Greek Text.* Exeter 1978

Maslen, Matthew W. / Mitchell, Piers D.: *Medical theories on the cause of death in crucifixion.* In: Journal of the Royal Society of Medicine 99 (2006)

Matyszak, Philip: *The Sons of Caesar: Imperial Rome's First Dynasty.* London 2006

Mazower, Mark: *Inside Hitler's Greece: The Experience of Occupation 1941–44.* New Haven / London 2001

McLaren, James S.: *Power and Politics in Palestine: The Jews and the Governing of Their Land 100 BC–AD 70.* Sheffield 1991

McMullen, Ramsay: *Enemies of the Roman Order: Treason, Unrest, and Alienation in the Empire.* Cambridge, Mass. / London 1966

Millar, Fergus: *The Roman Near East, 31 BC–AD 337.* Cambridge, Mass. / London 1993

Moule, Charles F. D.: *The Birth of the New Testament.* London 1981

Murphy-O'Connor, J.: *The Holy Land: An Archaeological Guide from Earliest Times to 1700.* Oxford 1986 *(Das Heilige Land: ein archäologischer Führer.* München 1981)

Murphy, Catherine M.: *Wealth in the Dead Sea Scrolls and in the Qumran Community.* Leiden 2002

Neuwirth, Robert: *Shadow Cities: A Billion Squatters, a New Urban World.* New York / London 2005

Nolland, John: *Luke.* Dallas 1989

Nolland, John: *The Gospel of Matthew: A Commentary on the Greek Text.* Grand Rapids, Mich. 2005

Notley, R. Steven / Rainey, Anson F.: *Carta's New Century Handbook and Atlas of the Bible.* Jerusalem 2007

Notley, R. Steven / Turnage, Marc / Becker, Brian: *Jesus' Last Week.* Leiden 2006

Ogg, George: *The Chronology of the Public Ministry of Jesus.* Cambridge 1940

Orr, William F. / Walther, James Arthur: *I Corinthians: A New Translation.* Garden City 1976

Page, Nick: *What Happened to the Ark of the Covenant?* Milton Keynes 2007

Paxton, Robert O.: *Vichy France: Old Guard and New Order 1940–1944.* New York 2001

Perrin, Nicholas: *Thomas: The Other Gospel.* London 2007

Peters, Francis E.: *Jerusalem: The Holy City in the Eyes of Chroniclers, Visitors, Pilgrims, and Prophets from the Days of Abraham to the Beginnings of Modern Times.* Princeton 1985

Phang, Sara Elise: *Roman Military Service: Ideologies of Discipline in the Late Republic and Early Principate.* Cambridge, Mass. 2008

Phillips, L. Edward: *The Ritual Kiss in Early Christian Worship.* Cambridge 1996

Pixner, Bargil: *Church of the Apostles Found on Mount Zion.* In: Biblical Archaeology Review 16 (3) Mai / Juni 1990

Pollard, Nigel: *Soldiers, Cities, and Civilians in Roman Syria.* Ann Arbor 2000

Reader, John: *Cities.* London 2004

Rhoads, David M.: *Israel in Revolution: 6–74 C.E.: A Political History Based on the Writings of Josephus.* Philadelphia 1976

Richardson, Alan: *The Political Christ.* London 1973

Richardson, Peter: *Building Jewish in the Roman East.* Waco, Texas 2004

Richardson, Peter: *City and Sanctuary: Religion and Architecture in the Roman Near East.* London 2002

Riesner, Rainer: *Paul's Early Period: Chronology, Mission Strategy, Theology.* Grand Rapids, Mich. / Cambridge 1998

Ritmeyer, Leen / Ritmeyer, Kathleen: *Jerusalem in the Year 30 A.D.* Jerusalem 2004

Roberts, Rev. Alexander / Donaldson, James (Hrsg.): *Church Fathers – The Ante-Nicene Fathers.* Accordance 1885

Roller, Duane W.: *The Building Program of Herod the Great.* Berkeley / London 1998

Sacchi, Paolo: *The History of the Second Temple Period.* London 2004

Safrai, Ze'ev: *The Economy of Roman Palestine.* London 1994

Saldarini, Anthony J.: *Pharisees, Scribes and Sadducees in Palestinian Society.* Grand Rapids 2001

Sanders Ed P.: *Jesus and Judaism.* London 1995

Schürer, Emil / Millar, Fergus / Vermès, Géza / Goodman, Martin: *The History of the Jewish People in the Age of Jesus Christ (175 B.C.–A.D. 135).* Edinburgh 1973

Scobie, Alex.: *Slums, Sanitation and Mortality in the Roman World.* In: Klio 68 (1986)

Segal, Judah B.: *The Hebrew Passover: From the Earliest Times to A.D. 70.* London 1963

Shanks, Hershel / Witherington, Ben: *The Brother of Jesus: the Dramatic Story & Meaning of the First Archaeological Link to Jesus & His Family.* London 2003

Sidebotham, Steven E.: *Roman Economic Policy in the Erythra Thalassa 30 B.C.–A.D. 217.* Leiden 1986

Speidel, Michael: *Roman Army Pay Scales.* In: Journal of Roman Studies 82 (1992)

Speidel, Michael: *The Pay of Auxilia.* In: Journal of Roman Studies 63 (1973)

Sperber, Daniel: *Roman Palestine, 200–400: Money and Prices.* Ramat-Gan 1991

Tripp, David: *Meanings of the Foot-Washing: John 13 and Oxyrhynchus Papyrus 840*. In: *Expository Times*. 1992

van der Horst, Pieter: *Jewish Funerary Inscriptions – Most are in Greek*. In: Biblical Archaeology Review 18 (5) 1992

Vanderkam, James C.: *From Joshua to Caiaphas: High Priests After the Exile*. Minneapolis 2004

Vermès, Géza: *The Changing Faces of Jesus*. London 2000

Vermès, Géza: *The Complete Dead Sea Scrolls in English*. London 2004

Watts, John D. W.: *Isajah 34–66*. Nashville 2005

Webb, Robert L.: *»Apocalyptic«: Observations on a Slippery Term*. In: Journal of Near Eastern Studies 49 (2) 1990

Weiss, Bernhard: *Das Leben Jesu*. Zwei Bände. Stuttgart / Berlin 1902

Wengst, Klaus: *Pax Romana, Anspruch und Wirklichkeit: Erfahrungen und Wahrnehmungen des Friedens bei Jesus und im Urchristentum*. München 1986

Wilkinson, John: *Jerusalem as Jesus Knew it: Archaeology as Evidence*. London 1978

Witherington, Ben: *The Gospel of Mark: Socio-Rhetorical Commentary*. Grand Rapids, Mich. 2001

Woolf, Bertram Lee: *The Authority of Jesus and Its Foundation: A Study in the Four Gospels and the Acts*. London 1929

Wright, Nicholas T.: *Jesus and the Victory of God*. London 1996

Wright, Nicholas T.: *The Resurrection of the Son of God*. London 2003

Zeldin, Theodore: *An Intimate History of Humanity*. London 1998 *(Eine intime Geschichte der Menschheit: über die Kunst des Lebens*. Stuttgart 1997)

Zias, Joseph / Sekles, Eliezer: *The Crucified Man from Giv'at ha-Mivtar: A Reappraisal*. In: Israel Exploration Journal 35 (1985)

Register